国家社科基金重点项目结项成果(项目号 12AKS005)

兰州大学全国重点马克思主义学院建设资金资助

THE VALUE OF SOCIALISM

社会主义价值论纲

王学俭◎著

人民出版社

目　录

上篇　社会主义价值基础论

中篇　社会主义价值关联论

下篇 社会主义价值实现论

序

　　自党的十八大提出社会主义核心价值观以来，如何正确理解社会主义核心价值观？怎样培育和践行社会主义核心价值观？成为广为社会关注的重大理论问题和实践问题。要对这些问题做出有说服力的科学回答，就必须从理论层面分析核心价值观的基础理论；从形态层面梳理核心价值观的演进历程；从实践层面细化核心价值观的培育践行；从发展层面探究核心价值观的阶段特征。兰州大学王学俭教授率领研究团队聚焦国家急需，以"社会主义价值与社会主义核心价值体系的内在关联研究"为题申报成功了 2012 年国家社科基金重点项目。经历了为期 4 年时间的深入研究，该课题研究的最终成果《社会主义价值论纲》在结项时获得了评审专家的一致好评和充分肯定，被鉴定为"优秀"。在该成果即将付梓出版之际，相知相交多年的老友学俭教授托我为书作序，有幸先睹为快，深为该书的及时出版而高兴。该书以推进社会主义核心价值观的科学培育和有效实践为主旨，梳理深化社会主义价值基础理论，厘清社会主义价值、社会主义核心价值体系和社会主义核心价值观三者关系，判定社会主义价值的阶段性特征，展望社会主义价值的实现条件等，彰显着独特的个性和风格。

一、从该书的意义和价值来看，立意深刻、针对性强，展现出深切的理论关怀和现实担当

在理论方面，该书在对社会主义价值演进谱系和传统批判反思与继承超越的基础上，依循社会主义价值发展的意义和逻辑，澄清其价值本源，探讨其价值本质，明确其价值功能，消除对社会主义价值的误解；着眼于社会主义价值与中国特色社会主义价值的内在关联，探讨了社会主义价值与社会主义核心价值体系、社会主义核心价值观三者之间的价值脉络和相互关联，明确了建构中国特色社会主义核心价值的理论指导和价值旨归，同时也厘清了中国特色社会主义核心价值的发展脉络和生成逻辑。

在实践方面，该书着重探究了在经济全球化、社会信息化、文化多样化、思想多元化和改革开放的时代阶段特征下，在主体条件、物质基础、制度安排、认知引领等条件基础上，实现社会主义价值应当具备的思维观念、体制机制、实践模式和文化资源，从而将社会主义价值的理论问题与中国社会主义初级阶段的实践问题有机结合，既破解了对社会主义的认识误区和价值误解，也从中国特色社会主义发展的阶段、条件出发，提出社会主义价值的实现途径，促进社会主义价值落地生根；在总结 160 多年世界社会主义运动中社会主义价值建设的经验和教训的基础上，重点探讨了社会主义价值和中国特色社会主义价值的内在关联，即社会主义价值、社会主义核心价值体系、社会主义核心价值观三者之间的价值脉络和逻辑关联，从社会主义价值发展的内在规律中探寻中国特色社会主义价值建构的策略和路线，进而有利于坚持和发展中国特色社会主义；通过从历史、现实和未来的

角度审视全球化的本质，厘清全球化与社会主义和资本主义的关系，寻求全球化背景下社会主义价值时代化、大众化和国际化的有效途径，对建设社会主义核心价值体系、培育和践行社会主义核心价值观有重大理论意义和实践意义。

二、从该书的内容框架来看，思路清晰、结构严整，展现了社会主义价值的历史逻辑和中国图景

该书从"社会主义价值基础论"、"社会主义价值关联论"和"社会主义价值实现论"三个部分，对社会主义价值展开了系统全面地研究。

第一部分"社会主义价值基础论"，主要通过对社会主义生成、演进、本质和功能的深入论证和研究，从根本上把握社会主义价值的实质。在社会主义价值的生成方面，该书指出社会主义价值的始因是人类对美好生活和理想社会的需要，生成的基础是人类的历史实践，生成的实质是主客体之间需要与满足关系的不断生成的过程；在社会主义价值的演进方面，该书进一步明确了实现人的自由全面解放是社会主义的最终价值诉求，在具体的历史发展过程中，又不断地与时代发展、地域特色相结合，呈现出社会主义价值实践的不同时代侧重；尤其是探究了社会主义从空想到科学、从理论到实践、从一国到多国、从低谷到复苏的历史逻辑，展现了社会主义发展的光明前景；在社会主义价值的本质方面，该书探究了社会主义价值的结构谱系，认为社会主义的终极价值指向人的自由全面解放，且以公正平等、自由民主、共同富裕、和谐发展等基本理念为价值支撑，源动和指引着社会主义的实践发展和理论建构，使社会主义体现出人民性、科学性、民族性和时代性的本质特征；在社会主义价值的功能方面，该书指出在社会主义的理论发展和现实推进过程中，社会主义价值发挥着批判与建构功能、规范与凝聚功能、维护与创新功能、引领与整合功能，为社会主义理论发展和现实推进提供了理念支撑和精神动因。

第二部分"社会主义价值关联论"系统探讨了社会主义价值、社会主义核心价值体系、社会主义核心价值观三者的内在关联。在社会主义价值与社会主义核心价值体系的内在关联方面，该书指出社会主义价值在中国特色社会主义条件下并且在与中国特色社会主义理论和实践的持续互动中日益清晰化。同时，社会主义核心价值体系，秉承了社会主义价值的人民主体性而表现出浓郁的人文关怀；坚持了社会主义价值的客观真实性而表现出强烈的科学精神；验证了社会主义价值的发展性而表现出鲜明的创新思维；把握了社会主义价值的实践性而表现出突出的务实态度。在社会主义价值与社会主义核心价值观的内在关联方面，一方面，社会主义价值厘定社会主义核心价值观的价值标尺；另一方面，社会主义核心价值观概括社会主义价值的基本内容，二者反映文明潮流及其发展趋势，立足中国实践以及中国特色，交相辉映。在社会主义核心价值体系与社会主义核心价值观的内在关联方面，该书指出，社会主义核心价值体系是提出社会主义核心价值观的重要的思想基础和理论基石之一，也是确立社会主义核心价值观基本内容的重要的逻辑理据和观点依据之一。社会主义核心价值观则是社会主义核心价值体系的内核，不仅深刻地体现了社会主义核心价值体系的根本性质和基本特征，而且内在地反映着社会主义核心价值体系的丰富内涵和实践要求，因而成为社会主义核心价值体系的高度概括、要义提炼和集中表达。

第三部分"社会主义价值实现论"着力于社会主义价值的

"阶段论"、"条件论"和"实现途径论",指出社会主义价值的实现是复杂的,其中需要着重把握其阶段性特征与条件性基础。社会主义价值的实现具有阶段性。社会主义价值的实现不是一蹴而就的,从总体上而言是一个不断推进的历史进程,具有鲜明的阶段性特征。社会主义价值的实现需要具备诸如主体确立、认知引领、物质基础、制度安排、机制建构、介质平台、管理提升等相应的条件基础。该书着重强调了实现社会主义价值的人民性,指出人民的价值追求与社会主义的价值实现具有一致性。一方面,人民的价值追求与社会的价值实现之间所具有的一致性构成了中华民族生息绵延的主航道,演绎出中华民族救亡图存的主旋律,推动着中华民族伟大复兴的主进程。另一方面,社会主义的价值实现也客观上要求必须协调好社会主义价值满足与人民价值需求之间的关系问题,要让人民在实现社会主义价值目标、国家价值目标的过程中也同时能够更好地实现个体的价值追求,从而为社会主义更好、更高价值的实现创设出更有利的群众基础与社会环境。

三、从该书的研究创新来看,张力适度、特色明显,是一部有独到见地的探索社会主义核心价值观的力作

该著作将社会主义价值放置于社会主义五百年发展的历史进程中,以实现人的自由全面发展为基本诉求,探究社会主义核心价值观的基本走向;将社会主义价值放置于中国特色社会主义现代化建设的生动实践中,以价值问题是社会主义与生俱来的基本问题为主基调,深化社会主义价值、社会主义核心价值体系与社会主义核心价值观的关系界定;将社会主义价值放置于中华民族伟大复兴中国梦的发展进程中,以社会主义价值的实现具有阶段

性为总体论断，探索社会主义价值实现的阶段性特征与条件性基础。既有宏大视野的整体性历史梳理研究和规范严谨的深邃性科学理论研究，又有突破创新的发展性实现过程研究；既澄清了社会主义价值的本源，消除了社会主义价值的误解，又梳理了社会主义价值的关联，明确社会主义发展的价值旨归；既着眼于社会主义价值实现阶段特征和条件性基础，提出了社会主义价值实现的途径，又总结了世界社会主义运动价值建设经验，科学探寻中国特色社会主义的价值建构路向。

通读全书，可圈可点之处颇多。以上点滴感怀，是为序。

清华大学马克思主义学院教授　吴潜涛

2016 年 11 月

价值问题是社会主义与生俱来的基本问题

（代自序）

——关于社会主义价值问题的若干思考

任何社会思潮和制度从来都是一定价值观念的产物，有其特定的价值取向，有其追求的价值目标，社会主义也不例外。价值问题是社会主义与生俱来的基本问题，价值关系是社会主义实践中的基本关系。社会主义价值是社会主义的生命之魂，决定着社会主义的目标任务、发展模式和制度体制。对社会主义及其价值的历史把握和科学认识，是我们培育和践行社会主义核心价值观这一重大时代课题的基本前提，对坚持和发展中国特色社会主义有重大理论意义和实践价值。

社会主义价值的生成

在历史上，社会主义首先是被当作一种价值理想提出来的。"社会主义价值"回答的是社会主义"有什么好处"、"对谁有好处"，亦即社会主义优越性的问题。马克思之所以批判资本主义，认为社会主义优越于资本主义，不仅在于资本主义社会的生产关系容纳不了在其自身内部发展起来的巨大生产力，而且还在于资本主义的生产方式造成了人的异化，造成了广大劳动者被奴役被压迫的悲惨境况，造成了社会道德伦理的沦丧，而社会主义却能使人重新成为自然的主人、社会的主人和他们自身的主人。

社会主义的价值是如何生成的？我们从价值发生学角度来考察，价值是人类诞生并导致主客体的分化及对立统一，并建构认识—实践关系以后才产生的。在主客体混沌不分情况下，是无所谓价值而言的。应当明确，社会主义价值不是某种独立物或实体，也不是某种先验的存在，它实际反映的是客体属性对主体的功用。"'价值'这个普遍的概念是从人们对待满足他们需要的外界物的关系中产生的"①，尽管这是句出自马恩经典原著且被李德顺先生称为"学术公案"的争议话语，但是它至少说明了价值是一个关系范畴，是作为一种特定的"关系态"或"关系质"而产生和存在的。价值既不是客体自身的存在与属性，也不单纯是主体的利益、需要、情感、态度、欲望，等等，甚至也不是人自身或其本质、本性本身。单纯的客体或主体方面，都不是价值；否则就堕入了实体思维之中②。

由此可见，社会主义价值生成的始因是人类对美好生活和理想社会的需要，生成的基础是人类的历史实践，生成的实质是主客体之间需要与满足关系不断生成的过程。

具体而言，首先，社会主义价值生成的始因是人类追求理想社会的需要。无论是东方设计的"大同"世界和"太平"世界，还是西方希冀的"理想国"、"乌托邦"、"太阳城"；无论是科学社会主义的"自由人的联合体"，还是中国特色社会主义构建的"和谐社会"，都包含有人类的价值诉求，折射着人类的理想之镜，

① 《马克思恩格斯全集》第 19 卷，人民出版社 1963 年版，第 406 页。
② 孙伟平：《价值哲学方法论》，中国社会科学出版社 2008 年版，第 259 页。

即建立一个公正、合理、自由、平等社会的理想。

其次，社会主义价值生成的基础是社会主义是"消灭现存状况的现实的运动"①。马克思恩格斯指出："对社会主义的人来说，整个所谓世界历史不外是人通过人的劳动而诞生的过程，是自然界对人来说的生成过程"②。社会主义的价值并非来自于某个先验的设定，也不是某个终极的静止状态，它就在现实的运动之中生成；这个生成过程只能在现实的前提和条件下发生，而不能脱离现实。社会主义价值的生成如同实践本身一样存在着从抽象到具体、从原始的丰富性到历史的具体性的逻辑展开。现实中发生的社会主义共产主义的价值实践，就是在资本主义时代革命地改造现状的运动本身，即人民大众旨在寻求自身解放的社会实践本身。

最后，社会主义价值生成的实质是共产主义是"一个更高级的、以每一个个人的全面而自由的发展为基本原则的社会形式"③。马克思恩格斯所构想的共产主义是在社会生产力高度发达、物质财富极大丰富、人的觉悟极大提高的基础上建立的，社会主义则是一个社会生产力逐步走向发达，逐步消灭剥削、消除两极分化、最终达到共同富裕，为实现共产主义创造条件的历史发展阶段。社会主义价值的生成本质就是社会主义向共产主义迈进中奠定物质基础，张扬价值理想，凝聚社会共识，走向"世界历史"的过程。

社会主义价值的演进

从社会主义诞生的那一刻起，无论是理论的阐述论证还是实

① 《马克思恩格斯选集》第 1 卷，人民出版社 2012 年版，第 166 页。
② 《马克思恩格斯文集》第 1 卷，人民出版社 2009 年版，第 196 页。
③ 《马克思恩格斯选集》第 2 卷，人民出版社 2012 年版，第 267 页。

践的摸索证明，都时刻承载着人类对幸福生活和理想社会的追求梦想。这种追求凝聚着人类生存和发展的智慧与思想。从柏拉图的"理想国"到莫尔的"乌托邦"，从马克思恩格斯的"自由人的联合体"到列宁的"和平、土地和面包"，从毛泽东的"星星之火，可以燎原"到邓小平的"共同富裕"；从古希腊到英国，从德国到法国，从俄国到中国，我们看到，社会主义作为一种价值追求，承载着人类对完美世界的渴望与梦想，既是世界梦，也是中国梦。

社会主义价值的演进是波澜壮阔的历史进程。社会主义价值伴随历史的进程，在凸显中演进，在演进中凸显。我们看到，社会主义从空想到科学，从理论到实践，从一国实践到多国发展，历经五百年，其中有高潮与低潮，有成功与挫折，可谓跌宕起伏、波澜壮阔。在社会主义发展的历史进程中，既有像马克思、恩格斯、列宁、毛泽东、邓小平这样伟大的理论家、革命家的鞠躬尽瘁，也有无数的仁人志士为社会主义的创立和建设付出的辛勤劳动甚至宝贵生命。社会主义是历史的选择与人民的选择的统一。我们看到，社会主义价值理想的实现是极为不易的，社会主义事业是长期而艰巨的历史使命，不能苛求创立和建设社会主义的先驱者们在十全十美中迅速建立起美好甚至完美的社会主义，也不能苛求在社会主义建设和发展摸索中不犯任何一点的错误，社会主义没有教科书、现成的答案，没有一成不变的模式，只能在摸索中奋发与前行，在改革中推进与完善。同时，社会主义的价值不是从公平、正义等道德的概念或原则出发来塑造的，而是伴随着动态的实践逐渐在具体的历史条件下显现的。

社会主义价值的演进是人民的创造与选择。社会主义是伟大而光荣的，而这种伟大与光荣属于人民，人民是历史的创造者，是社会主义的缔造者。社会主义价值也因人民而存在，为人民而实现。依靠人民，为了人民，这是社会主义价值最本质的内涵要求，是社会主义事业兴旺发达的本质逻辑。我们每一位共产主义理想的追随者、社会主义的建设者必须要有清醒的认识，要始终保持清醒的头脑，始终用非凡的智慧和勇气把社会主义的理论创新、制度创新、实践创新等工作完成好，始终要把社会主义价值的实现与人民群众的福祉结合在一起，让社会主义的发展成果由人民共享。

中国特色社会主义是社会主义价值实现的成功典范。中国特色社会主义是在改革开放历史新时期开创的，是实现中华民族伟大复兴的必由之路，同时也是社会主义价值实现的成功典范，是中国人民对世界社会主义事业做出的探索与贡献。建设社会主义没有固定模式，而是一个创造性的历史实践的过程，在历史的条件下，我们是在经济基础较为落后、思想文化受封建历史传统影响较深的底子上开始建设社会主义的，我们还处于社会主义的初级阶段，这些复杂因素的存在，都决定了我们建设社会主义必须坚持改革开放，坚持学习包括资本主义国家在内的一切先进技术和思想，坚持从实践实际出发走自己的道路，做好社会主义的经济、政治、文化、社会和生态建设工作，这是建设中国特色社会主义的必然要求，也是社会主义价值实现的必经之路。中国特色社会主义的实践必将为人类社会主义事业作出更大贡献。

社会主义价值的系统

从本质上讲，社会主义的社会形态或制度体系是社会主义价值系统的实体化和具体化。社会主义价值系统是由多个社会主义价值所构成的特殊系统，这个系统中的各个特定价值相互依存且相互作用，从而形成并表现为一个要素的集合体、机理的统一体和功能的综合体。由此可见，社会主义价值系统是诸多价值维度及其具体价值交织而成的总和或网络，故研讨社会主义价值系统必须从一个合理的"参照系"即价值维度体系去说明。实事求是地讲，这样的维度非常多，但人类的社会形态总是处于一定历史阶段上的经济、政治、文化、社会和生态等"格局"的总和。"总的说来，能被一定历史时期的最广大人群认可和践行的价值系统，总是与这个阶段上的生产力的总水平、制度的总状态、文化的总状况和社会的总趋势相一致。"由此，可以具体地探析社会主义价值系统中所蕴藏的经济价值、所内含的政治价值、所包纳的文化价值、所含蓄的社会价值、所囊括的生态价值。在社会主义价值系统中，每个价值抑或价值子系统都在自己的位置和维度上发挥各自的特定作用。在此基础上，还必须从整体的视阈和综合的路径去求索社会主义价值的系统图景和系统规定性。社会主义价值系统的生成、存在和发展，就是要实现该系统在整体上的总效应的丰满、飞跃和彰显。

社会主义价值系统还是一个可以而且应当进行人工调节和人为优化的系统，这就要求恰当地择取、依据和应用一定的对其进行构建的"标尺"。首先，必须坚持客观性而克服主观性。如是而言，在论析社会主义价值系统时，应当首先把社会主义价值系统作为一个客观的系统加以对待，一切从实际出发，具体问题具体分析。其次，必须坚持全面性而克服片面性。换言之，必须摒除简单化或绝对化等片面性思维，从而突出整体审视和区别对待等全面性思维，进而立足社会主义社会的宏大整体、统观社会主义价值系统的全局联动、着眼社会主义发展的长远未来。再次，必须坚持动态性而克服静止性。其基本要求就是要着重从系统与要素、系统与外界的相互联系和相互作用去进行辩证的、综合的动态剖析，以实现社会主义价值系统的结构塑造、动态运行和功能发挥达到最佳状态。

社会主义价值的功能

社会主义是一种思想、一种运动、一种制度，也是一种价值。作为价值的社会主义朝向，始终是以实现人的自由全面发展为基本诉求，源动着作为思想的社会主义实现理论创新，推动着作为运动的社会主义实现蓬勃发展，维系着作为制度的社会主义实现民富国强。价值视阈下的社会主义一方面支撑着对历史彼岸的理性王国或自由王国的信念，支撑着对人的自由本质和社会的自由尺度的意识与自我意识，为我们的现实社会生活提供一种理想性的价值参照和超越性的价值图景，有效地搭建起理想与现实、超越与世俗之间的有机关联；另一方面，在具体的经济和政治生活中，作为价值的社会主义为多元化的个体与共同体以及他们之间的自由交往和平等互动提供着权利和义务的边界，形成具有社会主义属性的制度体系和社会交往。

从上述视角出发，社会主义呈现出一种价值的结构谱系，其终极价值指向人的自由全面解放，且以公正平等、自由民主、共同富裕、和谐发展等基本理念为价值支撑。这些基本的支撑价值在具体的历史发展过程中，与社会主义发展的地域特色相结合，呈现出发展的阶段性特征。如在党的十八大上，对社会主义核心价值观的培育和践行，明确提出在国家层面倡导富强、民主、文明、和谐的价值信念，在社会层面倡导自由、平等、公正、法治的价值理念，在个体层面倡导爱国、敬业、诚信、友善的价值观念。

总括而言，社会主义的价值不仅是系统的、完整的，也是历史的、具体的，是社会主义本质的反映，社会主义思想文化的核心，社会主义法律制度的灵魂，这一逻辑演进表征着社会主义价值的功能性指向。即在社会主义的理论发展和现实推进过程中，社会主义价值发挥着批判与建构功能、规范与凝聚功能、维护与创新功能、引领与整合功能，为社会主义理论发展和现实推进提供了理念支撑和精神动因。

当前，建构中国特色的社会主义价值，明晰社会主义价值的价值方位和功能指向是前提，需要对社会主义价值展开理论地、历史地、时代地考察，思考社会主义价值的理论升华、经验总结和时代境遇，着力从社会主义价值功能彰显的底线维护、机制建构、方式创新、领域拓展等方面，研究中国特色社会主义价值的建构路径，促进中国特色社会主义价值对社会主义价值的复归与发展，在经济全球化、世界多极化、信息网络化、文化多元化的复杂时代境遇下促进社会主义价值的功能发挥。

社会主义价值的环境

社会主义价值环境是指社会主义价值所面对的外部客观存在。具体是指影响社会主义价值形成、发展和社会主义价值传播、实现的一切外部因素，即与社会主义价值有关的并对其发生影响的外部因素。一般来说，社会主义价值环境可分为宏观环境和微观环境。宏观环境主要是指社会主义价值所面临的国际经济、政治、文化、社会和生态环境，微观环境是指社会主义价值产生、发展的特定历史阶段所面临的具体环境。宏观环境对社会主义价值的形成、发展起着决定性的影响，微观环境对社会主义价值的形成、发展也有着极其重要的影响和制约作用。环境是社会主义价值生长的土壤，直接影响着社会主义价值发展的广度和深度。社会主义价值随着社会环境的变化呈现出不同的内涵，在不同的社会环境中人们对社会主义价值的认知和重视度也不同，随之社会主义价值的影响力也不同。诚然，无论社会环境如何变化发展，社会主义都代表着一种与无产阶级和广大劳动人民的自由解放和全面发展息息相关的价值追求，具有自己独特的价值目标。

社会主义价值诞生于既定的历史环境，也经历了一个复杂的过程，使社会主义价值的发展充满着各种风险。社会主义价值经历了农业文明时代的启蒙、工业文明的萌芽和崛起，尤其在全球化进程中，人们越来越关注社会主义价值研究，特别是中国特色社会主义现代化建设取得的伟大成就，使得这方面研究更为扩大，社会主义价值在实践中逐渐扩大着影响、绽放光芒。进入新世纪新阶段，社会主义价值面临的国际局势发生了新的深刻变化，社会主义中国的国内环境也在不断调整，这些层出不穷的新情况新问题，在为社会主义价值提出挑战的同时，也为社会主义价值的实现提供了新的平台。

社会主义价值的传播

社会主义价值的形成，既是渐进的、历史的过程，也是由矛盾斗争到形成共识的过程，既要承袭传统文化的脉络，又将汲取现代文明的养分。这一动态的、发展的特点决定了社会主义价值与传播之间的密切关系。一方面，传播是社会主义价值构建的重要手段。任何一个社会都有自己倡导的价值理念，这不仅仅因为一个国家、社会的价值理念是建立和维护这个国家政权的重要手段，是各国各政党的精神旗帜，还因为价值理念具有社会教化和整合的功能，是民族国家的精神纽带，决定了民族的凝聚力和向心力，决定了国家的长治久安。传播媒介作为精神文化产品的重要载体，作为社会主流意识形态的主要阵地，不论在东方还是西方，不论在过去还是现在都是社会核心价值构建的主要手段。因此，对于社会主义而言，传播更应当成为社会主义价值建构的重要手段；另一方面，社会主义价值决定了传播的导向。绝对的传播自由是不存在的，传播应当承担一定的社会责任，传播应当进行自我约束。而决定传播导向的，主要是这个社会所倡导的核心的价值理念。当前，我们以"三个倡导"为指向，培育和践行社会主义核心价值观，就是我们应该坚持的传播导向。

新世纪新阶段，社会主义价值的传播环境发生了革命性的变化，形成了一个以传播的全球化、信息的多元化、文化的大众化以及社会的媒介化为表征的新的传播态势。面对新的传播态势，审视我们在社会主义价值传播过程中的各个环节，还存在着诸多的问题。从传播主体来看，社会主义价值传播者的理论水平、传播观念、专业素质有待提高；从传播对象来看，社会公众的认知理念、生活方式、价值取向等呈现出多元化的趋向；从传播内容来看，社会主义价值的内容抽象，民众接受度不高，导致主导价值面临边缘化危险；从传播介体来看，传播媒介自身的发展带来的一系列问题对社会主义价值传播的影响，具体表现为媒介传播的重心偏移、缺乏引导以及媒介的人性化追求所导致的价值观多元化。因此，新的媒介环境下，要着力建构社会主义价值的传播系统。一要坚持以人为本、价值主导、协调建构的基本原则。二要明确社会主义价值传播系统构建的着力点，即加强宣传，增进广大人民群众对社会主义价值的认同；更新理念，充分发挥媒介的议程设置功能；创新方法，扩大社会主义价值的传播领域。三要着力构建社会主义价值传播系统的融入机制，即将社会主义的共同价值追求融入个体的价值追求之中，将社会主义价值的内涵融入到大众化的话语表达中，将社会主义价值的具体要求融入到日常生活的场景中。

在此基础上，积极促进社会主义价值的全面深入传播。首先，要抓好学校教育、干部教育和公民教育的主渠道教育，健全社会主义价值传播的核心路径。其次，要健全相关的法律法规、传播制度，倡导文明的行为规范，保障社会主义价值传播的全面践行。再次，要开发精神产品，营造社会主义价值传播的文化氛围，即，坚持正确的文化导向，弘扬主旋律；坚持文化的兼容性，推广优秀作品；坚持社会效益优先，抵制低俗之风。最后，要争夺话语权，扩大社会主义价值传播的国际空间。即加强传媒国际化的进程，扩大社会主义价值的对外传播；提高民族文化自信心，加强蕴含社会主义价值观的文化传播；着重说明阐释，深化社会主义价值观内涵的对外传播，尊重传播规律，创新传播方法，提高社会主义价值传播的有效性。

社会主义价值的实现

社会主义价值的实现既关乎社会主义的发展和繁荣，又关乎人民群众的现实福祉与理想信念。从某种意义上说，社会主义价值的实现也是社会主义自身价值的最好证明。社会主义价值的实现是复杂的，其中需要着重把握其阶段性特征与条件性基础。社会主义价值的实现具有阶段性。社会主义价值的实现不是一蹴而就的，从总体上而言是一个不断推进的历史进程，具有鲜明的阶段性特征。究其原因，首先，在社会主义价值实现的进程中，人的主体性的发挥既表现在对包括资本主义在内的已有文明成果的接受与传承，又表现在可以根据新的情况对待历史、创造未来，社会主义价值实现的内涵由此更为厚实；其次，人的需求随着社会的发展而发生着改变，中国特色社会主义在我国的实践也充分表明，社会主义的价值实现在满足人民群众物质性需求、温饱性需求等方面呈边际递减趋势，而社会主义的价值实现在满足人民群众精神文化需求、社会公平正义需求等方面则呈上升趋势；再次，在社会信息化、经济全球化、文化多样化、思想多元化等的世界发展大势下，拜金主义、个人主义、自由主义与价值主体自我化、价值取向功利化、价值目标短期化之间相互寄生，相互影响，共同反映出某些个体、某些群体对社会主义价值实现的焦虑和跑偏症候还一定程度地存在着。

社会主义价值的实现需要具备诸如主体确立、物质基础、制度安排、机制建构、介质平台、认知引领、管理提升等相应的条件基础。就其中的主体确立而言，首先，人民是社会主义价值实现的主体。一切事物的价值都是对人而言的价值，没有人的存在，价值就既没了可依附，也没了可判断。社会主义价值也是如此。社会主义价值因人民而存在，为人民而实现。同时，社会主义价值的实现始终离不开人民的生产实践、社会实践，只有通过现实的人民以及人民现实的实践活动才能去不断创造社会主义价值，不断实现社会主义价值，不断体验社会主义价值；其次，社会主义价值的实现离不开人民对社会主义正确的价值判断。价值判断是价值选择、价值实现的基础和前提。在社会主义价值判断上，需要将个体、社会、国家与社会主义的价值目标、价值取向、价值准则、价值评价、价值环境、价值传播等诸多的价值要素紧密结合在一起。从这个角度来看，社会主义核心价值观是这些价值要素相结合的凝练概括与集中体现。基于社会主义核心价值观的社会主义价值判断也深刻反映中国人民对社会主义独特的价值诉求，反映中国人民对于社会主义价值实现的不懈追求；再次，人民的价值追求与社会主义的价值实现具有一致性。一方面，人民的价值追求与社会的价值实现之间所具有的一致性构成了中华民族生息绵延的主航道，演绎出中华民族救亡图存的主旋律，推动着中华民族伟大复兴的主进程。另一方面，社会主义的价值实现也客观上要求必须协调好社会主义价值满足与人民价值需求之间的关系问题，要让人民在实现社会主义价值目标、国家价值目标的过程中也同时能够更好地实现个体的价值追求，从而为社会主义更好、更高价值的实现创设出更有利的群众基础与社会环境。

社会主义价值在中国：由自发到自觉

任何成熟的国家和民族，适应时代变迁与社会变革要求的核心价值观的形成与嬗变，都会经历一个从自发孕育阶段到自觉培育阶段的飞跃。我国从早期社会主义建设和改革开放历史进程中，对于社会主义价值问题的不断探索和反思，摆正了社会主义发展的价值朝向，奠定了中国特色社会主义的发展基调。随着时代发展和历史进步，构建具有中国特色的社会主义核心价值变得日益重要，完成这一时代使命的第一个步骤就是提出建设社会主义核心价值体系这一重大命题和战略任务，进而，党的十八大提出了培育和践行社会主义核心价值观的时代使命，此后，中共中央办公厅印发了《关于培育和践行社会主义核心价值观的意见》，正式将"富强、民主、文明、和谐，自由、平等、公正、法治，爱国、敬业、诚信、友善"24字定性为国家、社会和公民个人三个层面的社会主义核心价值观的基本内容。社会主义核心价值观的提出，是中国共产党领导中国人民在长期的社会主义实践探索和发展中形成的关于社会主义价值的认识结晶，全方位反映了社会主义价值的一些基本特点，是对社会主义价值性质与内涵的深刻阐发，是对社会主义价值学说的充实与发展。

社会主义核心价值观是社会主义思想体系阐明的、社会主义社会制度要求的、参与社会主义实践运动的人们应当持有的核心价值观。需要指出的是，社会主义核心价值观实际上指的是社会主义核心价值观念（体系），而不是一般意义上的价值观，即作为"主体关于主客体之间所有价值关系的基本看法或总的观点"的价值观。"在主体的评价活动中，实践基础上所形成的价值意识在主体意识中不断反复，就会以'逻辑的式'的形式积淀为价值观念。"[①] 社会主义核心价值观，就是社会主义性质的关于核心价值尺度、价值评价和核心价值取向、价值追求这两方面的"逻辑的式"。党的十八大报告和中共中央《关于培育和践行社会主义核心价值观的意见》对社会主义核心价值观的科学概括，就是社会主义要求的价值尺度、价值标准和价值取向、价值追求。

社会主义核心价值观与社会主义价值的内在关联体现在，社会主义价值是社会主义核心价值观所依托的反映对象，是对社会主义价值集中的观念表达。党的十八大强调用社会主义核心价值体系引领社会思潮、凝聚社会共识，提出积极培育和践行社会主义核心价值观，就是力图从社会主义价值角度考察社会主义发展道路的理论与实践历程，用社会主义核心价值观引领和指导具体的社会主义实践过程，推动社会主义建设的价值回归。因此，当前要在坚持社会主义本质、反映社会主义价值、遵循社会主义制度的基础上，培育社会主义核心价值观，澄清社会主义价值本

---

① 陈新汉：《社会主义核心价值体系论研究》，北京师范大学出版社 2012 年版，第 26—27 页。

源，消除对社会主义和社会主义核心价值观的误解，并结合全球化时代、信息化时代的崭新时代特征，不断深化价值研究新途径，创新价值研究新视野，赋予价值研究新内涵，拓展价值研究新领域，进而科学描述和阐释未来社会主义发展过程中的价值言说。要在深入挖掘阐发中华优秀传统文化的时代价值和积极参与全球化的过程中，广泛传播社会主义核心价值观，促进社会主义核心价值观的国际化、市场化和大众化研究。

上　篇

社会主义价值基础论

第一章
社会主义价值生成论

任何一种社会形态都有其具体的价值取向和特定的价值目标，都是一定的观念价值的产物，社会主义也是如此。社会主义作为一种社会形态，其主要标示即在于其价值追求。科学社会主义从它诞生之时起，就有着自己最鲜明的价值立场、价值取向和价值目标。要真正理解社会主义，就必须从价值规定、思想理论和制度架构三者统一的角度出发。从历史的角度来看，社会主义首先表现为一种价值追求，因为，它首先回答的就是社会主义价值优越性的问题。当然，社会主义的价值并不是一个恒定的实体，而是一个历史性的范畴。同时，社会主义价值也不是一种先验的设定，不是一种静止的状态，相反，它随着社会发展而不断地丰富与完善，它扎根于现实的运动之中。作为价值形态的社会主义，它的展开也遵从从抽象到具体的逻辑。

第一节　源始发生：中西方古代思想中的
社会主义价值因素

法国年鉴学派史学家布隆代尔的"长时段"理论认为，任何历史，无论是人的历史还是思想的历史抑或是结构的历史都不仅仅是事件的历史，更是演进的、变革的和运动的历史。因而，从长时段来看，历史都呈现出一种连续性。置于"长时段"理论之下，社会主义思想的产生也并不是无源之水、无根之木，而是在对先贤前辈们思想的有效承接的基础上演化发展而来。作为一种价值意义上的社会主义，它也有其理论的渊薮、文化的基因和历史的积淀。从发生学的角度上讲，社会主义的价值理念可以追溯到雅斯贝尔斯所说的"轴心时代"（公元前 600 至公元前 300 年）。在这一时代，各大文明都诞生了具有世界影响的精神导师，如苏格拉底、犹太先知、释迦牟尼、孔子，等等。[1] 梳理"轴心时代"精神导师的思想，其中便蕴含着诸如社会平等、财产公有和民主政治等社会主义的价值因素，在东方的中国这被称为"大同"世界或"太平"世界，西方则称其为"理想国"。[2] 但是，在小生产的、自然经济的条件下，人们对社会不公正现象的反对、对理想社会的追求只是为近代社会主义提供了某些思想启示和历史依据。严格说来，它们不过是"社会主义前史"[3]。

一、西方古代思想中的社会主义价值的历史溯源

置于大历史的视野中，社会主义的价值因素在西方可以追溯到古希腊时期，其中主要包括柏拉图在《理想国》中对财产公有的赞赏，基督教《圣经》中对于社会平等的向往以及古希腊城邦政治实践中对于民主政治的诉求。

---

[1] [德] 雅斯贝尔斯：《历史的起源与目标》，魏楚雄、俞新天译，华夏出版社 1989 年版。

[2] 高放：《社会主义的过去、现在和未来》，北京出版社 1982 年版，第 8—14 页。

[3] 19 世纪末，恩格斯曾高度赞扬卡尔·考茨基从柏拉图的共产主义思想开始研究"社会主义前史"，认为他"抓住了一个全新的题目"。参见《马克思恩格斯全集》第 39 卷，人民出版社 1974 年版，第 462 页。

　　恩格斯对希腊哲学评价颇高，他说："他们无所不包的才能与活动，给他们保证了在人类发展史上为其他任何民族所不能企求的地位。……在希腊哲学的多种多样的形式中，差不多可以找到以后各种观点的胚胎、萌芽。"在古希腊的哲学之中，事实上蕴涵着很多社会主义的价值理念。其中柏拉图在《理想国》所体现的社会主义的价值因素更是早期社会主义的胚胎和渊薮，也正是在这个意义上，由考茨基所提出的"社会主义前史"也就从柏拉图开始。①

　　《理想国》是柏拉图关于整个社会的理想蓝图和愿景，它虽然带有乌托邦的色彩，但其中却蕴含着诸多的社会主义价值因素，其中最主要的是关于公有制度的设计。柏拉图的理想国是一个以"哲学王"为统治者，三个等级各司其事、忠于职守且以两个民主委员会（最高委员会和立法委员会）管理国家的公平合理且符合正义美德的国家。在理想国中，最主要的一项制度便是公有制，即在统治阶级内部取消私有财产，取消家庭设置，实行共产、共住、共餐制度以及共妻制。柏拉图认为，"人们之间的纠纷，都是由于财产、儿女与亲属的私有造成的。"②因此，唯有取消财产私有和家庭设置，实行一切公有，才能免除各种争端和纷争。具体而言，此种公有制主要包括共产、共住、共餐和共妻制度，当然这种公有制主要是在统治阶级（护国者和辅助者）内部实行。

　　柏拉图在理想国中设定："在统治阶级的内部，除了拥有维持生产和生活的绝对必须品之外，不用需有私人财产；公民共同拥有房屋和仓库，粮食是按照定量供给，不能多于，也不能缺少，人们都必须同吃同住。"③同时，柏拉图强调统治阶级不能和任何金银扯上关系，因为一旦他们拥有了私有财产，"结果就会是，他们和国家一起走上了灭亡之路，

① ［德］卡尔·考茨基：《近代社会主义的先驱》第 1 卷，韦建桦译，商务印书馆 1989 年版。
② ［古希腊］柏拉图：《理想国》，郭斌、张竹明译，商务印书馆 1996 年版，第 88 页。
③ ［古希腊］柏拉图：《理想国》，郭斌、张竹明译，商务印书馆 1996 年版，第 147 页。

同归于尽。"①此外，柏拉图强调要废除家庭设置实行共妻制。他认为城邦中的婚姻要由城邦统一安排，按照"优中选优"的方式进行组合。同时，城邦中出生的孩子也由国家统一抚养，并且要使孩子既不知其父，也不知其母。正如他在书中所说："这些女人应该归这些男人共有，任何人都不得与任何人组成一夫一妻的小家庭。同样的，儿童也都公有，父母不知道谁是自己的子女，子女也不知道谁是自己的父母。"②

纵观柏拉图的理想国，其中关于公有制的价值追求蕴含着社会主义的价值理想，在客观上具有一定的历史进步意义。但从整体上不难看出，柏拉图的理想国过于虚幻，并且带有原始共产主义制度和奴隶制度相互杂糅的特点，说到底，也只是一种集体的剥削制度。因而，马克思称之为"只是埃及种姓制度在雅典的理想化"。③

基督教产生于公元 1 世纪中叶罗马帝国统治下的巴勒斯坦地区，它是在对现实社会的反抗中孕育发展而来的，正如恩格斯所说，早期的基督教"是被压迫者的运动：它最初是奴隶和被释奴隶、穷人和无权者、被罗马征服或驱散的人们的宗教。"④基于这样的背景，早期基督教特别强调社会的平等，而这种社会的平等和社会主义对于平等的追求不谋而合。故而，基督教的社会平等思想对于社会主义价值具有启迪意义。

早期基督教产生的一个大背景就是整个社会的不平等，因而，追求社会平等成为了基督教高举的一面旗帜。《圣经》中《新约》最后一章表达的就是社会底层的愿景，即反抗压迫、要求平等，建立一个包容所有公民的没有统治阶级的天国。这种社会平等主要体现在信徒之间的兄弟姐妹关系上，如《加拉太书》曾说："你们因信基督耶稣，都是神的

---

① ［古希腊］柏拉图：《理想国》，郭斌、张竹明译，商务印书馆 1996 年版，第 55 页。
② ［古希腊］柏拉图：《理想国》，郭斌、张竹明译，商务印书馆 1996 年版，第 131 页。
③ 《马克思恩格斯全集》第 23 卷，人民出版社 1972 年版，第 405—406 页。
④ 《马克思恩格斯选集》第 4 卷，人民出版社 2012 年版，第 327 页。

儿子，你们受洗归入基督的，都是披戴基督了，并部分犹太人、希利尼人、自己的、为奴的，或男或女，因为你们在基督耶稣那里，都成为一了。"[1] 这种人人平等的主张具有强烈的吸引力和感召力。客观上讲，社会主义关于平等的价值诉求可以说是有效地承接了早期基督教关于社会平等的诉求，从而使得早期基督教关于社会平等的教义成为了社会主义价值的理论渊薮的一部分。

社会主义内在的包含着对于民主这种价值的诉求，正如马克思所说："民主制对其他一切国家形式的关系，同基督教对其他一切宗教的关系是一样的。基督教是卓越超绝的宗教，宗教的本质，作为特殊宗教的神化的人。民主制也是一样，它是一切国家制度的本质，作为特殊国家制度的社会化的人。它对其他形式的国家制度的关系，同类对自己的各个种的关系是一样的。"[2] 而无论是作为理念形态的民主还是作为实践形式的民主，都可以追溯到古希腊城邦政治时期，因而，社会主义关于民主的价值诉求必然也要承接古希腊关于民主的理念和实践。

从发生学的角度上讲，真正意义上的民主来源于古希腊的政治实践。英文中的 democracy（民主）一词源自于希腊语中的 demos（人民）和 krarotos（统治），因而，从字面意义上讲，民主就是人民的统治。当然，古希腊关于社会主义民主的价值因素主要体现在以雅典为代表的城邦政治的实践中。在以雅典为代表的城邦中，"立法机构由全体公民组成，这种制度之所以可行，是因为一个城邦的人口鲜有超过 1 万者，其中女子和奴隶又无政治权利。公民有资格担任各种行政及司法职务，有些通过选举，其他通过抽签指派。不存在分权制，一切官吏都向人民大

---

[1]　[德] 马丁·路德：《加拉太书》第 3 章，李漫波译，生活·读书·新知三联书店 2011年版，第 26—28 页。

[2]　《马克思恩格斯全集》第 3 卷，人民出版社 2002 年版，第 40 页。

会完全负责，人民大会有权在行政及司法乃至立法问题上采取行动。"①古希腊的民主政治更多的体现为一种直接民主，即由全体公民共同管理国家事务。古希腊的民主政治并不是一成不变的，它也经历了一个发展的过程，其中最主要的是梭伦改革和克里斯提尼改革。通过这两次改革，古希腊的民主政治得到了进一步的发展。梭伦改革的内容非常广泛，主要聚焦于政治、经济和司法层面。梭伦通过颁布解负令、恢复公民会议制度和建立陪审法庭制度等措施使得雅典初步具备了现代国家的职能和特点。②同时，经过克里斯提尼改革，雅典彻底扫除了氏族制的残余，进一步促进了民主制度的发展。

虽然古希腊距离社会主义思想的产生有几千年的历史，古希腊的民主政治也与社会主义所倡导的民主政治体制存在着差异，此外，古希腊的民主政治还存在着"平民暴政"的危险，但我们仍然需要从其中吸取社会主义民主所需要的养分，因为，希腊民主本身就内涵着社会主义的价值因素。

二、东方古代思想中的社会主义价值的文化基因

如果说西方古代思想中所蕴含的诸如公有制、社会平等以及民主政治等价值是社会主义产生的诱致因的话，那么古代中国的"大同"理想则是社会主义能够扩展其空间领域的条件因。也就是说，西方古代思想中的与社会主义有关的价值诉求后来发展成为了社会主义价值的一部分，而东方古代思想中与社会主义价值相契合的部分则成为了社会主义能够传入东方，并在东方世界不断发展壮大的条件因素。正因为有诸如"大同"理想的存在，才使得社会主义能够在东方世界生根发芽并且逐步发

---

① 《不列颠百科全书》第 5 卷，中国大百科全书出版社 1999 年中文版，第 227 页。

② 刘玉安等：《西方政治思想通史》，山东大学出版社 2003 年版，第 27 页。

展，就如列宁所说，"每个民族文化，都有一些民主主义的和社会主义的即使是不发达的文化成分，因为每个民族都有被剥削劳动群众，他们的生活条件必然会产生民主主义的和社会主义的意识形态。"① 就东方古代思想而言，其所蕴含的社会主义价值因素主要包括儒家的"大同"理想、墨家的"兼爱""尚同"理念以及朴素的农民阶级所向往的"太平世界"。

中国古代的"大同"理想蕴含着上古时期广大劳动人民对平等与和谐的向往。它内涵着社会主义对于自由、平等、公正与和谐的价值追求，因而，它能成为社会主义价值的文化基因。"大同"一词，语出《礼记·礼运》，文中载，"大道之行也，天下为公。选贤与能，讲信修睦。故人不独亲其亲，不独子其子。使老有所终，壮有所用，幼有所长。鳏寡孤独废疾者，皆有所养。男有分，女有归。货恶其弃于地也，不必藏于己。力恶其不出于身也，不必为己。是故谋闭而不兴，盗窃乱贼而不作。故外户而不闭。是谓大同。"②

"大同"理想是古代对和谐的最高追求，以"大同"、"均分"为主要特点。它从三个层面反映了古代人民对于平等和谐的向往与追求，从而也在三个方面契合了社会主义的价值诉求。首先，从政治层面上讲，"大同"理想强调天下为公，选贤任能。其次，在经济层面，"大同"理想强调公共劳动，各得其所以及"货不必藏于己"。最后，从社会层面上看，"大同"社会追求诚信友善，互助互爱，老有所终，壮有所用，幼有所长。这三方面都从某种程度上契合了社会主义的价值追求，"大同"理想也就成为了能使社会主义在近现代中国生根发芽的文化土壤。值得一提的是，古代"大同"理想虽然在某种程度上契合了社会主义的价值追求，但它也有局限性，毕竟"大同"理想的根基是自给自足的自

---

① 《列宁全集》第 24 卷，人民出版社 1990 年版，第 125 页。
② 《礼记·礼运》。

然经济，所以，它只是一种表面的、静态的和谐，而非社会主义所追求的本质的、内在的和动态的社会和谐。同时，古代"大同"社会所追求的平等也只是分配上的绝对平等，而不是社会主义所追求的机会的平等。另外，古代"大同"社会所追求的自由是戴着"封建枷锁"的自由，而非社会主义所追求的人的自由而全面的发展。

墨家的"尚同"社会是以无差别的兼爱原则组建起来的。在"尚同"社会中，人人参与劳动，即"使各从事其所能"，"赖其力以生"；同时要实行财产相分的原则，即"有财者勉以分人"；在这个社会中，实行"兼爱"的原则，即墨子所说："若使天下兼相爱，国与国不相攻，家与家不相乱，盗贼无有，君臣父子皆能孝慈，若此，则天下治。故圣人以治天下为事者，恶得不禁恶而劝爱？故天下兼相爱则治，交相恶则乱。"[①]墨子所倡导的"尚同"社会，其内涵理念和追求在一定程度上契合了社会主义关于劳动、公有以及平等的价值诉求，因此，"尚同"社会的理想也是社会主义之所以能在中国落地生根的文化土壤。

除了儒家的"大同"理想以及墨家的"尚同"社会理想为社会主义价值提供文化滋养以外，古代朴素的农民阶级所向往的"太平盛世"也是社会主义的文化基因。如汉末张角的黄巾起义，在《太平经》一书中就提出了他们所向往的理想社会即是"万年太平"的世界。[②]在《太平经》中所构造的理想社会模型里，人人赖力生存，即"天生人，幸使其人人自有其筋骨，可以自食衣者"；同时，这个社会中财产共有，即"此财物乃天地中和所有，以其养人"；最后，这个社会强调人人平等，即反对"一事殊法，同罪异论"。包括后来的黄巢起义所提出的"天补平均"口号以及李顺起义所提出的"等贵贱，均贫富"的口号等等，都是古代

---

① 《墨子·兼爱》。
② 孙万智：《中西空想社会主义之比较》，《理论探讨》2000 年第 6 期。

朴素的农民阶级所向往的"太平盛世"，这些都成为了社会主义价值的文化基因和历史沉淀。

总而言之，社会主义价值并非无源之水和无根之木。在西方，社会主义价值可追溯到古希腊时期；在中国，社会主义价值以古代"大同"理想作为文化基因。社会主义价值正是在历史积淀的基础上逐步明晰，逐步为人们所认同和接受。

第二节　初始形态：空想社会主义及其价值蕴含

16世纪初期，以托马斯·莫尔的《乌托邦》为标志，空想社会主义正式诞生，在其大约300年的发展历程中，《乌托邦》较为集中全面地阐释作者对未来社会的一种价值预设，也是社会主义形成的直接思想材料。空想社会主义者所提出的诸如社会平等的要求、财产公有的主张和民主的思想以及在这些基础之上所设计的理想社会都是对历代劳苦大众和社会精英建立一个公正、合理、自由、平等的社会的理想在当时的历史条件下的继承和发展。马克思指出，"在唯物主义的批判的社会主义时代以前，空想主义本身包含着这种社会主义的萌芽"[1]，这种"萌芽"更多的体现为一种价值追求，但"解决社会问题的办法还隐藏在不发达的经济关系中，所以只有从头脑中产生出来"[2]，这就使得它在一系列实质性问题上表现出理论和方法上的先天不足。所以这样的社会主义，必然是"一开始就注定要成为空想的，它越是制定得详尽周密，就越是要陷入纯粹的幻想。"[3]

---

① 《马克思恩格斯文集》第10卷，人民出版社2009年版，第421页。
② 《马克思恩格斯文集》第3卷，人民出版社2009年版，第528页。
③ 《马克思恩格斯文集》第3卷，人民出版社2009年版，第528—529页。

一、空想社会主义：社会主义的初始形态

空想社会主义与资本主义生产关系是共时性的存在。16—19 世纪，资本主义生产方式在西欧国家迅速发展起来。资产阶级高举反封建的大旗，领导无产阶级和其他劳动阶级对封建阶级发起了猛烈的进攻。尼德兰资产阶级革命、英国资产阶级革命和法国大革命的爆发，使资本主义得到了巨大的发展。资产阶级的启蒙思想家曾经为资本主义制度的确立热情欢呼、呐喊助威，他们预言：随着这个理性王国的出现，过去时代所存在的一切"迷信、非正义、特权和压迫，必将为永恒的真理、永恒的正义、基于自然的平等和不可剥夺的人权所取代。"[①]然而，当资本主义制度真正出现在人间时，人们才发现，它并不是一种绝对意义上的合理。"同启蒙学者的华美诺言比起来，由'理性的胜利'建立起来的社会制度和政治制度竟是一幅令人极度失望的讽刺画。"[②]正是在这个意义上，马克思一针见血地指出："资本来到世间，从头到脚，每个毛孔都滴着血和肮脏的东西。"[③]

作为资本主义制度的一种否定形式，社会主义思潮应运而生。早期的社会主义与其说是政治运动，还不如说是人道主义运动。早期的社会主义者没有分析新的生产制度，也没有深入研究它的历史意义或趋势。在他们看来，这个制度的弊病是任意违背"自然法"、正义和理性的"永恒原则"的结果；并且在他们看来，这个社会制度本身就是社会统治力量的笨拙的和存心不良的创制品。[④]从《乌托邦》问世到科学社会主义形成，空想社会主义经过 300 多年的盲目徘徊、寻求和探求，可分为

---

① 《马克思恩格斯文集》第 9 卷，人民出版社 2009 年版，第 383 页。
② 《马克思恩格斯文集》第 9 卷，人民出版社 2009 年版，第 273 页。
③ 《马克思恩格斯文集》第 5 卷，人民出版社 2009 年版，第 871 页。
④ ［美］希尔奎特：《美国社会主义史》，朱立人译，商务印书馆 1974 年版，第 12 页。

16—17 世纪早期的空想社会主义，18 世纪的空想平均共产主义和 19 世纪初的空想社会主义三个发展阶段。

1516 年，英国著名的人文主义者托马斯·莫尔写了《乌托邦》一书，该书中有句名言"羊吃人"至今流传于世。这是莫尔对资本原始积累造成的社会贫富两极分化的惨状的揭露。在《乌托邦》中莫尔提出了"私有制是万恶之源"，要实行财产共有、按需分配的社会，并对其理想社会乌托邦新岛作了绘声绘色的描写。与莫尔同时期的德国空想社会主义者托马斯·闵采尔是农民战争的领袖。在实际斗争中，闵采尔通过发表演讲和发行小册子的方式，表达了要建立"千年王国"的政治主张。1623 年，意大利人托马斯·康帕内拉出版了他在狱中写成的《太阳城》一书，这是《乌托邦》的姊妹篇。早期空想社会主义是与文艺复兴运动联系在一起的，莫尔等人不仅是著名的人文主义者，还是既反封建主义，又反刚刚萌芽的资本主义的空想社会主义者。与人文主义者一样，他们的主张都是通过文艺作品表达出来的，只是莫尔等人在字里行间闪烁着"共产主义思想的微光"。18 世纪是欧洲启蒙运动蓬勃发展的时期。代表新兴资产阶级意志的启蒙思想家伏尔泰、孟德斯鸠、卢梭、狄德罗等人掀起了又一次猛烈批判封建制度及其精神支柱宗教的思想解放运动。在启蒙运动中，不断壮大起来的无产者积极参加了反封建主义的斗争，而反映无产者利益的社会主义思潮也随之发展起来。以法国的梅叶、摩莱里、马布里和巴贝夫为代表，他们在《自然法典》、《论公民的权利和义务》、《论法制和法律的原则》、《平民宣言》等代表著作中发挥了启蒙运动所倡导的自然法理论和理性原则，在坚决反对封建主义的同时，又反对资本主义。他们主张废除一切私有制，建立生产资料公有制，人人劳动以及从社会取其所需的权利；他们关于阶级的认识，关于国内正义战争和人民革命、人民专政的思想不仅内容更加丰富，而且论证更加深刻，由"共产主义的微光"发展成为"直接共产主义理论"。

进入 19 世纪，随着资本主义制度的确立，种种社会问题和危机日益暴露出来，整个社会日益分裂为两大对立的阶级，社会主义思想进一步发展，并出现了一大批空想社会主义者。他们从政治、经济、文化各方面猛烈地批判所谓现代文明社会，他们不仅用初步的劳动价值理论批判资本主义制度，而且从发展生产力的高度论证废除资本主义的必然性。圣西门通过对实业制度的描述，阐述对理想社会的追求。在实业制度下，一切人都应当劳动，管理活动置于统治活动之上；实业制度既包括物质生产，又包括科学、艺术等精神生产，实际是对未来社会制度的设计。傅里叶提出并大量论述了建立和谐制度，把幸福普及到社会的底层，建立一种城乡结合，工业生产与农业生产结合，脑力劳动与体力劳动结合，生产与消费结合，教育与生产劳动结合的集体经营的协作组织——"珐琅吉"。这种和谐制度是关于未来社会的积极的思考。欧文的理想社会是生产资料公有，人人参与劳动的公社联合体。他积极进行共产主义的试验，虽屡遭失败，却奋斗不已。这一时期建立了完整的"批判的空想的社会主义和共产主义"[1]，它是"在居于统治地位的资产阶级的压迫下产生的，并且是同这种统治作斗争的文字表现"[2]，也把空想社会主义学说推进到了高级阶段。

二、空想社会主义的价值蕴含

空想社会主义在批判资本主义的基础上提出了一系列改革方案，他们"确信有可能实现一个财产共有、普天同乐、和谐协力的团结的社会，一个能使人类的力量，人类的美，人类的光辉和荣耀升华到最高境界的社会，一个安抚受难的人民、把不幸的人们从饥饿和悲伤的苦难中拯救

---

[1] 《马克思恩格斯文集》第 2 卷，人民出版社 2009 年版，第 62 页。
[2] 《马克思恩格斯文集》第 2 卷，人民出版社 2009 年版，第 57 页。

出来而把幸运的人从自我主义中解脱出来的社会，一个使劳动与欢乐、富有与善良、德行与幸福在尘世间结合起来的社会。"① 虽然这是一个完美的 "乌托邦"，但是 "使我们感到高兴的，倒是处处突破幻想的外壳而显露出来的天才的思想萌芽和天才的思想"②。空想社会主义者的理论构想中蕴含着的价值原则为科学社会主义的价值生成、价值实践以及价值评价提供了很多有益的思考。具体而言，空想社会主义的价值理想主要有平等、民主、博爱、和谐、幸福、劳动等。

（一）平等

空想社会主义设想的未来社会是消除不平等的社会。社会的目的就是让全体人民在平等中幸福生活。如摩莱里在《自然法典》中对共产主义的特征作了如下规定："社会上的任何东西都不得单独地或作为私有财产属于任何个人，但每个人因生活需要、因娱乐或因进行日常劳动而于当前使用的物品除外"；"每个公民都是依靠社会供养、维持生计和受到照料的公务人员"；"每个公民都要根据自己的力量、才能和年龄促进公益的增长"③。这些规定说明，摩莱里认为未来社会将是生产资料公有，社会公平，人人平等，各取所需，各尽所能的社会。再如，巴贝夫把实现全人类的自由和平等确立为自己的最终目的。他认为只有自由和平等才能使人获得人所应有的尊严和权利，在此基础上，他论证了公有制的必要性与合理性。他说："人既然是绝对平等的，就不应该独自占有任何东西，而应该能够共同支配一切"④。

---

① ［美］乔·奥·赫茨勒：《乌托邦思想史》，张兆麟等译，商务印书馆 1990 年版，第 180—181 页。
② 《马克思恩格斯文集》第 3 卷，人民出版社 2009 年版，第 529 页。
③ ［法］摩莱里：《自然法典》，黄建华、姜亚洲译，商务印书馆 1982 年版，第 106—107 页。
④ ［法］G.韦耶德等编：《巴贝夫文选》，刘汉玉译，商务印书馆 1962 年版，第 91 页。

（二）民主

不少空想社会主义者的理想社会都是实行民主共和制度，权力是有限的；公职人员由选举产生，实行任期制，并且选民有权更换其所选人员；不存在阶级差别，任何人都没有任何特权。莫尔的乌托邦、温斯坦莱的自由共和国、康帕内拉的太阳城、欧文的共产主义劳动公社以及圣西门的实业制度等都明确提出了民主管理社会的主张。空想社会主义者都反对世袭制，但在国家元首的任职问题上，也有相当一部分人，如莫尔、康帕内拉等人主张把这个最高职务同终身制或长期任职联系起来。但温斯坦莱等人则旗帜鲜明地提出了反对终身制和长期任职制的主张，认为在自由共和国里，一切公职人员都必须每年改选一次，概莫能外，并对选举制的优越性进行了详细的论证。他认为："一个好的政府实行这样的领导，就可以把整个国家，不，甚至把整个世界都变成人类的大家庭，变成一个管理得很好的统一的共和国。"[1]欧文认为，在未来社会的公社中，每个社员"对一切事情有发表自己意见的充分自由"[2]。

（三）和谐

空想社会主义者们都试图设计和建立一个和谐完美的社会。在他们所构建的社会中，无论是人际关系还是两性关系甚至是天人关系都是和谐而美满的。在莫尔的构想中，乌托邦是一个形如半月，位于一片汪洋之中的一个中部最宽为200海里的小岛，这个岛上，风光旖旎，景色诱人，钟灵毓秀，楼道整齐，交通便利。同时，全岛由54个城市组合而

---

[1] 《温斯坦莱文选》，任国栋译，商务印书馆1980年版，第140页。
[2] 《欧文选集》第2卷，柯象峰等译，商务印书馆1981年版，第130页。

成，每个城市之间相距只有 24 里，每座城市都有一座大花园，景色秀丽，风光无限。傅里叶按照他的情欲引力理论构思了"和谐制度"。欧文设计的劳动公社则是一个"工农结合的新村"，"这种公社以联合劳动和联合消费为原则，……在公社中大家的利益是一致的和共同的。"① 欧文设计的"新和谐公社"，消除了阶级对立，消除了城乡差别，在这个公社中既有齐全的现代化的生活设施，同时也有风光旖旎的农村风光，环境优美，完美而和谐。

（四）幸福

空想社会主义者认为，未来的社会是一个尽可能多地为每个人创造幸福的社会，同时，每个人的幸福又是与全民的幸福具有高度的一致性的。摩莱里认为，"人的一切行为的动机或目的是希望幸福"，他所建构的未来社会的目的就是"求得一种人能在世上尽可能得到幸福和乐于从善的环境"②。马布利要把社会改造成为"人人都是富人，人人都是穷人，人人平等，人人自由，人人是兄弟"③ 的幸福社会。巴贝夫针对法国资本主义社会中严重的贫富不均现象，明确提出未来社会应当"为广大群众谋得尽可能大的幸福"，应当把"全体人民的福利"作为自己的目标。④ 圣西门预言在实业制度下"国家的繁荣昌盛将以最快的速度得到发展，人们将会享有只有人的本性才敢向往的各种个人幸福和公共幸福"⑤。欧文认为在未来的很长时间，创造幸福是人类唯一的信仰，且这种信仰是"每日对每个人坚定不移地在思想、言论与行动上行善、做好事和心存

---

① 《欧文选集》第 1 卷，柯象峰等译，商务印书馆 1979 年版，第 200 页。
② ［法］摩莱里：《自然法典》，黄建华、姜亚洲译，商务印书馆 1982 年版，第 104 页。
③ 《马布利文集》，何清新译，商务印书馆 1960 年版，第 170 页。
④ ［法］C. 韦耶德等编：《巴贝夫文选》，刘汉玉译，商务印书馆 1962 年版，第 57 页。
⑤ 《圣西门选集》第 2 卷，董果良、赵鸣远译，商务印书馆 1982 年版，第 70—71 页。

厚道。"① 一旦达到了这个水平，那么"新的道德世界"就会来临。

（五）博爱

空想社会主义在继承启蒙运动的博爱精神的基础上，提出了自身的博爱精神。这种博爱精神是一种圣人精神，强调众生平等，爱无差别，它体现的是一种平等的、广博的、无差等的和无级别的爱，是一种自爱的超越。圣西门提出：四海之内皆兄弟，每个人都应当为广大的贫困阶级贡献自己的力量，无论是在物质上抑或是精神上，这种奉献他人，我为人人的道德观念是这个社会的精神基础。这具有一定的宗教性质，因为它强调精神力量的道德效力，是一种很纯粹和崇高的乌托邦精神。卡贝也谈到，当伊加利亚人被问道："你们学科是什么？"他们回答说："博爱。""你们的原则是什么？""博爱。""你们的教义是什么？""博爱。""你们的理论是什么？""博爱。"这是一个期望创造出至善至美的伊加利亚社会的理想。在这个社会中，没有犯罪，所以也无所谓警察和监狱，每个人都是他兄弟的保护人。②

（六）劳动

空想社会主义者认为，"劳动是每个公民的义务"这条原理是无可争论的。批判现存社会中盛行的不劳而食的现象，是空想社会主义的理论体系中最稳固的价值追求之一。托马斯·莫尔认为在乌托邦社会中不劳而食的认识是完全没有的，所有的人都从事公益劳动。体力劳动是每个公民的义务。有劳动能力的社会成员中既不用体力劳动、又不用脑力劳动为社会谋福利的人，在乌托邦社会里是不存在的。同

---

① ［美］乔·奥·赫茨勒：《乌托邦思想史》，张兆麟等译，商务印书馆1990年版，第210页。
② ［美］乔·奥·赫茨勒：《乌托邦思想史》，张兆麟等译，商务印书馆1990年版，第202页。

样，在康帕内拉的太阳城里，劳动是由所有的人来分担的，而且各种劳动都被认为是同样崇高的："每个人无论分配他做什么工作，都能把它看做是最光荣的任务去完成"①。圣西门说："劳动是一切美德的源泉，最有益的劳动应当受到尊重"②。傅里叶甚至认为"劳动是人的天生爱好，劳动权是最主要的天赋人权"。③ 在傅里叶对资本主义的批判中，对不劳而食和寄生现象的批判占据中心的位置。傅里叶的一个基本思想是，在现存社会条件下强迫从事的苦役般的劳动，在和谐的社会中将变成一种有吸引力的劳动，因为在那个社会中，人人的情欲都将得到满足。

总之，从 1516 年托马斯·莫尔的《乌托邦》问世到 19 世纪初的圣西门、傅里叶和欧文的社会主义学说，社会主义思潮在欧洲大陆蔓延发展三百多年，其内容在不断地更新，理论在不断地充实，价值确认也不断得到强化，他们对于资本主义的批判也更加透彻和深入，对未来社会的构想也越来越成熟，并日渐接近科学形态。虽然马克思和恩格斯对于空想社会主义者的思想进行了批判，但并没有因此而否定他们的价值，相反，马克思和恩格斯对空想社会主义者始终抱有很大的敬意，并且对这些文化英雄的著作给予了很高的评价和关注。虽然空想社会主义者提出了许多天才般的构想，但归根到底，它们只是一种空想，缺乏走向实践的现实根基；同时，他们虽然批判资本主义社会，但是没有找到它的内在本质和规律，而是"以人的天性来解释人类历史"④，没有找到成为新社会创造者的社会力量，同时也没有找到通往社会主义的康庄大道，

---

① ［意］托马斯·康帕内拉：《太阳城》，陈大维、黎思复、黎延弼译，商务印书馆 1980 年版，第 23 页。
② 《圣西门选集》第 2 卷，董果良、赵鸣远译，商务印书馆 1982 年版，第 71 页。
③ 《傅里叶选集》第 3 卷，赵俊欣、吴模信等译，商务印书馆 1982 年版，第 135 页。
④ ［俄］普列汉诺夫、沃尔金等：《论空想社会主义》上卷，中国人民大学编译室等译，商务印书馆 1980 年版，第 7 页。

更没有找到实现民主、和谐、博爱、幸福、劳动等价值的社会主体、实践基础和实现道路。

第三节　科学转化：科学社会主义的
逻辑生成和价值理念

空想社会主义的发展是一个空想色彩逐步退化，现实精神逐渐增强，一个持续为科学社会主义的诞生积累材料的过程。社会主义作为一定历史时代的思潮和理论，是从价值评价、价值追求到科学认识价值目标的发展进程。马克思将目光定位于社会内在本质和规律之上，超越了空想社会主义主要关注于价值定位与价值追求的阶段，使得这一学说有了科学性，也才使这一学说的价值立场、价值取向和价值目标有了科学论证。

一、科学社会主义的逻辑生成

社会主义从空想走向科学的理论跨越和历史转型，是在思想准备、思维向度和现实基础三个维度上展开的，即通过"理性王国批判"，他们为科学社会主义提供了很多直接的素材；通过"思维方式考察"，唯物主义历史观的逻辑生成将科学社会主义置于真实的历史基础之上；通过"物质事实"发现，生产力社会本性的历史回归使社会主义代替资本主义成为必然。科学社会主义的历史生成使社会主义不再是以往头脑中单纯思维着的"理性"，也不再是仅仅对现实不公的批判与嘲讽，而是真正意义上的理性思维与现实基础的结合。同时，科学社会主义的生成与发展，使社会主义不仅表现为一种运动和制度的形态，而且也表现为一种成熟的思想和价值的形态。

（一）"理性王国"批判：空想社会主义的发展为社会主义走向科学准备了直接的思想材料

空想社会主义缘起于资产阶级对社会发展美好许诺与现实遭遇之间所产生的极大反差，其三百多年的发展历程，蕴含了"天才的思想萌芽和天才的思想"，为科学社会主义的产生提供了直接的思想来源。

（1）18世纪资产阶级启蒙思想家的"理性"期许与其现实的极大反差

在18世纪反封建的启蒙运动过程中，一大批启蒙思想家开始激烈地批判封建专制、反对愚昧和偏见，并在此过程中逐渐确立了共同的价值基准和理论构想。一方面，以"思维着的知性"为价值评判基准，资产阶级思想家们对传统封建社会赖以存在的宗教信仰、社会结构、国家制度和自然观予以坚决地批判。另一方面，他们认为"人的头脑以及通过头脑的思维发现"[1]能够使人们按照思维的理性来构造现实，这种被构造出来的"现实"就是"理性王国"。在"理性王国"中，迷信将为真理取代，特权将为正义取代，压迫和奴役将为平等所取代，用理性支配着的新世界是"神意与人事的和解"[2]。

但是，现实的发展却与资产阶级的"理性"构想有着天壤之别，"'甜蜜理性'（sweet reason）的普及并没有创造出一个我们能够预期和控制的世界"[3]。法国大革命对建立这种理性国家和社会的尝试首先宣告了"理性王国"的完全破产。资产阶级思想家的"理性"国家和"理性"制度，在恐怖时代的契约、督政府的腐败和拿破仑的专制中颠沛流离，一场无休止的战争是知性与和平的现实遭遇。同样，在理性的社会中，贫富差

---

① 《马克思恩格斯文集》第9卷，人民出版社2009年版，第20页。

② ［德］黑格尔：《历史哲学》，王造时译，上海书店出版社1999年版，第459页。

③ ［英］安东尼·吉登斯：《现代性的后果》，田禾译，译林出版社2011年版，第133页。

距的不断拉大、小资产者和小农财产在激烈的竞争中不断丧失，犯罪、贿赂、卖淫和商业欺诈充斥着社会的各个角落，"由'理性的胜利'建立起来的社会制度和政治制度竟是一幅令人极度失望的讽刺画。"[①]

（2）空想社会主义的产生、发展和时代局限

面对着资产阶级"理性王国"的美好许诺和现实社会的贫苦与动荡，社会主义的早期形态——空想社会主义，便缘起于对这种现实落差的嘲讽、批判和反思。从 16 世纪到 19 世纪上半叶，经历了三个多世纪的空想社会主义，产生了诸如描绘"乌托邦"的英国思想家莫尔、宣传"千年天国"的德国思想家闵采尔、英国大革命时期的掘地派、法国大革命时期的巴贝夫等等。从思想演进来看，空想社会主义的发展表现为四个方面，一是从 16 世纪和 17 世纪对理想社会制度的空想描写，到 18 世纪摩莱里和马布利的直接共产主义理论的提出；二是对于平等的基本诉求由最初的政治权利方面，逐渐扩展到个人的社会地位方面；三是价值批判的指向由消灭阶级特权，逐渐发展为消除阶级差别本身；四是由最初禁欲主义的、斯巴达式的共产主义逐渐发展为具有强烈现实主义精神和接近科学形态的理论学说。

尤其是 19 世纪三大空想社会主义者圣西门、傅立叶和欧文的出现，使空想社会主义的发展达到了空前水平，三大空想社会主义提出的许多思想，都能在科学社会主义中体现出来。这其中，法国思想家圣西门对科学社会主义产生重要影响的思想观点主要有：明确了社会的对立形式，即"劳动者"和"游手好闲者"之间的对立；认为以"新基督教"为纽带结合起来的科学和工业，将会占据社会精神领导和政治统治的地位；认识到法国大革命的实质是贵族、资产阶级和无产者之间的阶级斗争；提出政治是关于生产的科学，并预言政治将完全地溶于经济当中；

---

① 《马克思恩格斯文集》第 9 卷，人民出版社 2009 年版，第 273 页。

提出未来对物的管理和对生产过程的掌控将取代对人的政治统治。在法国思想家傅立叶那里，其产生重要影响的思想观点主要涉及四个方面，即从对比的角度，对资产阶级的华美许诺与现实反差进行嘲讽、反思；关注妇女的社会地位，首次提出妇女的解放程度是评判一个社会普遍解放的天然尺度；提出全部社会历史划分的"四阶段论"：蒙昧阶段、宗法阶段、野蛮阶段和文明阶段；对人类具有无限完善化的能力提出质疑，认为任何历史阶段不仅有上升期，也有下降期。同时期的英国思想家欧文，通过身体力行，也提出了富有创见的思想观点，蕴含着"天才的思想萌芽"。首先，提出共产主义理论，将生产力置于基础地位，同时强调生产力的发展只应当为所有人的共同利益服务，并指明了阻碍社会改革的三大障碍，即私有制、宗教和婚姻形式，进而提出通过合作社和劳动市场向共产主义过渡的措施；其次，致力于营造合乎人的尊严的社会环境，通过开办工厂、制定详尽的规划核算、进行美洲共产主义实验、致力于妇女和儿童的权益保护、成立工人权益保障机构等方式，践行着他的共产主义思想，为科学社会主义研究提供了宝贵的第一手资料。

但是，"不成熟的资本主义生产状况、不成熟的阶级状况"[1]，决定了生长于这一历史时期的理论的不成熟。在 16 世纪至 19 世纪，通过资本主义大工业的发展所释放的巨大生产力来解决这种冲突的时机尚未成熟，这就决定了处于这一阶段的空想社会主义者的观点，只能通过自己的头脑，以思维着的理性来评判现实、描述未来，在这一思维范式的影响下，产生了对社会主义的两种误区：一是脱离具体的时间、空间和人类的发展历史，将社会主义看作是绝对的真理、理性和正义。二是限于不同派别生活条件、知识水平和思维方式，他们对社会主义的主观知性往往会导致一种折中的、不伦不类的"社会主义"。对于真正社会主义

---

[1] 《马克思恩格斯文集》第 3 卷，人民出版社 2009 年版，第 528 页。

的认识，不是头脑中的理性规划，而是需要通过树立辩证唯物主义的思维方式，将社会主义置身于现实的物质基础之上。

（二）"思维方式"考察：唯物主义历史观的逻辑生成将社会主义置于真实的历史基础之上

"唯物主义历史观及其在现代的无产阶级和资产阶级之间的阶级斗争上的特别应用，只有借助于辩证法才有可能。"[1] 唯物辩证法的形成，使社会主义不再是人的头脑中思维着的理性的产物，而是需要将社会主义置身于历史的普遍规律之中，置身于现实的基本矛盾之中，从资本主义的物质的经济的事实中探寻社会主义的科学基点。

（1）古代原始朴素的辩证法与近代形而上学的思维方式

全部人类的思想史，离不开对自然界、人类社会和我们自己的精神活动的考察，这一研究最先面临的就是由自然界、人类社会和思维共同构成的，处于不断运动、变化、联系之中宏观图景。但是仅仅对这种轮廓的总的把握是不够的，还需要认识和理解这个总的图景中的种种细节，对它们之间的联系进行抽丝剥茧，并找到它们的内在联系。

古希腊文明作为人类文明的启蒙阶段，对自然界、人类社会和精神活动的考察，尚处于笼统、宏观地理解和把握阶段，即，从宏观的生成、发展、联系、消逝中，观察和认知事物总的规律。这种世界观形成了原始、朴素的辩证思维方式。这一思维方式广泛地搜集了丰富的自然和历史的材料，一方面，这为以后的自然科学和历史研究准备了丰富的材料；另一方面，自然科学的细化研究使人类对自然界、人类社会和思维的考察不可避免地陷入了形而上学思维方式的窠臼之中。

总的、宏观的研究在掌握了基本材料之后，进一步的工作就是对这

---

[1] 《马克思恩格斯文集》第 3 卷，人民出版社 2009 年版，第 495 页。

些材料进行不同的划分、比较、整理，按照一定的纲、目、种进行分门别类的研究，"在希腊人那里是天才的直觉，在我们这里则是以实验为依据的严格科学的研究的结果，因而其形式更加明确得多。"① 这一研究成为 15 世纪下半叶以来自然科学的主要任务。但是，这种做法也无形中"把各种自然物和自然过程孤立起来，撇开宏大的总的联系去进行考察"②。之后，培根和洛克将这种考察方法移植到哲学领域之中，形成了形而上学的思维方式，导致了人类思想史上几个世纪的特有局限。

继承了自然科学的思维习惯，形而上学的思维方式主张将研究对象逐个地、分别地加以考察，这也不可避免地使研究陷入了固化了的、僵硬的思维范式之中，使研究场域脱离了事物的宏观联系和发展，这往往导致其研究结果在具体的领域和范畴中可能是合理的，但是一旦脱离了研究界限，在总的联系之中又是片面的、狭隘的和抽象的，陷入无法克服的矛盾之中。

（2）黑格尔唯心主义历史观伟大功绩和理论局限

总的来看，人类的思维任务在经历了古代朴素辩证法的宏观认识和近代形而上学思维方式的微观研究之后，对事物之间的宏观联系和微观特性认识的结合便成了思维考察的新的历史任务，这种有机的结合，只有通过辩证法这一思维方式才能完成。黑格尔哲学的伟大功绩就是将思维方式恢复到辩证法这一思维的最高形式，即黑格尔唯心主义辩证法的创立对思维考察的新的历史任务提供了解决思路。

黑格尔的哲学体系"把整个自然的、历史的和精神的世界描写为一个过程，即把它描写为处在不断的运动、变化、转变和发展中，并企图揭示这种运动和发展的内在联系。"③ 黑格尔哲学体系的提出将思维范式

① 《马克思恩格斯选集》第 3 卷，人民出版社 2012 年版，第 856 页。
② 《马克思恩格斯选集》第 3 卷，人民出版社 2012 年版，第 396 页。
③ 《马克思恩格斯选集》第 3 卷，人民出版社 2012 年版，第 398 页。

从形而上学的桎梏中解放出来，使思维的任务致力于从历史发展的一切迷乱、偶然的现象中发现蕴含其中的内在联系和规律。与形而上学的思维方式相比，黑格尔的哲学理念是以巨大的历史感作为支撑的。

但是，对于思维的新任务，在提出它之后，并没有能够完成。一方面，他的知识和见解受到他自身和他所处的特定时代限制。另一方面，黑格尔认为，自然、社会、人的思维是其"绝对观念"特殊存在的不同形态，思维的任务只是对这种先验的观念体系的体悟和理解，而不是对事物存在和发展的反映。这种颠倒了的认识论最终导致了黑格尔哲学是唯心的。"绝对观念"作为包罗万象的、最终完成了的认识体系，与辩证的思维方式相矛盾，这也导致了黑格尔哲学体系的"流产"，而且也是"最后一次流产"，新的唯物辩证法的产生终结了人类思维方式的演变。

（3）现代唯物主义历史观的逻辑生成

"黑格尔把历史观从形而上学中解放了出来，使它成为辩证的，可是他的历史观本质上是唯心主义的"①，现代唯物主义一方面继承了黑格尔的辩证法，将人类的历史看作是一个发展过程，并致力于发现其中的规律。另一方面，恢复了黑格尔颠倒了的历史观，将唯心主义从黑格尔哲学的"最后避难所"驱逐出去，使人从自身的存在中思考获得意识，而不是从先验的"观念"中感知意识。

现代唯物主义历史观的确立，使我们能够认识到任何社会的阶级状况都是由特定时期的生产关系和交换关系决定的，是该时期特定经济关系的产物。对于社会主义的认识，已经不再是从先验的、包罗万象的思想体系中，依靠天才人物的偶然发现来感知，而是需要将社会主义置于真实的历史基础之上，从资本主义的生产方式和交换方式的变更中，从

---

① 《马克思恩格斯选集》第3卷，人民出版社2012年版，第796页。

具体的经济过程中，揭示社会主义代替资本主义的必然性。

（三）"物质事实"发现：生产力社会本性的历史回归使社会主义代替资本主义成为必然

19 世纪中期，一方面，资本主义大工业的发展、资本主义社会矛盾的充分显露以及现代工人阶级的不断壮大，使得"用来消除已经发现的弊病的手段，也必然以或多或少发展了的形式存在于已经发生变化的生产关系本身中。"[①] 另一方面，唯物主义历史观的形成，将社会主义的致思方向转向了资本主义的经济事实当中，阶级斗争成为关注焦点。至此，社会主义的科学形态在成熟的时机和成熟的思维方式中，在资本主义生产方式的矛盾和生产力社会本性的反作用中不断清晰。

（1）资本主义生产方式的两个内在矛盾

考察资本主义的生产方式，其中包含着两个方面的矛盾冲突。一是社会生产与资本主义占有之间的矛盾，二是个别生产与社会生产之间的矛盾，这两个矛盾冲突是资本主义与生俱来的，也是无法克服的。

社会生产与资本主义占有之间的矛盾。在中世纪社会和资本主义的早期——工场手工业阶段，产品的所有权是以劳动者自己的劳动为基础，劳动资料的占有者占有产品。而到了资本家出现以后，产品的占有形式仍然保持着个体的私人占有。但是，这种占有形式的前提却被资本主义的生产方式消灭，即产品的资本家占有替代了真正使用生产资料和真正生产产品的人，也就是在生产资料由分散的、个体的状态转变为社会的并为资本家所掌握的时候，劳动者的受雇身份也由以往的暂时身份变为终身受雇，且随着封建劳动的不断瓦解，这支雇佣军的数量不断增加，从而在社会上出现了掌握生产资料的资本家和一无所有的雇佣劳

---

① 《马克思恩格斯选集》第 3 卷，人民出版社 2012 年版，第 655 页。

动者之间的对立。这种对立是社会生产与资本主义占有之间矛盾的直接表现。

个别生产与社会生产之间的矛盾。在资本主义的生产环境下，从事生产的个别工厂，在不断的竞争压力下，需要不断地进行商品扩张和生产技术改进，不断地强化自身生产管理的组织性。但是，这种生产的组织性仅仅有利于提升其自身的产品数量和质量，对于整个市场的供需关系、发展前景却一无所知。这种市场预期的盲目性和生产的内部组织性，构成了资本主义个体生产的矛盾。同时，从社会性的生产来看，"每个人都用自己偶然拥有的生产资料并为自己的个人的交换需要而各自进行生产"①，这所导致的直接结果就是社会生产的无政府状态。但是，从市场运行的整体来看，又有着内在的规律，这些规律在与生产者"对立的情况下，作为他们的生产形式的盲目起作用的自然规律而为自己开辟道路。"②社会生产的无政府状态和市场的固有规律成为资本主义社会生产的矛盾冲突。

从资本主义的个别生产和社会生产的关系来看，个别工厂生产的组织性与社会生产的无政府状态产生矛盾。同时，社会生产的固有规律也与个别工厂生产预期的盲目性产生矛盾，这两对矛盾共同构成资本主义个别生产和社会生产的矛盾。

（2）资本主义生产方式内在矛盾的两重后果

对于这种生产的无序性，资本家唯一能做的就是不断地改进和扩张自己的机器，而机器的数量和生产效能的增加，又客观上排挤了越来越多的劳动者，从而造成了人的劳动的过剩，形成了一支超过资本主义的需求，可以随意支配的产业后备军。产业后备军的形成，一方面，成了

① 《马克思恩格斯选集》第3卷，人民出版社2012年版，第658页。
② 《马克思恩格斯选集》第3卷，人民出版社2012年版，第659页。

资本家抑制薪酬的调节器；另一方面，又成为工人阶级进行生存斗争的绊脚石，资本主义生产方式所导致的第一重后果就是在生产中不断排挤生产者。

资本主义生产方式在排挤生产者的同时，也使生产力载负了资本主义属性。资本主义生产方式的运行本质就是需要将社会生产资料和生活资料转化为资本，通过资本转化环节来联结物的供给与人的需求。但是，资本主义大工业的无限膨胀，生产的扩张远远地超过了市场的扩张，与市场的销售、消费相抵触，个体生产的组织性和社会生产的无政府状态也随之发展到不相容的地步，这一矛盾冲突所导致的直接后果就是社会普遍的生产资料、生活资料和产业工人的闲置，阻碍了生产资料和生活资料转变为资本，人的劳动和需求也随即无法满足，资本作为横梗在物的杠杆与人的杠杆之间的必经环节，成为生产力发展的绊脚石，资本主义的矛盾冲突不断激化，生产力对其资本属性展开反作用力。

这种反作用力，迫使资本家在资本关系内部的可能限度内做出调整和改变，即，通过股份公司、工业托拉斯和国家财产等社会化形式，尽可能地把生产力当作社会生产力。但是这样一来，资本家的全部社会职能将由工薪阶级代替。至此，资本主义生产方式所产生的第二重后果就是在排挤了生产者之后，又进一步排挤资本家。

（3）生产力社会本性的历史回归

讨论生产力的社会本性，首先需要明确生产资料的社会性，即作为物的生产资料的生产和供给必须是和人的基本需求紧密联系、有机统一，生产力的社会本性就体现在社会的生产、交换和占有方式同生产资料的社会性相适应。

尽管资本家通过社会化的改造，对生产力社会本性的局部承认并没有改变资本主义的生产方式，但是这种生产力归国家所有的尝试，提供了一种解决矛盾的手段和方法，即，改变资本主义"产品起初奴役生产者而后又奴役占有者的占有方式"①，由无产阶级取得国家政权，将生产资料变为国家财产，将以往的私人占有变成社会占有。无产阶级的掌权，把逐渐脱离资本家掌控的社会生产资料转化为公有财产。通过这一行动，无产阶级将资本从物的供给与人的需求之间抽离，实现物的杠杆与人的杠杆有机结合，使生产力的社会本性得以充分展现，随着资本主义生产矛盾的消解，新的占有方式消灭了阶级以及国家，人将成为人自身、社会以及自然界三者之间的真正结合——自由的人。

综上所述，在资本主义的生产方式的基本矛盾及其发展过程中，生产力对其载负的资本属性的反作用力是贯穿其中的主线，这一矛盾运动的结果也将不可避免地走向生产力社会本性的历史回归，从而证明了社会主义代替资本主义的历史必然性，预示了新的社会形态的基本特征，也指明了无产阶级的伟大历史使命和科学社会主义的根本任务。

二、科学社会主义的价值理念

科学社会主义作为"普遍真理"，不仅包含事实性真理，而且包含价值性真理，不只是一种事实性、规律性认识，更是一种基础的价值观。科学社会主义绝不是与价值无关或是价值中立的学说，科学社会主义从它诞生时起，就有着自己最鲜明的价值立场、价值取向和价值目标。要真正理解社会主义，就必须从其理论基础、制度体系和价值理念三者统一的角度出发。科学社会主义的价值既承继空想社会主义价值理想的合理成分，又剔除了其中的空想根基；既借鉴了资产阶级启蒙思想家价值观念的积极因素，又扬弃了其中的虚伪本质；既高扬科学社会主义的价值大旗，又立足于现实的广大人民群众社会实践。

---

① 《马克思恩格斯全集》第 20 卷，人民出版社 1971 年版，第 304 页。

（一）科学社会主义的价值规定

恩格斯在《家庭、国家和私有制的起源》的文末引用了摩尔根《古代社会》中一段"对文明时代的评断"作为结语，其中指出："管理上的民主，社会中的博爱，权利的平等，教育的普及，将揭开社会的下一个更高的阶段，经验、理智和科学正在不断向这个阶段努力。这将是古代氏族的自由、平等和博爱的复活，但却是在更高级形式上的复活。"① 这为我们挖掘和理解科学社会主义的价值规定提供了研究文本和思想启迪。

众所周知，自由、平等、博爱是人类千百年来孜孜以求的价值理想和精神寄托。虽如马克思在《1848 年至 1850 年的法兰西阶级斗争》中指出的那样，法国资产阶级革命使得"具有历史意义"的"自由，平等，博爱"② 的"信条"呱呱坠地。但是，自由、平等、博爱的思想观念和价值追求并不是资本主义社会的产物，事实上，人类社会自诞生之后，这些观念就已被孕育和发酵开来了。在资本主义私有制条件下，"自由、平等、博爱"只能是包裹资本主义社会矛盾的漂亮舞衣。"自由的并不是个人，而是资本"③，自由是建立在一小部分有产者对无产者的剥削之上；平等也只是有产者对无产者的压迫；博爱更只是一种口头的空白支票。为了全人类的解放事业，马克思"把他一生的很大一部分时间、很大一部分著作和很大一部分科学研究用来嘲笑自由、平等、多数人的意志，嘲笑把这一切说得天花乱坠的各种边沁分子，用来证明这些词句掩盖着被用来压迫劳动群众的商品所有者的自由、资本的自由"④。马克思

---

① 《马克思恩格斯选集》第 4 卷，人民出版社 2012 年版，第 195 页。

② 《马克思恩格斯选集》第 1 卷，人民出版社 2012 年版，第 452 页。

③ 《马克思恩格斯全集》第 46 卷（下），人民出版社 1980 年版，第 159 页。

④ 《列宁选集》第 3 卷，人民出版社 2012 年版，第 810 页。

恩格斯在评价资产阶级"自由、平等、博爱"价值观时，既承认了它的历史进步性，又指出了它对人民群众的欺骗性和虚伪性，在批判和扬弃中提出了无产阶级的也即社会主义的"更高级形式的"自由、平等和博爱。

（1）"更高级形式的"自由

马克思恩格斯在唯物史观和辩证唯物论的指导下，对自由等问题做了历史的和辩证的考察，在剔除西方先哲资产阶级自由观的糟粕的同时，也有效的继承了关于自由的合理因素，从而科学地阐释了自由的来源及其历史发展的基本问题。首先，马克思恩格斯规定自由是"现实的人"对必然的认识和利用，是对世界的认识和改造。正如毛泽东所说，"欧洲的旧哲学家，已经懂得'自由是必然的认识'这个真理。马克思的贡献，不是否认这个真理，而是在承认这个真理之后补充了它的不足，加上了根据对必然性的认识而'改造世界'这个真理。'自由是必然的认识'——这是旧哲学家的命题。'自由是必然的认识和世界的改造'——这是马克思主义的命题。"[①] 这种通过改造世界获得的自由是具体的、历史的、相对的、有限度的自由，而不是资产阶级宣扬那种抽象的、永恒的、绝对的、超阶级的"绝对意志"、"天赋人权"和"全人类的"自由。马克思恩格斯认为，自由不是人的本质，而是来自于人们的劳动实践创造。其次，马克思恩格斯将自由与社会经济发展联系起来，揭示并阐明了生产力发展水平在人类自由进程中的基础性和决定性作用。马克思指出，自由"必然是历史发展的产物。最初的、从动物界分离出来的人，在一切本质方面是和动物本身一样不自由的；但是文化上的每一个进步，都是迈向自由的一步"[②]，而"建立在个人全面发展和他们共同

---

① 《毛泽东文集》第二卷，人民出版社 1993 年版，第 343 页。
② 《马克思恩格斯选集》第 3 卷，人民出版社 2012 年版，第 492 页。

的社会生产能力成为他们的社会财富这一基础上的自由个性"① 必然是经历过"人的依赖关系"和"物的依赖关系"的，"真正的人的自由"、人的"自由个性"只能在共产主义社会才能实现。正如恩格斯所说："我们的目的是要建立社会主义制度，这种制度将给所有的人提供健康而有益的工作，给所有的人提供充裕的物质生活和闲暇时间，给所有的人提供真正的充分的自由。"② 换言之，马克思主义认为，自由是一个历史性的概念，社会主义"复活""更高级形式"自由的过程也就是人类从必然王国向自由王国发展的过程。

（2）"更高级形式的"平等

马克思恩格斯的平等概念也是历史的、相对的、动态发展的，正如恩格斯所说："平等的观念，无论以资产阶级的形式出现，还是以无产阶级的形式出现，本身都是一种历史的产物"③。资产阶级倡行的"权利的公平和平等，是十八、十九世纪的资产者打算在封建制的不公平、不平等和特权的废墟上建立他们的社会大厦的基石。劳动决定商品价值，劳动产品按照这个价值尺度在权利平等的商品所有者之间自由交换，这些——正如马克思已经证明的——就是现代资产阶级全部政治的、法律的和哲学的意识形态建立于其上的现实基础。"④ 可见，马克思恩格斯首先认为平等是一个历史范畴，是经济关系的反映。资产阶级的平等观本质上就是在资本主义经济活动中商品价值的平等交换（等价交换），它维护的是资产阶级特殊的阶级利益，建立的是"形式上平等、实质上不平等"的社会体制。马克思恩格斯指出，未来的社会的"平等应当不仅仅是表面的，不仅仅在国家的领域中实行，它还应当是实际的，还应当

---

① 《马克思恩格斯全集》第 46 卷（上），人民出版社 1979 年版，第 104 页。
② 《马克思恩格斯全集》第 21 卷，人民出版社 1965 年版，第 570 页。
③ 《马克思恩格斯选集》第 3 卷，人民出版社 2012 年版，第 484 页
④ 《马克思恩格斯全集》第 21 卷，人民出版社 1965 年版，第 210 页。

在社会的、经济的领域中实行。"① 无产阶级的平等包括两方面的含义，一方面无产阶级对社会中的贫富差距有着革命的本能反应；另一方面，他们也有效地利用平等的口号，用来鼓舞工人阶级反对资本家的剥削和压迫。"在上述两种情况下，无产阶级平等要求的实际内容都是消灭阶级的要求。任何超出这个范围的平等要求，都必然要流于荒谬。"②"真正的自由和真正的平等只有在共产主义制度下才可能实现"③。此外，马克思恩格斯还坚决反对小资产阶级社会主义者以平均主义理解平等的观点，猛烈批判将社会主义理解为"平等的王国"的谬论。总之，消灭阶级，实现"各尽所能、按需分配"的共产主义，这就是马克思恩格斯赋予社会主义"更高级形式"平等的内涵。

（3）"更高级形式的"博爱

资产阶级的博爱观脱胎于基督教文化精神之一的"博爱"，但他们又褪去了基督教博爱精神神圣的光环，宣扬一种人人都情同手足的博爱观，他们意图"这样和气地抛开阶级矛盾，这样温柔地调和对立的阶级利益，这样想入非非地超越阶级斗争"④。马克思和恩格斯一方面肯定了"博爱"口号的历史进步性，但同时也指出，从某种程度上它也抹杀了资本主义的矛盾。马克思恩格斯在《德意志意识形态》和《共产党宣言》等著作中，对费尔巴哈的人本主义做了无情的批判，也批判了"真正的社会主义"。马克思恩格斯认为，这种博爱无法抹杀资产阶级专政的本质。在资本主义社会，冷酷的金钱关系永远是主导的，也是唯一的人和人之间的关系，根本不存在资产阶级宣扬的超阶级、无差别、全人类的博爱。马克思曾形象地描绘到，在资本主义社会，"人和人之间除了赤

---

① 《马克思恩格斯选集》第 3 卷，人民出版社 2012 年版，第 484 页。
② 《马克思恩格斯选集》第 3 卷，人民出版社 2012 年版，第 484 页。
③ 《马克思恩格斯全集》第 1 卷，人民出版社 1956 年版，第 582 页。
④ 《马克思恩格斯选集》第 1 卷，人民出版社 2012 年版，第 456 页。

裸裸的利害关系，除了冷酷无情的'现金交易'，就再也没有任何别的联系了"，"它用公开的、无耻的、直接的、露骨的剥削代替了由宗教幻想和政治幻想掩盖着的剥削。"①就连家庭关系也被资本关系变成了"纯粹的金钱关系"。马克思批判资本主义社会的"博爱只有在资产阶级利益还和无产阶级利益结合在一起的时候才继续存在。"②恩格斯嘲讽资产阶级的"博爱"，"本应把一切人都联合起来的爱，则表现在战争、争吵、诉讼、家庭纠纷、离婚以及一些人对另一些人的尽可能的剥削中"③。可见，资本主义社会的博爱只是一种虚幻的意识形态的装饰品，缺乏实质内容和价值原则。马克思恩格斯在批判和扬弃资本主义抽象的、虚伪的、超阶级的博爱观的基础上，指出共产主义的博爱"径直是现实的和直接追求实效的。"④社会主义的"更高级形式"的博爱，只有在共产主义社会才能实现。诚如毛泽东所言："真正的人类之爱是会有的，那是在全世界消灭了阶级之后。"⑤

上述可见，社会主义所"复活"的"更高级形式"的"自由、平等和博爱"，是一种扬弃和超越资产阶级的抽象的、永恒的、绝对的、虚伪的、超阶级的"自由、平等、博爱"的价值观，是一种以消灭私有制，消灭阶级，实现人的自由而全面发展，实现全人类的解放，建立共产主义社会为旨归的唯物的、辩证的、科学的价值观。

（二）科学社会主义的价值生成

马克思和恩格斯在深入分析资本主义内在矛盾的基础上，得出了资

---

① 《马克思恩格斯选集》第 1 卷，人民出版社 2012 年版，第 403、298 页。

② 《马克思恩格斯全集》第 7 卷，人民出版社 1959 年版，第 35 页。

③ 《马克思恩格斯选集》第 4 卷，人民出版社 2012 年版，第 247 页。

④ 《马克思恩格斯文集》第 1 卷，人民出版社 2009 年版，第 187 页。

⑤ 《毛泽东选集》第三卷，人民出版社 1991 年版，第 871 页。

本主义必然灭亡的结论，并认为社会主义革命是"达到消灭一切阶级差别，达到消灭这些差别所由产生的一切生产关系，达到消灭和这些生产关系相适应的一切社会关系，达到改变由这些社会关系产生出来的一切观念的必然的过渡阶段。"① 总而言之，科学社会主义要生成或者"复活""更高级形式"的"自由、平等和博爱"过程，就是消灭阶级、消灭资本主义生产关系以及与其相适应的社会关系和观念的上层建筑的过程，也是建立一个以"更高级形式"的"自由、平等和博爱"为核心价值的"自由人的联合体"的过程。

（1）发展生产力

"社会主义"这一概念，它的原初意义是作为个人主义的反面而出现，是为了纠正资本主义社会的种种弊端，并对社会的公正和平等具有强烈的渴求。但是，由于这种社会主义从良好的主观愿望出发去改变资本主义社会，只能是"空想的社会主义"。马克思恩格斯则把生产力因素纳入到了问题的考察之中，从而使得社会主义从空想变成了科学，并得出"资产阶级的灭亡和无产阶级的胜利是同样不可避免的"② 结论。马克思恩格斯指出，只有发展生产力、创造生产的物质条件，才能为更高级的社会形式创造现实基础，也才能为"更高级形式"的"自由、平等和博爱"奠定基础。在生产力不发达的情况下去追求所谓的社会主义，"那就只会有贫穷、极端贫困的普遍化；而在极端贫困的情况下，必须重新开始争取必需品的斗争，全部陈腐污浊的东西又要死灰复燃。"③ 唯有大力发展生产力，才能形成彻底地超越资本主义"自由、平等、博爱"的价值观念。

（2）剥夺剥夺者，消灭私有制

马克思恩格斯认为："资本主义生产不是绝对的生产方式，而只是

---

① 《马克思恩格斯选集》第 1 卷，人民出版社 2012 年版，第 532 页。
② 《马克思恩格斯选集》第 1 卷，人民出版社 2012 年版，第 413 页。
③ 《马克思恩格斯选集》第 1 卷，人民出版社 2012 年版，第 166 页。

一种历史的、和物质生产条件的某个有限的发展时期相适应的生产方式"①，"整个'资本主义生产方式'必定要被消灭。"②《共产党宣言》指出："共产主义革命就是同传统的所有制关系实行最彻底的决裂；毫不奇怪，它在自己的发展进程中要同传统的观念实行最彻底的决裂。"③而要做到这一点，首先就要剥夺剥夺者，废除资产阶级的所有制。"消灭那种将多数人的劳动变为少数人的财富的阶级所有权"，"剥夺剥夺者"，即"把现在主要用作奴役和剥削劳动的工具的生产资料、土地和资本变成自由集体劳动的工具，以实现个人所有权。"④"劳动阶级在发展进程中将创造一个消除阶级和阶级对抗的联合体来代替旧的市民社会"⑤。故而，消灭资本主义私有制不仅具有摧毁性而且具有建构性，更是为"复活""更高级形式"的"自由、平等和博爱"扫清路障和夯实根基的过程。

（3）为绝大多数人谋求利益

资产阶级"为了达到自己的目的不得不把自己的利益说成是社会全体成员的共同利益，就是说，这在观念上的表达就是：赋予自己的思想以普遍性的形式，把它们描绘成唯一合乎理性的、有普遍意义的思想。"⑥资产阶级将"自由、平等、博爱"宣称为"普世价值"，这种行径的唯一的目标就是维护资产阶级的既得利益。马克思在《共产党宣言》中指出："过去的一切运动都是少数人的，或者为少数人谋利益的运动。无产阶级的运动是绝大多数人的，为绝大多数人谋利益的独立的运动。"⑦可见，无产阶级领导的共产主义运动是为绝大多数人谋求利益

---

① 《马克思恩格斯选集》第2卷，人民出版社2012年版，第512页。
② 《马克思恩格斯全集》第16卷，人民出版社1964年版，第237页。
③ 《马克思恩格斯选集》第1卷，人民出版社2012年版，第421页。
④ 《马克思恩格斯全集》第17卷，人民出版社1963年版，第362页。
⑤ 《马克思恩格斯选集》第1卷，人民出版社2012年版，第275页。
⑥ 《马克思恩格斯选集》第1卷，人民出版社2012年版，第180页。
⑦ 《马克思恩格斯选集》第1卷，人民出版社2012年版，第411页。

的运动，只有谋求绝大多数人的利益的运动才是真正的社会主义。换言之，是否代表最广大人民群众利益、谋求绝大多数人的福利是检验社会主义运动成败的根本标准。

（4）追求人的自由全面发展

未来社会的基本理想和基本原则就是实现每个人的自由全面发展。在马克思看来：未来社会"将是这样一个联合体，在那里，每个人的自由发展是一切人的自由发展的条件"[①]；是"以每个人的全面而自由的发展为基本原则的社会形式"[②]；是"在保证社会劳动生产力极高度发展的同时又保证每个生产者个人最全面的发展的这样一种经济形态"[③]。只有在那里，"个人的独创的和自由的发展不再是一句空话"[④]，"人以一种全面的方式，就是说，作为一个完整的人，占有自己的全面的本质。"[⑤] 当然，"人的自由全面发展"不是抽象的观念的集合，而是一种历史进程。正如共产主义"对我们来说不是应当确立的状况，不是现实应当与之相适应的理想"，而是"消灭现存状况的现实的运动"[⑥] 一样，追求"人的自由全面发展"和"复活""更高级形式上的""自由、平等和博爱"也是一个"消灭现存状况的现实的运动"。

总而言之，自由、平等、博爱作为人类恒久追求的意义和价值，在人类全部历史中存在并且在"世界历史中生成"。社会主义的这种"更高级形式上"的"自由、平等和博爱"的价值观的生成只能依赖于历史本身。在马克思恩格斯看来，"更高级形式上"的"自由、平等和博爱"的基础是"合格的"社会主义，而不该以现在"不合格的社会主义"判

---

① 《马克思恩格斯选集》第 1 卷，人民出版社 2012 年版，第 422 页。
② 《马克思恩格斯选集》第 2 卷，人民出版社 2012 年版，第 267 页。
③ 《马克思恩格斯选集》第 3 卷，人民出版社 2012 年版，第 730 页。
④ 《马克思恩格斯全集》第 3 卷，人民出版社 1960 年版，第 516 页。
⑤ 《马克思恩格斯文集》第 1 卷，人民出版社 2009 年版，第 189 页。
⑥ 《马克思恩格斯选集》第 1 卷，人民出版社 2012 年版，第 166 页。

定或衡量社会主义的"更高级形式上"的"自由、平等和博爱"价值观的合理性、科学性，更不能陷入西方资本主义宣扬的以"自由、平等、博爱、民主、人权"为核心的"普世价值"的陷阱。所以，我们坚持走社会主义道路，就应不断充实社会主义价值的实践基础，不断赋予自由、平等、博爱等价值观念更加真实和丰富的内涵，始终坚持中国特色社会主义道路自信、理论自信、制度自信和价值自信，彻底打破资本主义对"自由、平等、博爱"的话语霸权和话语垄断。

第二章
社会主义价值演进论

　　社会主义是一个不断展开的历史性运动，也是一个持续发展的实践性活动。社会主义五百年的发展历程，从空想到科学、从理论到实践、从一种发展模式到多种发展道路，其贯穿始终的主线是对"什么是社会主义、怎样建设社会主义"这一首要的基本问题的回答和思考；科学社会主义一百五十多年的演进历程，从马克思恩格斯对未来社会的天才般构想到东方落后国家跨越"卡夫丁峡谷"的社会主义构想，从列宁社会主义一国胜利论到列宁晚年关于社会主义的新思考，从苏联社会主义模式的兴衰成败到中国特色社会主义的一枝独秀，其发展演进过程中，始终内涵着对"什么是社会主义，怎样建设社会主义，建设什么样的社会主义"理论思索和实践展开。在社会主义五百年的发展中，有高潮、有低谷，有一路高歌的伟大变革，也有坎坷曲折的黯然神伤，但在运动中所蕴含的价值追求却始终熠熠生辉，并且随着运动的不断发展而逐渐明晰。人们对于社会主义的价值理解总是体现出某一具体历史阶段的突出特征和鲜明个性。社会主义价值正是在这样的过程中经历着从抽象到具体、从空想到科学、从理论到实践、从革命到建设、从改革到发展的形态转换，并在不同的历史阶段，表现出革命的逻辑、建设的逻辑、改革的逻辑和发展的逻辑之间的差异性。总体说来，社会主义价值大体经历了空想社会主义、科学社会主义、苏联模式的社会主义和中国特色社会主义阶段，并在不同阶段凸显出时代的、民族的和具体的特色。

第一节　社会主义由理论到现实过程中对社会主义价值的探求与弘扬

科学社会主义的形成是社会主义从价值空想到科学价值认识论的伟大的历史飞跃。与历史上的空想社会主义者不同，马恩并不是从一系列道德原则中来批判资本主义，而是运用历史唯物主义和辩证唯物主义的世界观与方法论，通过对资本主义内在矛盾的深入考察来批判资本主义，正如恩格斯所说："为了使社会主义变为科学，就必须首先把它置于现实的基础之上。"[①]科学社会主义经典作家关于未来社会主义的理论建构成为了后来世界社会主义运动的指南。但是，马克思主义是科学而不是教条，它的生命力深深扎根于实践的沃土之中。

在社会主义刚开始形成时，社会主义价值发展与工人运动是相辅相成的，一方面社会主义所具有的价值形态对早期的工人运动呈现出一定的价值引导和规约，并使得工人运动变现出一定的价值朝向；另一方面，工人运动的不断发展壮大也使得社会主义价值在现实的环境中越来越明晰，正是在这种理论与实践的互动过程中，社会主义价值逐渐得以彰显和完善。在此基础上，列宁领导俄国的劳苦大众进行了具有世界影响力的十月革命，在取得胜利以后建立了第一个社会主义国家，使社会主义实现了历史的飞跃，并在随后的社会主义建设中逐步完善，同时对

---

① 《马克思恩格斯文集》第 9 卷，人民出版社 2009 年版，第 22 页。

社会主义价值也进行了进一步的探索。

一、早期社会主义运动对社会主义价值的探求

任何价值都内在地包含着客体对于主体的意义和效用。社会主义价值理念作为对资本主义制度、文化的批判、反思、重构，体现着广大人民的真实诉求，并且在长期的社会主义实践中得以完整的、历史的表达。

马克思恩格斯通过两个步骤把社会主义的价值理念和工人运动逐渐结合起来。首先，他们建立共产主义通讯委员会，紧接着，他们在与魏特琳作斗争的基础上建立了共产主义同盟，共产主义者同盟在致盟员的《通告信》中明确宣称："我们的特点不在于我们一般地要正义——每个人都能宣称自己要正义——，而在于我们向现存的社会制度和私有制进攻，在于我们要财产公有，在于我们是共产主义者。"[①] 在随后的五年多的时间内，共产主义同盟在宣传社会主义价值理念方面发挥了重要的作用。

首先，《共产党宣言》使社会主义价值理念进一步明确化。恩格斯对于《共产党宣言》的主要思想做了如下概括："每一历史时代的经济生产以及必然由此产生的社会结构，是该时代政治的和精神的历史的基础；因此（从原始土地公有制解体以来）全部历史都是阶级斗争的历史，即社会发展各个阶段上被剥削阶级和剥削阶级之间、被统治阶级和统治阶级之间斗争的历史；而这个斗争现在已经达到这样一个阶段，即被剥削、被压迫的阶级（无产阶级），如果不同时使整个社会永远摆脱剥削、压迫和阶级斗争，就不再能使自己从剥削它压迫它的那个阶级（资产阶级）下解放出来。"[②] 从其主要思想可以看出，《共产党宣言》处处闪耀着

---

① 《马克思恩格斯全集》第 42 卷，人民出版社 1979 年版，第 431 页。
② 《马克思恩格斯选集》第 1 卷，人民出版社 2012 年版，第 380 页。

理性的光辉，内蕴着对社会主义价值孜孜不倦的追求，成为了指引无产阶级胜利斗争的灯塔。其次，培养了一大批杰出的工人运动的领导者。"它的成员到处都积极地参加了运动，不论在报纸上、街垒中还是在战场上，都是站在唯一坚决革命的阶级即无产阶级的最前列。"[①] 最后，使得社会主义价值理念得到了广泛的传播。"1847 年各次代表大会和中央委员会的通告以及'共产党宣言'中阐述的关于运动的观点都已证明是唯一正确的观点。这些文件中的各种预见都已完全被证实，而从前同盟仅仅秘密进行宣传的关于现代社会状况的见解，现在人人都在谈论，甚至在广场上公开进行宣扬。"[②] 也正是因为在工人运动中科学社会主义的价值理念得到了广泛传播，从而使得社会主义实现了从理论思辨到实践推进的转化，社会主义运动也成了一个真正群众性的社会运动，人类社会发展也增添和铭刻了社会主义的价值标示和实践痕迹。

在组织和支持各国工人罢工和民族民主运动的过程中，社会主义的价值得到了极大的弘扬，同时，在各种工人运动中，社会主义的价值也深入到了各国的无产阶级之中，赢得了广泛的认可。在理论辩护的维度中，社会主义价值主要通过两个方面得以弘扬。首先，在《国际工人协会成立宣言》和《国际工人临时章程》中，马克思用"实质上坚决，形式上温和"的笔法阐明了无产阶级的根源是资本主义私有制，无产阶级只有建立自己的政权才能在经济上彻底解放，并且再次提出了"全世界无产者，联合起来！"的口号，它们体现了科学社会主义的基本，也体现了社会主义的价值核心。其次，在与非社会主义流派的斗争中，社会主义价值得以弘扬。主要包括对于普鲁东主义、拉萨尔主义、工联主义和巴枯宁主义的批判，通过与这些非马克思主义的思想进行批判，使得

---

① 《马克思恩格斯全集》第 7 卷，人民出版社 1959 年版，第 288 页。
② 《马克思恩格斯全集》第 7 卷，人民出版社 1959 年版，第 288 页。

社会主义的价值目标和价值范畴得到了有力的弘扬。

在轰轰烈烈的社会主义理论与实践探索中，马克思恩格斯逐渐认识到，要完成社会主义价值现实的转换，必须成立强有力的无产阶级政党，实行无产阶级专政，尤其是在总结巴黎公社失败的经验与教训中，进一步强化了马克思和恩格斯对于无产阶级专政的认识。巴黎公社虽然失败了，它的一些原则却得以永存。它标志着 19 世纪无产阶级解放运动达到了新的巅峰。同时这场革命也检验了马克思主义关于无产阶级革命和无产阶级专政的思想，为科学社会主义的发展积累了宝贵而丰富的经验，也对社会主义价值实现的方式、实现的条件提供了宝贵的实践经验。正像马克思所指出的："这次革命的新的特点还在于人民组成了公社，从而把他们这次革命的真正领导权握在自己手中，同时找到了在革命胜利时把这一权力保持在人民自己手中的办法，即用他们自己的政府机器去代替统治阶级的国家机器、政府机器。"①

1869 年以后，国际工人运动开始呈现逐渐联合的趋势，它以第二国际的建立为标志。第二国际是社会主义政党和工人团体的联合组织，它为国际工人运动的发展提供了很多指导。第二国际的功能发挥分为两个时期，在前期，第二国际对机会主义和无政府主义作了无情的斗争，并且制定了促进工人运动组织化和反帝国主义、殖民主义和封建主义的政策，促进了工人运动的良性发展；第二国际后期，由于伯恩施坦和列宁对实现社会主义价值的路径选择不一样，致使第二国际逐渐分裂。这种分歧和对立具体表现在如何看待资本主义新变化、如何在新的历史条件下理解和界定社会主义的价值诉求与价值实践，正是这一价值分歧的存在导致了第二国际的解体。伯恩施坦的"修正主义"抛弃了马克思主义关于无产阶级革命和专政的理论，片面地撷取了关于资本主义改良和

---

① 《马克思恩格斯选集》第 3 卷，人民出版社 2012 年版，第 152 页。

议会斗争理论。而列宁则认为，改良路线和议会斗争都无法完成社会主义革命，也无法实现社会主义价值，唯有通过武装斗争，建立无产阶级政权，并实行无产阶级专政才能取得社会主义的胜利，保证社会主义价值的实现。

二、列宁领导的社会主义实践对社会主义价值的弘扬

20 世纪初，列宁灵活的将马克思主义的理论与俄国的具体实践相结合，取得了十月革命的胜利，建立了世界上第一个社会主义国家。随着苏维埃无产阶级政权的建立，如何在相对落后的国家来巩固和发展社会主义，如何在社会主义建设实践过程中坚持和弘扬社会主义价值，成为列宁领导的苏维埃社会主义首要思考的问题。

（一）对社会主义价值的方法论进行探索

首先，运用马克思主义的方法研究社会主义，在这个过程中，深刻认识了社会主义价值。十月革命胜利后，究竟在实践中如何建立和建设社会主义，并没有先例可以学习借鉴，列宁进行了深入思考和艰难探索。列宁认识到，马克思主义蕴含着解剖人类社会发展"唯一科学的方法"，马克思主义理论是科学的，是符合世界文明发展的。列宁特别指出："凡是人类社会所创造的一切，他都有批判地重新加以探讨，任何一点也没有忽略过去。"[1] 他还认为："马克思主义这一革命无产阶级的思想体系赢得了世界历史性的意义，是因为它并没有抛弃资产阶级时代最宝贵的成就，相反却吸收和改造了两千多年来人类思想和文化发展中一切有价值的东西。"[2] 列宁认为，社会主义的价值不是与以往社会形态的

---

[1] 《列宁全集》第 39 卷，人民出版社 1986 年版，第 299 页。
[2] 《列宁全集》第 39 卷，人民出版社 1986 年版，第 332 页。

价值相脱离的，而是相反，是对以往社会价值的有效承接。列宁还认为，对社会主义的规律性的研究和把握要学习马克思主义的理论，但不能把理论当教条，在这个问题上，列宁十分赞成马克思与恩格斯提出的："我们的理论不是教条，而是对包含着一连串互相衔接的阶段的发展过程的阐明。"① 在具体对社会主义理论的把握上，列宁反复强调："马克思和恩格斯总是说，'我们的学说不是教条，而是行动的指南'，他们公正地讥笑了背诵和简单重复'公式'的做法，因为公式至多只能指出一般的任务，而这样的任务必然随着历史过程中每个特殊阶段的具体的经济和政治情况而有所改变。"② 很明显，列宁在社会主义开创性实践中，是科学地运用"唯一科学的方法"，是公开地反对现成的"公式"，在摸索"社会形态活动规律和发展规律"的实践中，不断深化对社会主义及其价值的科学认识。

其次，批判各种非马克思主义和反马克思主义中，深化了对社会主义的认识。马克思主义理论创立以后，逐渐传入到了俄国，并且和俄国的工人运动紧密结合在一起，并成立了马克思主义的政党——俄国社会民主工党。在这个党的领导下，俄国展开了一系列的革命斗争，并最终建立第一个工人阶级政权。资产阶级看到了马克思主义在工人运动中占据主导地位，看到了马克思主义强大的理论力量，便开始反攻，有的直接攻击马克思主义，有的假装承认马克思主义，实际是抹杀其革命实质。面对资产阶级的恐惧与攻击，列宁指出："马克思主义在理论上的胜利，逼得它的敌人装扮成马克思主义者，历史的辩证法就是如此。"③ 在"装扮成马克思主义者"中，出现了以伯恩施坦为代表的打着马克思主义的旗号反对马克思主义的修正主义。列宁深刻地揭

---

① 《马克思恩格斯选集》第 4 卷，人民出版社 2012 年版，第 586 页。
② 《列宁选集》第 3 卷，人民出版社 2012 年版，第 24 页。
③ 《列宁选集》第 2 卷，人民出版社 2012 年版，第 307 页。

露并批判了伯恩施坦等人借"马克思主义"之名反马克思的实质，并进行了坚决的斗争，捍卫和发展了马克思主义阶级斗争学说，进一步丰富了无产阶级斗争策略思想，同时也把对科学社会主义的认识推向了一个新阶段。

第三，在社会主义实践经验中反思社会主义价值的现实问题。苏联建国后如何建设社会主义，如何逐步实现社会主义的价值，既没有先例可遵循，也没有马克思恩格斯留下的现成答案可回答。列宁深知这一点，并始终坚持在社会主义的实践中不断学习，始终坚持通过解决现实实践中的现实问题而不断发展马克思主义，他指出："我们并不苛求马克思或马克思主义者知道走向社会主义的道路上的一切具体情况。这是痴想。我们只知道这条道路的方向，我们只知道引导走这条道路的是什么样的阶级力量，至于在实践中具体如何走，那只能在千百万人开始行动以后由千百万人的经验来表明。"①1921年列宁通过对1918年下半年开始实行的战时共产主义政策进行反思，这些政策对捍卫和巩固苏维埃政权起到了积极作用，但也违背了社会和经济发展规律，因此决定以新经济政策替代战时共产主义政策，具体包括对中小企业采取非国有化措施，用粮食税代替余粮收集制，允许自由贸易，恢复商品货币关系，改变平均主义分配方式，加强同资本主义国家的交往与合作等。从战时共产主义到新经济政策的"换车"和转轨的意义本身已经超越了苏联国内经济政策、经济体制调整和改革的层面，也不是解决"过渡时期"偶发事件在政治策略上的权宜之计，而是列宁从根本上改变了对社会主义的整个看法，是列宁社会主义观的一次深刻变革，正如列宁自己所总结的："目前我们踏上了实干的道路，我们必须走向社会主义，但不是把它当做用庄严的色彩画成的圣像。我们必须采取正确的方针，必须使一

---

① 《列宁全集》第32卷，人民出版社1985年版，第111页。

切都经过检验，全体居民都来检验我们的道路"①。显然，列宁已经意识到，真正"走向社会主义"，必须放弃自身革命模式的"圣像崇拜"，必须放弃前人关于社会主义发展的"欧美构想"，必须明确社会主义是"建设苏俄群众日常生活中的社会主义"，即要把社会主义回归到亿万普通群众的实际生活，这才是社会主义最本真的价值所在，社会主义的价值不是高高在上地"画饼充饥"与"望梅止渴"，而是在满足人民群众的实际需求上名副其实、实至名归。

（二）对社会主义价值探索的新认识

首先，认为社会主义要创造出比资本主义更高的生产力。人类解放的基石在于社会生产力的高度发展。在《共产党宣言》中，马克思恩格斯强调：无产阶级在上升为统治阶级以后，必须"尽可能快地增加生产力的总量。"②后来，列宁在俄国社会主义初步的实践探索中，反复强调创造更高的生产力是社会主义取代资本主义的首要条件，也是落后国家建成社会主义的一条根本性的原则。他说："提高劳动生产率是根本任务之一，因为不这样就不可能最终地过渡到共产主义"③，还提出了无产阶级"最主要最根本的需要就是增加产品数量，大大提高社会生产力"④ 他认为发展生产力就是无产阶级（显然包括其政党）的根本任务，列宁在《苏维埃政权的当前任务》中指出："在任何社会主义革命中，当无产阶级夺取政权的任务解决以后，随着剥夺剥夺者及镇压他们反抗的任务大体上和基本上解决，必然要把创造高于资本主义社会的社会经济制度的根本任务提到首要地位，这个根本任务就是：提

---

① 《列宁选集》第 4 卷，人民出版社 2012 年版，第 736 页。
② 《马克思恩格斯选集》第 1 卷，人民出版社 2012 年版，第 421 页。
③ 《列宁全集》第 36 卷，人民出版社 1985 年版，第 88 页。
④ 《列宁选集》第 4 卷，人民出版社 2012 年版，第 623 页。

高劳动生产率"①。列宁认为提高生产力就是无产阶级国家（包括其政党）的根本利益，他表明，无产阶级国家"最主要最根本的需要就是增加产品数量，大大提高社会生产力。"②并且告诫全党："提高劳动生产率，苏维埃俄国才能取得胜利。"③我们看到，列宁继承和发展了马克思恩格斯的有关生产力的思想，并且把这一思想融入到了社会主义建设的实践之中。

其次，认为公有制是社会主义的经济基础。从历史和对比的角度看，生产资料私有制是资本主义生根发芽的土壤，是工人阶级饱受剥削和异化的根本原因，同时也是资本主义制度的基础和基本特征，与社会主义价值是南辕北辙的。因此，社会主义或者是社会主义政党的历史使命就是消灭私有制。马克思恩格斯对资本主义社会的所有制关系以及在所有制关系上形成的社会关系进行了深刻剖析，并在《共产党宣言》中指出："共产党人可以把自己的理论概括为一句话：消灭私有制。"④但是，社会主义首先是在俄国取得了胜利，但俄国的现实很复杂，各种经济成分并存，如何进行社会主义改造是一个新的课题。列宁也意识到，从资本主义社会过渡到社会主义社会必然经历"一个漫长而复杂的过渡"。⑤1919年他在《无产阶级专政时代的经济和政治》一文中指出："在资本主义和共产主义之间有一个过渡时期，这在理论上是毫无疑义的。这个过渡时期不能不兼有这两种社会经济结构的特点或特性。这个过渡时期不能不是衰亡着的资本主义与生长着的共产主义彼此斗争的时期"⑥。这里，列宁认为"兼有两种社会经济结构的特点或特性"，是根

---

① 《列宁选集》第 3 卷，人民出版社 2012 年版，第 490 页。
② 《列宁选集》第 4 卷，人民出版社 2012 年版，第 623 页。
③ 《列宁选集》第 4 卷，人民出版社 2012 年版，第 351 页。
④ 《马克思恩格斯选集》第 1 卷，人民出版社 2012 年版，第 414 页。
⑤ 《列宁选集》第 4 卷，人民出版社 2012 年版，第 575 页。
⑥ 《列宁选集》第 4 卷，人民出版社 2012 年版，第 59 页。

据马克思主义关于过渡时期的理论，结合俄国十月革命胜利后的实际分析出的过渡时期俄国社会经济结构的特点，即这一时期社会经济的基本形式是资本主义、小商品生产和共产主义。同时，列宁也看到了农业的社会主义改造的艰巨性和长期性，他认为，在一个农民为主的国家里，农业的社会主义改造是一个无比困难的、长期的任务。采用急躁轻率的行政手段和立法手段，只能延缓从个体小商品经济向公共的大经济的过渡，给这种过渡造成困难。在具体的实践中，要积极帮助农民改进甚至从根本上改造全部农业技术，这样可以加速这种过渡。从1918年下半年到1921年春，新生的苏维埃政权为了应对帝国主义发动的对苏维埃政权的武装干涉和国内战争，实行了战时共产主义政策，基本内容包括：实行工业国有化，剥夺剥夺者；实行余粮收集制，禁止粮食买卖；实行商业国有化，限制市场和私人贸易；全国实施成年人劳动义务制，推行平均主义分配制等。战时共产主义政策突出了公有制经济作为社会主义物质基础的思想，可以捍卫和巩固苏维埃政权，并发挥了重要作用，但是也在一定程度上违背了社会发展规律和经济发展规律。在随后的新经济政策中对战时共产主义政策进行了反思和调整，基本内容包括：用粮食税代替余粮收集制；对中小企业采取非国有化措施；允许自由贸易，恢复商品货币关系；废止劳动义务制，改变平均主义分配方式；实行租让制，加强同资本主义国家的交往和合作。在《论合作制》中列宁对现存的五种企业进行了分类，分为社会主义经济成分和非社会主义成分。其中，"彻底社会主义式的企业"同合作企业共同属于社会主义成分，并在数量上占据优势。私人资本主义企业、国家资本主义企业以及农民手工业者小商品生产者是非社会主义成分，属于非社会主义成分的通过引导和改造、监督和调节可以存在于过渡时期。

第三，认为社会主义民主的保障是无产阶级专政。马克思通过阶级分析方法解构资本主义，并在此基础上认为，无产阶级专政是阶级斗争发展的必然结果。列宁坚决捍卫了马克思主义关于无产阶级专政的学说思想，甚至把是否承认无产阶级专政作为区分真假马克思主义的试金石。在列宁看来，要真正实现社会主义，实现社会主义的价值，必须拿起无产阶级专政的工具。首先，无产阶级专政"是新阶级对更强大的敌人，对资产阶级进行的最奋勇和最无情的战争"[1]，是用来处理复杂的经济成分的需要，是防止资本主义复辟可能性的需要，是阻止国外敌对势力颠覆危险的需要；其次，"无产阶级专政的实质不仅在于暴力，而且主要不在于暴力。它的主要实质在于劳动者的先进部队、先锋队、唯一领导者即无产阶级的组织性和纪律性"，[2] 无产阶级专政是组织社会主义经济建设的需要，是建立比资本主义更高类型的社会劳动组织的需要；再次，无产阶级专政即人民的民主，"民主就是人民的统治"[3]，显然，无产阶级专政是实现"民主就是人民的统治"的需要，我们从中可以看到，民主的阶级性是列宁民主概念的核心，无产阶级专政是社会主义民主的保障。

第四，认为社会主义的指导思想是共产主义思想。社会主义价值不会自动实现，必须有人来实现，并且是有共产主义思想的人通过持久的努力来实现。列宁在俄国建设社会主义的实践过程中，认识到必须用共产主义思想来武装广大群众才能巩固俄国的社会主义并且在这一使命的完成过程中，人的改造与社会的改造应该而且可以结合在一起。1920年10月，列宁在俄国共产主义青年团第二次代表大会上所作的《青年团的任务》（当时译为《告少年》）这一著名演说中，认为共产主义是从人类知识的总和中产生的，青少年必须用人类宝贵的精神财富来武装自

① 《列宁选集》第 4 卷，人民出版社 2012 年版，第 135 页。
② 《列宁选集》第 3 卷，人民出版社 2012 年版，第 835 页。
③ 《列宁选集》第 3 卷，人民出版社 2012 年版，第 65 页。

己。列宁在演说中阐明了共产主义教育、共产主义道德、共产主义纪律和共产主义劳动态度这些具体共产主义思想的重要意义，并且提出，要以共产主义思想为指导建设无产阶级文化的任务。并且，"只有确切地了解人类全部发展过程所创造的文化，只有对这种文化加以改造，才能建设无产阶级的文化，没有这样的认识，我们就不能完成这项任务。"[1]与此同时，列宁也非常重视社会实践，强调社会实践环节的重要性。他指出："因此共产主义青年团必须把自己的教育、训练和培养同工农的劳动结合起来，不要关在自己的学校里，不要只限于阅读共产主义书籍和小册子。只有在与工农共同的劳动中，才能成为真正的共产主义者。"[2]另外，列宁还通过总结马克思的批判精神引导青年学会批判的态度以更好地服务于社会，他指出："马克思研究了人类社会发展的规律，认识到资本主义的发展必然导致共产主义，而主要的是他完全依据对资本主义社会所作的最确切、最缜密和最深刻的研究，借助于充分掌握以往的科学所提供的全部知识而证实了这个结论。凡是人类社会所创造的一切，他都有批判地重新加以探讨，任何一点也没有忽略过去。凡是人类思想所建树的一切，他都有批判地重新加以探讨，加以批判，他都放在工人运动中检验过，从而得出了那些被资产阶级狭隘性所限制或被资产阶级偏见束缚住的人所不能得出的结论。"[3]

（三）列宁在探索社会主义价值时存在局限性

苏联建国以后，由于当时的国内外历史环境的复杂以及历史条件的所迫，新生的苏维埃政权实施了包括战时共产主义政策在内的一系列措施，这些措施的实施对于保卫新生的社会主义政权无疑起到了应有的积

---

① 《列宁选集》第 4 卷，人民出版社 2012 年版，第 285 页。
② 《列宁选集》第 4 卷，人民出版社 2012 年版，第 295 页。
③ 《列宁选集》第 4 卷，人民出版社 2012 年版，第 284 页。

极作用，但它在很大程度上违背了经济建设的规律，同时也剥夺了一些下层劳动者的成果，从而引起了他们的不满，这也意味着照搬马克思恩格斯的设想进行的社会主义实验是行不通的，因为这种照搬脱离了俄国的基本国情。由此，列宁坦承："现实生活说明我们错了。"[①]

列宁早期的社会主义探索实践进行得非常艰难，从中我们可以看到，社会主义价值不在于其理论中描绘的理想有多美，而是社会主义理论与社会主义实践相结合的产物；社会主义价值也不能够自动就实现，而是必须在实践中寻找社会主义价值最合适的实现方式；社会主义价值也不是一开始就存在于纯而又纯的社会主义社会里（事实上也不可能一开始就存在纯而又纯的社会主义社会），而是在一步步艰难的探索中，在社会主义社会发展的各个阶段中逐步实现。

第二节 苏联模式的社会主义对社会主义价值的探索与局限

继列宁之后，斯大林成为苏共的主要领导人。当时建设社会主义所面临的国际和国内背景异常复杂，面对着这种复杂的局面，如何去巩固社会主义制度使其不至于夭折成为了一个重大的理论和现实问题，斯大林创建了苏联社会主义模式（也称"斯大林模式"）。苏联模式的形成，对列宁俄国社会主义道路作了新的探索，但也在领导苏联社会主义建设过程中形成了高度集中的经济政治体制，并且对阶级斗争形势估计得过分严重，严重损害了社会主义事业。苏联模式下的社会主义价值也因此受到一定程度的质疑与挫折。

---

① 《列宁选集》第 4 卷，人民出版社 2012 年版，第 570 页。

一、进一步对社会主义价值的方法论进行探索

第一，深化对社会主义的认识。列宁通过将马克思主义与苏联的具体国情相结合，形成了列宁主义理论体系。对于这一思想理论体系，斯大林说："工人阶级的党如果不掌握工人运动的先进理论，不掌握马克思列宁主义理论，就当不了本阶级的领导者，就当不了无产阶级革命的组织者和领导者。"[1]"只有掌握了马克思列宁主义的理论的党，才能信心百倍地前进，并引导工人阶级前进"[2]。在苏联社会主义革命和建设的过程中，在解决苏联所面临的诸如国家工业化问题、农业集体化问题以及建立无产阶级政权体系问题、正确处理与资本主义的国家关系问题等方面斯大林都继承并发展了列宁主义。正如斯大林所总结的："我们所以获得种种成就，就因为我们是在以马克思、恩格斯、列宁的旗帜下进行工作和斗争的。"[3] 理论的旗帜既是对社会主义价值理想的追求，也是对社会主义价值的理论思索及实践经验的总结。这种旗帜是指导社会主义不断前进的宝贵财富，是社会主义价值得以持续彰显和逐步实现的重要条件。但在后来的苏联模式下，"马克思列宁主义理论不是教条，而是行动的指南"这句真理性的名言还是被高度集中的经济政治体制所淹没。

第二，从两大对立中理解社会主义。斯大林认为，我们并不是孤立去看待社会主义，而是从资本主义与社会主义对立的体系中去深化对社会主义的认识。斯大林认为："不用说，没有资本主义和阶级斗争，也就不会有科学社会主义。"[4] 这个研究方法与斯大林所处的历史背景和环境紧密相关。当时资本主义和社会主义势不两立，资本主义试图以武装

---

[1] 《联共（布）党史简明教程》，人民出版社1975年版，第390页。
[2] 《联共（布）党史简明教程》，人民出版社1975年版，第390页。
[3] 《列宁主义问题》，人民出版社1973年版，第575页。
[4] 《斯大林选集》上卷，人民出版社1979年版，第35页。

入侵、武装干涉或者经济制裁的方式，使得年轻的社会主义国家——苏联在资本主义体系面前就范。在苏联，资本主义势力和因素也广泛地存在着，他们通过采取经济的和政治的手段，试图阻止苏联的社会主义改造，并试图在苏联复辟资本主义。就因为在这种国内外相对复杂的局面下，提出建设社会主义必须与资本主义做顽强的斗争。

第三，从党内的争论中认识社会主义。在苏联的社会主义建设事业中，斯大林经常强调要通过党内斗争来保障社会主义现代化建设的胜利。斯大林在《再论我们党内的社会民主主义倾向》中指出："每当阶级斗争发展到转折点的时候，每当斗争尖锐化和困难加重的时候，无产阶级各个阶层间在观点、作风和情绪上的差别，必不可免地表现为党内的某些意见分歧……对党内的意见分歧，如果这些分歧是原则性的，不能把手一挥，把眼一闭，置之不理。我仅想说，只有为马克思主义的原则路线而斗争，才能使无产阶级的政党摆脱资产阶级的压力和影响。我仅仅想说，只有克服党内矛盾才能使党健全和巩固起来"[1]。

二、对社会主义价值的新认识

首先，通过继承列宁的思想发展了一国可以建成社会主义的理论。马克思认为社会主义的建成，社会主义的价值梦想的实现需要通过社会主义革命在先进国家"共同发生"，列宁一步步对社会主义革命进行实践，在积累了最初几年的经验后，根据新时代的实际，坚定地认为俄国凭借本国的力量可以建成社会主义，社会主义革命是可以首先在一个国家取得胜利的。斯大林把列宁的这一思想进行了继承，并从苏联一国建成社会主义命题的含义、苏联一国建成社会主义的内外部条件、苏联一国建成社会主义与无产阶级国际主义的关系等方面对这一思想进行了

---

[1]　《斯大林全集》第9卷，人民出版社1953年版，第12页。

全面阐述和系统化发展。例如，在内部条件上，斯大林强调与农民的联盟的重要性，他强调要"用自身的力量克服无产阶级和农民之间的矛盾"[1]，"和农民一起并且依靠工农联盟来建成完全的社会主义社会"[2]；在外部条件上，斯大林强调争取其他国家无产阶级的帮助，并且认为："没有这种不仅来自欧洲工人，而且还来自殖民地国家和附属国家的帮助，俄国无产阶级专政就会处于困难的境地"[3]。1936年斯大林宣布苏联建成社会主义，"一国建成社会主义"这一理论凸显了苏联社会主义价值实现的规律，鼓舞了人民建设社会主义的信心，不仅经受住了历史的检验，而且也在实践中进一步丰富了马克思主义理论。

其次，通过优先发展重工业为社会主义奠定物质基础。斯大林优先发展重工业的思想继承于列宁。列宁曾说过："开发资源、建立社会主义社会的真正的和唯一的基础只有一个，这就是大工业。"[4] 斯大林认为，资本主义国家工业的发展往往是经历先轻工业后重工业的漫长过程，这一过程需要几十年甚至上百年的时间，这是由资本主义国家资本家对资本利润追求所决定的，也是由资本主义生产力自身的发展规律所决定的。而苏联的情况不同，一方面，苏联的经济技术十分落后，农业生产也十分落后，要改变这种落后的现状，必须优先发展重工业，才能为这些落后提供装备；另一方面，要使国家不受外来势力的干扰与侵略，必须优先发展重工业，"没有重工业就无法保卫国家"，[5] 并且把优先发展重工业提高到总路线的高度，"把我国从农业国变成自力生产必需的装备的工业国——这就是我们总路线的实质和基础"[6]。

---

① 《斯大林选集》上卷，人民出版社 1979 年版，第 337 页。
② 《斯大林选集》上卷，人民出版社 1979 年版，第 337 页。
③ 《斯大林全集》第 6 卷，人民出版社 1953 年版，第 324 页。
④ 《列宁全集》第 41 卷，人民出版社 1986 年版，第 301 页。
⑤ 《斯大林文集》，人民出版社 1985 年版，第 480 页。
⑥ 《斯大林全集》第 7 卷，人民出版社 1958 年版，第 294 页。

第三，通过农业集体化实现农业的社会主义改造。斯大林认为农业集体化的成就与十月革命的意义同等重要。苏联是一个落后的小农性质的国家，要建立起社会主义的经济基础，要使小农的国家走上社会主义的发展道路，列宁在其晚年认为必须对农业合作社进行发展，他认为农业合作社的发展就是社会主义的发展，并衍生出了农业集体化道路，并且在具体实施中，将劳动组合与农业公社作为农业集体化的两个阶段，劳动组合式主要强调把基本生产资料公有化并非把农民的一切都公有化，并非搞平均主义。在农业集体化的实现过程中，斯大林认为必须遵循自愿的原则稳步推行，那种"任何想用强迫手段建立集体农庄的企图，都只能产生不良后果，只能使农民离开集体农庄运动"①，并且要和中农结成统一战线。

第四，以阶级斗争保证社会主义价值实现。马克思恩格斯和列宁都反复指出在社会主义过渡时期会存在复杂而尖锐的阶级斗争问题，并且世界上第一个社会主义国家就是苏联，资本主义国家的包围势力异常凶猛，残余和新的敌对分子也有一定的势力。面对这种情势，斯大林指出，尽管社会主义改造完成以后，作为一个阶级的剥削者已经灭亡，农民、工人和知识分子成为了社会的主人，但是剥削阶级的残余仍然存在着，阶级斗争因此而依然存在，革命的警惕性因此而依然保留。如何消灭剥削阶级？斯大林认为："阶级的消灭不是经过阶级斗争熄灭的道路，而是经过阶级斗争加强的道路达到的。"②

三、对社会主义价值探索的局限性

在苏联模式的社会主义实践中，继承了马克思恩格斯和列宁主义关

---

① 《斯大林选集》下卷，人民出版社 1979 年版，第 247 页。
② 《斯大林全集》第 13 卷，人民出版社 1956 年版，第 190 页。

于社会主义革命和建设的精华，但同时也形成了高度集中的政治经济体制。应该看到，斯大林时期形成的苏联模式，是特定历史条件下的产物，这种模式的作用是两方面的，我们需要辩证看待。

一方面，斯大林时期的苏联模式在一定程度上促进了苏联政治、经济的快速发展，对巩固世界上第一个社会主义国家制度曾经起到了重要的作用。另一方面，斯大林时期形成的苏联模式在政治上严重地估计了阶级斗争形势，甚至出现了肃反扩大化的严重错误，在经济上没有尊重经济发展规律，超越了生产力的发展要求，逐步束缚了经济的发展活力，政治经济的发展方式的弊端日益暴露，人民群众的不满情绪日益剧增。苏联模式的弊端逐步显现，并且这种影响因为苏联是世界上出现的第一个社会主义国家，逐步扩大到二战结束后建立起来的其他社会主义国家之中，给世界社会主义事业带来了严重的负面影响。到 20 世纪 80 年代后，面对经济社会发展的困境，苏联和东欧国家意识到了调整的必要性，也打算进行一些积极的调整，但终因历史和现实的相互交织着的种种复杂和困难，再加上西方各种势力的推波助澜，调整没有成功，而且导致东欧剧变和苏联解体。

"苏东剧变的原因是多方面的，从价值建设的角度来看，其教训在于对社会主义仅作了'科学'的解读，而忽视了其'价值'设定和蕴含，割裂了'科学原则'与'价值原则'，'科学理性'与'价值理性'，手段与目的的内在统一，从而使社会主义价值成为悬置的乌托邦。"[①] 苏联在其发展过程之中，尤其是斯大林模式，从很大程度已经偏离了社会主义价值，而其他的东欧国家则是教条化的去照搬苏联模式，从而使得社会主义遭受巨大挫折。但我们要相信，挫折只是暂时的，社会主义价值却是具有恒久的光辉。

---

① 田海舰、邹卫：《社会主义核心价值观论纲》，人民出版社 2010 年版，第 225 页。

第三节 新中国成立初期的社会主义 价值实践与探索

"十月社会主义革命不只是开创了俄国历史的新纪元，而且开创了世界历史的新纪元，影响到世界各国内部的变化，同样地而且还特别深刻地影响到中国内部的变化"①。众所周知，近代中国积贫积弱，落后且挨打。在实现中华民族强国之梦的进程中，无数仁人志士前赴后继，最终选择了马克思主义这一认识世界、改造世界的思想武器；具有悠久文明传统的中国人民最终选择了社会主义。集中了民族精英的中国共产党在成立之初，便经过反复比较和深刻思考，鲜明提出党领导的新民主主义革命最终方向是社会主义。革命战争年代，我们党主要任务是夺取全国政权，不具备进行完全的社会主义实践的环境。新中国成立以后，党的第一代中央领导以毛泽东同志为核心，带领全国各族人民迅速医治战争创伤、恢复国民经济，并提出了党在过渡时期的总路线，经过社会主义改造，建立起社会主义基本制度。但由于苏联模式的影响，以及领导人的错误估计，也使得我国的社会主义建设事业曾经遭受了重大的挫折。在这一过程中，人为的将社会主义价值抽象化，割裂目标与手段，价值与道路的内在关系，导致了对社会主义价值的疏离。

一、对社会主义价值方法论的探索

第一，运用理论联系实际的方法，深化了对社会主义价值的认识。毛泽东认为，社会主义的前提是坚持马克思主义。因为，"我们的斗争

---

① 《毛泽东选集》第一卷，人民出版社 1991 年版，第 303 页。

需要马克思主义。"① 还要在同中国的具体实际相结合中坚持马克思列宁主义，"马克思列宁主义的普遍真理一经和中国革命的具体实践相结合，就使中国革命的面目为之一新"②。再次，要在同中国的具体实际相结合中坚持马克思主义的同时丰富马克思主义，不照搬马克思主义的个别词句。"我们要学的是属于普遍真理的东西，并且学习一定要与中国实际相结合。如果每句话，包括马克思的话，都要照搬，那就不得了。"③

第二，在实践中，紧紧围绕中国的现代化问题来探讨社会主义的价值及其实现问题。1948 年党的七届二中全会制订了建立新中国、建设新中国的计划。毛泽东就曾在新中国成立之前召开的党的七届三中全会上提出："在革命胜利以后，迅速地恢复和发展生产……使中国稳步地由农业国转变为工业国，把中国建设成一个伟大的社会主义国家。"④ 到了 1957 年，在《关于正确处理人民内部矛盾的问题》中毛泽东又指出："将我国建设成为一个具有现代工业、现代农业和现代科学文化的社会主义国家"。⑤ 同年所进行的五年计划使社会主义价值总目标的实现开始被分解成一个一个有计划的连续的目标安排。在这些有计划的连续的目标安排实施推动下，我国独立的工业化体系逐步建立起来，社会主义建设成就斐然。

第三，在国际共运的新形势下坚持和捍卫社会主义的基本原则。社会主义改造完成以后，在党的八大上作出了工作重心转移的部署，这是一个好的开始。然而，1956 年，对于国际共产主义运动而言，是一个"多事之秋"。这个"多事之秋"，也使得毛泽东的关注中心逐渐转移到

---

① 《毛泽东选集》第一卷，人民出版社 1991 年版，第 111 页。
② 《毛泽东选集》第三卷，人民出版社 1991 年版，第 1093 页。
③ 《毛泽东文集》第七卷，人民出版社 1999 年版，第 42 页。
④ 《毛泽东选集》第四卷，人民出版社 1991 年版，第 1437 页。
⑤ 《建国以来重要文献选编》第 11 册，中央文献出版社 1995 年版，第 431 页。

了与修正主义作斗争、捍卫社会主义的原则上。最直接的是 1956 年苏共"二十大"上，赫鲁晓夫作了关于斯大林的秘密报告，报告对于斯大林做了尖锐的批判，毛泽东由此认为苏联正在搞修正主义，正在犯方向性错误。同一年发生的"匈牙利事件"，也使毛泽东认为这是"东欧一些国家的基本问题就是阶级斗争没有搞好"①。在国际共运的新形势下坚持和捍卫社会主义的基本原则，这个非常好，也很有必要，但由于历史的局限性使得毛泽东在晚年对于这些问题的认识出现了"左"的错误，抛开这些"左"的片面性的认识，把对社会主义的认识置于世界范围内，置于国际共运范围内的方法是值得肯定的。

二、对社会主义价值的新认识

首先，要尽快发展生产力。20 世纪 50 年代中后期，我国社会主义建设非常重视生产力的发展，视之为革命的根本目的。毛泽东在 1957 年指出："只有经过十年至十五年的社会生产力的比较充分的发展，我们的社会主义的经济制度和政治制度，才算获得了自己的比较充分的物质基础（现在，这个物质基础还很不充分），我们的国家（上层建筑）才算充分巩固，社会主义社会才算从根本上建成了。现在还未建成，还差十年至十五年时间。"② 这时，毛泽东估计建成社会主义的时间需要十年至十五年，明显有些短了，但同时他也明确指出要巩固和完善社会主义制度，就必须有相对充分的物质基础，社会生产力的发展要能跟得上，并且从时间段上严格区分建立社会主义制度与建成社会主义社会，这是两个发展阶段，从"建立"到"建成"需要一定时间，并且在时间段上"建成"的前提是发展生产力。很显然，毛泽东已经开始重视建成

---

① 毛泽东：《在中国共产党第八届中央委员会第二次全体会议上的讲话》，1956 年 11 月 15日。

② 《建国以来重要文献选编》第 10 册，中央文献出版社 1994 年版，第 491 页。

社会主义的"生产力标准",这无疑是一个十分深刻而且富有价值的重要思想。

其次,坚持生产资料公有制。毛泽东坚持认为社会主义经济关系必须要用生产资料公有制代替生产资料私有制,必须实现生产资料公有制,1957年,毛泽东在《坚定地相信群众的大多数》一文中指出:"要破资本主义所有制,使它变为社会主义全民所有制,要破个体所有制,使它变为社会主义集体所有制。"① 在这里,毛泽东明确地把社会主义基本经济关系概括为社会主义下的全民所有制与集体所有制。毛泽东也对公有制的实现形式做了进一步的探索。他认为苏联的经济管理体制过分集中,企业的自主权太小,应允许企业存在着一定的"独立王国",有一定的企业发展自主权。从某种意义上来讲,这涉及了经济发展中企业经营权与所有权相对分离的问题。

第三,保留一定的商品货币关系。马克思恩格斯指出,社会主义必须消灭一切商品经济,进行全面计划经济。列宁和斯大林在建设社会主义的探索中,都对这一观点进行了灵活性坚持,认为在一定阶段商品货币关系不能废除。结合我国的实际,毛泽东认为社会主义不但要实现计划经济,而且在一定的时期内还需要保存一定的商品货币关系。在计划经济方面,毛泽东1956年在《论十大关系》中指出:"为了建设一个强大的社会主义国家,必须有中央的强有力的统一领导,必须有全国的统一计划和统一纪律",② 毛泽东在阐释计划经济的计划性时,同样强调了计划的灵活性。他指出:"在客观上将会长期存在的社会生产和社会需要之间的矛盾,就需要人们时常经过国家计划去调节。"③ 在商品货币关系方面,毛泽东总结中国的过去,认为中国原来是一个商品生产落后的

---

① 《建国以来重要文献选编》第7册,中央文献出版社1993年版,第421页。
② 《毛泽东文集》第七卷,人民出版社1999年版,第32页。
③ 《毛泽东文集》第七卷,人民出版社1999年版,第215页。

国家，很有必要经历一个商品生产发展的阶段。他认为："即使过渡到单一的社会主义全民所有制，如果商品还不很丰富，某些范围内的商品生产和商品交换仍然可以存在。"[①]"商品生产可以乖乖地为社会主义服务"[②]。因此，毛泽东不赞成现阶段的社会主义马上消灭商品经济关系，认为社会主义发展计划经济要对商品货币关系加以利用发展。1958 年，毛泽东在论述人民公社生产时指出："通过商品交换，可能满足社会日益增长的需要，又可能换回等价物资，满足本社会生产上和社会日益增长的需要。在商品流通过程中，价值、价格和货币仍然将起它们的积极作用。"[③] 对于价值规律的认识，毛泽东还把价值法则比喻成一所伟大的学校，他说："价值法则是一个伟大的学校"[④]。毛泽东的探索，一方面对社会主义物质生产和流通起到了一定的指导作用；另一方面，也为当代社会主义经济运行机制的探索做出了一定的贡献。

第四，正确处理人民内部矛盾。在我国社会主义制度建立以后，全党和全国人民开始转入全面的大规模的社会主义建设之中，这是一项全新而艰巨的任务。而这时候苏联和东欧社会主义国家也呈现了很多问题。毛泽东结合国内和国外的社会主义的建设实际，在五十年代中期接连出版了《论十大关系》和《关于正确处理人民内部矛盾的问题》等重要著作，意识到了"以苏为鉴"，开始从中国的实际出发建设社会主义建设的探索。

1956 年，社会主义改造基本完成，再加上第一个五年计划主要指标提前完成和社会主义改造基本完成，我国生产资料所有制的结构逐渐单一化，在这个基础上以高度集中统一为特征的社会主义经济体制初步

---

① 《毛泽东著作专题摘编》（上），中央文献出版社 2003 年版，第 977 页。
② 《毛泽东文集》第七卷，人民出版社 1999 年版，第 440 页。
③ 《建国以来毛泽东文稿》第 7 册，中央文献出版社 1992 年版，第 507、508 页。
④ 《毛泽东文集》第八卷，人民出版社 1999 年版，第 34 页。

形成。社会主义经济体制在当时集中人力、财力、物力,保证重点建设的顺利进行方面发挥了重要作用,但一些弊端也逐渐显露出来,如对地方和企业管得太多、统得太死,不适应生产力发展的矛盾逐渐突出。毛泽东觉察到了这一问题,并且经过一个多月听取各部委汇报的调查研究后,1956 年 4 月,毛泽东发表了《论十大关系》的重要讲话,在讲话中,毛泽东强调要走适合中国自身的发展道路。这个讲话以苏联的经验为鉴戒,例如,毛泽东指出:"我们不能像苏联那样,把什么都集中到中央,把地方卡得死死的,一点机动权也没有。"[①]以苏联的经验为鉴戒,也就意味着毛泽东提出了必须根据本国情况走自己的道路这一根本思想。并且从不同方面总结了中国几年来的建设经验,提出要处理好工业和农业等十大关系,具有长远的指导意义。从《论十大关系》我们可以看出,其中的不少具体内容已经"开始涉及经济体制的改革"。此外,《论十大关系》提出了调动各方面积极性的重要性,并且要调动国内外一切积极因素。同时,在《论十大关系》中毛泽东还正式提出了"向外国学习"[②]的口号。这里所说的外国,明显包括了资本主义国家。毛泽东说:"一切民族、一切国家的长处都要学,政治、经济、科学、技术、文学、艺术的一切真正好的东西都要学。"[③]

毛泽东在 1957 年最高国务会议上作了《关于正确处理人民内部矛盾的问题》的重要报告,具体分析了存在的各方面人民内部的矛盾,我国现阶段的基本矛盾并没有变,要正确处理两类不同性质的矛盾,把正确处理人民内部矛盾作为国家政治生活的主题,走中国式的工业化道路。在讲话中,毛泽东还指出:"正确的东西总是在同错误的东西作斗争的过程中发展起来的。真的、善的、美的东西总是在同假的、恶的、丑的东

---

① 《毛泽东文集》第七卷,人民出版社 1999 年版,第 31 页。
② 《毛泽东文集》第七卷,人民出版社 1999 年版,第 82 页。
③ 《毛泽东文集》第七卷,人民出版社 1999 年版,第 41 页。

西相比较而存在，相斗争而发展的。当某一种错误的东西被人类普遍地抛弃，某一种真理被人类普遍地接受的时候，更加新的真理又在同新的错误意见作斗争。这种斗争永远不会完结。这是真理发展的规律，当然也是马克思主义发展的规律。"①从理论上阐明了真理发展的一般规律，而且在自觉地运用这一规律的基础上，毛泽东还提出了"文艺上百花齐放，学术上百家争鸣"这一繁荣社会主义文学艺术的正确方针。正确处理人民内部矛盾问题和"双百"方针的提出，直接否定了斯大林的关于"社会主义越深入，阶级斗争越尖锐"的错误认识，打破了长期存在于苏联社会中的沉闷的社会主义建设气氛，使中国走上了独立发展的道路。

第五，坚持人民民主专政。早在新中国成立前的 1949 年 6 月，毛泽东发表了《论人民民主专政》一文，精辟地论述了民主与专政的辩证关系，系统地提出了人民民主专政理论，他强调："总结我们的经验，集中到一点，就是工人阶级（经过共产党）领导的以工农联盟为基础的人民民主专政。"②"对人民内部的民主方面和对反动派的专政方面，互相结合起来，就是人民民主专政。"③人民民主专政理论成为新中国民主法制建设的重要指导思想。同时，毛泽东在《论人民民主专政》旗帜鲜明地提出新中国将要实行的社会主义的"一边倒"的国际关系政策，他指出："中国人不是倒向帝国主义一边，就是倒向社会主义一边，绝无例外。骑墙是不行的，第三条道路是没有的。"④新中国将"联合苏联，联合各人民民主国家，联合其他各国的无产阶级和广大人民，结成国际的统一战线。"⑤另外，在《论人民民主专政》一文中，毛泽东还做了两

---

① 《毛泽东文集》第七卷，人民出版社 1999 年版，第 230 页。
② 《毛泽东选集》第四卷，人民出版社 1991 年版，第 1480 页。
③ 《毛泽东选集》第四卷，人民出版社 1991 年版，第 1475 页。
④ 《毛泽东选集》第四卷，人民出版社 1991 年版，第 1473 页。
⑤ 《毛泽东选集》第四卷，人民出版社 1991 年版，第 1472 页。

个系统而精辟的总结，第一个总结是对自 1840 年鸦片战争以来先进的中国人向西方寻找救国救民真理的过程进行了总结：洋务运动、太平天国运动、戊戌变法、义和团运动以及辛亥革命……帝国主义的侵略打破了中国人学习西方的迷梦，中国人向西方学习真理，但是行不通，理想无法实现，最后都归于失败。而第一次世界大战影响了全世界，俄国发生了十月革命，建立了世界上第一个社会主义国家，过去深埋在俄国无产阶级和劳动人民心中不为外国人所见的伟大的革命精力，由列宁、斯大林领导，像火山喷发一样出现，带给中国人巨大的震动和启示。"十月革命一声炮响，给我们送来了马克思列宁主义。十月革命帮助了全世界的也帮助了中国的先进分子，用无产阶级的宇宙观作为观察国家命运的工具，重新考虑自己的问题。走俄国人的路——这就是结论。"① 第二个总结是对我党领导革命取得胜利的经验进行了全面总结与理性升华，这些经验归纳总结为："一个有纪律的，有马克思列宁主义的理论武装的，采取自我批评方法的，联系人民群众的党。一个由这样的党领导的军队。一个由这样的党领导的各革命阶级各革命派别的统一战线。这三件是我们战胜敌人的主要武器。"②

三、探索社会主义价值的局限性

在革命战争年代，我们的党长期处于激烈的战争和激烈阶级斗争的环境之中，而新生社会主义社会和全国上下共同努力建设社会主义事业将迅速到来，在这时，不管在思想准备还是科学研究上，显然都是缺乏经验的，我们必须"以苏为鉴"，但由于国情不一样，所以我们在实践中也容易犯这样那样的错误。在后来的实践中，由于"左"的错误，使

---

① 《毛泽东选集》第四卷，人民出版社 1991 年版，第 1471 页。
② 《毛泽东选集》第四卷，人民出版社 1991 年版，第 1480 页。

得很多好的方针政策没有有效的落实，并且遭受了重大挫折。邓小平同志在回顾这段历史时说："坦率地说，我们过去照搬苏联搞社会主义的模式，带来很多问题。我们很早就发现了，但没有解决好。"① 但同时也不能否认，这段时期的社会主义建设也为今后的现代化建设事业奠定了一定的经济基础。

我们党是第二个在一个大国领导社会主义革命和建设的。从恭恭敬敬、老老实实地学习第一个社会主义国家——苏联社会主义的建设经验，到逐渐放弃苏联模式，我们党在实践中一步步对怎样建设社会主义有了自己的新的认识。但由于历史的局限性和认识的局限性，也会出现一系列的错误，比如，"大跃进"、"人民公社化"，甚至提出"跑步进入共产主义"等口号。虽然出发点是好的，但脱离了实际，超越了阶段。这些失误的出现一方面使社会主义建设偏离了现实的和正常的轨道，另一方面也为后来的社会主义建设提供了反面的教训教材。正是对我国社会主义建设实践中的正反两方面经验教训的认真反思与总结，我们党才做出了一个重大决策——改革开放。

第四节　中国特色社会主义对社会主义价值的实践与发展

改革开放以后，邓小平对社会主义进行了进一步的反省和省思，对"什么是社会主义"和"怎样建设社会主义"这两个问题做了科学的阐释和厘定，从而使得社会主义价值更加明确和清晰。首先，邓小平完整而科学的回答了"什么是社会主义"的问题，他对社会主义本质进行了

---

① 《邓小平文选》第三卷，人民出版社 1993 年版，第 261 页。

精确的概括，明确了"社会主义的本质，是解放生产力，发展生产力，消灭剥削，消除两极分化，最终达到共同富裕。"① 邓小平对"怎样建设社会主义"进一步作出了系统完整的价值回应。对于"怎样建设社会主义"的问题，他是在牢牢把握我国初级阶段的这一国情的基础之上，致力于实现社会主义价值的方位判定上提出的，他认为，中国特色社会主义的价值基调其实就是社会主义初级阶段，并将人民群众作为中国特色社会主义的价值实现主体，改革开放必然成为推动初级阶段向前发展的基本动力。

一、对社会主义价值的方法论探索

第一，在恢复实事求是的思想路线基础上深化对社会主义价值的认识。在经历了"大跃进"和长达十年之久的"文化大革命"后，我国的社会主义建设没能坚持好社会主义的发展原则，而且是相当严重地陷入了主观唯心主义的泥潭。1976 年粉碎"四人帮"以后，又遭遇了"两个凡是"的阻力。在这决定命运的关口，以邓小平为核心的党中央毅然举起了反对"两个凡是"的大旗，并依靠极大的理论勇气对真理标准问题的大讨论支持并推动。关于真理标准问题进行的大讨论，邓小平强调："目前进行的关于实践是检验真理的唯一标准问题的讨论，实际上也是要不要解放思想的争论"②，这"是个思想路线问题，是个政治问题，是个关系到党和国家的前途和命运的问题"。③ 邓小平同志反复强调要解放思想、实事求是，认为"只有解放思想，坚持实事求是，一切从实际出发，理论联系实际，我们的社会主义现代化建设才能顺利进行，我们党的马克思列宁主义、毛泽东思想的理论也才

---

① 《邓小平文选》第三卷，人民出版社 1993 年版，第 373 页。
② 《邓小平文选》第二卷，人民出版社 1994 年版，第 143 页。
③ 《十五大以来重要文献选编》（上），人民出版社 2000 年版，第 336 页。

能顺利发展"。① 他认为只有破除了教条主义、本本主义所制造的迷信，从僵化的思想中解放出来，才能做到实事求是。他说："解放思想，是指在马克思主义指导下打破习惯势力和主观偏见的束缚，研究新情况，解决新问题。"②"解放思想，就是使思想和实际相符合，使主观和客观相符合，就是实事求是。"③ 邓小平在十一届三中全会主题报告的《解放思想，实事求是，团结一致向前看》的讲话中强调："一个党，一个国家，一个民族，如果一切从本本出发，思想僵化，迷信盛行，那它就不能前进，它的生机就停止了，就要亡党亡国。"④ 由此，关于真理标准问题的讨论引出了思想解放与实事求是的关系问题，对这一关系问题的思索过程，也是重新树立实事求是思想路线的过程，为迎接新时期的到来提供了良好的思想环境。

第二，从科学地评价毛泽东以及在毛泽东思想中深化对社会主义价值的认识。相当长的时期里，由于对毛泽东的个人崇拜，我们对毛泽东的思想、理论中有没有错误这个问题讳莫如深。"文化大革命"结束后则出现了另一种复杂情况：一方面有些人提出和坚持"两个凡是"的错误方针，维护毛泽东的晚年错误；另一方面又有人以毛泽东有错误为由企图全盘否定毛泽东和毛泽东思想。针对这些情况，邓小平领导和支持了真理标准问题大讨论，并且提出要完整的理解马克思主义，"两个凡是"不是马克思主义；又强调要在纠正毛泽东晚年错误的基础之上，正视毛泽东所做的贡献，客观的看待毛泽东思想。在 1981 年党的十一届六中全会上，通过了《关于建国以来党的若干历史问题的决议》。决议本着实事求是的态度，将毛泽东晚年的错误与其功绩功勋作出了明确的

---

① 《邓小平文选》第二卷，人民出版社 1994 年版，第 143 页。
② 《邓小平文选》第二卷，人民出版社 1994 年版，第 279 页。
③ 《邓小平文选》第二卷，人民出版社 1994 年版，第 364 页。
④ 《邓小平文选》第二卷，人民出版社 1994 年版，第 143 页。

区分，对"文化大革命"进行了科学的界定，从而维护毛泽东的历史地位，并坚决顶住否定毛泽东和毛泽东思想的错误思潮。

第三，从中国的特点出发在走自己的道路中开拓社会主义价值。在中国这样一个经济比较落后的大国，如何使自己繁荣、富强，建成一个现代化的发达的社会主义强国，这是时代的重大课题。早在改革开放之初，邓小平就强调中国必须逐步探索符合中国国情的发展道路。在1979年3月邓小平发表的《坚持四项基本原则》重要讲话中，第一次提出了"走出一条中国式的现代化道路"的重要命题，这一命题是"走自己的路，建设有中国特色的社会主义"战略思路的前奏。邓小平指出："过去搞民主革命，要适合中国情况，走毛泽东同志开辟的农村包围城市的道路。现在搞建设，也要适合中国情况，走出一条中国式的现代化道路。"① 这是邓小平运用矛盾普遍性和特殊性相结合的原理，科学总结了中国革命和建设的经验教训。中国现代化到底要走什么样的道路？毛泽东对这一问题进行过深入思考，却没有真正搞清楚。中国的现代化建设，就其本质而言，是社会主义的现代化建设，而非资本主义的现代化建设，他们的性质不同，但是中国的现代化是一种后发的现代化建设，我们必须吸收和借鉴资本主义国家的先前的知识和经验，不能实行"关门主义"。但同时我们也应该看到，中国的现代化是具有中国特色的现代化，还需要将它与其余的社会主义国家的现代化建设区分开来，走具有中国特色社会主义现代化建设道路，不能实行"拿来主义"。

第四，从正确把握我国社会主义发展阶段的基础上探索社会主义价值。马克思的《资本论》和《哥达纲领批判》中论证了经资本主义基本矛盾尖锐化必然导致的社会主义，它是在"资本主义制度的一切肯定成果"②

① 《邓小平文选》第二卷，人民出版社1994年版，第163页。
② 《马克思恩格斯全集》第19卷，人民出版社1963年版，第438页。

基础之上的并在生产力水平上高于资本主义的社会主义；而像俄国、中国等不发达国家在越过资本主义"卡夫丁峡谷"①后建立的社会主义，还需要"吸取资本主义的一切肯定成果"，现实社会主义在世界共产主义运动发展历程中的历史定位就是指以上方面。这正是处于初级阶段的社会主义中国以市场体制作为社会资源配置的基础方式，必然会要求将商品经济作为社会生产的基本经济形式，这就是要建立社会主义市场经济体制最深层的历史根据。在世界历史上，"形成普遍的社会物质变换，全面的关系，多方面的需求以及全面的能力的体系"②的社会经济发展阶段正处于商品经济形态。所以，商品经济在本质上是开放性和世界性的经济，当然，这是相对于封闭性和地域性的自然经济来说。社会主义中国积极实行对外开放，并且坚定不移地执行，这是商品经济形态的开放性和世界性特点的必然要求，这是由初级阶段社会主义在人类社会发展三大形态上的历史定位所决定的。

邓小平在指导起草《关于建国以来党的若干历史问题的决议》时候第一次提出了社会主义初级阶段的提法，接着，邓小平深入指出："中国社会主义是处在一个什么阶段，就是处在初级阶段，是初级阶段的社会主义。社会主义本身是共产主义的初级阶段，而我们中国又处在社会主义的初级阶段，就是不发达的阶段。一切都要从这个实际出发，根据这个实际来制订规划。"③社会主义初级阶段理论是对我国国情的准确反映，从而也奠定了马克思主义中国化的基础。同时，1987年10月，党的十三大政治报告以"沿着有中国特色的社会主义道路奋勇前进"④为主题，系统阐释了社会主义初级阶段理论，对我国的社会主义性质做了

---

① 《马克思恩格斯全集》第12卷，人民出版社1998年版，第219页。
② 《马克思恩格斯全集》第46卷（上），人民出版社1979年版，第104页。
③ 《邓小平文选》第三卷，人民出版社1993年版，第252页。
④ 《十三大以来重要文献选编》（上），人民出版社1991年版，第186页。

进一步的探讨和明确。

二、对社会主义价值的新认识

第一，认为改革开放是社会主义现代化的最根本途径。恩格斯说："所谓'社会主义社会'不是一种一成不变的东西，而应当和任何其他社会制度一样，把它看成是经常变化和改革的社会。"[①]唯物史观认为，社会经济制度是在生产力与生产关系的矛盾运动中不断发展的，社会主义经济制度同样也遵循着这一基本法则，同样要随着生产力的发展而发展，改革就是社会主义制度对生产力发展的要求给出的解决方法，它从根本上保证了社会主义制度充满生机与活力。

邓小平指出中国的唯一出路就是改革。他说："不改革就没有出路，旧的那一套经过几十年的实践证明是不成功的。"[②]"中国不走这条路，就没有别的路可走。只有这条路才是通往富裕和繁荣之路"。"改革是社会主义制度的自我完善"[③]，"是中国的第二次革命"[④]。邓小平认为对外开放是改革的一种形式。我们必须要对外开放，"现在的世界是开放的世界"，"任何国家要发达起来，闭关自守都不可能。我们吃过这个苦头，我们的老祖宗吃过这个苦头。"[⑤]"三十几年的经验教训告诉我们，关起门来搞建设是不行的，发展不起来。"[⑥]

第二，认为贫穷不是社会主义。邓小平指出："贫穷不是社会主义，社会主义要消灭贫穷。"[⑦]"哪有什么贫困的社会主义、贫困的共产主义！

---

① 《马克思恩格斯文集》第 10 卷，人民出版社 2009 年版，第 588 页。
② 《邓小平文选》第三卷，人民出版社 1993 年版，第 237 页。
③ 《邓小平文选》第三卷，人民出版社 1993 年版，第 149 页。
④ 《邓小平文选》第三卷，人民出版社 1993 年版，第 113 页。
⑤ 《邓小平文选》第三卷，人民出版社 1993 年版，第 90 页。
⑥ 《邓小平文选》第三卷，人民出版社 1993 年版，第 64 页。
⑦ 《邓小平文选》第三卷，人民出版社 1993 年版，第 116 页。

马克思主义的理想是实现共产主义……马克思主义讲的共产主义是物质产品极大丰富的社会。"① 他同时指出："社会主义制度优越性的根本表现，就是能够允许社会生产力以旧社会所没有的速度迅速发展，使人民不断增长的物质文化生活需要能够逐步得到满足……归根结底要表现在社会生产力的发展上，人民物质文化生活的改善上"②，社会主义要消灭贫穷，是因为物质、经济的贫困和精神、文化的贫困以及因贫困而对生态、环境进行破坏并不符合社会主义的本质，要彰显社会主义价值的优越性，就要更好地满足人民的物质文化需求，这是邓小平同志依据唯物史观的基本原理，重新提出了鉴别社会主义实践成功好坏的生产力标准，也就是他指出的："发展生产力是社会主义的一个最本质的规定。"

第三，认为共同富裕是社会主义价值的重要体现。"社会主义的本质，是解放生产力，发展生产力，消灭剥削，消除两极分化，最终达到共同富裕。"③ 马克思和恩格斯、列宁、斯大林、毛泽东都没有用过"本质"这个词来概括社会主义，邓小平把社会主义的本质融入到了看得见摸得着又是一步步能够做到的具体目标任务中，生产力和生产关系的统一，根本目的和根本任务的统一，社会主义价值实现与社会主义的自身价值的统一，从以上"三个统一"不仅加深了对于社会主义本质的认识，而且把广大人民的共同的利益和愿望与社会主义的理想和价值追求融合在了一起，能够调动广大人民共同建设社会主义的积极性。

第四，认为社会主义价值实现的经济基础是市场经济。邓小平在1979年11月会见《大不列颠百科全书》的副总编吉布尼等学者时说过，说市场经济只在资本主义社会才有，这不正确。邓小平在1987年2月对中央几位负责人讲："为什么一谈市场就说是资本主义，只有计划才

---

① 《邓小平文选》第三卷，人民出版社1993年版，第228页。
② 《邓小平文选》第二卷，人民出版社1994年版，第128页。
③ 《邓小平文选》第三卷，人民出版社1993年版，第373页。

是社会主义呢？计划和市场都是方法嘛。只要对发展生产力有好处，就可以利用。它为社会主义服务，就是社会主义的；为资本主义服务，就是资本主义的。"①"计划多一点还是市场多一点，不是社会主义与资本主义的本质区别。计划经济不等于社会主义，资本主义也有计划；市场经济不等于资本主义，社会主义也有市场。计划和市场都是经济手段。"② 很明显，邓小平意识到了社会基本制度如何实现有一个"具体做法"问题，也即有灵活的实现的方法手段问题。历史地看，是世界社会主义运动史上科学解决市场经济与社会主义关系的第一人。后来证明了邓小平的正确性，社会主义市场经济并不是两张皮，而是一个具有新质的大系统，是中国特色社会主义经济发展的一盘大棋，是新形态的现代市场经济。

第五，社会主义价值实现的文化基础是精神文明建设。邓小平认为，社会主义精神文明建设是一项战略性决策。邓小平说："我们要建设的社会主义国家，不但要有高度的物质文明，而且要有高度的精神文明。"③"没有这种精神文明，没有共产主义思想，没有共产主义道德，怎么能建设社会主义？"④1979 年 10 月邓小平进一步指出，"我们要在建设高度物质文明的同时，提高全民族的科学文化水平，发展高尚的丰富多彩的文化生活，建设高度的社会主义精神文明。"⑤ 实际上，在这里，邓小平提出了"两手抓，两手都要硬"的问题，后来，邓小平指出，如果忽略了精神文明建设，"我们的现代化建设就不能保证社会主义的方向，我们的社会主义社会就会失去理想和目标，失去精神的动力和战斗

---

① 《邓小平文选》第三卷，人民出版社 1993 年版，第 203 页。
② 《邓小平文选》第三卷，人民出版社 1993 年版，第 373 页。
③ 《邓小平文选》第二卷，人民出版社 1994 年版，第 367 页。
④ 《邓小平文选》第二卷，人民出版社 1994 年版，第 367 页。
⑤ 《邓小平文选》第二卷，人民出版社 1994 年版，第 208 页。

的意志，就不能抵制各种腐化因素的侵袭，甚至会走上畸形发展和变质的邪路。"①1982 年召开了党的十二大，在本次会议上，以邓小平的思想为依据，整体、系统地就社会主义精神文明问题进行了论述，在党的十二届六中全会和十四届六中全会上的决议，又再一次强调了社会主义精神文明是社会主义社会的重要特征的论断。

第六，认为坚持和改善党的领导是社会主义价值实现的重要保障。马克思主义认为，共产党代表了无产阶级的根本利益，是社会主义的领导和推动力量。邓小平说，什么是中国社会主义现代化建设的关键？"就是坚持党的领导"。② 如何坚持和改善党的领导？邓小平认为，首先，党是居于领导地位的，但不是大包大揽。"干预太多，搞不好倒会削弱党的领导"③。其次，要坚持和健全民主集中制与集体领导制，改变权力过分集中现象。"权力过分集中于个人或少数人手里，多数办事的人无权决定，少数有权的人负担过重，必然造成官僚主义，必然要犯各种错误，必然要损害各级党和政府的民主生活、集体领导、民主集中制、个人分工负责制等等。"④ 再次，要注重制度建设，通过制度来防止和纠正党内的种种错误，"要健全干部的选举、招考、任免、考核、弹劾、轮换制度"⑤，除此之外，还要建立各种监督机制，做到这些，"人民才会信任我们的领导，才会信任党和社会主义，我们的事业才有无限的希望。"⑥

三、中国特色社会主义在新的历史起点上实现着新的发展

1992 年，邓小平在南方谈话中说："我坚信，世界上赞成马克思主

---

① 《十一届三中全会以来重要文献选读》（上），人民出版社 1987 年版，第 491 页。
② 《邓小平文选》第二卷，人民出版社 1994 年版，第 265 页。
③ 《邓小平文选》第三卷，人民出版社 1993 年版，第 164 页。
④ 《邓小平文选》第二卷，人民出版社 1994 年版，第 329 页。
⑤ 《邓小平文选》第二卷，人民出版社 1994 年版，第 331 页。
⑥ 《邓小平文选》第二卷，人民出版社 1994 年版，第 333 页。

义的人会多起来的，因为马克思主义是科学。它运用历史唯物主义揭示了人类社会发展的规律。"[1] 同时指出，要坚持在改革开放中不断发展社会主义，"不坚持社会主义，不改革开放，不发展经济，不改善人民生活，只能是死路一条。"[2] 随后的实践证明，中国的社会主义在不断发展，社会主义价值也在不断发展、不断前进中日益凸显。

在邓小平理论的基础上，"三个代表"重要思想从执政党建设的层面对社会主义价值朝向做了进一步的规定，明确了社会主义的价值要能代表先进生产力的发展方向、先进文化的前进方向和代表最广大人民的最根本利益。十六届三中全会提出了科学发展观的科学命题，是对"三个代表"所蕴含的社会主义价值朝向的进一步明确，它从"为谁发展"和"怎样发展"两个维度阐明了社会主义价值实现的基本方略。"以人为本"是其核心，它也从"为谁发展"和"怎样发展"两个维度回答了社会主义发展的动力、目的和主体。"发展为了人民"对社会主义发展的目标做了明确的概括，也是一种价值判定；"发展依靠人民"阐明了发展的主体；"全面、协调、可持续"则科学的回答了"如何发展"的问题，它要求政治、经济、文化、社会、生态都能协调发展，将发展寓于全面协调之中。

随着我国社会主义建设事业不断发展，也为了使社会主义价值进一步彰显，我们提出了社会主义核心价值体系，即，从坚持马克思主义指导思想、坚持中国特色社会主义共同理想、坚持以爱国主义为核心的民族精神和以改革创新为核心的时代精神、坚持社会主义荣辱观四个方面构筑社会主义核心价值体系。这一时代命题的提出"既破除了社会主义实证化的思维方式，彰显了社会主义本质的价值维度，又摒弃了社会主

---

① 《邓小平文选》第三卷，人民出版社 1993 年版，第 382 页。
② 《邓小平文选》第三卷，人民出版社 1993 年版，第 370 页。

义伦理化的思维方式，在历史与价值、价值与制度的辩证关系中把握社会主义价值和社会主义，从而将对社会主义本质的认识推进到新的时代水平。"①

在建设社会主义核心价值体系的基础上，党的十八大报告从国家、社会、个体三个层面对当前培育和践行社会主义核心价值观作出凝练概括，即，在国家诉求层面，倡导富强、民主、文明、和谐的价值信念；在社会秩序层面，倡导自由、平等、公正、法治的价值理念；在个体规范层面，倡导爱国、敬业、诚信、友善的价值观念。"这一内涵，既承继了科学社会主义的价值源本，又融合了中国特色社会主义的价值现实；既借鉴了西方先进文化的价值优势，又赋予了中国优秀民族文化的价值传统；既立足于中国特色社会主义的价值实践，又着眼于世界社会主义的价值复兴。"② 但从本质意义上讲，社会主义核心价值观的三方面的表达，事实上都贯穿着一条主线——自由而全面的发展。社会主义核心价值观只是在这一点上时代化、中国化的表述。

处于风云变化的国际大背景下，全球化的金融危机并没有打垮社会主义的中国，相反，中国走出了一条属于自己的社会主义建设和发展之路，建立中国特色社会主义理论、制度和道路，它们必将鼓舞世界范围内的社会主义运动和社会主义国家。这种"管理上的民主，社会中的博爱，权利的平等，普及的教育，将揭开社会的下一个更高的阶段，经验、理智和科学正在不断向这个阶段努力。这将是古代氏族的自由、平等和博爱的复活，但却是在更高级形式上的复活。"③

---

① 吴向东：《社会主义核心价值体系：社会主义本质的彰显》，《教学与研究》2009 年第 7 期。
② 王学俭：《积极培育和践行社会主义核心价值观》，《甘肃日报》2012 年 11 月 21 日。
③ 《马克思恩格斯全集》第 21 卷，人民出版社 1965 年版，第 203 页。

第五节 当代世界范围内的社会主义改革和 运动中的价值实践与探索

置于历史的境遇中，社会主义价值是一个不断发展、丰富和完善的过程，既有其历史的渊数，又有其过程的推衍，前文更多的是从纵向的角度梳理了社会主义价值生成和演化的过程。从横向的角度看，置于现实的全球范围内，社会主义价值也具有旺盛的生命力和广阔的辐射力，主要包含三个层面：当代其他社会主义国家在社会主义建设中对社会主义的实践和探索；当代发达资本主义国家的社会主义改革和运动中的价值实践和探索；亚非拉地区的社会主义改革和运动中的价值实践和探索。

一、当代其他社会主义国家在社会主义建设中的价值实践和探索

当代其他社会主义国家主要包括越南、老挝、朝鲜和古巴。纵观这四个国家的社会主义建设历程，与中国一样，也大致经过了模仿苏联与改革开放（革新开放）两个阶段。在社会主义建设前一阶段，它们都以苏联为模板，但最终都给各个国家的社会主义事业带来了重大的损失和灾难。在总结第一阶段的经验与教训的基础上，这四个国家都开始寻求适合本国实际的社会主义建设道路。如越南就是在深刻认识本国国情和纠正"左"的错误的基础上走上了革新开放的道路；金日成的主体思想指出："由于我国历史发展的特殊性，我国所处的地理位置与条件以及我国革命的复杂性和艰苦性，对我们来说树立主体的问题是特别重要的问题。"[①] 同样的，古巴也实行了改革开放，并"强调从本国国情出发，

---

① 《金日成著作选集》第 5 卷，平壤外国文出版社 1972 年中文版，第 444 页。

走有本国特色的社会主义道路"。① 但无论是从纵向（模仿苏联到改革开放）还是从横向（四国社会主义建设的比较）的角度来看，它们在社会主义建设中一直秉持着一定的社会主义价值，正如古巴前领导人在接受中央电视台《焦点访谈》采访时也指出，我们"需要进行有益于国家经济发展的改革和开放，但是这都要在社会主义的原则范围内进行。"② 而卡斯特罗所说的"社会主义的原则"也即社会主义价值主要包括对繁荣富强的探索、对民主法治的追寻、对公正平等的向往以及对公有制的坚守等方面。

　　首先，对繁荣富强的探索。马克思在《德意志意识形态》中明确指出，人类生活和生存的第一前提是"生产满足需要的资料"③，这一过程是人的物质生活，这构成了人类历史活动的基本条件。对于越南、老挝、朝鲜和古巴而言，繁荣富强一直是它们孜孜不倦的追求，尤其是在改革开放（革新开放）以后。越南共产党七大报告指出的越南社会主义六个方面的特征中，"在经济上，反映社会生产力发展的趋势建立在现代化生产力和公有制为主导的基础上的高度发达的国民经济"。④ 老挝在 1991 年老挝人民革命党"五大"上，将"建设社会主义国家"修改为"建设繁荣昌盛的国家"，通过这一改动，也能看出老挝把经济上的繁荣昌盛定位为社会主义的一个重要价值朝向。古巴和朝鲜也将发展经济作为国家追求的一个重要目标，并都通过了一系列改革开放政策来促进国家经济的发展。如朝鲜在 1993 年提出了"缓冲新经济战略"，并将罗津和先锋等地区变成了自由经济贸易区，以发展对外关系，促进经济

① 　高放、李景治：《科学社会主义理论与实践》，中国人民大学出版社 2005 年版，第 226 页。
② 　中国电视台《焦点访谈》：《我终于登上了长城——卡斯特罗专访》，《国际经济评论》1996 年第 12 期。
③ 　《马克思恩格斯选集》第 1 卷，人民出版社 2012 年版，第 78—79 页。
④ 　范宏贵：《越南学者论社会主义及越南走向社会主义的道路》，《国外理论动态》1999 年第 8 期。

的繁荣。

其次，对民主法治的追寻。在马克思那里，社会主义民主是对资本主义民主的伪装性和欺骗性的一种超越，它是人类历史上从未有过的、无比广泛的真正的民主，因为社会主义民主浸透着"以人为本"的政治关怀。越南、老挝、朝鲜和古巴虽然在其社会主义建设的历史进程中曾经有过践踏民主和人权的行为，但总体而言，特别是在改革开放以后，各国都积极的推动民主化的进程。如越南在七大报告中，将"政治上，体现社会主义阶级特征，由人民当家作主"作为越南人民为之奋斗的社会主义应具备三大特征之一。① 同时，在政治革新中采取了诸如差额选举、信息公开以及质询制度等形式来保证人民当家作主的贯彻落实。老挝在四届六中全会上提出的"六项基本原则"中也包含"提倡和发扬民主集中制原则基础上的民主"。② 与此同时，加强社会主义法治建设也成为各个国家不懈的追求。如胡振良将"修改宪法、完善政治体制，以根本大法和政治体制上保障经济体制改革的顺利进行"纳入到了越南的政治体制改革的内容之中。③ 同样，老挝在老挝人民革命党第七次全国代表大会上也提出"在政府方面，加强立法，遵守宪法和法律，严格执法，提高工作效率"。综上所述，其他社会主义国家在社会主义建设进程中大都把民主法治作为自身的一种价值追寻。

第三，对公正平等的向往。马克思恩格斯指出，社会主义的平等"不仅仅是表面的，不仅仅在国家的领域中实行，它还应当是实际的，还应当在社会的、经济的领域中实行。"④ 从某种意义上讲，公正与平等

---

① 范宏贵：《越南学者论社会主义及越南走向社会主义的道路》，《国外理论动态》1999 年第 8 期。

② 蔡从文译：《老挝人民革命党简史》，《东南亚研究》1991 年第 1 期。

③ 胡振良、常欣欣主编：《当代社会主义前沿问题研究》，中共中央党校出版社 2011 年版，第 76 页。

④ 《马克思恩格斯选集》第 3 卷，人民出版社 2012 年版，第 484 页。

应当是社会主义最主要的价值追求。在越南等四个社会主义国家的社会主义建设进程中，平等与公平也是很重要的价值追求。如越南在农业合作化运动中就体现着平均主义的原则，虽然是对社会主义平等的一种曲解，但其中也蕴含着对于公正平等的一种渴求。在公正与平等方面做得比较好的是古巴，在社会主义建设前一阶段，古巴实行的是"高福利"政策，教育、医疗和社会保险等很多项目都由政府支出，正如卡斯特罗所说：在古巴"没有一个人是不受到保护的"。虽然后来由于经济负担过重，不得不调低福利，但卡斯特罗强调，"今后，我们在医疗、教育等领域依然不收费，它们是国家无偿给予人民的基本福利。"[1] 社会主义公正平等的价值向度一个重要的体现是在分配制度上，越南等四个社会主义国家基本上都采取了以按劳分配为主多种分配方式并存的分配制度，从而既保证了效率的提高又保障了公平的实现。

最后，对公有制的坚守。马克思曾经指出，"劳动者在经济上受劳动资料即生活源泉的垄断者的支配，是一切形式的奴役的基础，是一切社会贫困、精神沉沦和政治依附的基础"[2]。鉴于此，列宁认为，"工人阶级要获得真正的解放……消灭生产资料私有制，把它们变为公有财产，组织由整个社会承担的社会主义的产品生产代替资本主义商品生产，以保证社会全体成员的充分福利和自由的全面发展。"[3] 也正是从这个意义上，公有制取代生产资料私有制成为了社会主义所有制的基础。在越南等四国的社会主义建设进程中，在建国以后，四国都对生产资料所有制进行了社会主义改造，建立起全民所有的所有制模式。但在苏联模式弊端日益凸显以后，各国都进行了深刻的反思，逐渐建立起了以公有制为

---

[1]　肖枫主编：《社会主义向何处去——冷战后世界社会主义运动大扫描》上卷，当代世界出版社 1999 年版，第 511 页。

[2]　《马克思恩格斯选集》第 3 卷，人民出版社 2012 年版，第 171 页。

[3]　《列宁全集》第 6 卷，人民出版社 1986 年版，第 193 页。

主体多种所有制成分共存的所有制结构。虽则如此,公有制在所有制结构中仍然占有主导地位。譬如老挝就建立起了以公有制为基础,多种经济成分并存的所有制结构;越南在 2001 年的《宪法修正案》中第一次将"经济结构由多种经济成分构成,有多种生产经营形式,是建立在全民所有、集体所有、私人所有制度之上的"载入了宪法。①

二、当代发达资本主义国家的社会主义思潮和运动中的价值实践和探索

苏东剧变以后,福山认为,自此以后,"自由、民主"的理念已作为社会进步的常识而为世人所普遍接受;不论人们所处的社会正处于何种形态,这一人类理论的实现进程是不可更改的。② 但随后中国社会主义取得的巨大成就以及其他社会主义国家的发展证明福山的"历史终结论"只是一厢情愿,社会主义仍然以一种势不可挡的趋势向前发展,甚至是在西方的发达资本主义国家,也形成了很多研究社会主义的思想流派,进行着一系列的新社会主义运动。其中,最主要的流派有民主社会主义、市场社会主义、生态社会主义以及人道社会主义等,虽然它们各有侧重,但是其对社会主义价值的探索有相似的地方,比如它们都体现一种以人为本的政治关怀,寻求效率与公平之间的平衡,对民主与自由怀有深情的向往以及关注人和自然的和解与和谐等等,这些价值也构成了整个社会主义价值系统中不可缺少的一部分。

首先,发达资本主义国家的社会主义内蕴着一种以人为本的政治关怀。列宁曾指出,"无产阶级的目的是建成社会主义,消灭社会的阶级

---

① 胡振良、常欣欣主编:《当代社会主义前沿问题研究》,中共中央党校出版社 2011 年版,第 77 页。

② [美] 弗朗西斯·福山:《历史的终结与最后的人》,陈高华译,广西师范大学出版社 2014 年版,第 4 页。

划分，使社会全体成员成为劳动者，消灭一切人剥削人现象的基础。"①
这种消灭阶级和消灭剥削的诉求深刻体现了对人的尊严和价值的关照。
人文主义作为民主社会主义的思想渊源之一，提出了社会主义要以人为
中心，关注人的尊严与价值。以人为本的政治关怀在人道社会主义中体
现的最明显，人道社会主义认为，"人"是社会主义的目的和核心，应
当从人的角度来阐发社会主义思想，从马克思对人类自身命运的关怀
的角度来理解马克思的社会主义。②人道社会主义的重要代表人物弗洛
姆曾指出，"社会主义的目的是人。社会主义的目的就是去创造出一种
生产的形式和社会的组织，在这种形式和组织中，人能从他的生产中、
从他的伙伴中、从他自身和从自然中，克服异化；在这种形式和组织
中，人才能复归他自身，并以他自己的力量掌握世界，从而跟世界相统
一。"③其他学者诸如马尔库塞和布洛赫在其著作中都高扬人的价值，体
现社会主义以人为本的政治关怀。

其次，发达资本主义国家的社会主义一直努力寻求着效率与公平的
微妙平衡。马克思主义认为经济基础决定上层建筑，因而，马克思认为
生产力的发展对整个社会的发展具有基础性的作用。恩格斯曾经指出，
"通过社会生产，不仅可能保证一切社会成员有富足的和一天比一天充
裕的物质生活，而且还可能保证他们的体力和智力获得充分的自由的发
展和运用。"④同时，马克思恩格斯也十分关注社会的公平，社会主义的
公平是一种真正意义上的公平，是超越了资本主义的那种虚伪性和欺骗
性的公平。发达国家的社会主义接过了马克思和恩格斯对于效率和公平

---

① 《列宁全集》第 36 卷，人民出版社 1985 年版，第 375 页。

② 金瑶梅：《当代国外社会主义学说与中国特色社会主义理论之比较》，《教学与研究》
2010 年第 9 期。

③ ［美］E. 弗洛姆：《马克思关于人的概念》，收编于复旦大学哲学系现代西方哲学研究室
编译：《西方学者论〈一八四四年经济学哲学手稿〉》，复旦大学出版社 1983 年版。

④ 《马克思恩格斯选集》第 3 卷，人民出版社 2012 年版，第 670 页。

的诉求，同时更进一步的去寻求效率与公平之间的微妙平衡。其中，市场社会主义对如何平衡效率与公平间的关系做了很多有益的探求，如约翰·罗默的"证券社会主义模式"和巴德汉的"社会资本"租赁制就是在探索效率和平等相结合。① 英国的市场社会主义学者米勒也大量的探讨了市场与公平的关系，他明确指出，他为市场社会主义辩护所诉诸的价值就是福利、民主和自由。值得一提的是，当代市场社会主义学者更多认为，随着西方生产力的快速发展，效率的重要性应该让位于公平，因而，他们更多地强调对平等的诉求。②

第三，发达资本主义国家的社会主义有着强烈的自由平等的要求。当代发达资本主义国家的社会主义对自由和平等这两大价值有着不懈的追求。如民主社会主义指出，"社会主义是一个国际性的运动，它不要求对待事物的态度严格一律。不论社会党人把他们的信仰建立在马克思主义或者其他的分析社会的方法上，不论他们是受宗教原则还是受人道主义的原则的启示，他们都是为共同的目标，即为一个社会公正，生活美好，自由与世界和平的制度而奋斗。"③ 马克思主义是民主社会主义的重要的思想渊源，正如勃兰特所说，"我们大家都是站在马克思与恩格斯的肩膀上"④，"民主社会主义从马克思主义那里继承了自由的社会主义"⑤。民主社会主义从开始就一直高扬着民主的旗号，如威·李卜克内西就曾指出，"没有民主的社会主义是臆想的社会主义，正如没有社会主义的民主是一种虚假的民主一样。"⑥ 同样市场社会主义也把民主和自

---

① 高放、李景治：《科学社会主义理论与实践》，中国人民大学出版社 2005 年版，第 307 页。
② 余文烈：《市场社会主义：历史、理论与模式》，经济日报出版社 2008 年版。
③ 《社会党国际文件（1951—1987）》，黑龙江人民出版社 1989 年版，第 3 页。
④ [德] W. 勃兰特：《恩格斯与社会民主党》，哥德斯堡 1970 年德文版，第 11 页。
⑤ [联邦德国]《前进》周刊 1973 年 1 月 18 日。
⑥ [德] 威·李卜克内西：《不要任何妥协》，姜其煌等译，生活·读书·新知三联书店 1964 年版，第 19 页。

由作为自身的价值追求，如在《市场社会主义》的论文集中，彼得·阿贝尔、格兰德和米勒都明确探讨了市场社会主义所诉诸的价值：福利、民主、公民和自由。①

最后，发达资本主义国家的社会主义注重人和自然的和解，追求人与自然的和谐相处。人与自然的和谐相处是社会主义一个重要的价值朝向，恩格斯曾指出，"我们这个世纪面临的大转变，即人类与自然的和解以及人类本身的和解"②，他还指出，"不以伟大的自然规律为依据的人类计划，只会带来灾难"③。当代发达资本主义国家的社会主义者在批判资本主义对自然的破坏的基础上，扬起了人和自然和谐相处的大旗，立志于人类社会和自然界的和解，并由此产生了以生态社会主义（生态马克思）为主要代表的社会主义流派。迄今为止，生态社会主义经历了三个阶段的发展：70 年代以鲁道夫·巴罗为代表的"从红到绿"阶段；80 年代以威廉·莱易斯和安德烈·高兹为代表的"红绿交融"阶段；90 年代以大卫·佩珀为代表的"绿色红化"阶段。但在其发展过程中，基本的价值诉求并没有太大的变化，他们认为，环境问题的解决是一个自然过程和社会过程的互动，需要把生态原则和社会主义相结合，从而促进人和自然的全面和解。与此同时，他们还谋求理论和实践的结合，建立起了由绿党、生态运动、妇女运动和一切进步的非暴力社会组织组成的群众联盟，他们高扬着人和自然和谐相处的旗帜，致力于这一社会主义价值由理论走向实践。

综上所述，当代西方发达资本主义国家的社会主义思潮抑或运动，从其价值层面上，从一定意义上讲是对马克思的科学社会主义的有效承接，包括以人为本的政治关怀、对效率和公平的追求、对自由和民主的

---

① 项久雨：《论西方市场社会主义的价值维度》，《马克思主义研究》2004 年第 3 期。
② 《马克思恩格斯文集》第 1 卷，人民出版社 2009 年版，第 63 页。
③ 《马克思恩格斯全集》第 31 卷，人民出版社 1972 年版，第 251 页。

向往以及寻求人与自然的和谐相处。但是，我们必须正视西方发达社会主义国家的社会主义思潮和运动在价值层面上的一些不足。比如民主社会主义的价值观都在不同程度上带有一定的空想性，同时以抽象的人性论为出发点必然会得出超阶级、超时代和超民族的论断，这与马克思的科学社会主义相去较远。同时，民主社会主义的价值观并没有真正超出资本主义制度框架，所以有学者认为，如果说科学社会主义是社会主义的理论与实践的话，那么民主社会主义就是资本主义的理论和实践。再如人道社会主义的哲学基础是唯心史观和抽象的人性论，它剥离了现实的历史环境，因而，最终也只是停留在理论层面，没有指出人的自由和全面发展的现实路径。又如生态社会主义，它可谓处处都闪耀着理性的光辉，但是它的悲情色彩比较浓，认为只要资本主义存在，人和自然的矛盾就无法根除。

三、亚非拉地区社会主义运动和改革中的价值探索和实践

亚非拉的社会主义思潮与实践属于整个社会主义思潮和实践的重要组成部分，因而，亚非拉地区对社会主义价值的探索和实践也理应属于社会主义价值的构成部分。据1981年的统计，亚非拉民族主义政党提出以社会主义为目标的有100多个，其中执政党有42个，自称是社会主义国家或走上社会主义道路的国家高达51个。[①] 亚非拉地区的社会主义大致可分为四个类型：亚洲社会主义（尼赫鲁社会主义、奈温社会主义、苏加诺社会主义、巴基斯坦社会主义等）、非洲社会主义（乌贾马社会主义、"革命的民主主义"的社会主义、恩克鲁玛社会主义等）、阿拉伯社会主义（纳赛尔社会主义、自管社会主义等）和拉丁美洲社会主义（阿连德社会主义、圭亚那合作社会主义、格瓦拉主义等）。从

---

① 戴德铮主编：《当代世界格局与国际关系》，武汉大学出版社2001年版，第377页。

历史的角度看，亚非拉的社会主义大致经历了三个阶段：20 世纪 40 年代中期到 50 年代中期为兴起的第一阶段；20 世纪 50 年代中期到 60 年代中期为兴起的第二阶段；20 世纪 60 年代中期到 80 年代初的曲折发展阶段。[①] 纵观亚非拉地区的社会主义派别和发展过程，其中蕴含着的一些社会主义价值却具有相似性和延续性，主要包括三个方面，即繁荣富强、公正平等和和平主义。

首先是繁荣富强。就社会主义本身而言，繁荣富强一直是各种社会主义思想和实践运动不懈的追求，它是建立在马克思主义经济基础决定上层建筑的历史唯物主义基础之上的，作为整个社会主义思潮和实践的一部分，亚非拉地区的社会主义也对于繁荣富强有着强烈的诉求。譬如苏加诺社会主义就强调印尼就是要建成一个"没有歧视、没有剥削、人人幸福、丰衣足食"的"繁荣公正"社会。[②] 同样，阿尔及利亚也强调要把社会主义建设和人民的富裕生活结合起来，争取让人民过上更美好的生活。[③] 圭亚那合作社会主义在 1974 年的《莎法宣言》中也称，合作社会主义的最终目标是实现社会主义，而且近期的目标就是发展民族经济，增加社会财富。[④] 从实践层面上讲，这一地区的社会主义政党也十分注重人民幸福、国家富强和经济繁荣。其中，苏加诺为追求繁荣富强而实行了国有化的政策，他认为"国有化是走向社会主义的一个台阶"；[⑤] 印度国大党也曾提出了"消灭贫困"的口号，并进行了相应的经

---

① 黄宗良、孔寒冰主编：《世界社会主义史论》，北京大学出版社 2004 年版，第 360 页。
② 黄宗良、孔寒冰主编：《世界社会主义史论》，北京大学出版社 2004 年版，第 365 页。
③ 唐大盾、张士智主编：《非洲社会主义：历史·理论·实践》，世界知识出版社 1988 年版，第 164 页。
④ 胡振良、常欣欣主编：《当代社会主义前沿问题研究》，中共中央党校出版社 2011 年版，第 155 页。
⑤ 苏加诺：《革命—社会主义—领导（1967 年 8 月 17 日的国庆演讲）》，载于吴治清等主编：《亚非拉各国社会主义》，求实出版社 1983 年版，第 35 页。

济改革；斯里兰卡也实行了对外开放政策，大力吸引外资，发展出口导向型经济，以促进经济的发展；1981年埃及的穆巴拉克上台后也采取了开放政策，以实现"和平、发展和繁荣"。

其次是公正平等。马克思恩格斯的公正平等观是建立在对资产阶级批判的基础上的。他们认为，社会主义的平等"不仅仅是表面的，不仅仅在国家的领域中实行，它还应当是实际的，还应当在社会的、经济的领域中实行。"①亚非拉地区的社会主义有着对公正平等的强烈渴求，公正平等基本上贯穿于亚非拉的社会主义实践历史中，同时也弥散于亚非拉各种各样的社会主义思潮中。如尼赫鲁社会主义主要理论就是要用和平民主的手段建立一个平均主义的社会，此后，在1992年印度召开的十五大中，通过了《关于苏联和东欧局势》的文件，修改了党纲和党章，坚持印共是"印度工人阶级政党"，并将党的奋斗目标改成了建立"公正社会"②；新加坡前总理李光耀也认为要将新加坡带入到既有平等又有效率的社会，并且认为民主社会主义不是西欧的福利主义，不是施舍与平均主义而是一种机会平等；③阿拉伯复兴党就认为平等是社会主义的最终目的，是实现发展与社会正义的重要手段；乌贾马社会主义的原则就是"没有剥削、人人平等、财产共有和平均分配"④；纳赛尔也曾主张用和平方法把埃及建立成一个富裕、平等和公正的社会。总之，公正平等是亚非拉地区社会主义思潮和实践所追求的重要的价值元素，也契合着社会主义的价值朝向。

最后是和平主义。由于历史的原因，亚非拉地区的社会主义国家成

---

① 《马克思恩格斯选集》第3卷，人民出版社2012年版，第848页。
② 王伟光主编：《社会主义通史》第7卷，人民出版社2011年版，第366页。
③ 黄宗良、孔寒冰主编：《世界社会主义史论》，北京大学出版社2004年版，第367页。
④ [美]海伦·德斯福瑟丝主编：《第三世界的社会主义》，复旦大学国际政治系译，商务印书馆1983年版，第264页。

立于二战后期，它们也经历了那个战火纷飞的年代，因而，它们对于和平（无论是国内和平抑或是国际和平）都怀有一种深切的向往，鉴于此，在亚非拉地区的社会主义的思潮与实践中，和平就成为了一种重要的价值取向，也成了它们的社会主义价值中重要的组成部分。体现最为明显的是印度国大党的领导者"圣雄"甘地，他主张以非暴力手段来进行民族解放运动，同时建立起以村社为基础的自给自足的社会，抵制充满血腥和罪恶的西方近代文明；巴西的劳工党也主张和平主义原则，该党主张，无论是处理国内关系还是国际关系，都要坚持和平主义原则，并且在各种场合，巴西劳工党都捍卫和平、揭露战争和暴力，同时该党提出，第二次世界大战后成立的多边组织应当进行改革或更替，以便作为以合作、平等、发展与和平为基础的世界政治上层建筑而运作；[①] 纳赛尔社会主义也主张用和平的方式建立社会主义。

综上所述，亚非拉地区的社会主义思想和实践中蕴含着繁荣富强、公正平等与和平的相关价值。但是这一地区的社会主义并不属于科学社会主义，就像学者陈公允所说，亚非拉社会主义是吸收了多种思想影响而形成的一种"复合理论"，亚非拉的社会主义实践也是一种"中间道路"，即它们"既不愿走旧世界的老路（资本主义），可是又没有走向新的道路（社会主义）"，于是就"开拓自己的道路"，即"中间道路"[②]。另外，亚非拉的社会主义大多与民族主义结盟，从这个意义上说，亚非拉的社会主义实际上是资产阶级民族主义在特定历史条件下的变形。同时值得注意的是，亚非拉的一些社会主义流派甚至是反对马克思的。如阿拉伯复兴党就认为马克思主义是西方文明的产物，不适用于阿拉伯国

---

① 胡振良、常欣欣主编：《当代社会主义前沿问题研究》，中共中央党校出版社 2011 年版，第 159—160 页。

② 陈公允等主编：《非洲社会主义探索》，中国社会科学院西亚非洲研究所 1989 年版，第 16 页。

家；纳赛尔也认为，共产主义是一种外来的思想体系，因而要求抵制共产主义；卡扎菲也强调"我们反对共产主义对历史、宇宙、生存和民族、宗教、社会等问题的看法"。[①] 鉴于此，我们对于亚非拉地区的社会主义和其中所体现的价值因素应当抱有一种审慎的态度。

---

① 吴治清等主编：《亚非拉各国社会主义》，求实出版社 1983 年版，第 273 页。

第三章
社会主义价值本质论

　　社会主义既是理想与运动的统一，又是理论与制度的统一，同时也是实践与价值的统一。通过梳理社会主义五百年的思潮演进、运动发展和实践历程，社会主义价值作为社会主义的精神内核与变革发展的旗帜和社会主义制度建构的灵魂，发挥着无可替代的导向性、规范性和驱动力的重要作用。社会主义价值问题始终围绕着"什么是社会主义价值"以及"怎样实现社会主义价值"而展开。其中，"什么是社会主义价值"是认识论的视角，"怎样实现社会主义价值"是实践论的视角。因此，社会主义价值是认识论与实践论的统一。

第一节　社会主义价值及方位判定

　　价值是伴随着人的实践活动、在实践关系基础上产生的，它以主客体的逐次分化和统一为前提。同样，社会主义价值是一个历史性的范畴，它不是一种独立存在的实体，它体现的是客体属性对于主体的功能。

一、价值: 生成性关系范畴

"'价值'这个普遍的概念是从人们对待满足他们需要的外界物的关系中产生的"①, 由此可见, 价值是一个关系范畴, 它是作为一种"关系质"和"关系态"而存在。单纯的客体和主体不能构成价值, 只有当客体的某种属性能够满足主体的某种或某几种需要的时候, 价值关系才得以产生。因而, 价值的实质就是客体属性对主体需要的不断满足的过程。

(一) 主体需要: 价值生成的基础

马克思说: "'value, valeur'这两个词表示物的一种属性。的确, 它们最初无非是表示物对于人的使用价值, 表示物的对人有用或使人愉快等等的属性。……实际上是表示物为人而存在。"② 这句话表明, 价值是主体与客体之间的一种关系, 当然这种关系能够产生, 首先在于主体有需要, 并且客体能够满足这种需要, 没有主体的特定需要和利益, 客体也就不存在所谓的价值。需要从来都是主体的需要, 离开了人这个主体, 需要就不可能存在, 更无从谈起。所以马克思指出需要即人的本性。离开主体来谈需要, 就很容易陷入唯心主义的泥潭。主体之间正是因为需要的不同而使之区分为富有的人或贫穷的人。马克思说: "富有的人同时就是需要有完整的人的生命表现的人, 在这样的人的身上, 他自己的实现表现为内在的必然性、表现为需要。"③ 主体去进行各种实践活动的过程, 也正是主体为了满足自身的各种需要而进行的一系列价值创造的过程。由此可见, 价值产生的基础只能是主体的需要, 主体的需

---

① 《马克思恩格斯全集》第 19 卷, 人民出版社 1963 年版, 第 406 页。
② 《马克思恩格斯全集》第 35 卷, 人民出版社 2013 年版, 第 277 页。
③ 《马克思恩格斯全集》第 42 卷, 人民出版社 1979 年版, 第 129 页。

要构成了价值评价、选择的内在规定性。

从规范意义上讲，由于主体需要的特性使得价值也具有时代性、民族性和阶级性。首先，不同时期的人由于所处的时代不同，因而会有不同于其他时代的客观需要，从而具有自身独特的价值，也使得价值具有了时代性。其次，在人类社会的发展进程中，不同的民族由于所处的地域、文化背景的差异，也会导致民族自身需要具有独特性，因而使价值具有民族性。最后，从阶级分析的角度出发，不同的阶级都会有自身特殊的需要，从而形成自身独特的价值关系，最终使得价值具有阶级性。作为个体的人，由于彼此之间的社会地位、需要、利益、能力等方面的差异，导致价值诉求方面差异的表现更为细致、明显，使价值具有了个体性。研究的社会主义的价值主体，主要是社会主义实践进程中的广大人民群众。具体到当下，当今中国社会最广大人民群众就是社会主义的价值主体，研究当代中国人民在建设具有中国特色社会主义现代化的进程中所坚持的价值理想，所面临的价值冲突，所进行的价值实践。

（二）客体属性：价值生成的条件

客体是与主体相对应的一个概念，它是主体实践和认识活动的对象。客体之所以能够成为价值生成关系中的客观条件，是因为它具有满足主体需要的某种属性。也即，客体是否具有价值，主要看客体的属性能否满足主体的需要，如果无法满足，那么也就不构成价值关系。比如，大江山河能够陶冶人们的情操，能够使人赏心悦目，所以能够满足主体审美需要，因而它就具有价值。深埋于地底的矿藏，通过人们的挖掘、开采，从而能够满足人们各方面的需要，故而，它也是具有价值的。如果这些矿藏只是深埋于地底，而没有或不能被人类利用，那么它就不具有价值。所以价值的生成不仅要看主体的需要还要看客体的属性，二者缺一不可。

客体作为价值主体实践和认识的对象，其属性和存在状态也决定了价值的客观内容。没有价值客体，那么价值主体也就不能存在，客体的属性决定了价值关系的内容。当然，在现实生活中，任何一个价值客体的属性都具有丰富性与多样性，因而也可以从不同的角度、不同的方面进行相应的价值判定。另外，价值客体具有一定的客观实在性，因而，价值主体只能顺应价值客体的属性和发展规律，不能随意的去违背价值客体的属性与发展规律。

（三）客体满足主体需要：价值关系生成的实质

国内价值之哲学已达成共识："价值不是一个实体范畴，它不表示在主体、客体之外的第三种实体，不能把它理解为一种独立存在物；价值也不是一个属性范畴，在孤立的主体或客体身上都不存在着'价值'这属性，不能把价值理解为任何存在物生而有之的固然属性；价值是一个关系范畴，它表明主客体之间一个特定关系方面的质、方向和作用。"①

价值生成、价值存在和价值发展问题是研究价值本质问题的基础。

首先，价值生成问题。价值关系要得以成立必须具备三大条件：其一，主体需要，这种需要必须是具体的和真实的；其二，客体具有满足主体需要的属性，并且这种属性必须是客观存在的；其三，需要一定的媒介，这种媒介能够将主体的需要和客体的属性联系在一起。这三个条件必须同时存在，有机统一。如果主体不存在一定的需要，那么价值关系也无从谈起；另外，如果客体的属性不能够满足主体的具体的和真实的需要，也就无所谓价值；最后，价值并不是既定的存在于主客体之间，而是需要一定的媒介将主体的需要和客体的属性联系在一起，只有

---

① 李德顺：《价值论》，中国人民大学出版社 1987 年版，第 124—125 页。

当这种效用关系产生的那一刻，价值关系才得以发生。

其次，价值存在问题。价值产生于客体属性满足主体需要的那一刻，当这种效用关系产生之时，价值关系也便出现了。虽然价值关系形成以后便具有客观真实性和具体性。然而，这种价值关系并不是恒定不变的，相反，由于主体的需要会经常出现变化，一种需要得以满足后，又会产生其他的需要，甚至有时候几种需要会同时出现，同时要得到满足。从规范意义上讲，当客体某一方面的属性满足了人的某种需要后，价值也随即形成，然而，当主体的需要得到满足以后，能够满足主体这方面的需要就不再成为需要，也就是说这种价值关系也随即消失。正因为主体的需要呈现出不断变化的趋势，那么客体与主体之间的满足与被满足的效应关系也就呈现出一种不断变化，不断成长又不断消解的状态。如果这个不断变化的过程是符合规律的，那么人的需要便会不断地得到满足，价值关系也便不断地生成；如果这个过程是不合规律的，那么人的需要便难以甚至不能得到满足，这种价值关系便很难或无法生成和存在。

再次，价值发展问题。价值并不是恒定不变的，而是具有很强的主体性特点，价值虽然表现为主体需要与客体属性之间的效用关系，但主体的需要并不是一成不变的，它也不会去消极地等到需要被满足。一方面，主体会主动的去了解自己的需要、发现自己的需要并且创造自己的需要；另一方面，主体还会积极地根据自身的需要状况去搜索能够满足自身需要的客体，改造甚至于创造满足自身需要的客体，使客观世界能够逐步地去满足自身的需要。这两个对立统一的方面也正是人们去发现价值、改造价值甚至于创造价值的过程。由此可见，价值发展主要取决于主体因素。主体需要的满足决定了价值的生成与消解，主体需要的多样化也决定了价值形式的丰富性，主体对需要的选择和评价决定了价值的发展方向。

由此可见，价值既具有客观实在性，同时也并不是静态的和一成不变的，它随着主体需要和客体属性满足自身需要的状况而不断地生成和发展，因而，价值本身就是一种动态的质。

二、社会主义价值：客体满足主体需要的实践性生成

由以上的分析可见，价值生成于人们对美好生活的向往，以人类的实践生活为基础，呈现出主体需要与客体属性之间的满足效用关系。

（一）社会主义价值始因：人类追求"给所有的人提供健康而有益的工作，给所有的人提供充裕的物质生活和闲暇时间，给所有的人提供真正的充分的自由"[1] 理想社会的需要

以雇佣劳动为基础的资本主义制度是资产阶级的理想王国，对广大人民群众则是"一幅令人极度失望的讽刺画"[2]。"你们的绵羊本来是那么驯服，吃一点点就满足，现在据说变成很贪婪很凶蛮，甚至要把人吃掉……那儿的贵族豪绅，乃至主教圣人之流……不让任何人在庄园上耕种，把整片地化做牧场，房屋城镇都给毁掉了，只留下教堂当作羊圈……佃农从地上被逐出，他们的财产被用诡计或压制的方式剥夺掉。有时他们受尽折磨，不得不出卖自己的家业。那些不幸的人们想尽办法，只有离乡背井了……等到他们在流浪生活中把卖来的钱花得一干二净，他们就只有盗窃，受绞刑的处分，否则就是挨家沿户讨饭了。"这是空想社会主义的创始人托马斯·莫尔在其代表作《乌托邦》中，对资本主义原始积累过程中对"羊吃人"现象的生动描述。莫尔的《乌托邦》以充满了微妙的讽刺、尖锐的批评、明智的建议、闪光的智慧、引人入

---

① 《马克思恩格斯全集》第 21 卷，人民出版社 1965 年版，第 570 页。
② 《马克思恩格斯文集》第 3 卷，人民出版社 2009 年版，第 527 页。

胜的叙述方式，开启了社会主义思潮之端。此后，随着资本主义从手工工业到社会化大生产的发展和演化，社会主义思潮也进行着绵延不断地演变。综合古代先贤对于未来社会的设想，归根到底主要表现在两方面，一方面是对于富裕生活的向往，一方面是对于公平正义的向往。但是，这些社会主义思潮的价值理想主要来自于单纯"应然"的正义感，其实并未达到成熟的理性高度，缺乏科学的论证，实际上是一种"本能的渴望"[①]和精神的寄托。

（二）社会主义价值基础：社会主义是"消灭现存状况的现实的运动"[②]

社会主义价值内涵于社会主义历史本身，并在其现实运动中生成。恩格斯指出："为了使社会主义变为科学，就必须首先把它置于现实的基础之上。"[③]社会主义从空想到科学的转变关键就在于把社会主义社会理想置于了"现实的人"的实践之上。相对于空想社会主义而言，科学社会主义扎根于历史，而不纯粹是空洞的演绎和设想，它内在于历史本身。马克思恩格斯指出："对社会主义的人来说，整个所谓世界历史不外是人通过人的劳动而诞生的过程，是自然界对人来说的生成过程"[④]，"共产主义对我们来说不是应当确立的状况，不是现实应当与之相适应的理想。我们所称为共产主义的是那种消灭现存状况的现实的运动。这个运动的条件是由现有的前提产生的。"[⑤]由此可见，社会主义的价值也不是恒定不变的，而是随着时代的发展，历史的累积而逐渐运动生成；

---

① 《马克思恩格斯文集》第 2 卷，人民出版社 2009 年版，第 63 页。
② 《马克思恩格斯文集》第 1 卷，人民出版社 2009 年版，第 539 页。
③ 《马克思恩格斯文集》第 9 卷，人民出版社 2009 年版，第 22 页。
④ 《马克思恩格斯文集》第 1 卷，人民出版社 2009 年版，第 196 页。
⑤ 《马克思恩格斯文集》第 1 卷，人民出版社 2009 年版，第 539 页。

它的生成过程植根于现实，不能脱离实际，是在一系列的社会主义运动中逐渐发展而来。换言之，社会主义是当下世界的呈现，是当下世界呈现出的现实运动和通过现实运动的现实呈现①。无论是空想社会主义者的诸种实验，还是民主社会主义运动的各国实践；无论是巴黎公社的革命运动，还是苏联社会主义的建设模式；无论是过去由一个国际中心领导、走唯一革命道路、建设统一社会主义模式的世界社会主义运动，还是当今由各国共产党独立自主领导、走符合本国国情的革命发展道路、建设具有本国特色社会主义的世界社会主义运动②，都是消灭现存状况的一个过程，正是在这个过程中，社会主义的现实与理想、现有与应有、手段与目的达到了历史的、具体的统一。

（三）社会主义价值实质：社会主义是"一个更高级的、以每一个个人的全面而自由的发展为基本原则的社会形式"③

在马克思恩格斯看来，社会主义社会是一个怎样的社会形式呢？一言以蔽之，社会主义社会是一个全人类获得全面解放，每个人都能够全面而自由发展的社会。在这个社会中，个人的自由建立在每个人自由而全面发展的基础上。其社会制度也"将给所有的人提供健康而有益的工作，给所有的人提供充裕的物质生活和闲暇时间，给所有的人提供真正的充分的自由。"④ 马克思说，未来的社会"将是这样一个联合体，在那里，每个人的自由发展是一切人的自由发展的条件。"⑤ 这句话准确而全

---

① 吴向东：《重构现代性：当代社会主义价值观研究》，北京师范大学出版社2009年版，第43页。
② 聂运麟：《论当代世界社会主义运动的重大变化及其转型》，《马克思主义研究》2010年第12期。
③ 《马克思恩格斯选集》第2卷，人民出版社2012年版，第267页。
④ 《马克思恩格斯文集》第21卷，人民出版社1965年版，第570页。
⑤ 《马克思恩格斯选集》第1卷，人民出版社2012年版，第422页。

面的概括了关于未来社会的基本设想。在本质上，社会主义是"以每一个个人的全面而自由的发展为基本原则的社会形式"[①]。社会主义的"人道目标"也就是"使社会全体成员的才能得到全面发展"，让"所有人共同享受大家创造出来的福利"[②]，因而社会主义社会是一个让所有人都能够幸福生活的社会。在社会主义社会，人们能够自觉地去认识和运用社会发展的规律，使自身的实践活动符合规律与目的的统一。由此可见，社会主义价值生成的本质也就是通过发展生产力，消灭剥削，消灭阶级，最终达到共同富裕，进而实现人的全面而自由的发展。

三、社会主义价值的方位判定

任何价值观念的形成发展都有其特定的历史条件、理论渊源和实践基础，都要有一定的社会存在作为价值观念产生的制度土壤、文化土壤和实践土壤。价值观念正是在与价值主体的互动中，在与社会发展的互动中，在与具体社会制度的互动中不断呈现出其时代性、实践性和发展性的特征。社会主义价值的形成过程同样是在与社会主义运动、理论和制度的互动过程中形成的，是对社会主义本质规定和社会主义终极目标的价值言说。

（一）社会主义价值的实践方位

社会主义价值作为一种社会理想，是对人类诞生以来希冀美好生活和理想社会的继承和发扬；作为一种社会意识，是对人类认识世界和改造世界过程中期待未来社会的总结和创设；作为一种观念上层建筑，是对人类剖析各种社会制度、社会模式的比较中坚定社会主义发展道路的

---

① 《马克思恩格斯选集》第 2 卷，人民出版社 2012 年版，第 267 页。
② 《马克思恩格斯文集》第 1 卷，人民出版社 2009 年版，第 689 页。

引导和指引。这种价值性的目标和追求，并不仅仅是社会主义价值的独有属性，而是人类诞生以来就伴随着实践活动产生的一种价值观念。对于美好生活的向往、对于德性生活的追求、对于未来发展的判定，是人类社会超越自我、战胜自然、追求未来的历史性、实践性和价值性的永恒话题。

作为一种人类社会的理想追求，社会主义并不仅仅具有五百年的历史进程。它和其他人类社会理想一样，都是有着深远的历史渊源和持续不断的思想脉络。从柏拉图"理想国"中对于"共产主义"社会蓝图的描绘开始，人类就没有终止过对于"社会主义"或者"共产主义"的追求和设想，从16、17世纪的莫尔、闵采尔、康帕内拉、温斯坦莱等人，到18世纪的梅叶、摩莱里、马布利、巴贝夫，再到19世纪初叶的圣西门、傅立叶和欧文，思想家们从没有停止过对于人类美好社会理想的探索和追寻。从马克思创设科学社会主义理论体系，赋予"共产主义"或"社会主义"这一美好社会理想以科学形态和科学思想，到列宁率领俄国无产阶级进行艰苦卓绝的革命斗争，推进社会主义这一充满价值关怀的社会理想第一次破天荒地成为社会现实，再到中国共产党的成立，到新中国的成立，再到中国社会主义现代化建设的伟大胜利，形成了中国特色社会主义发展道路，并成为当代世界社会主义实践运动中的成功典范，社会主义在引领人类不断走向美好生活和理想社会的同时，也在不断彰显其价值合理性、发展目的性和建设规律性，并以确凿的历史轨迹向人们诉说：人类社会不会也绝不可能停留在某一社会状态、社会制度或发展模式上，而是在社会建设和社会发展的过程中朝着一种更为合理、更为公正、更为美好的价值性方向发展。

社会主义价值是对于人类美好生活理想的继承发展，是社会主义五百年以来追求目标的集中宣言，更是我国社会主义现代化建设的精神动力和思想指引。社会主义价值并不是时代发展到今天才需要提炼和宣传的意识形态的自我建构，而是逐渐累积叠加的结果。所以，对于社会主义价值的考量也必须置身于整个人类社会的发展历程中，去探寻社会主义价值内在的历史性和发展性，寻找社会主义价值的理论源泉和实践原点；应该放在社会主义思想演变发展的过程中予以说明，探究社会主义价值的合理性与现实性。因此，对于社会主义价值的考察研究要将其置于具体的历史环境和历史阶段，而不是一味地追寻超越历史阶段和时代特点的虚幻的价值理想。

（二）社会主义价值的理论方位

社会主义既是一种理论建构又是一种实践拓展，它也是以回应人的终极归宿为最终目标的，从规范角度上讲，社会主义的基本价值就是实现人自由而全面的发展，使人能完全地占有自己的本质。当然，与空想社会主义不同，科学社会主义既有最终的价值朝向——人的自由而全面的发展，同时它在历史实践的过程中也演化出了诸如自由、平等、公正、法治等基本价值观念。正因为如此，社会主义的价值既指向人的终极归宿，同时又观照着历史与现实。它对于社会主义本质的反映、社会主义思想体系的建构和社会主义制度的完善都起着重要的作用。

首先，社会主义价值是社会主义本质的反映。对于社会主义本质的问题，人们已经存在着很大的共识基础，也即邓小平所说的，社会主义的本质就是解放生产力，发展生产力，消灭剥削，消除两极分化，最终达到共同富裕。从一定意义上，社会主义的本质为人们指明了未来社会的基本朝向和应然图景。社会主义本质围绕着生产力发展、社会和谐以及共同富裕三方面阐释出社会主义最主要的价值朝向和归宿。然而，在不同的历史发展阶段，社会主义价值会有不同的侧重，而社会主义本质就是对其不同价值的最好呈现。

其次，社会主义价值是整个社会主义思想体系的核心部分。任何一种思想理论都是现实的生活实践的反映，它建构在具体的物质生活实践基础之上，同时也是整个社会意识的一种升华。具体而言，思想理论一般从两个方面来反映现实，一方面，就是对社会生活"实然"层面的反映，它主要表现在对社会生活的本身的概括和归纳；另一方面，就是从"应然"的层面去总结概括这个社会的价值追求，并进行相应的价值追溯，形成特定的价值理想。社会主义的学说首先就是从"实然"的角度，对资本主义的种种剥削和压迫进行批判，同时在批判资本主义价值的基础上提出了自身的一套价值诉求，并进一步论证了这种价值的合理性。

最后，社会主义价值是社会主义制度的灵魂工程。"社会总是以某种制度为其存在形式，也以某种价值观为其基本精神，这种精神就蕴涵在制度之中。"① 社会主义制度起源于对社会主义价值的追求，其发展和完善也是在社会主义价值指导下而完成的。一方面，从社会主义制度的建立来看，任何一种社会制度都有其内在的精神蕴含，同样，社会主义制度也蕴含着社会主义的基本价值理念，是将社会主义的价值追求、理想目标寓于社会主义制度之中；另一方面，社会主义制度的发展和完善也必须要有社会主义价值作为指导，社会主义价值一方面为社会主义制度的发展和完善提供了动力，同时它也在不断地维护和修正现有的社会主义制度。

第二节　社会主义价值的基本理念

作为一种社会理想，社会主义对未来的设想成为人们最为激荡心魄的愿景，作为一种社会运动，社会主义对现实的改造成为不可抗拒的历

---

① 吴向东：《价值观：社会主义本质之维》，《马克思主义研究》2007 年第 12 期。

史洪流，作为一种社会制度，社会主义对建设的探索演绎了一出异彩纷呈的协奏曲。不管社会主义的发展经历了怎样的曲折、演绎了怎样的模式、催生了怎样的实践，不管社会主义的建构呈现着怎样的色彩、遵循着怎样的线条、描绘着怎样的蓝图，不管社会主义的言说传播着怎样的声音，流露着怎样的基调，表达着怎样的情怀，社会主义都因为其独特的价值追求和其他一切社会发展制度、建构模式和实践运动区别开来。无论空想还是科学，无论理论还是实践，无论中国还是世界，无论过去还是现在、将来，社会主义的具体设计有可能不尽相同，社会主义的实践过程有可能风格迥异，社会主义的历史形态有可能纷繁复杂，但其内在的价值追求，秉承的价值理念，坚持的价值实践却因为同一个目标和方向，而呈现出趋近性、相似性和相通性，并在历史的演进中不断呈现趋同性。

一、社会主义的价值追求

"每个人的自由而全面发展"是社会主义的价值诉求，最能充分、全面、科学地体现和反映社会主义制度的优越性和科学性。马克思恩格斯对于社会主义价值曾作出过十分明确的表述，1887 年恩格斯在《对英国北方社会主义联盟纲领的修正》中说："我们的目的是要建立社会主义制度，这种制度将给所有的人提供健康而有益的工作，给所有的人提供充裕的物质生活和闲暇时间，给所有的人提供真正的充分的自由。"[①] 1894 年恩格斯在《致朱泽培·卡内帕》的信中，还指出未来新时代的思想就是人自由而全面发展的思想。在《共产党宣言》中，马克思恩格斯强调，"代替那存在着阶级和阶级对立的资产阶级旧社会的，将是这样一个联合体，在那里，每个人的自由发展是一切人的自由发展的

① 《马克思恩格斯全集》第 21 卷，人民出版社 1965 年版，第 570 页。

条件。"① 在他们看来，未来共产主义是"以每个人的全面而自由的发展为基本原则的社会形式"②，是"在保证社会劳动生产力极高度发展的同时又保证每个生产者个人最全面的发展的这样一种经济形态"③。只有在那里，"个人的独创的和自由的发展不再是一句空话"④，"由社会全体成员组成的共同联合体来共同地和有计划地利用生产力；把生产发展到能够满足所有人的需要的规模；结束牺牲一些人的利益来满足另一些人的需要的状况；彻底消灭阶级和阶级对立；通过消除旧的分工，通过产业教育、变换工种、所有人共同享受大家创造出来的福利，通过城乡的融合，使社会全体成员的才能得到全面发展"⑤。"人的全面自由发展"具有强大的生命力和号召力，是马克思主义最高的理论品格。

社会主义价值要解决社会主义发展模式的动力主体是谁？社会主义发展模式的价值旨归在何处？社会主义发展模式的优越性在何处？等基本问题，就必须使社会主义现代化建设体现出社会主义的价值朝向。在理论层面，它体现为"人的自由全面发展"的最高追求，从现实的角度而言，"以人为本"的"人本"思想必然成为社会主义最基础的价值目标；从对比的角度而言，社会主义是在批判资产阶级的剥削和压迫的基础上形成的，因此"公正平等"的"公正"思想天然地属于社会主义的价值内涵；社会主义发展道路的建设方式是废除生产资料的私有制，消灭剥削和消除两极分化。因此"生产资料的社会占有"，逐步实现无差别的社会劳动，不断推进社会"和谐"显然也是基本的社会主义价值理念；社会主义发展道路的未来指向是为了消除人的异化和奴役现象，因

① 《马克思恩格斯选集》第 1 卷，人民出版社 2012 年版，第 422 页。
② 《马克思恩格斯选集》第 2 卷，人民出版社 2012 年版，第 267 页。
③ 《马克思恩格斯选集》第 3 卷，人民出版社 2012 年版，第 730 页。
④ 《马克思恩格斯全集》第 3 卷，人民出版社 1960 年版，第 516 页。
⑤ 《马克思恩格斯选集》第 1 卷，人民出版社 2012 年版，第 308 页。

此"无产阶级和全人类的解放"的"自由"思想就成为社会主义的基本价值，这是实现人未来的全面自由发展。"人本、公正、和谐、自由"构成坚持和发展社会主义道路必须体现和坚守的基本价值，也成为当前在"每个人的自由而全面发展"这一核心价值理念统摄下的社会主义价值追求。

二、社会主义的价值理念

在"每个人自由而全面发展"的规约和引导下，社会主义的发展道路，必须遵循和捍卫社会主义价值，必须坚守和发展社会主义价值追求，而不能一味地从制度科学化、结构固定化的角度理解和建设社会主义。

人本：社会主义价值的主体之维。价值的发现、发展、建构、培育和践行需要有一个明确的主体，即回答"社会主义建设为了谁，社会主义发展依靠谁"的问题。社会主义的"人本"价值追求在超越了"神本"价值追求，批判了"物本"价值追求的基础上产生，它既把人看作社会实践的主体，又把人的自由全面发展作为最高的价值目标。正如马克思所指出，"任何历史记载都应当从这些自然基础以及它们在历史进程中由于人们的活动而发生的变更出发。"[1]"创造这一切、拥有这一切并为这一切而斗争的，不是'历史'，而正是人，现实的、活生生的人。"[2]因此，在科学社会主义视野里，"历史活动是群众的事业"，[3]社会历史的一切发展归根到底是人民群众的发展，社会历史的一切活动归根到底是人民群众的活动。高举"人本"的社会主义价值，既是明确承认现实社会生活实践中人的主体性地位，又是人民当家作主的必然要求，中国

---

① 《马克思恩格斯选集》第 1 卷，人民出版社 2012 年版，第 147 页。
② 《马克思恩格斯全集》第 2 卷，人民出版社 1957 年版，第 118 页。
③ 《马克思恩格斯全集》第 2 卷，人民出版社 1957 年版，第 104 页。

特色社会主义的建设过程也是实践人本价值的过程,"人们奋斗所争取的一切,都同他们的利益有关。"①"最大多数人的利益是最紧要和最具有决定性的因素。"②党的十七大报告对"以人为本"的科学内涵和精神实质更是作出了明确阐述:"必须坚持以人为本。要始终把实现好、维护好、发展好最广大人民的根本利益作为党和国家一切工作的出发点和落脚点,尊重人民主体地位,发挥人民首创精神,保障人民各项权益,走共同富裕道路,促进人的全面发展,做到发展为了人民、发展依靠人民、发展成果由人民共享。"③

公正:社会主义价值的制度之维。价值观的维系、运行和彰显需要合理的制度保障和有效的制度运行。"公正"作为社会主义最富有魅力的一个价值观,一直以来受到人们的追奉和向往,既是因为它是对资本主义平等价值观合理性的继承和虚假性的超越,更是因为它是对社会主义主体关系科学性的调控、社会主义制度运行合理性的安排和社会主义发展目标实质性的保障。公正始终都是人类社会以来人们一直追求的一种美好价值,亚里士多德曾认为,在各种德性中,"公正是最主要的,它比星辰更加光辉"④。资本主义社会也把平等作为自己的价值追求,但是资产阶级倡导的平等,是在消灭封建阶级特权基础上实现资产阶级利益的平等,具有鲜明的阶级性和突出的局限性,无产阶级则以消灭整个阶级作为自己的要求,"无产阶级平等要求的实际内容都是消灭阶级的要求。任何超出这个范围的平等要求,都必然要流于荒谬。"⑤鉴于此,马克思主义认为以往的任何阶级所追求的平等,都是虚幻的、虚

---

① 《马克思恩格斯全集》第 1 卷,人民出版社 1956 年版,第 82 页。
② 《江泽民文选》第三卷,人民出版社 2006 年版,第 280 页。
③ 胡锦涛:《高举中国特色社会主义伟大旗帜 为夺取全面建设小康社会新胜利而奋斗——在中国共产党第十七次全国代表大会上的报告》,人民出版社 2007 年版,第 15 页。
④ 《亚里士多德选集》伦理学卷,苗力田译,中国人民大学出版社 1999 年版,第 103 页。
⑤ 《马克思恩格斯选集》第 3 卷,人民出版社 2012 年版,第 484 页。

伪的平等，只有无产阶级追求的平等才是真正意义上的平等。也正是在这个意义上，恩格斯指出："平等应当不仅仅是表面的，不仅仅在国家的领域中实行，它还应当是实际的，还应当在社会的、经济的领域中实行。"① 也正是鉴于此，马克思所主张的公正，是全体社会成员的全方位之间的平等，包括经济的、政治的和文化的等等各个领域，故而，在科学社会主义看来，公正也就体现着权利的平等、法律的正义以及利益的公平，正如马克思主张，理想的社会中，"人们在活动上，劳动上的差别不会引起在占有和消费方面的任何不平等，任何特权。"②"一切人，或至少是一个国家的一切公民，或一个社会的一切成员，都应当有平等的政治地位和社会地位"。③"公平正义是中国特色社会主义的内在要求。"④ 中国特色社会主义也只有秉承并坚守社会主义公正观，在不断朝着实现高度发达生产力目标的基础上，才能实现社会主义的最高价值。

和谐：社会主义价值的关系之维。在价值观的培育和践行过程中，如何处理价值主体之间的关系，如何确认生活实践的秩序，是社会主义建构过程中必须考虑和回答的问题。和谐作为一种综合性价值，是社会主义社会应有的基本社会秩序，是人自由全面发展所需要的理想的社会状态，也是人们孜孜以求的社会理想。从老子的小国寡民的"至德之世"到孔子的"和为贵"的主张，从孟子的"天下为公"的大同理想社会到康有为《大同书》的美好愿景，充分证明了追求和谐是中华民族的文化传统。西方对于社会和谐的憧憬发轫于毕达哥拉斯和赫拉克利特，空想社会主义者第一次明确提出了"和谐社会"一词，并用以指称替代那个

---

① 《马克思恩格斯选集》第 3 卷，人民出版社 2012 年版，第 484 页。
② 《马克思恩格斯全集》第 3 卷，人民出版社 1960 年版，第 637 页。
③ 《马克思恩格斯选集》第 3 卷，人民出版社 2012 年版，第 480 页。
④ 胡锦涛：《坚定不移沿着中国特色社会主义道路前进 为全面建成小康社会而奋斗——在中国共产党第十八次全国代表大会上的报告》，人民出版社 2012 年版，第 14 页。

"病态社会"即资本主义社会的一种美好社会制度即"和谐制度"。马克思继承了前人的思想成果,并对其中的空想和幻想成分进行了科学的改造,提出了"社会和谐"①的科学概念。马克思主张的共产主义,在人与自然之间,人与人之间都形成了和谐的关系,他指出:"共产主义,作为完成了的自然主义,等于人道主义,而作为完成了的人道主义,等于自然主义,它是人和自然界之间、人和人之间的矛盾的真正解决,是存在和本质、对象化和自我确证、自由和必然、个体和类之间的斗争的真正解决。"②恩格斯把这种正确处理关系的未来社会称之为"人类同自然的和解以及人类本身的和解"③。中国特色社会主义在充分吸收我国传统和谐思想和马克思主义和谐思想的基础上,更加注重和谐社会建设和追求和谐价值。毛泽东曾经指出:"经过人民共和国到达社会主义和共产主义,到达阶级的消灭和世界的大同。康有为写了《大同书》,他没有也不可能找到一条到达大同的路。"④毛泽东指出了构建和谐的社会是社会主义的主要任务,但是囿于当时的认识水平、时代特征和内外环境,我们对于和谐社会的建设直到改革开放以后才迈上正常的发展轨道。党的十七大首次明确提出"构建社会主义和谐社会是贯穿中国特色社会主义事业全过程的长期历史任务,是在发展的基础上正确处理各种社会矛盾的历史过程和社会结果。"⑤党的十八大更是作出"社会和谐是中国特色社会主义的本质属性"⑥的科学论断,提出"加强社会建设,是社会

---

① 《马克思恩格斯选集》第 1 卷,人民出版社 1995 年版,第 304 页。
② 《马克思恩格斯全集》第 42 卷,人民出版社 1979 年版,第 120 页。
③ 《马克思恩格斯全集》第 1 卷,人民出版社 1956 年版,第 603 页。
④ 《毛泽东选集》第四卷,人民出版社 1991 年版,第 1471 页。
⑤ 胡锦涛:《高举中国特色社会主义伟大旗帜 为夺取全面建设小康社会新胜利而奋斗——在中国共产党第十七次全国代表大会上的报告》,人民出版社 2007 年版,第 17 页。
⑥ 胡锦涛:《坚定不移沿着中国特色社会主义道路前进 为全面建成小康社会而奋斗——在中国共产党第十八次全国代表大会上的报告》,人民出版社 2012 年版,第 15 页。

和谐稳定的重要保证。必须从维护最广大人民根本利益的高度，加快健全基本公共服务体系，加强和创新社会管理，推动社会主义和谐社会建设"①的基本任务。核心价值观的提出，有助于我们对社会主义价值有个更深刻和明晰的认识，从而也可以团结尽可能团结的力量，为社会主义现代化建设事业添砖加瓦。

自由：社会主义价值的目标之维。任何价值都要有一定的目标指向，关涉人整体存在的某种理想状态。社会主义作为一种社会形态必然要在一定的价值目标的指引下才能获得前进的动力，并要充分彰显自己的价值意义。作为一种新的社会主义模式，社会主义必然要在价值层面提出更高的价值追求。"资本主义的现代性最本质的进步表现在人的发展上，而其最根本的弊端恰恰也表现人的生存和发展状态上。"②资本主义通过科技手段以及理性发展，并没有实现人的解放，反而使得人产生了异化。马克思则认为，人类的解放，事实上就是人自己的解放，人自己占有自己的本质。在《共产党宣言》中，马克思指出未来的社会："代替那存在着阶级和阶级对立的资产阶级旧社会的，将是这样一个联合体，在那里，每个人的自由发展是一切人的自由发展的条件。"③恩格斯在《社会主义从空想到科学的发展》中也明确指出，社会主义"这是人类从必然王国进入自由王国的飞跃"④，"人终于成为自己的社会结合的主人，从而也就成为自然界的主人，成为自身的主人——自由的人。"⑤由此我们可以看出，共产主义是"以每个人的全面而自由的发展为基本

① 胡锦涛：《坚定不移沿着中国特色社会主义道路前进　为全面建成小康社会而奋斗——在中国共产党第十八次全国代表大会上的报告》，人民出版社 2012 年版，第 34 页。
② 吴向东：《重构现代性：当代社会主义价值观研究》，北京师范大学出版社 2009 年版，第 53 页。
③ 《马克思恩格斯选集》第 1 卷，人民出版社 2012 年版，第 422 页。
④ 《马克思恩格斯选集》第 3 卷，人民出版社 2012 年版，第 671 页。
⑤ 《马克思恩格斯选集》第 3 卷，人民出版社 2012 年版，第 817 页。

原则的社会形式"①，共产主义的目标是"使每一个社会成员都能够完全自由地发展和发挥他的全部力量和才能。"② 马克思主义关于"自由人的联合体"的理想，对于"人的自由全面发展"的追求，证实了自由与社会主义是密不可分的，同时也证明自由是社会主义价值的重要组成部分。同时，马克思主义通过对人的异化的批判，对主体性自由原则的坚持，在扬弃和超越资本主义自由观的基础上，提出了全面而真实的自由观，实现人的自由而全面发展。经过改革开放的历程，逐步认识到自由价值观的重要性，经历了从否定到逐步认同进而在党的十八大报告中将"自由"列入所倡导的价值观之中的过程，再一次向世人证明培育自由而全面发展的人是社会主义最主要的目标。

第三节　社会主义价值的本质特征

社会主义价值的建构是一个自觉地历史过程，故而，对于社会主义核心价值的考察必须基于社会主义价值内在的变动规律进行，对于社会主义核心价值观的培育与践行也必须以中国特色社会主义理论与实践为根本遵循，在考察和分析价值本质规定的过程中，厘清迷思、澄清误解、还原本意。通过对社会主义价值的考察，我们发现它具有人民性、科学性、民族性、时代性等特征。

一、人民性

价值是与人有关的关系性存在，同样，社会主义价值观也不能离开

---

① 《马克思恩格斯选集》第 2 卷，人民出版社 2012 年版，第 267 页。
② 《马克思恩格斯选集》第 1 卷，人民出版社 2012 年版，第 302 页。

人而独立地存在。"人是一切价值的主体，是一切价值产生的根据、标准和归宿，是价值的实现者和享有者"[①]，正如马克思所指出的"任何人类历史的第一个前提无疑是有生命的个人的存在"，"全部历史记载都应当从这些自然基础以及它们在历史进程中由于人们的活动而发生的变更出发。"[②] 社会主义作为一种价值客体，必须要以能够满足价值主体即人民的需要为生成、演变和发展的基本前提。相较于资本主义，社会主义是为解放全人类的需要而设想和建构的，将推动人的自由发展作为这种理论、制度和运行的一条主线。马克思恩格斯曾经指出："过去的一切运动都是少数人的，或者为少数人谋利益的运动。无产阶级的运动是绝大多数人的，为绝大多数人谋利益的独立的运动。"[③] 就是要使广大劳动人民从资本主义及一切剥削制度的严酷剥削、压迫下解放出来，彻底改变自身的生存处境和发展处境，实现当家作主，并最终发展成为"自己的社会结合的主人，从而也就成为自然界的主人，成为自己本身的主人——自由的人。"[④] 所以，无论是从理论形态还是从实践维度看，社会主义都与人民大众的解放息息相关。唯物史观认为，认识整个社会活动的主体，"历史活动是群众的事业"[⑤]，社会发展演变归根到底是人以及人的活动所导致的，正如马克思指出："创造这一切、拥有这一切并为这一切而斗争的，不是'历史'，而正是人，现实的、活生生的人。"[⑥] 社会主义价值要具有生命力、发挥凝聚力、体现鲜活力，就必须回应人民群众的切身利益，符合他们的追求，并能引领他们前进。因此，人民性是社会主义价值的一个重要的特性。

[①] 李德顺：《价值论：一种主体性的研究》，中国人民大学出版社 2013 年版，第 99 页。

[②] 《马克思恩格斯选集》第 1 卷，人民出版社 2012 年版，第 146、147 页。

[③] 《马克思恩格斯选集》第 1 卷，人民出版社 2012 年版，第 411 页。

[④] 《马克思恩格斯全集》第 20 卷，人民出版社 1971 年版，第 710 页。

[⑤] 《马克思恩格斯全集》第 2 卷，人民出版社 1957 年版，第 104 页。

[⑥] 《马克思恩格斯全集》第 2 卷，人民出版社 1957 年版，第 118 页。

二、科学性

一种观念的科学与否与其产生背景、理论依托和实践要求有着密切的关系。价值观既有正确错误之分，更有意识形态之别，不同的群体、阶层、阶级在生产生活等社会实践过程中形成符合自身发展需要的价值观念，导致价值观念的多样化和多元化，进而产生判断价值观念对错优劣的现实需求。这种需求来自于阶级差异和群体差异，产生于利益需要和实践过程。社会主义价值，作为社会主义本质的价值言说，必然要在坚持社会主义意识形态的同时，彰显价值追求的科学性和真理性，实现社会主义价值合目的性与合规律性的统一。从价值生成角度来看，社会主义价值是自发性生成和自觉性建构的辩证统一体，一方面社会主义价值必须根植于现有的实际生活，在直面现实问题的过程中体现其价值意蕴；另一方面社会主义价值必须经过先进文化的引领，在自觉的建构过程中凝聚力量，鼓舞精神，昭示未来。从价值理论依托角度来看，社会主义价值的科学性体现在其依托基础——马克思主义的科学性之中。从价值观实践要求角度来看，社会主义价值的科学性体现在社会实践发展性和价值理念发展性的协调互动之中。实践是检验真理的唯一标准，生活是验证价值的基本尺度。社会主义价值的发展演变历程，充分表明了符合当下时代特征、契合社会实践需求的价值观念必然是会深入人心、广泛流传并得以贯彻落实的。中国特色社会主义正是在坚持社会主义现代化的政治方向、和谐社会建设的统一目标、人民利益至上的主体意识的基础上，以人民利益为出发点和落脚点，不断向社会主义本质回归，从而彰显出人类普遍性与社会主义特性的有机统一，国家现代化转型和新型公民培育的内在一致，社会建设现实性和社会发展理想性的历史统一，形成了具有中国特色的，经得起实践检验的社会主义价值。

三、民族性

"价值观属于文化的范畴，不可能脱离特定的历史文化传统。"[①] 文化具有民族性，不同的民族产生不同的文化。文化既是社会生产生活等实践活动的精神产物，也是一个民族长期发展的历史产物。作为文化内核的价值理念必然也同样具有鲜明的民族性，并与民族文化的发展呈现互动关系。任何一个价值理念都必然是具体的历史的，具有鲜明民族特征的价值追求，任何一个价值观也都是隶属于一定民族的、一定阶层的，具有鲜明个性特征的利益诉求，因此从这个层面讲，价值观念必须附着在一定的民族文化之上，才能具有精神力量的作用，而不是悬设在理想之上的空中楼阁。全球化进程的加快和世界交往范围的广大，它在缩小了人们交往空间、缩短了人们交流时间的同时，并无法改变因民族文化而产生的隔阂和误解。正是在这个意义上，美国学者本尼迪克特指出："长久以来被预言将要到来的'民族主义时代的终结'，根本还遥遥无期。事实上，民族属性是我们这个时代的政治生活中最具普遍合法性的价值。"[②] 社会主义价值作为一种社会主义运动实践的理想性宣言，作为一种社会主义曲折发展的目标性指向，作为一种民族国家选择建构的精神性产品，更需要在坚持社会主义本质属性、捍卫社会主义价值、体现人类社会幸福美好追求的基础上，充分汲取民族优秀传统文化，唯其如此，才能将社会主义价值扎根于社会主义国家的民族文化土壤中，才能获得继续发展和不断完善的实践性基础，才能真正实现内涵丰富、形式简洁、语言淳朴、特征鲜明的话语转换，才能在推广和普及社会主义价值的过程中获得认同，聚拢社会各方面力量。我国是一个有着悠久文

---

① 王晓辉：《积极培育和践行社会主义核心价值观》，《求是》2012 年第 23 期。

② ［美］本尼迪克特·安德森：《想象的共同体》，吴叡人译，上海人民出版社 2003 年版，第 2 页。

化历史传统的国家，在这样一个传统文化根深蒂固的国度进行社会主义价值建设，更是不能忽略对于民族特性、民族文化的借鉴和吸收。

四、时代性

社会主义价值是一个开放发展的价值理念体系，是随着时代变化不断丰富新内涵的价值观念，而不是固守僵化言论的具体形式。因此，不同时代、不同时期对于社会主义价值的理解也就会有所不同，呈现差异。这种差异既与时代的发展演变有着密切的关系，也与社会主义自身的发展演变有着内在的天然联系。社会主义不是一种恒定的范畴，而是一个动态的过程，不断发展的现实是社会主义得以实现的基础，并提供着必要的条件和动力。马克思恩格斯甚至曾宣布："共产主义对我们来说不是应当确立的状况，不是现实应当与之相适应的理想。我们所称为共产主义的是那种消灭现存状况的现实的运动。这个运动的条件是由现有的前提产生的。"① 恩格斯也指出："所谓'社会主义社会'不是一种一成不变的东西，而应当和任何其他社会制度一样，把它看成是经常变化和改革的社会。"② 中国特色社会主义的发展道路更是充分证明了僵化、固化社会主义模式就会使社会主义走向覆灭，而与时俱进则能保证社会主义走向康庄大道。中国特色社会主义理论体系，以及在全球化时代不断凸显出卓越的理论优势和价值优势，与其"旗帜鲜明地把价值观和价值标准引入了社会主义本质规定和判断标准之中"③ 有密不可分的关系。社会主义价值的形成和发展，既需要不断深入挖掘其理论内涵、实践内涵、民族内涵，又要在契合中国基本国情的基础上，凸显其引导性、规范性和发展性。社会主义价值来源于鲜活的实践活动，其内涵就蕴含在

① 《马克思恩格斯选集》第 1 卷，人民出版社 2012 年版，第 166 页。
② 《马克思恩格斯文集》第 10 卷，人民出版社 2009 年版，第 588 页。
③ 李德顺：《价值论：一种主体性的研究》，中国人民大学出版社 2013 年版，第 285 页。

我们生活的现实世界之中，蕴含在当代熟知的价值观观念之中，蕴含在时代发展所展现的文化趋向之中。因此，社会主义价值不可能始终保持一致的样式和形态，而是要在回应时代需求、反映时代变化的过程中始终保持敏锐的捕捉能力、强烈的现实关怀和超前的理论关照，不断强化社会主义价值的时代特色。

第四章
社会主义价值功能论

在五百年的社会主义发展进程中，不仅表现为一种思想，而且也表现为一种制度；不仅表现为一种运动，而且表现为一种价值。从社会主义的价值面向来看，其始终围绕和促进着人的自由全面解放这一终极诉求，社会主义的价值性追求促进了思想面向的社会主义实现理论创新，鼓舞了运动面向的社会主义实现蓬勃发展，推进了制度面向的社会主义实现发展壮大。正是由于社会主义的价值性存在，一方面支撑着人们对于构想图景当中的"自由王国"的信念，树立了人对人的主体性、人的自有本质和社会的自由标准的意识和自我意识，为现实的社会生产和生活提供了一种目标性和理想性的价值参照，也为人们的价值判断和价值选择提供一种超越性的价值图景，从而实现了社会生产生活中的世俗与超越、现实与理想之间的合理衔接与价值匹配；另一方面，在现实的社会生产和生活过程中，社会主义的价值性为多元和多样的个人与团体相互之间的交往和互动提供基本的权利义务边界，形成了表征着社会主义属性和特色的社会主义交往和制度规范。

因此，以社会主义的价值朝向性和价值观照性为基础，社会主义在价值维度上呈现出完整的结构谱系，即社会主义的目标性价值诉求是实现人的自由全面发展。在不同的历史发展阶段和不同的发展地域，社会主义的价值观又具体性地衍化为和谐、民主、共富、自由、平等、公正等价值理念作为社会主义理想目标的价值支撑。这些基本的价值理念能够和历史发展的阶段性有机结合，与社会主义发展的地域性有效融合，呈现出不同时代、不同地域下的社会主义价值建构。在我国，价值问题始终是关乎社会主义发展的核心问题，我们对于社会主义价值的认识也是一个逐渐深入、深刻的过程，从社会主义本质性价值属性的判别到社会主义发展性价值逻辑的界定，从社会主义体系性价值的构建到核心性价值的判明，最终形成国家层面的富强、民主、文明、和谐；社会层面的自由、平等、公正、法治；个体层面的爱国、敬业、诚信、友善。

第一节　社会主义价值的功能指向

社会主义价值不仅具有完整的价值结构图谱和运行逻辑，而且也具有具体的时代表达和历史的逻辑顺延。社会主义价值体现和反映着社会主义本质，凝聚着社会主义精神文化，维护着社会主义制度规章。结合社会主义价值的发展逻辑，我们可以更清楚地判定其功能价值，这主要体现在社会主义价值在社会主义理论和实践演进过程中所发挥的批判与建构、规范与凝聚、维护与创新、引领与整合，这几个方面是促进社会主义发展的价值导引和精神支撑。

一、社会主义价值的批判与建构功能

从社会主义价值的缘起来看，它是一种批判性的价值形态，是对资产阶级价值、思想文化和社会制度的批判。资产阶级价值观从思想和精

神层面支撑、指引着整个资本主义社会的发展，在几百年的历史进程中筑造了资本主义现代性的精神内核，但是，这种价值建构存在着固有的缺陷，这主要体现在三个方面，即个人主义的过分扩张，导致了对集体和社会的价值僭越；对理性的狂热导致理性的反叛；普遍主义的意识形态所制造的幻象使人在精神和价值层面迷失①。针对资本主义固有价值缺陷，新的、更高层次的社会主义价值，也必然是对资本主义价值的坚决批判和超越，这也应然地构成了社会主义价值建构的历史责任和时代使命。产生于十六世纪初的空想社会主义，最早开始对资本主义的剥削制度和私有制进行坚决的批判，进而宣传和倡导博爱、平等、幸福、和谐、劳动等价值理念，这些价值理念构成了社会主义的价值雏形，为十九世纪科学社会主义的诞生准备了直接的思想材料，但同时也应当看到，这一时期的社会主义的价值理念还带有浓烈的空想色彩，在真理和理性追逐的层面上进行价值的批判和建构。经过了三百多年的空想社会主义发展，人们对于社会主义的价值追求和精神理念逐渐清晰化、完整化和系统化，最终在十九世纪中期资本主义大工业发展的背景下，马克思和恩格斯在科学考察资产阶级工业发展的内在逻辑、资本主义社会运行的固有缺陷，以及充分继承空想社会主义思想理念精华的基础上，创立了科学社会主义，将社会主义的价值理念科学地融入真实的社会生产和生活过程当中，由此也说明了马克思和恩格斯对资本主义价值的价值批判不是建立在纯粹的道义谴责基础上，而是致力于从资本主义生产关系和资本逻辑运行规律角度，通过历史的、科学的方法，最终在分析资本主义基本矛盾基础上揭示资本主义价值的虚假性和人的自由全面发展之间的隔阂。

---

① 吴向东：《重构现代性：当代社会主义价值观研究》，北京师范大学出版社 2009 年版，第 142 页。

从价值建构的实质性来看，它必须是建立在科学认知和思想批判、超越的基础上的，社会主义价值正是在资本主义价值批判与超越基础上，才能够实现更高层次的价值谱系建构和思想理论的升华。马克思将人类的实践和交往形态划分为三个阶段。首先是人的依赖阶段，在马克思看来，人的依赖构成了人类初始发展阶段的基本实践交往形态，表现为一定的偶然性、孤立性和自然性，这一阶段人的生产和生活能力只是局限在某一固定、狭小的区域内；其次是物的依赖阶段，这一阶段形成了普遍的社会交往，人、社会和自然相互之间的关系呈现出全面和复杂的特性，人和社会发展的利益需求多元和多样化，人的生产和生活能力也得到全面提升，"物"逐渐支配和奴役人和社会是这一阶段的特性；第三个阶段是人的自由全面发展阶段，这一阶段是建立在人的发展和人的共同生产能力是人的社会财富这一基础上，马克思认为第二阶段是第三阶段的前提条件和准备。①

随着生产力的发展，人的依赖阶段向着物的依赖阶段过渡，人的交往逐渐扩大，突破了原有的人际限制和地域限制，从而使得人的需求和能力逐渐增长。②这一阶段的发展到了资本主义的工业化发展阶段，人的主体能力膨胀性随之发展到空前的阶段，但是过度的技术化和资本化使得人对于物的依赖程度也到了空前程度，这种依赖性禁锢着人的自由自觉，这一过程在马克思看来仅仅是暂时的，资本主义发展中"产生出消灭它自身的现实条件"③，人的自由全面发展阶段是真正意义上的人的主体性建构，这一阶段也是人类发展的最终趋向，实现了人对于社会关系、实践关系和人的自由完整性的全面占有。从价值性的层面来看，这一阶段打破了人的依赖和物的依赖的价值局限，实现了

---

① 《马克思恩格斯全集》第 46 卷（上），人民出版社 1979 年版，第 104 页。
② 《马克思恩格斯全集》第 46 卷（上），人民出版社 1979 年版，第 104 页。
③ 《马克思恩格斯全集》第 46 卷（上），人民出版社 1979 年版，第 36 页。

"存在和本质、对象化和自我确证、自由和必然、个体和类之间的斗争的真正解决。"[①]

二、社会主义价值的规范与凝聚功能

一个社会中，核心价值理念是保证其健康稳定发展的灵魂，核心价值理念通过理论指引、制度规范、实践观照以及精神支撑，在思想文化层面发挥着独特的价值维系和价值引领的作用。从这种意义上来看，社会主义价值之所以能够规范和制约个体、凝聚和鼓舞人心，最为主要的是社会主义价值的科学性和先进性，在社会思想文化中的核心性和引领性。社会主义价值是一个整全性的概念，内涵在社会主义各个层面，并最终指向人的自由全面发展。

以实现人的发展的终极性目标为导向，社会主义价值在现实的社会生产和生活中树立基本的道德规范的价值规约，即社会主义价值规范的微观和宏观发展态势。社会主义价值在社会生产和生活过程中，以正义、平等、自由和民主等理念为表征，不仅体现在个体实践交往的具体行动当中，而且也体现在经济社会发展宏大格局当中。社会主义价值通过个体规约性将其价值理念转变为每个人的思想认知，指引个体道德和价值的完善与发展。由个体到一般，由具体到普遍，在社会主义价值的指引和鼓舞下，微观性的个体认知能够形成普遍性的社会观念，社会主义的精神理念转化为凝聚性的社会共识，由此，社会主义价值规范进入到第二个发展层面，即宏观发展层面，这一层面的社会主义思想文化呈现出一定的指向性——人的自由全面发展。

"理论一经掌握群众，也会变成物质力量。理论只要说服人，就能掌握群众；而理论只要彻底，就能说服人。所谓彻底，就是抓住事物的

---

① 《马克思恩格斯全集》第42卷，人民出版社1979年版，第120页。

根本。"① 社会主义价值的科学性和先进性是引领和规约人的思想和行为的根本前提，在此基础上，社会主义价值才能够真正意义上成为凝心聚力、攻坚克难、团结力量的核心纽带。社会主义的价值凝聚性主要体现在两个方面，一是人的社会主义价值自觉性推动社会主义发展。马克思明确指出："共产主义是用实际手段来追求实际目的的最实际的运动。"②在这里，马克思所指的"实际目的"就是社会主义的价值追求和价值理想，正是这种目标性的支撑和鼓舞，才能够形成人的价值自觉和共同理想，才能够推动和指引社会主义实践发展。这也从社会主义发展进程中得到印证。社会主义的理论建构、法律制度、现实运动等，都需要坚守社会主义的价值规范，形成社会主义发展的价值共识，离开了这一点，社会主义思想文化繁荣、现实实践发展都将无从谈起；二是社会主义发展演进过程中的艰难困苦需要社会主义价值的激励和鼓舞。由空想走向科学，由理论发展为现实，百年社会主义发展历程并不是一帆风顺的，相反，社会主义的发展是在不断地遭受困难和挫折中砥砺前行，社会主义在艰难曲折中发展前进。但到当前，社会主义逐渐从低潮中走出来，中国特色社会主义取得了空前辉煌的成就，彰显了社会主义价值和制度的优越性。实现这一结果的原因就在于社会主义价值的精神维系，正是人们对于社会主义价值理念的认同，对社会主义价值理想的坚守，才能够不断地克服困难挫折，使社会主义从低谷走向了高潮。

三、社会主义价值的维护与创新功能

价值观念不仅是人的现实生产和生活的精神抽象与经验描述，而且在此基础上进一步派生出了人的主体性权利，这种主体性权利关涉现实

---

① 《马克思恩格斯选集》第 1 卷，人民出版社 2012 年版，第 9 页。
② 《马克思恩格斯全集》第 3 卷，人民出版社 1960 年版，第 236 页。

生活中人的价值判别和原则区分。从个体意义上来看，价值观念鼓舞着个体精神，支撑着个体意念，规范着个体行动。在更高的社会思想文化层面，价值观念能够维护、印证和评判社会结构和政治结构的合理与正当性。德国哲学家马克斯·韦伯（Max Weber）曾经就资本主义发展的价值动因作出专门探讨，在他看来推动资本主义快速发展的根本动因就在于新教伦理的价值导向和道德支撑。另一方面，对于资本主义发展过程中所出现的物的依赖与人的异化现象，美国哲学家丹尼尔·贝尔（Bell.D）指出资本主义精神包含两大因素，一个是经济冲动力，另一个是宗教冲动力，但随着资本主义发展，宗教冲动力逐渐遭到科技和经济发展的祛魅，唯有经济冲动力支撑资本主义发展。[①] 而对于社会主义而言，社会主义价值始终为社会主义理论和实践的发展提供义理性的维护和支撑，是社会主义正当性和合理性的来源和支撑。

社会主义的价值评价主要关涉三个方面，即社会主义是否具有价值性，社会主义具有何种价值性，社会主义价值缘何具有正当性与合理性？首先，对于社会主义是否具有价值性这一问题，在社会主义思想史上有不同的看法。以考茨基（Kautsky）和阿德勒（Adler）为代表的研究学者认为社会主义是实证性与科学性的有机统一，这其中不存在价值因素；以伯恩施坦（Bernstein）的伦理社会主义为代表，认为社会主义是价值性的存在，排挤了科学因素。事实上，完全否认社会主义的价值性因素或者认为社会主义是纯粹价值性的存在都是一种极端化的研究走向，在社会主义发展演进过程中存在着一以贯之的价值秉持，即人的自由全面发展。同时，社会主义的价值性又不同于伦理社会主义观和空想社会主义，社会主义的价值理念是建立在对现实基础的科学把握，在社

---

① ［美］丹尼尔·贝尔：《资本主义文化矛盾》，赵一凡、蒲隆、任晓晋译，生活·读书·新知三联书店 1989 年版，第 13 页。

会主义发展的历史进程中维系和评判着阶段性社会主义的正当与合理性，维护和保障了社会主义发展的价值朝向性。

社会主义价值不但具有建构性，而且也包括了对具有异质性的社会思潮和制度的深刻反思与批判。从社会主义的发展历史来看，正是在人本价值理念的指引下，社会主义对资产阶级的价值观展开了坚决猛烈地批判，并通过对各种非社会主义思潮的反思与批判，使得社会主义明确了价值区别和价值界限，避免了社会主义价值中对人的主体性的忽视，也避免了单纯将社会主义"实证化"、"科学化"或者"价值化"、"伦理化"的价值误区。同时，社会主义的价值评价也从既有的思想观念中发掘和保留思想精华，例如，空想社会主义中所包含的和谐、博爱、公正等价值理念，正是由于人们对社会主义的价值评判中留存的价值要素和思想精华，这些价值理念在马克思和恩格斯所创立的科学社会主义理论与实践中实现了价值彰显的现实路径。

价值维护并不是抱残守缺、一成不变的，相反，社会主义的价值维护更为重要的是体现在价值创新的层面。这首先体现在社会主义价值推动法律制度创新。丹尼尔·贝尔在其著作《后工业社会的来临》中指出，只有在人的意识（价值观、伦理道德）层面上发生变革，才能在真正意义上促使人们去改变他们的社会规则和体制，[①]同样，社会主义价值作为隐性的观念意识层面的"软实力"，与显性的社会规则和体制层面的法律制度"硬实力"有着极为密切的关联，社会主义价值为社会主义法律制度提供精神支撑和价值引导，使社会主义法律制度在制定、颁布和实施过程中能够呈现出明确的价值倾向和人文关怀。同时，随着社会主义物质生产和生活实践的变化，社会主义的政治法律制度也应当随之发生改变，这种改变是继承性和创新性的有机结合，

---

① ［美］丹尼尔·贝尔：《后工业社会的来临》，高铦等译，商务印书馆1984年版，第527页。

需要社会主义价值发挥导引和源动作用，即需要在社会主义法律制度中融入和体现价值性的因素，使得社会主义政治和法律改革能够正本清源、开阔视阈，为进一步调适社会主义法律制度的内向结构和外向发展提供思路。

其次是社会主义价值理念自身的创新和发展。从历时性的角度审查，社会主义价值也具有发展的规律性和逻辑性。从早期空想社会主义道德批判和价值憧憬，到马克思恩格斯对社会主义价值历史地、科学地和现实地建构；从理论和思维层面的社会主义价值探求，到全球范围内的社会主义运动、革命、建设和改革实践的价值导引；从革命逻辑的价值评判，到社会主义经济社会发展的实践逻辑价值转向，充分体现了社会主义价值在社会主义理论和实践发展过程中的发展和创新。仅从中国特色社会主义的价值建构历程来看，从建国初期社会主义价值理念的实践，到改革开放以来对社会主义本质的科学把握，使得中国特色社会主义价值建构能够在新的历史条件下更加科学和完整。进入 21 世纪，从核心价值体系的提出到社会主义核心价值观的培育与践行，这一过程充分彰显了中国特色社会主义价值的探索和建构是一个与时俱进的过程，也显示了社会主义价值的发展力和创新力。

四、社会主义价值的引领与整合功能

社会主义价值不仅具有批判性和建构性、规约性与凝聚性、维系性与创新性，而且从总体性的社会思潮和价值观念角度来看，社会主义价值还具有引领和整合作用。产生于社会物质生产和生活实践基础之上的社会意识和社会心理，具有广泛性、复杂性、分散性和多变性等特征，从而表现为一种多元和多样化的文化形态，并且这些多元和多样化的观念形态之间表现出一定的功能和结构关联。马克思将这一过程总结为由单个思想演变为思想群，由思想群发展成思想系列，最终结合成思想系统的辩证发展过程。即两个相互矛盾的思想一旦结合，就能够产生一个新的思想，这一过程是单个思想之间的合题；单个思想也能分化为彼此矛盾的思想，分化后的矛盾思想又能够形成新的思想合题，这一过程在更为宽广的范畴中结合成新的思想群，遵循着简单思想的运动规律，思想群在矛盾运动过程中也会相互融合、分化，形成新的思想系列，进而在思想系列的辩证运动中结合成思想体系。①由马克思的上述观点可以看出，不同的社会思想观念尽管有着不同的生成背景和利益诉求，但是从相互之间的逻辑关联来看，存在着普遍的相互交往、交流和交融，并且也呈现出包含与从属的相互关系，在这一过程中，社会主义价值始终是居于核心和主流的位置，统协、凝聚、引领着其他社会价值观念。

社会主义价值由于其自身所具有的科学性、先进性、目标性和观照性，成为社会思想体系的核心，规范和引领着社会多元和多样化的观念和思潮，指明了整个社会精神文化的发展趋向。社会主义价值对社会意识和社会思潮的主导和引领作用主要表现在三个方面，一是从横向来看，社会主义价值基于其核心地位，能够对其他多元化的思潮实现引领和规范作用，从而形成社会主义思想意识的有序架构；二是从社会价值观念的纵向结构来看，居于较高层次的社会主义价值有着更为宽广的视阈和更为强劲的现实观照，能够正确地引导和统摄其他社会价值观念，使得整个社会的精神风貌和价值理念能够有利于发展人的自由全面性；三是从社会价值观念动态发展的角度来看，社会主义价值对社会思想文化和组织体系的稳定运行起到了维护和保障作用，由于经济的发展、思潮的碰撞，使得有些思想价值会出现一定的变更，但是社会主义核心价值则会保持其稳定性、先进性和科学性，则整个社会主义的价值观念系

---

① 《马克思恩格斯选集》第 1 卷，人民出版社 2012 年版，第 221 页。

统就能够保持有序、健康的运行状态，从而使人们能够从不同的思想观念的差异中寻求共识，增强社会主义在经济发展和社会变迁过程中价值凝聚力和感召力。

强化社会主义的价值效能，不仅需要加强对多元和多样化的社会观念和思潮的引领，而且也需要在此基础上，对不同观念思潮进行有效整合。实现价值整合的关键在于普遍的社会认同感，这种社会心理能够形成社会主义的价值向心力和价值归属感。社会认同感主要来源于两个方面，一方面是人们是否有利益关联或相似的现实境遇；另一方面是在共同的制度环境和文化氛围下，是否具有共同的价值追求和理想目标。社会主义的起源和发展也正是基于以上两个方面，因此，从这一视角来看，价值整合不仅是促进社会主义稳定发展的必然举措，而且也是具有社会主义本质性的价值规定。

社会主义价值的整合功能主要表现为三个方面，首先是社会主义价值自身的创新与调适。在经济社会发展和各种社会文化观念的综合影响下，社会主义价值不仅需要用开放和包容的姿态，充分地吸纳不同思想观念中的优秀成果，而且也需要不断地反思、矫正、克服自身的不合理因素，实现自我发展和自我超越。其次是社会主义价值对多元和多样化的社会观念和思潮的整合。这主要体现在要注重及时有效规范冲突，形成社会价值观念体系高效稳定、团结有序的运行格局。第三是单个社会价值观念内部的调适与整合。随着外部环境的发展，单个价值观念往往面临着两个方面的瓶颈，一方面是价值观念内部包含着不符合时代发展的要素；另一方面是自身的价值体系结构不尽完善。这两方面的问题如果没有得到及时有效地处理或者处理不得当，很有可能会造成价值观念发展过程中的价值蜕变。因此，单个价值观的改进需要核心价值的指导与参照，剔除其中不合理的价值要素，优化自身的结构要素和运行模式，整合价值理念，形成价值共识。

第二节　社会主义价值的领域彰显

社会主义是一个包含着理论、实践、制度和价值的多维体。作为价值面向的社会主义，其出发点和落脚点都在社会主义的理论、实践和制度，尤其是对于社会主义的生产和生活实践，在不同的实践领域中体现出不同的社会主义价值表征，"社会主义价值，是从人（主体）与社会主义这个客体的意义关系中抽取出来的，由于抽取的角度（参照系）不同，对社会主义的价值就有不同的表述。"[①] 故社会主义价值系统的内容表述必须从一个合理的价值维度去说明，尽管这样的维度非常多，但实事求是地说，"只有从社会形态即经济、政治、文化等形式的总和上来认识一定历史阶段的人类社会，才能较为完整而清晰地认识和把握某一社会类型所包含的内在的质的规定性，才能使我们明了一种社会类型与另一种社会类型质的区别之所在。"[②] 由此，可以根据马克思主义的基本原理，从社会主义经济领域中的共同富裕、社会主义政治领域中的以人为本、社会主义文化领域中的文明先进、社会主义社会领域中的幸福和谐、社会主义生态领域中的和解协调来描述社会主义价值的现实功用。

一、社会主义经济领域中的共同富裕

贫穷不是社会主义，两极分化也不是社会主义。社会主义必须要有相当发达的生产力和相当丰富的财富作为坚实的物质支撑。邓小平在南方谈话时指出："走社会主义道路，就是要逐步实现共同富裕。"[③] 江泽民指出："实现共同富裕，是社会主义的最大优越性，这个目标是不会改

---

① 方爱东：《社会主义的价值学视域：原则与启示》，《当代世界与社会主义》2008 年第 2 期。
② 况建军：《论什么是社会主义》，《求实》2001 年第 8 期。
③ 《邓小平文选》第三卷，人民出版社 1993 年版，第 373 页。

变的，是一定要实现的。"① 胡锦涛也指出："建设中国特色社会主义的根本目的是实现好、维护好、发展好最广大人民的根本利益。"② 因此，在社会主义的经济建设领域中，社会主义价值主要表现为共同富裕。共同富裕可以从根本上克服资本主义经济的困局和弊端，进而凸显社会主义的价值追求。

（一）社会主义生产资料的全社会占有指向共同富裕

"在人类社会发展史上，社会制度更替的根本原因，是生产力的发展变化，但是在一个具体的时点上，区别不同国家社会制度差别的是社会生产关系，特别是生产资料所有制的差别。"③ 在私有制特别是资本主义私有制的条件下，人和人的各种关系尤其是生产关系都被束缚着、压抑着、扭曲着。在阐述创立国际工人协会的理由时，马克思指出："劳动者在经济上受劳动资料即生活源泉的垄断者的支配，是一切形式的奴役的基础，是一切社会贫困、精神沉沦和政治依附的基础"④。资本主义的经济无法消除剥削和私有制，故导致了日益悬殊的贫富差距和十分严重的两极分化。

社会主义经济制度应当是怎样的呢？恩格斯在《共产主义原理》中回答道："这种新的社会制度首先必须剥夺相互竞争的个人对工业和一切生产部门的经营权，而代之以所有这些生产部门由整个社会来经营，就是说，为了共同的利益、按照共同的计划、在社会全体成员的参加下来经营。这样，这种新的社会制度将消灭竞争，而代之以联合。……因此私有制也必须废除，而代之以共同使用全部生产工具和按照共同的协

---

① 《十五大以来重要文献选编》（上），人民出版社 2000 年版，第 360 页。
② 胡锦涛：《在"三个代表"重要思想理论研讨会上的讲话》，《人民日报》2003 年 7 月 2 日。
③ 周平：《论社会主义的本质特征》，《湘潭大学学报（哲学社会科学版）》1995 年第 5 期。
④ 《马克思恩格斯选集》第 3 卷，人民出版社 2012 年版，第 171 页。

议来分配全部产品，即所谓财产公有。废除私有制甚至是工业发展必然引起的改造整个社会制度的最简明扼要的概括。所以共产主义者完全正确地强调废除私有制是自己的主要要求。"① 因此，"工人阶级要获得真正的解放，必须进行资本主义全部发展所准备起来的社会革命，即消灭生产资料私有制，把它们变为公有财产，组织由整个社会承担的社会主义的产品生产代替资本主义商品生产，以保证社会全体成员的充分福利和自由的全面发展。"② 换言之，社会主义社会将根据实有资源和整个社会需要而制定合理的计划，并依照这个计划来进行社会生产、分配生产力和交换产品等。

恩格斯在《共产主义原理》中还较为详细地阐述了消灭私有制的后果即"由社会全体成员组成的共同联合体来共同地和有计划地利用生产力；把生产发展到能够满足所有人的需要的规模；结束牺牲一些人的利益来满足另一些人的需要的状况；彻底消灭阶级和阶级对立；通过消除旧的分工，通过产业教育、变换工种、所有人共同享受大家创造出来的福利，通过城乡的融合，使社会全体成员的才能得到全面发展；——这就是废除私有制的主要结果。"③ 由此而言，共同富裕是有效解决社会主义经济领域的生产力与生产关系、效率与公平等问题的必备法宝。

（二）社会主义经济生产出的物质财富指向共同富裕

生产力是全部人类历史的根据。无论哪一种社会形态或哪一种社会形态的发展阶段，都需要一定的物质基础和生产力条件。"因此第一个历史活动就是生产满足这些需要的资料，即生产物质生活本身，而且，这是人们从几千年前直到今天单是为了维持生活就必须每日每时从事的

---

① 《马克思恩格斯选集》第 1 卷，人民出版社 2012 年版，第 302—303 页。
② 《列宁全集》第 6 卷，人民出版社 1986 年版，第 193 页。
③ 《马克思恩格斯选集》第 1 卷，人民出版社 2012 年版，第 308 页。

历史活动，是一切历史的基本条件。"① 邓小平指出："不发展生产力，不提高人民的生活水平，不能说是符合社会主义要求的。"②

就社会主义而言，"要平等、全面地满足社会成员的需要，必须通过人的社会历史活动创造出具体的条件。首先是生产力高度发达，社会产品极大丰富的物质条件。它一方面为充分满足全体成员的个人需要提供绝对够量的产品；另一方面，它使得必要劳动时间越来越少，可以自由支配的时间越来越多，个人越来越有条件摆脱'必需'和'外在目的'的限制，为自身的发展而自主活动。"③ 社会主义推行的应该是社会生产，恩格斯指出："通过社会化生产，不仅可能保证一切社会成员有富足的和一天比一天充裕的物质生活，而且还可能保证他们的体力和智力获得充分的自由的发展和运用"。④ 共同富裕是资本主义与社会主义的重要分界线和根本区别。共同富裕要求全体人民共享物质财富，社会主义经济发展的要求就是要实现共同富裕。这是社会主义引领历史步伐的动力优势。

（三）社会主义社会的消费品分配方式指向共同富裕

人民群众是否得到解放和人民群众的社会状况是否根本改善"不仅仅决定于生产力的发展，而且还决定于生产力是否归人民所有。"⑤1857年，马克思在《经济学手稿》中，将个人消费品的分配与劳动者的劳动联系起来。在 1875 年的《哥达纲领批判》则最终明确了按劳分配的方式，这篇著作还指出，在共产主义高级阶段，实行的是"各尽所能，按需分配"。

---

① 《马克思恩格斯选集》第 1 卷，人民出版社 2012 年版，第 158 页。
② 《邓小平文选》第三卷，人民出版社 1993 年版，第 116 页。
③ 彭俊平：《从马克思的需要理论看马克思的社会主义观》，《中共成都市委党校学报》2002 年第 2 期。
④ 《马克思恩格斯选集》第 3 卷，人民出版社 2012 年版，第 670 页。
⑤ 《马克思恩格斯选集》第 1 卷，人民出版社 2012 年版，第 861 页。

恩格斯在为 1891 年新出版的马克思的《雇佣劳动与资本》单行本而写的导言中指出：在资本主义社会中，每天空前大量增长的人类劳动的生产率终于造成这种状况："社会分裂为人数很少的过分富有的阶级和人数众多的无产的雇佣工人阶级，这就使得这个社会被自己的富有所窒息，而同时社会的绝大多数成员却几乎没有或完全没有免除极度贫困的任何保障。社会的这种状况日益显得荒谬，日益显得没有存在的必要。这种状况应当被消除，而且能够被消除。一个新的社会制度是可能实现的，在这个制度之下，当代的阶级差别将消失；而且在这个制度之下——也许在经过一个短暂的、有些艰苦的、但无论如何在道义上很有益的过渡时期以后——，通过有计划地利用和进一步发展一切社会成员的现有的巨大生产力，在人人都必须劳动的条件下，人人也都将同等地、愈益丰富地得到生活资料、享受资料、发展和表现一切体力和智力所需的资料。"[①]

列宁指出："'不劳动者不得食'，——这就是社会主义实践的训条。这就是必须实际安排好的事情。"[②]他强调："社会主义的第一个主要的和根本的原则：'不劳动者不得食'。"[③]他还解释道：不劳动者不得食，"这个简单的、十分简单和明显不过的真理，包含了社会主义的基础，社会主义力量的取之不尽的泉源，社会主义最终胜利的不可摧毁的保障。"[④]邓小平把共同富裕看作社会主义的"本质"、"原则"、"目的"、"特征"和"优越性"。他指出："社会主义的本质，是解放生产力，发展生产力，消灭剥削，消除两极分化，最终达到共同富裕。"[⑤]综上所述，按劳分配

[①]《马克思恩格斯选集》第 1 卷，人民出版社 2012 年版，第 326 页。

[②]《列宁全集》第 33 卷，人民出版社 1985 年版，第 210 页。

[③]《列宁全集》第 34 卷，人民出版社 1985 年版，第 334 页。

[④]《列宁全集》第 34 卷，人民出版社 1985 年版，第 335 页。

[⑤]《邓小平文选》第三卷，人民出版社 1993 年版，第 373 页。

消费品是社会主义同资本主义相区别的具有决定意义的经济特征。按劳分配消费品也是建设社会主义的必由之路。

二、社会主义政治领域中的以人为本

"政治价值是在政治实践中产生、形成、发展的政治事务、政治现象对特定政治主体生存、发展、利益、幸福的肯定性价值，是在生产方式发展的基础上产生、形成、发展的关于政治社会和政治主体之间价值关系的应然状态与评判准则。"[1] 可见，"政治价值是人们追求的政治原则和政治行为准则，或者说是衡量和评价政治生活现象和政治行为的标准。"[2] 社会主义是人民的事业，没有广大人民的主动性、积极性、创造性和自觉性，不但不可能取得成功，而且可能由此失去生机和活力。在社会主义政治中，人民居于主人翁地位。因此，在社会主义政治领域，"以人为本"是始终不渝的内在诉求和中心内容，具有不可或缺的作用和意义。此外，在社会主义政治方面，实行无产阶级专政和人民当家作主，逐步消灭剥削和阶级差别，施行法治和德治，崇尚自由、维护正义、践行平等、保障公正，这些都是对"以人为本"的诠释和体现。

（一）社会主义消除阶级是对以人为本的深刻观照

马克思曾说："劳动阶级在发展进程中将创造一个消除阶级和阶级对抗的联合体来代替旧的市民社会"[3]。在《反杜林论》中，恩格斯在对社会主义理论进行分析时指出："社会阶级的消灭是以生产高度发展的阶段为前提的，在这个阶段上，某一特殊的社会阶级对生产资料和产品的占有，从而对政治统治、教育垄断和精神领导地位的占有，不仅成为

---

① 田志文：《论当代中国境遇中的政治价值》，《政治与法律》2009 年第 3 期。
② 王玄武：《政治观教育通论》，高等教育出版社 1999 年版，第 147 页。
③ 《马克思恩格斯选集》第 1 卷，人民出版社 2012 年版，第 275 页。

多余的，而且在经济上、政治上和精神上成为发展的障碍。"①

如是而言，"无产阶级的目的是建成社会主义，消灭社会的阶级划分，使社会全体成员成为劳动者，消灭一切人剥削人现象的基础。"② 马克思主义证明了资本社会的暂时性和转变为社会主义社会的必然性，它也论证了剥削的暂时性和转变为无剥削的必然性，故列宁还说：马克思主义"因而也就帮助无产阶级尽可能迅速地、尽可能容易地消灭任何剥削。"③ 消除阶级与消灭剥削都体现了对人的尊严和价值等的深刻观照。

（二）社会主义消灭国家是对以人为本的理性关怀

恩格斯指出："国家是社会在一定发展阶段上的产物；国家是承认：这个社会陷入了不可解决的自我矛盾，分裂为不可调和的对立面而又无力摆脱这些对立面。而为了使这些对立面，这些经济利益互相冲突的阶级，不致在无谓的斗争中把自己和社会消灭，就需要有一种表面上凌驾于社会之上的力量，这种力量应当缓和冲突，把冲突保持在'秩序'的范围以内；这种从社会中产生但又自居于社会之上并且日益同社会相异化的力量，就是国家。"④ 可见，国家的产生是在阶级冲突的基础上，试图控制阶级对立的需要。"现在我们正在以迅速的步伐走向这样的生产发展阶段，在这个阶段上，这些阶级的存在不仅不再必要，而且成了生产的真正障碍。阶级不可避免地要消失，正如它们从前不可避免地产生一样。随着阶级的消失，国家也不可避免地要消失。"⑤

在纪念中国共产党诞生 28 周年之际，毛泽东结合当时的国内时局

---

① 《马克思恩格斯选集》第 3 卷，人民出版社 2012 年版，第 669 页。
② 《列宁全集》第 36 卷，人民出版社 1985 年版，第 375 页。
③ 《列宁全集》第 1 卷，人民出版社 1984 年版，第 291 页。
④ 《马克思恩格斯选集》第 4 卷，人民出版社 2012 年版，第 186 页。
⑤ 《马克思恩格斯选集》第 4 卷，人民出版社 2012 年版，第 190 页。

写成了《论人民民主专政》，这篇论著指出："阶级消灭了，作为阶级斗争的工具的一切东西，政党和国家机器，将因其丧失作用，没有需要，逐步地衰亡下去，完结自己的历史使命，而走到更高级的人类社会。我们和资产阶级政党相反。他们怕说阶级的消灭，国家权力的消灭和党的消灭。我们则公开声明，恰是为着促使这些东西的消灭而创设条件，而努力奋斗。共产党的领导和人民专政的国家权力，就是这样的条件。不承认这一条真理，就不是共产主义者。"① 可见，社会主义对"国家消亡"这个理论的再三声明，表达着对人的存在和发展的理性而长远的关怀。

（三）社会主义政治理念是对以人为本的生动体现

没有民主、没有自由、没有平等、没有法治，也就没有社会主义的生命力。社会主义必须要实现人类历史上从未有过的、无比广泛的真正的民主、自由、平等和法治，因为社会主义民主摈弃了资本主义民主的伪装性和欺骗性，也因为社会主义民主是捍卫、巩固和发展社会主义的必由之路。社会主义的"以人为本"具有一系列日益完善和成熟的制度化、规范化、程序化、法律化的保障条件。

恩格斯认为，社会阶级的消亡和国家政治权威的消失会造就这样的结果："人终于成为自己的社会结合的主人，从而也就成为自然界的主人，成为自身的主人——自由的人。"② 如果不实行充分的民主，也就不可能有社会主义。中国共产党以全心全意为人民服务为根本宗旨，坚持和贯彻情为民所系，权为民所用，利为民所谋，民生成为其一切工作的首选切入点。随着社会主义的不断发展壮大，社会主义的民主、公正、平等、自由和法制也将不断发展健全，人民当家作主才能更加发展，最

---

① 《毛泽东选集》第四卷，人民出版社 1991 年版，第 1468 页。
② 《马克思恩格斯选集》第 3 卷，人民出版社 2012 年版，第 817 页。

广大人民群众的根本利益才能得到切实保障和真正实现。这是社会主义政治文明优越性的生动展现。

三、社会主义文化领域中的文明先进

文化是民族的血脉，是人民的精神家园。文明是表征人类社会发展水平的一个重要概念。只有物质文明而没有文化的文明，不但不符合人类现代社会的发展要求，而且也与社会主义及其价值系统是相背离的。

（一）推动社会主义精神文明建设的关键是文明先进

乐观向上、文明和谐、科学理性的精神生活是社会主义的重要属性。文明先进的文化是提高人们的生活质量和人的全面发展的重要因素。在总的历史发展中，物质的作用具有决定性，但精神的作用也是不可或缺和不可忽视的。因此，斯大林指出："社会主义社会的必要条件是足够发达的生产力和人们的社会主义意识以及人们的社会主义教育。"[1]

邓小平多次强调精神文明建设的重要性和必要性。坚持社会主义物质文明和社会主义精神文明一起抓，应当作为社会主义实践的基本方针。在物质文明建设和精神文明建设的过程中，坚持"两手抓，两手都要硬"，这是邓小平总结改革和建设的经验得出的一个具有长远指导意义的重要结论。"我们要建设的社会主义国家，不但要有高度的物质文明，而且要有高度的精神文明。"[2] 因为精神文明建设没跟上，物质文明的建设也要受破坏或者走弯路。

社会主义的优越性和先进性，不仅表现为社会主义的经济社会发展能够创造出高度发达的物质文明，还表现为社会主义的文化思想能够形

---

[1] 《斯大林全集》第 1 卷，人民出版社 1953 年版，第 308 页。
[2] 《邓小平文选》第二卷，人民出版社 1994 年版，第 367 页。

成和谐有序的精神文明。1997 年 5 月 26 日，江泽民在中央精神文明建设指导委员会首次会议上所作的讲话中指出："精神文明建设的战略地位和重大意义，要经常讲，反复讲。社会主义社会是全面发展、全面进步的社会。人类社会发展的历史证明，一个民族，物质上不能贫困，精神上也不能贫困，只有物质和精神都富有，才能成为一个有强大生命力和凝聚力的民族。精神文明建设搞好了，人心凝聚，精神振奋，经济建设和其他事业就会全面兴盛。精神文明建设搞不好，人心涣散，精神颓废，经济建设和其他事业也难以搞好。发展社会主义精神文明，关系党和国家的前途命运，关系中华民族自尊、自信、自强地屹立于世界民族之林。全党必须从这样的高度来认识精神文明建设的重大意义。"[1] 总而言之，"物质贫乏不是社会主义，精神空虚也不是社会主义。社会主义不仅要使人民物质生活丰富，而且要使人民精神生活充实。"[2]

（二）实现社会主义文化发展繁荣的量度是文明先进

社会主义必须建立在社会全体成员都过着富裕而有文化的生活的基础上。要促进社会主义思想文化的大繁荣和大发展，不仅需要坚持科学社会主义的思想理论，巩固马克思主义意识形态的指导地位，还必须充分体现和反映广大人民的意志和愿望，满足人们多元和多元化的物质和精神需求。这就必须坚持"古为今用和洋为中用"等策略，深入生活、深入群众、深入社会主义建设，提倡爱国主义、社会主义和集体主义的崇高精神，批判和警觉个人主义、拜金主义、享乐主义以及一切消极腐败现象，从而反映社会主义文化的文明进步的主旋律。

此外，在发展和繁荣社会主义文化的过程中，精神产品的生产流通

---

[1] 《江泽民论有中国特色社会主义（专题摘编）》，中央文献出版社 2002 年版，第 382 页。
[2] 《江泽民文选》第一卷，人民出版社 2006 年版，第 621 页。

同市场运行一般规律的联系也是紧密的。但是，社会主义国家始终把社会效益作为最高准则，当经济效益同社会效益发生矛盾时，自觉服从社会效益。因为精神产品具有不同于物质产品的特殊属性，它对推动社会生产力的发展和社会全面进步的作用很大。"社会主义先进文化是马克思主义政党思想精神上的旗帜，文化建设是中国特色社会主义事业总体布局的重要组成部分。没有文化的积极引领，没有人民精神世界的极大丰富，没有全民族精神力量的充分发挥，一个国家、一个民族不可能屹立于世界民族之林。物质贫乏不是社会主义，精神空虚也不是社会主义。没有社会主义文化繁荣发展，就没有社会主义现代化。"[①]

（三）推动社会主义文化强国建设的使命是文明先进

作为综合国力之重要内容的文化竞争力和文化影响力，是国家富强和民族振兴的重要标志。"故可这样说，国家文化软实力是国家软实力最基础的动态型要素，而它自身也是多个要素和指标的集合体系或整合情势，一般指某个特定时期内一个国家的价值追求及其评价标尺、道德规范及其氛围状态、民族精神及其品格水准、国民素质及其声望影响、社会理念及其舆论系统抑或风俗习惯、文学艺术、宗教信仰等文化因子的物质载体（诸如文化产品、人文景观）或观念形态（诸如文化理论、思维思潮）所产生的对国内的政治支撑力、经济推动力、社会凝聚力、民众发展力和对国外的非强制的亲和力、吸引力、说服力以及由此形成的号召力、支持力、协同力等势能。其中，'文化因子'应符合时代前进潮流、社会进步趋势、实践指导要求或人的全面发展；'国外'既可指以国家为代表的一个或多个国际社会行为体，也可指一个或多个国家之公

---

① 《中共中央关于深化文化体制改革　推动社会主义文化大发展大繁荣若干重大问题的决定》，人民出版社 2011 年版。

众。"① 在当今社会，文化为经济和社会的全面进步供给着强大的精神动力和智力支持。在推动社会主义文化强国建设的过程中，必须根植民族传统而取其精华、去其糟粕，必须拓宽全球眼光而面向世界、博采众长，也必须结合时代精神而与时俱进、推陈出新，还必须契合人民群众精神文化生活的需要，从而积极推动文化创新，进而努力繁荣先进文化。

"建设社会主义文化强国，就是要着力推动社会主义先进文化更加深入人心，推动社会主义精神文明和物质文明全面发展，不断开创全民族文化创造活力持续迸发、社会文化生活更加丰富多彩、人民基本文化权益得到更好保障、人民思想道德素质和科学文化素质全面提高的新局面，建设中华民族共有精神家园，为人类文明进步作出更大贡献。"②"建设社会主义文化强国，必须走中国特色社会主义文化发展道路，坚持为人民服务、为社会主义服务的方向，坚持百花齐放、百家争鸣的方针，坚持贴近实际、贴近生活、贴近群众的原则，推动社会主义精神文明和物质文明全面发展，建设面向现代化、面向世界、面向未来的，民族的科学的大众的社会主义文化。"③ 因此，要坚持社会主义先进文化的前进方向，树立高度的文化自觉和文化自信，为人民提供文明先进的精神食粮，向着建设社会主义文化强国宏伟目标阔步迈进。

四、社会主义社会领域中的幸福和谐

社会价值具有客观的标准和确定的内容，与自然价值和个体价值相比较，社会价值的思维基点是社会系统，着力于考察社会存在、实践发

---

① 王学俭、郭绍均：《国家文化软实力之涵义：观点综述与反思辨析》，《理论与改革》2012年第 3 期。

② 《中共中央关于深化文化体制改革　推动社会主义文化大发展大繁荣若干重大问题的决定》，人民出版社 2011 年版。

③ 胡锦涛：《坚定不移沿着中国特色社会主义道路前进　为全面建成小康社会而奋斗——在中国共产党第十八次全国代表大会上的报告》，人民出版社 2012 年版，第 30 页。

展和社会历史演进中的各种复杂的关系，即"从社会整体生存与发展的各种物质和精神条件、需求着眼，对包括社会生产与再生产的条件、社会的公共福利、人类活动的现实目的、人类生存与发展的长远需要、终极意义等所做的价值学的理论分析和逻辑把握。因此，这种价值亦可称为社会整体的或本位的价值观。"① 人具有追求幸福的天性，所谓幸福，可以从两个层面来理解。就一般层面而言，幸福，是人在社会生产和生活实践中，所追求的利益和需要在一定程度上得到满足的愉悦感；从较高层次上来看，幸福与和谐有着内在的关联，不仅指涉人与自然、社会和其他人的和谐，而且也指涉人的开展实践活动过程中的自我身心和谐。幸福必须在社会中实现，社会主义社会是促使人获得和实现幸福和谐的社会。

（一）人类一以贯之地追求着幸福和谐的社会理想

"幸福是人的某种物质或精神需要得到一定程度实现时，表现出来的满足感和愉悦感。同时，人的本质力量最终在物质需要、物质幸福和精神需要、精神幸福实现中不断得以体现和确证，并贯穿于人类社会历史发展进程的始终。"② 翻阅人类社会的历史画卷，我们会非常清晰地发现：就个人来讲，人的一切追求最终都可以归结为对某种幸福的追求。"从古至今，人类文明有三种基本形态，这就是普遍辛苦的原始文明，少数人幸福主义的古代文明和近代文明，以及普遍幸福主义的现代文明。从普遍辛苦到少数人幸福、再到普遍幸福，这就是人类文明的三大质态"③ 在这个意义上，人的最高利益就是获得幸福并享受幸福。马

---

① 袁祖社：《"社会价值"的合理内蕴》，《教学与研究》2004 年第 5 期。
② 高延春：《普遍幸福是社会主义和谐社会的终极目标》，《延安大学学报（社会科学版）》2008 年第 4 期。
③ 王占阳：《走向普遍幸福主义新文明》，《人民论坛·学术前沿》2011 年 1 月中旬刊。

克思主义认为，人的现实基础（物质性和生命性）是人类开展历史活动的基本前提，人作为历史活动的主体，是一种交往性、群体性和社会性的存在。可见，社会是一种具有总体性和集合性特质的整体性存在。所以由人组建而成的社会也应当实现社会的幸福和谐。

在对"幸福"或"和谐"以及"幸福社会"或"和谐社会"等思想进行追本溯源时，我们会发现关于这些思想的资源非常悠久和丰富。早在古希腊古罗马时期，一些思想家和预言家就描绘出了"黄金种族"、"幸福岛"等，柏拉图也勾勒出了"理想国"，这些构想已经闪亮着社会主义的星火。近代欧洲空想社会主义所描绘的"乌托邦"，集中展现了人们对于幸福和谐社会的向往和追求。例如，法国思想家傅里叶在其著作《全世界和谐》中就提出了关于构建"和谐社会"的构想；英国思想家欧文在将其共产主义实验以"新和谐"命名；德国思想家魏特琳在其著作《和谐与自由的保证》中，将共产主义称为"自由与和谐的社会"；法国思想家圣西门也明确指出：社会主义制度就是"以实现普遍幸福为直接目的的社会制度"。[①] 在古代中国，也不乏闪耀着社会主义光芒的宝珠，如孔子一生追求的以"仁"为最高原则的社会理想，再如《礼记·礼运》里描摹了以"天下为公"为核心理念的"大同社会"。历史上这些关于美好社会的思考，值得在考察社会主义幸福和谐社会等问题时去借鉴。

马克思和恩格斯也将普遍幸福放置在社会主义价值的崇高地位，他们对此做了论证和阐述。譬如，青年马克思在《青年在选择职业时的考虑》中就曾充满激情地写道："如果我们选择了最能为人类福利而劳动的职业，我们就不会为它的重负所压倒，因为这是为全人类所做的牺牲；那时我们感到的将不是一点点自私而可怜的欢乐，我们的幸

---

① 《圣西门选集》，董果良、赵鸣远译，商务印书馆1962年版，第199页。

福将属于千万人，我们的事业并不显赫一时，但将永远存在；而面对我们的骨灰，高尚的人们将洒下热泪"①。由于历史的发展性，当今的时代已远远不同于马克思和恩格斯所处的时代，这两位伟人也不可能对现代社会做出完全准确或非常详细的判断，但他们所指引的大方向是完全正确的。

（二）社会主义社会的内在特质是实现成员的幸福

对于社会主义未来发展展望，马克思恩格斯始终将人的主体性作为思考的出发点和归宿点。马克思恩格斯认为，任何人都是处在具体历史阶段和特定社会关系中的人，有着具体性和历史性，而社会既是人与人之间的交往和活动的产物，又是人赖以展开交往和进行活动的条件。因此，社会价值主要体现在：这个社会的内部结构、运行方式和存在状态对于满足社会成员的物质文化需要以及促进他们的全面发展所发挥出的积极作用。"人民幸福状况，反映出人们需求结构的态势，反映出社会各阶层利益的分布情况，反映出社会整合的程度，勾画出社会精神风貌，透视着社会运行机制的效能，从而为解决社会发展问题提供准确的导向和动力。"② 社会表达出了个人彼此发生的那些联系和关系的总和，因而人归根结底是一种现实的社会存在物，处于社会关系之中并且是能够从事实际活动的人。在社会主义社会里，幸福是在每一个人的意识或感觉中都存在着的颠扑不破的原理。具体而言，这样的原理是："每个人都追求幸福。个人的幸福和大家的幸福是不可分割的"③。

社会主义社会应当实现好、维护好、发展好最广大人民的根本利益，不断满足人民日益增长的物质文化需要，进而实现最广大人民的幸

---

① 《马克思恩格斯论教育》，人民教育出版社 1958 年版，第 49 页。
② 李高君：《人民普遍幸福论》，《甘肃社会科学》2008 年第 2 期。
③ 《马克思恩格斯全集》第 42 卷，人民出版社 1979 年版，第 374 页。

福愿望。中国共产党一贯致力于为人民群众谋幸福，把最广大人民的根本利益作为党的一切工作的出发点和落脚点。中国共产党将"全心全意为人民服务"树立为党的根本宗旨，该宗旨最通俗的说法就是"为人民谋幸福"。江泽民指出："快乐幸福的生活，才是我们经济、社会发展的最高目标，尤其是最大多数人的最大快乐，应该成为我们立法和道德的基础，为最广大的人民谋幸福，应该成为我们最高的宗旨和法则"。①胡锦涛也强调："今天，我们坚持以人为本，就是要坚持发展为了人民、发展依靠人民、发展成果由人民共享，关注人的价值、权益和自由，关注人的生活质量、发展潜能和幸福指数，最终是为了实现人的全面发展。保障人民的生存权和发展权仍是中国的首要任务。我们将大力推动经济社会发展，依法保障人民享有自由、民主和人权，实现社会公平和正义，使十三亿中国人民过上幸福生活。"②

概括地说，从人的角度来看，科学社会主义就是关于人追求自我价值和普遍幸福的理论和实践，是实现社会和谐的制度安排，也是实现所有社会成员自由幸福的新的界定。因此，人的幸福视角下的社会主义，并不是抽象、空洞和与个体无关的，而是直接指涉着人的幸福自由。社会主义的共同理想，就是提高普遍的生活和生产质量，追求全体社会成员普遍幸福和谐的理想境界。社会主义强调社会绝大多数成员对物质幸福和精神幸福的内在体验和感受。社会主义社会不仅是人的物质幸福普遍实现的社会，也是人的精神幸福普遍实现的社会。全面而广泛地实现人民群众的幸福是社会主义的真谛和优越性之一。"所谓'社会主义'实质上就是普遍幸福主义"③

---

① 江泽民：《在学习〈邓小平文选〉（第三卷）报告会上的讲话》，人民出版社 1993 年版。
② 胡锦涛：《在美国耶鲁大学的演讲》，《十六大以来重要文献选编》（下），中央文献出版社 2008 年版，第 429 页。
③ 王占阳：《走向普遍幸福主义新文明》，《人民论坛·学术前沿》2011 年 1 月中旬刊。

（三）社会主义社会的发展旨归是彰显社会的和谐

"社会价值问题，从根本上说，是一个社会历史观问题、社会发展观问题，是社会价值在社会历史及其社会发展中的地位和作用问题。"[①]尽管不同的社会制度能够提供不同的构建和谐关系的前提，但这些前提对和谐的性质和程度产生不同的影响。因此，"离开了社会形态、离开了社会关系的根本性质，单纯在公平、正义，自由、平等的法律和道德范畴内，在矛盾对立与和谐关系的哲学概念范围内，或者在文献范围内探讨这个问题，容易忽视社会形态的区别，把追求和谐说成是任何社会都可能达到的普世价值，对和谐社会问题采取道德决定论、文化决定论的立场，背离历史唯物主义理论和社会现实。"[②]可见，只有建立新的社会制度即社会主义制度，才能彻底铲除资本主义社会的弊病。说到底，社会主义和谐社会能使人们得到全面自由发展的环境，并使得人们得到全面自由的发展。

2004 年，"构建社会主义和谐社会"这一历史任务是在党的十六届四中全会上明确提出的，在这次会议上同时将"构建社会主义和谐社会"的能力上升为党的五大执政能力之一，要求全党"把和谐社会建设摆在重要位置"，"不断提高构建社会主义和谐社会的能力"。2006 年 10 月，在党的十六届六中全会上，专题研究如何进一步构建社会主义和谐社会问题，作出《关于构建社会主义和谐社会若干重大问题的决定》，指明"社会和谐"是中国特色社会主义的本质属性，把"社会和谐"写入了中国社会主义现代化建设的总体目标。胡锦涛在党的十七大报告中指

---

① 崔秋锁：《论社会价值的主体性及理解的方法论原则》，《吉林大学社会科学学报》1998年第 4 期。

② 陈先达：《马克思主义的社会形态理论与和谐社会的构建》，《马克思主义研究》2006 年第 9 期。

出："社会建设与人民幸福安康息息相关。必须在经济发展的基础上，更加注重社会建设，着力保障和改善民生，推进社会体制改革，扩大公共服务，完善社会管理，促进社会公平正义，努力使全体人民学有所教、劳有所得、病有所医、老有所养、住有所居，推动建设和谐社会"①。

中国共产党对构建社会主义和谐社会的指导思想和目标任务的系统阐述，既是对我国改革开放和现代化建设经验的科学总结，又是对马克思恩格斯科学社会主义思想理论的创新和发展，是对什么是社会主义、怎样建设社会主义的进一步思想升华，表明我们党对社会主义社会建设规律的认识进入了新境界。"只有随着物质文明发展、实现物质幸福，并强化精神文明建设、实现精神幸福，这时，物质生活、物质幸福为精神幸福创造必要的前提和基础，精神幸福反过来指引物质生活、物质幸福向科学、合理的方面发展，使得两方面的幸福和谐统一，这才是社会主义和谐社会的基本内涵。"② 因此，"没有社会各阶层成员之间利益和幸福的合理调整和良性互动，没有全社会的普遍幸福，就没有和谐社会可言！正是和谐社会为向往幸福的每个人创造了良好的追求幸福、享受幸福的各方面环境和条件，人们才可以自由地、平等地实现自我幸福，各尽所能、各得其所，自得其乐。"③

五、社会主义生态领域中的和解协调

人、自然和社会三者之间的良性互动与和谐发展是文明进步的不可或缺的前提和基础。马克思和恩格斯在批判费尔巴哈时曾提出："历史

---

① 胡锦涛:《高举中国特色社会主义伟大旗帜　为夺取全面建设小康社会新胜利而奋斗——在中国共产党第十七次全国代表大会上的报告》，人民出版社2007年版，第37页。

② 高延春:《普遍幸福是社会主义和谐社会的终极目标》，《延安大学学报（社会科学版）》2008年第4期。

③ 高延春:《普遍幸福是社会主义和谐社会的终极目标》，《延安大学学报（社会科学版）》2008年第4期。

可以从两方面来考察，可以把它划分为自然史和人类史。但这两方面是不可分割的；只要有人存在，自然史和人类史就彼此相互制约。"① 在社会主义生态建设领域中，实现人与自然的和解协调是应有之义。

（一）社会主义认识自然的持续目标是实现和解协调

马克思恩格斯一生的理论追求和实践探索，都是在致力于如何实现人的本质力量和人类社会发展的理想状态。在这一过程中，马克思恩格斯透过人类发展高度复杂的表象，发现并论证了进入工业发展阶段的人类社会所面临的两大"转变"。对此，恩格斯指出："我们这个世纪面临的大转变，即人类与自然的和解以及人类本身的和解"。②"人类同自然的和解"直指生态自然问题。

考察人类社会的历史演进可以看到："自然界起初是作为一种完全异己的、有无限威力的和不可制服的力量与人们对立的"③，处于早期社会的人类，对于自然采取的敬畏和崇拜的态度。在资本主义社会中，资本主义降服了自然力并且迫使它为人们服务，这使得蕴藏在自然中的力量发挥的速度和深度都被推进了。资本主义在聚集和增强社会发展的历史动力的同时，又使得人总体上凌驾于自然之上，产生了各种异化问题。生态环境问题是资本逻辑过度扩张的必然，是资本主义内在矛盾性的重要体现。

在资本主义的经济和社会条件下，给生态环境带来严重破坏后果的起因是什么？马克思指出："在私有财产和金钱的统治下形成的自然观，是对自然界的真正的蔑视和实际的贬低。"④ 也就是说，"资本的自利本性

---

① 《马克思恩格斯选集》第 1 卷，人民出版社 2012 年版，第 66 页。
② 《马克思恩格斯文集》第 1 卷，人民出版社 2009 年版，第 63 页。
③ 《马克思恩格斯选集》第 1 卷，人民出版社 2012 年版，第 161 页。
④ 《马克思恩格斯文集》第 1 卷，人民出版社 2009 年版，第 52 页。

使其不可能尊重自然，善待自然，关爱自然，其苦果是使它自己沦为蔑视、贬低自然的'卑劣行为的奴隶'。"① 在分析环境问题产生的原因时，恩格斯说："到目前为止的一切生产方式，都仅仅以取得劳动的最近的、最直接的效益为目的。那些只是在晚些时候才显现出来的、通过逐渐的重复和积累才产生效应的较远的结果，则完全被忽视了。"② 这必然会超过生态环境承载力所允许的限度。因此，当人类历史发展到资本主义阶段时，生态环境问题超出了自然界的内在平衡，并成为一个异常严重的社会问题显现出来，而在社会主义或共产主义条件下，具备了一系列调解人、社会和自然三者关系的优势条件和优越路径。

倘若前眺人类的未来走向，马克思恩格斯科学地设想和描绘了共产主义情境下的人与自然关系。共产主义是人类发展的高级阶段，在这一阶段中，人与自然是一种相互依赖、关系融洽、和谐美好的状态。这一结果是建立在资本主义对人的异化消除，人实现对自我本质完全占有的基础之上。共产主义是具有彼岸性的自由王国，是建立在必然王国的基础之上。在共产主义条件下，"社会化的人，联合起来的生产者，将合理地调节他们和自然之间的物质变换，把它置于他们的共同控制之下，而不让它作为一种盲目的力量来统治自己；靠消耗最小的力量，在最无愧于和最适合于他们的人类本性的条件下来进行这种物质变换"③，只有这样，人类才能最大程度地协调好自然与人的关系。

（二）社会主义改造自然的恒远基点是实现和解协调

人类不仅生活在狭义的社会之中，而且生活在自然界之中。马克思

---

① 宋周尧：《〈资本论〉环境伦理思想探解》，《道德与文明》2002 年第 6 期。
② 《马克思恩格斯选集》第 3 卷，人民出版社 2012 年版，第 1000 页。
③ 《马克思恩格斯文集》第 7 卷，人民出版社 2009 年版，第 928—929 页。

在《1844 年经济学哲学手稿》中明确指出："自然界，就它自身不是人的身体而言，是人的无机的身体。人靠自然界生活。这就是说，自然界是人为了不致死亡而必须与之处于持续不断的交互作用过程的、人的身体。所谓人的肉体生活和精神生活同自然界相联系，不外是说自然界同自身相联系，因为人是自然界的一部分。"[①] 恩格斯在《反杜林论》中也指出，"人本身是自然界的产物，是在自己所处的环境中并且和这个环境一起发展起来的"。[②] 在《1844 年经济学哲学手稿》中，马克思又指出："通过实践创造对象世界，改造无机界，人证明自己是有意识的类存在物"[③]，"一句话，动物仅仅利用外部自然界，简单地通过自身的存在在自然界中引起变化；而人则通过他所作出的改变来使自然界为自己的目的服务，来支配自然界。"[④]

在认识和改造自然界时，倘若违背了自然的内在规律，人们必然会受到自然界的惩罚。马克思在其书信中曾引用了法国科学家特雷莫的观点："不以伟大的自然规律为依据的人类计划，只会带来灾难"。[⑤] 恩格斯也语重心长地提醒道："但是我们不要过分陶醉于我们人类对自然界的胜利。对于每一次这样的胜利，自然界都对我们进行报复。每一次胜利，起初确实取得了我们预期的结果，但是往后和再往后却发生完全不同的、出乎预料的影响，常常把最初的结果又消除了。"[⑥] 所以，人类在认识、利用和改造自然界的时候，切不可单纯地站在自己的利益角度，为所欲为和违背自然规律，一定要审慎守则、遵规守纪，维护自然与人的协调。

---

① 《马克思恩格斯选集》第 1 卷，人民出版社 2012 年版，第 55 页。
② 《马克思恩格斯选集》第 3 卷，人民出版社 2012 年版，第 410 页。
③ 《马克思恩格斯选集》第 1 卷，人民出版社 2012 年版，第 56 页。
④ 《马克思恩格斯选集》第 3 卷，人民出版社 2012 年版，第 997 页。
⑤ 《马克思恩格斯全集》第 31 卷，人民出版社 1972 年版，第 251 页。
⑥ 《马克思恩格斯选集》第 3 卷，人民出版社 2012 年版，第 998 页。

马克思在《法兰西内战》中写道：工人阶级"为了谋求自己的解放，并同时创造出现代社会在本身经济因素作用下不可遏止地向其趋归的那种更高形式，他们必须经过长期的斗争，必须经过一系列将把环境和人都加以改造的历史过程。工人阶级不是要实现什么理想，而只是要解放那些由旧的正在崩溃的资产阶级社会本身孕育着的新社会因素。"① 而工人阶级立足于自然与人的和谐协调之上去改造着自然和人。

（三）社会主义支配自然的普遍方式是实现和解协调

自然与人的相互关系还可以直观地被理解为自然与人之间的物质变换。马克思指出："既然实在劳动创造使用价值，是为了人类的需求（不管这种需求是生产的需求还是个人消费的需求）而占有自然物，那么，实在劳动是自然和人之间的物质变换的一般条件，并且作为这种人类生活的自然条件，它不依赖于人类生活的所有的一定的社会形式，它是所有社会形式所共有的。"②"因此，劳动作为使用价值的创造者，作为有用劳动，是不以一切社会形式为转移的人类生存条件，是人和自然之间的物质变换即人类生活得以实现的永恒的自然必然性。"③

自然与人的各种相互关系、内涵及其特征都是在"物质变换"中产生和发展的。马克思指出："劳动首先是人和自然之间的过程，是人以自身的活动来中介、调整和控制人和自然之间的物质变换的过程。人自身作为一种自然力与自然物质相对立。为了在对自身生活有用的形式上占有自然物质，人就使他身上的自然力——臂和腿、头和手运动起来。当他通过这种运动作用于他身外的自然并改变自然时，也就同时改变他自身的自然。他使自身的自然中蕴藏着的潜力发挥出来，并且使这种力

---

① 《马克思恩格斯选集》第 3 卷，人民出版社 2012 年版，第 103 页。
② 《马克思恩格斯全集》第 47 卷，人民出版社 1979 年版，第 65 页。
③ 《马克思恩格斯文集》第 5 卷，人民出版社 2009 年版，第 58 页。

的活动受他自己控制。"① 总体来看，以物质变换为代表的人类的互动形式和组织方式深刻影响着人与自然的现实关系。

自然的承载力是有限度的。人类应当合理调整人与自然之间"物质变换"的速度、深度和广度。"人与自然物质变换的不合理状态，正是人们片面的自然观念、狭隘的生产观念、不良的消费观念的映现。"② 从这个意义上说，物质变换的过程中应当而且可以实现循环利用。循环利用作为实现物质变换的改进方式，对人类的生产生活及其改善人与自然的相互关系发挥了重要的作用。马克思在《资本论》中多次强调了生产过程中废料再加工和再利用的可能性和重要性。他指出："因为每种物都具有多种属性，从而有各种不同的用途，所以同一产品能够成为很不相同的劳动过程的原料。"③ 他接着说："在同一劳动过程中，同一产品可以既充当劳动资料，又充当原料。"④ 他还说："一种已经完成而可供消费的产品，能重新成为另一种产品的原料"⑤。总而言之，马克思和恩格斯强调：人类的生产生活，不仅要追求"有效的物质变换"，而且更要追求"合理的物质变换"，从而促进人与自然的和解协调。

---

① 《马克思恩格斯选集》第 2 卷，人民出版社 2012 年版，第 169 页。
② 宋周尧:《〈资本论〉环境伦理思想探解》，《道德与文明》2002 年第 6 期。
③ 《马克思恩格斯文集》第 5 卷，人民出版社 2009 年版，第 213 页。
④ 《马克思恩格斯文集》第 5 卷，人民出版社 2009 年版，第 213 页。
⑤ 《马克思恩格斯文集》第 5 卷，人民出版社 2009 年版，第 213 页。

中　篇

社会主义价值关联论

第五章
社会主义价值与社会主义
核心价值体系关联论

2006 年，党的十六届六中全会提出："马克思主义指导思想，中国特色社会主义共同理想，以爱国主义为核心的民族精神和以改革创新为核心的时代精神，社会主义荣辱观，构成社会主义核心价值体系的基本内容。"这四方面的基本内容相互联系并且相互贯通，形成了一个和谐统一的有机整体。在社会主义核心价值体系中，马克思主义指导思想是灵魂、中国特色社会主义共同理想主题、以爱国主义为核心的民族精神和以改革创新为核心的时代精神是精髓、社会主义荣辱观是基础。社会主义价值与社会主义核心价值体系具有毋庸置疑的关联性。论析这种内在的关联性，对全面而深入地理解社会主义价值以及社会主义核心价值体系有着无法取代的重大意义。

第一节　社会主义价值是社会主义
核心价值体系的源头活水

社会主义价值在中国特色社会主义背景下以及在与中国特色社会主

义理论和实践的持续互动中日益清晰化，从而为社会主义核心价值体系提供了源头活水。这具体表现为：理论本真性的规定、实践科学性的确立以及时代创新性的催生。

一、规定理论本真性

（一）社会主义价值规定社会主义核心价值体系的理论依据

社会主义价值的基本理论以及理论衍生出的实践使我们更加深刻地认识到：社会主义价值在社会主义核心价值体系的确立逻辑和理论蕴含中处于十分重要的导向性地位且具有非常确切的规定性作用，都具有十分重要的导向性地位和非常确切的规定性作用。只有恰当地省思并明晰社会主义价值理论内涵的本来"面貌"，才能在这个基点上有效地开展有关社会主义核心价值体系的各个具体研讨与合理阐释。只有在把握社会主义价值的理论规定这一前提下，社会主义核心价值体系才能具备其本真的性质、特点和功能等。此外，社会主义价值与社会主义核心价值体系可以被看作领属与从属的关系。这种关系主要是由于它们各自的内涵与外延的相互区别和辩证运动而形成的，在这种关系中，社会主义价值与社会主义核心价值体系是相互联系和相互作用的，只不过前者对后者具有更大的制约作用，同时前者也是后者的重要基础。

社会主义价值在不同地域、不同时期、不同阶段和不同条件下必然具有不尽相同的内容、特色及表达。但是，这些不尽相同的对社会主义价值特定而具体的提炼与概括，均来源于社会主义价值的内在本质规定和基本理论内涵。广义的社会主义价值要在当代中国这个特定的时空境遇条件下形成并发挥作用，则需要深深地切合中国时空、中国风格的烙印。因此，社会主义核心价值体系的基本内容是这个时空条件中社会主义价值的应有之义。可以这样说：社会主义价值只有在具体条件中并在紧密结合这种条件中才能真正实现其好效应和正能量。社会主义理论、社会主义价值理论和社会主义核心价值体系理论都应当密切联系社会主义的发展历程、社会主义社会的现状实际，从而在社会主义建设的具体实践中，力求实现主观与客观以及思想与现实的辩证统一，进而科学抉择出建设社会主义核心价值体系的方针策略和方式方法。

（二）社会主义价值规定社会主义核心价值体系的理论内涵

16 世纪初，托马斯·莫尔的《乌托邦》现世，自此，社会主义的思潮和相关运动的发展已经历经了五百年的历史。在历史奔腾不息的长河中，社会主义理论在整个世界范围内衍生出了众多的分支流派。总体来讲，有关社会主义价值的相关探索和论述可以称得上是"多派争鸣"。"人们是自己的观念、思想等等的生产者，但这里所说的人们是现实的、从事活动的人们，他们受自己的生产力和与之相适应的交往的一定发展——直到交往的最遥远的形态——所制约。意识在任何时候都只能是被意识到了的存在，而人们的存在就是他们的现实生活过程。"①换句话说，由于时期和地域的不同，人们对社会主义价值的探索和理解也是不一样的。具体来讲，他们会根据一定的现实状况和价值标准去衡量社会主义价值存在的合理性以及其在历史演进过程中的正当性。

总而言之，社会主义价值的一系列"条件域"决定着社会主义价值体系的具体位置以及相关根据，这些"条件域"从根本上讲是特定国情所构筑成的。由此可见，社会主义的建设可以是多种类型的，社会主义价值的构建和社会主义核心价值体系的建设也可以是多条线路的。列宁认为："世界历史发展的一般规律，不仅丝毫不排斥个别发展阶段在发

---

① 《马克思恩格斯选集》第 1 卷，人民出版社 2012 年版，第 152 页。

展的形式或顺序上表现出特殊性，反而是以此为前提的。"① 因此，对待社会主义价值，要在坚持科学社会主义基本原理的前提下，坚持"具体问题具体分析"、"以时间、地点和条件为转移"等实践原则。只有这样，才能坚持好并发展好中国特色社会主义，也才能构建好并运用好与中国特色社会主义相适应的社会主义核心价值体系。

（三）社会主义价值规定社会主义核心价值体系的理论特征

社会主义从历史里诞生、在现实中丰满、向未来时跃进。作为一种社会理想、社会运动、社会制度的社会主义，它的价值对人类文明及其进步的设想是最为激荡心魄的愿景、对人的生存与发展之图景的实践是不可抗拒的历史洪流、对社会演进路向与发展步伐的探索演绎是异彩纷呈的协奏曲。无论社会主义的建构遵循着怎样的线条、呈现着怎样的色彩、描绘着怎样的蓝图，无论社会主义的发展催生了怎样的实践、经历了怎样的曲折、演绎了怎样的模式，无论社会主义的传播表达着怎样的声音、流露着怎样的基调、传递着怎样的情怀，社会主义都因为其独特的价值而与其他一切社会的建构思维、发展逻辑、实践理路区别开来。

"实现什么样的社会主义"以及"怎样建设社会主义"是根本的理论和实践问题，对这个问题进行不懈探索和科学求解，必须首先深入探讨社会主义价值问题。正是在求索这些问题的过程中，建设社会主义核心价值体系的必要切入点和重要突破口也就显露了。一言以蔽之，在科学社会主义价值方面，正是立足于一切从实际出发、正是根植到具体问题具体分析、正是坚持着解放思想和实事求是，正是必须要在一系列变化着的客观条件中灵活应用社会主义价值的原理真谛，故而，中国、中国人民以及中国共产党迫切需要并且最终形成了社会主义核心价值体

---

① 《列宁全集》第 43 卷，人民出版社 1987 年版，第 370 页。

系。因此，社会主义的制度体制或社会形态就是社会主义价值和社会主义核心价值体系的实体化与具体化。

二、确立实践科学性

（一）社会主义价值确定社会主义核心价值体系的实践特性

列宁指出："马克思主义要求，任何郑重的政策必须以经得起严格的客观检验的事实作为根据。"① 在论析社会主义价值与社会主义核心价值体系的内在关联时，注重它们在实践中的内在关联，这是必不可少而且相当重要的。马克思把作为人类历史起点的人的实践确定为其话语体系的逻辑起点与理论立场。从理论上界定和描述社会主义的价值固然重要，但寻找到实现这些价值目标的科学路径显得更为重要。"价值还是人们活动的原动力和定向器。"② 社会主义价值最终是要人们付诸实施并由实践来发展的。总而言之，社会主义价值的实现最终取决于人们改造世界的实践活动。

理论必须立足于践行、着眼于践行、落脚于践行。"唯物史观的实践维度包含两层含义，一是用实践理念思考社会问题，实践是认识人类社会历史存在与发展的逻辑起点和本质；二是用实践具体来解决社会问题，实践是社会生活的基础和内在动力，实践理念形成于实践具体之中，实践具体是实践理念的动态展开，二者统一决定着社会经济结构、政治结构和观念结构以及社会生活中的一切关系。"③ 简言之，社会主义价值与社会主义实践是交互作用的，这种作用衍生出了社会主义核心价值体系。

---

① 《马克思恩格斯全集》第 32 卷，人民出版社 1985 年版，第 120 页。
② 马俊峰：《价值论的视野》，武汉大学出版社 2010 年版，第 4 页。
③ 马耀鹏：《社会主义科学本性的追寻与坚守》，《社会主义研究》2011 年第 6 期。

（二）社会主义价值确定社会主义核心价值体系的实践特色

毛泽东在《实践论》中指出："真理的标准只能是社会的实践。实践的观点是辩证唯物论的认识论之第一的和基本的观点。"① 他在这篇著作的后文继续写道："通过实践而发现真理，又通过实践而证实真理和发展真理。……实践、认识、再实践、再认识，这种形式，循环往复以至无穷，而实践和认识之每一循环的内容，都比较地进到了高一级的程度。这就是辩证唯物论的全部认识论，这就是辩证唯物论的知行统一观。"② 人类社会的历史进程是社会主体在实践基础上不断进行价值选择进而实现所选择价值的过程。"价值是随着社会实践的产生而产生并随社会实践的发展而发展，主体和客体对价值的影响都只有通过社会实践才能发生，这便是价值发展的一般规律"。③ 具体而言，社会主义价值并非是难以捉摸、虚幻抽象和遥不可及的，它必须结合时代潮流、社会条件以及具体实际而落实到生动的实践之中。社会主义核心价值体系，就是在中国特色社会主义的特定发展阶段上，就是在与这个阶段的社会历史条件相契合的基础上，由中国共产党科学总结出来的。

正因为如此，"只要有利于社会主义价值实现的制度和体制就应该加以坚持和发扬；只要有悖于甚至有碍于社会主义价值实现的制度和体制，就应当谋求逐步加以改进；新体制、新制度是否应该设立，也必须以是否有利于社会主义价值的实现进行确定。其次，社会主义价值是我们制定现行政策的依据。"④ 社会主义价值应当而且必须根植和服务于社

---

① 《毛泽东选集》第一卷，人民出版社 1991 年版，第 284 页。

② 《毛泽东选集》第一卷，人民出版社 1991 年版，第 296—297 页。

③ 王燕群、吴倬：《马克思价值思想的文本解读》，《河南师范大学学报（哲学社会科学版）》2012 年第 4 期。

④ 方爱东：《社会主义的价值学视域：原则与启示》，《当代世界与社会主义》2008 年第 2 期。

会主义发展，然而，社会主义价值在影响方式和作用程度上对社会主义发展产生的影响则主要取决于社会主义的实践状况以及这种实践状况的条件。在此尤其要强调：社会主义价值与具体时空中的社会主义的关联方式愈协调、作用状况愈合理，社会主义价值的整体功能就愈能符合人们的意愿和社会主义社会的需要，也就愈能实现人们的目的和社会主义社会的要求。正因为如此，社会主义核心价值体系在中国特色社会主义实践中被概括出来了并且又指导和贯彻于实践中。

（三）社会主义价值确定社会主义核心价值体系的实践特征

实践是人的存在方式，也是价值的真正源泉。"从历史上看，人类实践发展到什么程度，人类文明发展到什么程度，人类感受、发现和创造价值物的能力也就达到什么程度，从而人类所创造的物质的价值、精神的价值以及人自身的价值也就达到什么程度。"[1] 任何社会形态和社会制度的价值都有其效用边界，而这种社会形态和社会制度所内涵和彰显的价值倘若被最广大人民群众所认同，那么，这个效用的边界所圈定的范围仍然是宏伟的。因此，社会主义核心价值体系必须在实践中不断增强正能量。这就要求实现其对社会的正确引导和有效整合，必须确立积极的社会共识和良好的社会认同。毛泽东指出："客观现实世界的变化运动永远没有完结，人们在实践中对于真理的认识也就永远没有完结。马克思列宁主义并没有结束真理，而是在实践中不断地开辟认识真理的道路。"[2] 换言之，社会主义价值最终是要由人们的实践活动去付诸实施，它必然要直面和破解社会主义价值实践过程中这样或那样的问题。正是在具体应对这些社会主义价值的特殊问题中，社会主义核心价值体

---

[1]　袁贵仁：《价值学引论》，北京师范大学出版社 1991 年版，第 165 页。

[2]　《毛泽东选集》第一卷，人民出版社 1991 年版，第 296 页。

系的重要性就凸显出来了。

实践是主观见之于客观的活动，需要发挥实践主体的自觉能动性。"社会主义在 21 世纪的重新振兴是众望所归。但是，社会主义的重新振兴绝不是拥有虔诚的愿望就可以实现，也不是坐等'客观规律'的自然发展而到来，同样不是靠鼓舌如簧的宣传就能随手招致。"① 社会主义价值必须在实践中科学而充分地构建和展现其优越的品格，这种品格的重要表现之一就是：社会主义价值及社会主义核心价值体系应当而且可能被最广泛的社会成员诚心接受、自觉恪守、切实施行。为了实现这样的正向能量，在构建社会主义价值、建设社会主义核心价值体系时，就必须在实践中积极创造条件，就必须在不断地实践中为社会主义的彻底实现而不懈奋斗！

三、催生时代创新性

（一）社会主义价值昭示社会主义核心价值体系的时代逻辑

恩格斯曾指出："我们的理论是发展着的理论，而不是必须背得烂熟并机械地加以重复的教条。"② 他还申明："马克思的整个世界观不是教义，而是方法。它提供的不是现成的教条，而是进一步研究的出发点和供这种研究使用的方法。"③ 总而言之，社会主义价值的理论与实践都是动态而非停滞的，要想不断发展和完善社会主义价值的理论与实践、社会主义的理论与实践，就一刻也不能离开与时俱进和开拓创新。社会主义核心价值体系的确立，既需要不断深入挖掘其时代内涵，又要在扎根中国特色社会主义的基础上凸显其时代特征。

---

① 余文烈、姜辉：《社会主义的振兴与社会主义流派》，《马克思主义研究》1999 年第 2 期。
② 《马克思恩格斯选集》第 4 卷，人民出版社 2012 年版，第 588 页。
③ 《马克思恩格斯选集》第 4 卷，人民出版社 2012 年版，第 664 页。

马克思指出："一个伟大的基本思想，即认为世界不是既成事物的集合体，而是过程的集合体"。① 社会主义价值是来自现实、又要回到现实的一种价值目标和衡量尺度，社会主义核心价值体系的形成及发展则需要立足中国现实，实现马克思主义的价值理论与中国国情的更好结合。对社会主义价值同社会主义核心价值体系进行论析时，必须摒除僵化片面或静止虚妄等思维，应当突出整体审视和长远对待等发展性思维，从而立足社会主义社会的宏大整体、统观社会主义核心价值体系的全局联动、着眼社会主义的长远发展。

（二）社会主义价值昭示社会主义核心价值体系的时代脉搏

在论析社会主义核心价值体系时，必须立足于不断变化着的时空条件。具体而言，具有普遍意义的社会主义价值与具体条件下的社会主义状况相互联系且相互作用后，对这种联系和作用进行辩证的、综合的动态剖析则可以看到，为了在中国实现社会主义价值的本真内涵与功能发挥达到最佳状态，社会主义核心价值体系顺应时代要求而诞生了。

从社会主义发展史来看：一方面，各种社会主义思想流派和运动派别对社会主义价值的态度和阐述，都没有达到从一开始就全面而深刻；另一方面，各种社会主义实践对社会主义价值的探索和发展，也没有从一开始就做到了齐全完备。由此可见，对社会主义价值的挖掘已经从起始走向了进步、从单薄迈入了丰满、从初浅发展为深刻以及从弱小步入了强大。因此，在历史行进的过程中，社会主义价值把握住了时代脉搏，故应当把这个时代脉搏也融入到社会主义核心价值体系。

① 《马克思恩格斯选集》第 4 卷，人民出版社 2012 年版，第 250 页。

（三）社会主义价值昭示社会主义核心价值体系的时代话语

每个时代总有属于它自己的问题以及关于这个时代及其问题的时代诉求、价值特色、话语体系。马克思曾说："问题是时代的格言，是表现时代自己内心状态的最实际的呼声。"① 马克思和恩格斯在社会主义及其价值体系的描述中就体现了与时俱进的原则。再如中国特色社会主义，中国共产党对社会主义及社会主义核心价值体系的不断挖掘和发展也体现了一个与时代同呼吸、与时代共命运、与时代齐旋律、与时代合趋势的过程。

具体而言，社会主义核心价值体系是党在依据社会主义价值基本原理及其时代话语的前提下而又在新的时代条件中的理论创新和实践创新的重要表现。总而言之，从社会主义尤其是中国特色社会主义的时代发展趋势及其话语体系来看，社会主义价值正在不断地走向立体和丰富。因此，社会主义价值将更加富有时代性，而与之相承接和映照的社会主义核心价值体系也是在洞察时代且契合时代的要求与过程中在价值方面所确立的时代性话语。比如，社会主义核心价值体系中的"以改革创新为核心的时代精神"就是对社会主义价值的时代话语及其要求的最好诠释。

第二节　社会主义核心价值体系是
社会主义价值的鲜明弘扬

社会主义核心价值体系，秉承了社会主义价值的人民主体性而表现

---

① 《马克思恩格斯全集》第 1 卷，人民出版社 1995 年版，第 203 页。

出浓郁的人文关怀；坚持了社会主义价值的客观真实性而表现出强烈的科学精神；验证了社会主义价值的发展性而表现出鲜明的创新思维；把握了社会主义价值的实践性而表现出突出的务实态度。因此，社会主义核心价值体系是社会主义价值的鲜明弘扬。

一、秉承人民主体性

（一）马克思主义指导思想确认社会主义价值的主体尺度

价值是一个关系范畴。因此，价值是为人而存在的关系，价值的主体尺度是人的需要。如何理解人、如何理解人的需要以及社会主义如何满足这些需要，这是社会主义价值问题中的基本问题和关键问题，马克思主义的基本观点对此作出了回答。

1. 马克思主义揭示了人的本质

马克思主义认为，人具有自然属性。在《1844 年经济学哲学手稿》中，马克思已认识到："自然界，就它自身不是人的身体而言，是人的无机的身体。人靠自然界生活。这就是说，自然界是人为了不致死亡而必须与之处于持续不断的交互作用过程的、人的身体。所谓人的肉体生活和精神生活同自然界相联系，不外是说自然界同自身相联系，因为人是自然界的一部分。"① 作为最高级的生物的人也是自然界的产物，自然界先于人存在。自然界为人类提供社会生产和生活的物质基础，人的生存、人的发展都依赖于自然界，而这本身也是自然界存在和发展的组成部分。"人直接地是自然存在物。人作为自然存在物，而且作为有生命的自然存在物，一方面具有自然力、生命力，是能动的自然存在物；这些力量作为天赋和才能、作为欲望存在于人身上；另一方面，人作为自

---

① 《马克思恩格斯文集》第 1 卷，人民出版社 2009 年版，第 161 页。

然的、肉体的、感性的、对象性的存在物，同动植物一样，是受动的、受制约的和受限制的存在物，就是说，他的欲望的对象是作为不依赖于他的对象而存在于他之外的；但是，这些对象是他的需要的对象；是表现和确证他的本质力量所不可缺少的、重要的对象。"①

但是，自然属性不是人的本质属性，人的本质在于人的社会属性。"人的本质不是单个人所固有的抽象物，在其现实性上，它是一切社会关系的总和。"② 这些社会关系是丰富多彩的，每个人都处于由血缘关系、地缘关系、家庭关系、职业关系、民族关系、生产关系、思想关系等构成的纵横交错的关系网络之中，正是这些社会关系的总和使人之成为"人"，因为"我们首先应当确定一切人类生存的第一个前提，也就是一切历史的第一个前提，这个前提是：人们为了能够'创造历史'，必须能够生活。但是为了生活，首先就需要吃喝住穿以及其他一些东西。因此第一个历史活动就是生产满足这些需要的资料，即生产物质生活本身"③。人们的生产活动必然是社会性活动；只有具备各种社会关系，生产活动才能够顺利进行。马克思说："孤立的个人在社会之外进行生产——这是罕见的事"，而且即使偶有这样的情况出现，这里的"人"也是"已经内在地具有社会力量的文明人"④。完全的、彻底的、自始至终是在社会关系之外生存的人是不存在的。

2. 马克思主义指出人的自由全面发展是人的终极需要

马克思主义经典作家关于人的需要有着丰富的论述。他们认为，人的需要既包括满足物质生活的需要，也包括满足精神生活的需要，其中，满足物质生活的需要是基础，"人们首先必须吃、喝、住、穿，然

---

① 《马克思恩格斯文集》第 1 卷，人民出版社 2009 年版，第 209 页。
② 《马克思恩格斯选集》第 1 卷，人民出版社 2012 年版，第 135 页。
③ 《马克思恩格斯选集》第 1 卷，人民出版社 2012 年版，第 158 页。
④ 《马克思恩格斯选集》第 2 卷，人民出版社 2012 年版，第 684 页。

后才能从事政治、科学、艺术、宗教等等"①；既包括满足基本生理或生存的低层次需要，也包括满足享受和发展的高层次需要；需要是历史的，是受自然和社会实践的条件所决定的，"他们是什么样的，这同他们的生产是一致的——既和他们生产什么一致，又和他们怎样生产一致"②；随着实践和人本身的发展，人的需要的范围和层次也在发展，"已经得到满足的第一个需要本身、满足需要的活动和已经获得的为满足需要而用的工具又引起新的需要"③。

人的需要及其满足呈现出由低级向高级、由简单向复杂、由单一向多样不断发展的过程性特征，这个过程最终指向人的自由全面发展。"在共产主义社会里，任何人都没有特殊的活动范围，而是都可以在任何部门内发展，社会调节着整个生产，因而使我有可能随自己的兴趣今天干这事，明天干那事，上午打猎，下午捕鱼，傍晚从事畜牧，晚饭后从事批判，这样就不会使我老是一个猎人、渔夫、牧人或批判者。"④马克思和恩格斯对共产主义生动的描述，展现了在未来社会中人们将会获得自由全面发展的美好可能性。

3.马克思主义认为社会主义价值在于为人的自由全面发展创造条件

马克思和恩格斯认为，人的终极需要是人的自由全面发展，而共产主义社会是满足这个需要的理想社会形态。《共产党宣言》明确宣示："代替那存在着阶级和阶级对立的资产阶级旧社会的，将是这样一个联合体，在那里，每个人的自由发展是一切人的自由发展的条件。"⑤他们日后多次重申这个观点，这成为马克思主义全部学说的核心观点和精髓

---

① 《马克思恩格斯选集》第3卷，人民出版社2012年版，第1002页。
② 《马克思恩格斯选集》第1卷，人民出版社2012年版，第147页。
③ 《马克思恩格斯选集》第1卷，人民出版社2012年版，第159页。
④ 《马克思恩格斯选集》第1卷，人民出版社2012年版，第165页。
⑤ 《马克思恩格斯选集》第1卷，人民出版社2012年版，第422页。

思想。

物质财富极大丰富、人的精神境界极大提高和人的自由全面发展，是人的需要得到满足的理想状态，而这一切要建立在生产力极大发展的基础之上，必须经过漫长的奋斗过程才能实现。《哥达纲领批判》指出："在共产主义社会高级阶段，在迫使个人奴隶般地服从分工的情形已经消失，从而脑力劳动和体力劳动的对立也随之消失之后；在劳动已经不仅仅是谋生的手段，而且本身成了生活的第一需要之后；在随着个人的全面发展，他们的生产力也增长起来，而集体财富的一切源泉都充分涌流之后，——只有在那个时候，才能完全超出资产阶级权利的狭隘眼界，社会才能在自己的旗帜上写上：各尽所能，按需分配！"①可见，作为共产主义社会第一阶段的社会主义社会在内容上和层次上都不可能完全满足这些要求，但以此为方向、为之而努力是社会主义的应有之义。

（二）中国特色社会主义共同理想关涉社会主义价值的核心立场

价值的形成关涉主体的需要，价值的内容则与主体的特点紧密相连。社会主义价值在于为满足人自由全面发展的需要创造条件，但是人"不是固有的抽象物"，而是"社会关系的总和"，处于不同社会关系之中的人、在社会关系中处于不同地位的人，其需要是不同的，或者说，其对需要的认识是不同的。特别是在阶级尚未消亡、自由人的联合体远未实现的历史阶段，到底是哪部分人需要社会主义价值，社会主义价值体现哪部分人的立场、反映哪部分人的意愿、满足哪部分人的需求，是需要澄清的问题。中国特色社会主义共同理想彰显出对社会主义价值的

---

① 《马克思恩格斯选集》第 3 卷，人民出版社 2012 年版，第 364—365 页。

人民主体性的坚持和提升，从而把中国特色社会主义树立为且转化为中国人民共同的价值追求和价值目标。

1. 社会主义价值的主体是人民群众

科学社会主义是要争取实现没有"阶级和阶级对立"的社会，但是这并不意味着要离开阶级抽象地谈论人类、离开工人阶级利益抽象地谈论全人类的利益、离开工人阶级的解放抽象地谈论全人类的解放。"共产主义不是一种单纯的工人阶级的党派性学说，而是一种最终目的在于把连同资本家在内的整个社会从现存关系的狭小范围中解放出来的理论。这在抽象的意义上是正确的，然而在实践中在大多数情况下是无益的，甚至是有害的。只要有产阶级不但自己不感到有任何解放的需要，而且还全力反对工人阶级的自我解放，工人阶级就应当单独地准备和实现社会变革。……现在也还有不少人，站在不偏不倚的高高在上的立场向工人鼓吹一种凌驾于一切阶级对立和阶级斗争之上的社会主义，这些人如果不是还需要多多学习的新手，就是工人的最凶恶的敌人，是披着羊皮的豺狼。"[①] 因此，不能简单地、笼统地、抽象地说社会主义价值的主体是"人"，而必须明确指出社会主义价值的主体是以劳动人民为主要成分的人民群众。

社会主义价值的主体是人民群众，这表明以下两个问题：第一，社会主义是为了大多数人，为了大多数人的利益。社会主义要满足大多数人的生存与发展、物质与精神等等方面的利益要求。"过去的一切运动都是少数人的，或者为少数人谋利益的运动。无产阶级的运动是绝大多数人的、为绝大多数人谋利益的独立的运动。"[②]"历史活动是群众的活动，随着历史活动的深入，必将是群众队伍的扩大。"[③] 第二，人民群众

---

① 《马克思恩格斯文集》第 1 卷，人民出版社 2009 年版，第 370 页。
② 《马克思恩格斯选集》第 1 卷，人民出版社 2012 年版，第 411 页。
③ 《马克思恩格斯文集》第 1 卷，人民出版社 2009 年版，第 287 页。

要体现主体地位和主体作用。列宁指出："社会主义不是按上面的命令创立的。它和官场中的官僚机械主义根本不能相容；生气勃勃的创造性的社会主义是由人民群众自己创立的。"①人民群众只有意识到自己在社会主义运动中的主人翁地位，从而发挥在实现社会主义价值中的积极性、主动性以及创造性，才能真正实现社会主义价值。

2.中国特色社会主义共同理想的核心立场是人民群众

中国特色社会主义共同理想，就是在中国共产党的领导下，坚持和发展中国特色社会主义，实现中华民族伟大复兴。中国共产党的宗旨就是全心全意为人民服务。正是在中国共产党的领导下，中国人民选择了社会主义方向，确立了社会主义道路，创建了社会主义制度，从而保证了中国最广大人民群众的根本利益，进而奠定了中国特色社会主义共同理想的社会基础。

中国特色社会主义在一定时期内仍会面临生产力不够发达、物质基础不够雄厚、社会主义制度不够成熟和完善等突出问题。就当代中国而言，社会主义价值就是要满足人民群众对解决上述问题的要求。邓小平说："我们共产党人的最高理想是实现共产主义，在不同历史阶段又有代表那个阶段最广大人民利益的奋斗纲领。"②坚持中国特色社会主义道路、中国特色社会主义理论体系、中国特色社会主义制度，才能确保人民群众共享中国特色社会主义的发展成果。坚持中国特色社会主义，就是要满足人民群众在各领域不断增长的需要，"正确处理最广大人民根本利益、现阶段群众共同利益、不同群体特殊利益的关系，切实把人民利益维护好、实现好、发展好。"③

---

① 《列宁全集》第33卷，人民出版社1985年版，第53页。
② 《邓小平文选》第三卷，人民出版社1993年版，第190页。
③ 习近平：《全面贯彻落实党的十八大精神要突出抓好六个方面工作》，《求是》2013年第1期。

（三）民族精神和时代精神反映社会主义价值主体的发展轨迹

民族精神是一定民族在历史发展中形成的最主要的价值观念、思维方式、理想追求，是该民族每个阶段的时代精神的积淀；时代精神是特定时代的社会精神生活在社会意识中的反映，表现该时代的精神气质和社会风貌。民族精神与时代精神相结合、相融合，共同反映价值主体的发展轨迹。人民群众是社会主义价值主体，必然继续葆有作为民族精神血脉的民族精神，又必须与时俱进，富含体现时代要求与时代特征的时代精神。在当代，中华民族历史性地肩负起了发展社会主义的重任，以爱国主义为核心的民族精神和以改革创新为核心的时代精神，共同彰显了人民群众的尊严、反映了人民群众的追求、展示了人民群众的能力。

1.民族精神和时代精神彰显人民群众的尊严

尊严，就是人的特性和人的权利被尊重。尊严不是被施舍的，要想有尊严必须首先有争取获得尊严的意识和行为。在古代，面对深重的自然压迫和社会压迫，中华民族没有逃避、没有屈从，而是奋起抗争去争取自己的尊严。表现在"女娲补天"、"后羿射日"、"大禹治水"、"精卫填海"、"愚公移山"等传说中尊严意识的萌发，"人最为天下贵"的尊严自觉；表现在"富贵不能淫，贫贱不能移，威武不能屈"的气概，"人生自古谁无死，留取丹心照汗青"的气节。近代以降，面对空前深重的民族危机，中国人民不甘沉沦、不畏牺牲，更加自觉地将个人尊严与民族尊严、个人前途与国家命运联系在一起，坚忍不拔地为国家争国格，为民族争权利。社会主义制度的确立，使人民群众对尊严有了前所未有的体认。在社会主义建设和改革开放时期，中华民族在继承民族精神的基础上又孕育出时代精神，发扬了革命战争年代形成的"革命和拼命精神，严守纪律和自我牺牲精神，大公无私和先人后己精神，压倒一切敌人、压倒一切困难的精神，坚持革命乐观主义、排除万难去争取胜利的精神"①，不断取得社会主义现代化建设的新成就，抒写了中国人民的尊严。

2. 民族精神和时代精神反映人民群众的追求

人的追求反映了一定主体对人的需要的理解，主体认为自己有什么样的需要，就会产生与之相适应的追求。由此也可以说，人的追求在一定程度上也反映了主体对人的本质的认识。在历史演进中凝结成的中华民族的民族精神，深刻反映了中华民族的基本追求：在社会理想上追求"大道之行也，天下为公"的大同社会；在理想人格上追求通过"如切如磋如琢如磨"而达至"人皆可以为尧舜"；在意志品质上追求孔子所谓的"强哉矫"和孟子所谓的"大丈夫"；在精神状态上追求自强不息、日新月异。另外，"民为邦本，本固邦宁"的民本思想，"公而忘私，国而忘家"的公正观念，"致中和，天地位焉，万物育焉"的和谐意识，都内化于民族精神之中。"周虽旧邦，其命维新。"中华民族在接受科学社会主义以后，为民族精神中的传统追求赋予了崭新的科学内容，并且形成与之紧密相连的时代精神，显示出"中国要对于人类有较大的贡献"的历史担当。

3. 民族精神和时代精神展示人民群众的能力

人民群众是历史的创造者，也是民族之主体。在历史上，人民群众缔造了统一的多民族国家，创造了灿烂的中华文明，取得了丰硕的物质文明成果和精神文明成果，充分展示了自己的能力。中华民族在近代经历了内忧外患的艰难曲折历程。新中国的成立、社会主义制度的确立，开辟了民族复兴的新征程，民族精神焕发出新的勃勃生机。建设、改革、发展的力量之源，同样来自于人民群众。在世界经济、政治、文化、社会都发生极其深刻变化的形势下，中华民族把握历史大势，在继

---

① 《邓小平文选》第二卷，人民出版社1994年版，第368页。

承民族精神的基础上衍生出时代精神，不断以开拓创新的奇迹展示着人民群众的能力。

（四）社会主义荣辱观表现社会主义价值主体的道德愿望

道德属于意识形态范畴，一定的道德总与一定的阶级联系在一起。虽然某些道德观念能够反映各阶级共同的利益和要求，从而为它们所共有，但是从总体上和根本上来说，"道德始终是阶级的道德；它或者为统治阶级的统治和利益辩护，或者当被压迫阶级变得足够强大时，代表被压迫者对这个统治的反抗和他们的未来利益。"① 社会主义荣辱观的内容，突出表现了人民群众的道德愿望。

"以热爱祖国为荣，以危害祖国为耻"，表现了人民群众的国家观。历史反复证明，剥削阶级虽然有时候也表现出爱国的意识和行为，但更经常的是将本阶级的利益置于国家利益、民族利益之上，特别是在反对外来侵略的关键时刻，动摇、投降甚至贩卖成为剥削阶级惯有的态度。清末统治者面对亡国灭种的危机，"宁赠友邦，勿予家奴"的心态，"量中华之物力，结与国之欢心"的政策可谓典型。与之相反，人民群众在国家和民族的危急关头总是表现出炽热的爱国情怀和无畏的英雄气概。在近代以来的一次又一次屈辱与抗争、一回又一回挨打与进步中，广大人民群众更加深刻地认识到：只有社会主义才能救中国，特别是新中国成立以来及改革开放所取得的伟大成绩，使热爱祖国与热爱社会主义是一致的。正如邓小平所指出的，"难道祖国是抽象的吗？不爱共产党领导的社会主义的新中国，爱什么呢？"②

"以服务人民为荣，以背离人民为耻"，表现了人民群众的人民观。

---

① 《马克思恩格斯选集》第 3 卷，人民出版社 2012 年版，第 471 页。
② 《邓小平文选》第二卷，人民出版社 1994 年版，第 392 页。

"人民，只有人民，才是创造世界历史的动力。"① 人民群众是物质文明、政治文明和精神文明的创造者，是历史进步的决定力量。全心全意为人民服务是中国共产党的宗旨，也应成为社会主义国家全体社会成员的方向。应当注意的是，"人民"是一个历史范畴，在不同的历史时期有不同的内涵与外延。改革开放以来，我国的社会群体不断发生分化。在当代，除了包括知识分子在内的工人阶级、农民阶级，"在社会变革中出现的民营科技企业的创业人员和技术人员、受聘于外资企业的管理技术人员、个体户、私营企业主、中介组织的从业人员、自由职业人员等社会阶层，都是中国特色社会主义事业的建设者。"② 不同的社会阶层，由于社会角色、地位、收入不同，利益和诉求也存在差别，要警惕社会弱势群体的利益和诉求被强势群体所忽视和遮蔽。服务人民，要立足于人民的整体利益和根本利益。

"以崇尚科学为荣，以愚昧无知为耻"，表现了人民群众的科学观。在当代社会，科学技术是第一生产力，它不断以更快的速度、更广的范围、更大的强度改变着社会面貌。但是在历史上，剥削阶级出于本阶级的利益和维护本阶级统治的目的，轻视科学、反对科学、压制科学的事情是屡见不鲜的。欧洲中世纪天主教会对近代科学的敌视和对科学家的迫害、中国封建社会后期的统治者视近代科技为"奇技淫巧"，都使科学的发展与普及受到了很大的摧残。恩格斯指出："科学越是毫无顾忌和大公无私，它就越符合工人的利益和愿望。"③ 社会主义不是为了少数人的私欲和私利，而是为了最广大人民群众，因此，社会主义需要更加发达、更加昌明的科学，同时也需要掌握这种科学的人民群众。

---

① 《毛泽东选集》第三卷，人民出版社 1991 年版，第 1031 页。
② 《江泽民文选》第三卷，人民出版社 2006 年版，第 539 页。
③ 《马克思恩格斯选集》第 4 卷，人民出版社 2012 年版，第 265 页。

"以辛勤劳动为荣，以好逸恶劳为耻"，表现了人民群众的劳动观。恩格斯曾强调：劳动"是整个人类生活的第一个基本条件，而且达到这样的程度，以致我们在某种意义上不得不说：劳动创造了人本身。"① 虽然对"劳动创造了人本身"这个命题的涵义学界仍有分歧②，但劳动在人类生存与发展中的重要作用却是无可否认的。人类在劳动中改造客观世界也改造主观世界，劳动创造着社会主义的物质基础，同时塑造着社会主义新人。

"以团结互助为荣，以损人利己为耻"，表现了人民群众的集体观。马克思和恩格斯在《德意志意识形态》中指出个人要摆脱"物的力量"的束缚而重新驾驭"物的力量"的前提是"共同体"，"没有共同体，这是不可能实现的。只有在共同体中，个人才能获得全面发展其才能的手段，也就是说，只有在共同体中才可能有个人自由。"③"在真正的共同体的条件下，各个人在自己的联合中并通过这种联合获得自己的自由。"④ 这个"真正的共同体"指的就是《共产党宣言》中的"自由人的联合体"。在社会主义社会，虽然还不能说是实现了"真正的共同体"，但是社会主义国家与以往的剥削阶级国家具有本质区别，它是人民群众当家作主的国家，个人与集体在根本利益上是一致的，集体主义是社会主义社会处理人与人之间关系的基本准则。

"以诚实守信为荣，以见利忘义为耻"，表现了人民群众的义利观。马克思指出，"人们为之奋斗的一切，都同他们的利益有关"⑤。争取利益、维护利益、发展利益，是所有社会群体都不可避免的。但是，人民

---

① 《马克思恩格斯选集》第 3 卷，人民出版社 2012 年版，第 988 页。
② 黄湛、李海涛：《"劳动创造了人"：对恩格斯原创思想的误读和曲解》，《吉林大学社会科学学报》2013 年第 6 期。
③ 《马克思恩格斯选集》第 1 卷，人民出版社 2012 年版，第 119 页。
④ 《马克思恩格斯选集》第 1 卷，人民出版社 2012 年版，第 119 页。
⑤ 《马克思恩格斯全集》第 1 卷，人民出版社 1995 年版，第 187 页。

群众与剥削阶级不同，"我们是无产阶级的革命的功利主义者，我们是以占全人口百分之九十以上的最广大群众的目前利益和将来利益的统一为出发点的，所以我们是以最广大和最远为目标的革命的功利主义者，而不是只看到局部和目前的狭隘的功利主义者。"① 在当代条件下，"见利思义"的重要内容就是诚实守信，诚信是社会主义市场经济的内在要求，也是社会主义和谐社会的迫切需要。

"以遵纪守法为荣，以违法乱纪为耻"，表现了人民群众的法纪观。法律、纪律等制度性规范，是社会主义社会维护社会秩序的基本规范中的重要内容。自由从来就不是绝对的，哲学意义上的自由要受到客观规律的约束，社会意义上的自由要受到社会规范的约束。社会主义法纪代表了人民群众的利益，反映了人民群众的意志，有利于社会成员自身的发展，也有助于社会成员自身的发展，并且有利于社会的稳定。

"以艰苦奋斗为荣，以骄奢淫逸为耻"，表现了人民群众的生活观。艰苦奋斗是中华民族最朴素也是最重要的民族传统之一，艰苦奋斗不是艰难困苦时期的权宜之计，而是必须长期坚持的精神状态、生活态度。毛泽东在革命胜利前夕敏锐地指出，"务必使同志们继续地保持谦虚、谨慎、不骄、不躁的作风，务必使同志们继续地保持艰苦奋斗的作风。"② 经过数十年的社会主义建设，目前，我国的经济文化事业都有了很大进步，人民生活水平获得显著提高，但是，更高级的社会阶段不会自动到来，自由王国不会自动实现，人民群众要积极发挥主观能动性，继续推进社会进步和人的发展。骄奢淫逸之风不可长，艰苦奋斗精神不能丢。

---

① 《毛泽东选集》第三卷，人民出版社 1991 年版，第 864 页。
② 《毛泽东选集》第四卷，人民出版社 1991 年版，第 1439 页。

二、坚持客观真实性

（一）马克思主义指导思想揭示社会主义价值的实现可能

价值的客观性体现在三个方面：一是主体的需要是客观的，二是客体满足主体需要的属性是客观的，三是客体满足主体需要的过程和效果是客观的。具体到社会主义价值来讲，就是人民群众要实现、维护、发展自身利益，实现自由全面发展的需要是客观的，社会主义是真实价值而不是虚假价值，它能够以自身属性不断满足人民群众的需要，而且在客观上也取得了显著的历史成就。关于第一点在社会主义价值的主体部分已有说明，第二点和第三点则集中体现为马克思恩格斯创立的科学社会主义的客观规律性及其满足人民群众需要的历史成就。

1. 马克思主义阐明社会主义能够实现

"一部社会主义史包括社会主义思想史、社会主义运动史、社会主义制度史、社会主义革新史等等。社会主义思想起源于 1516 年英国托马斯·莫尔著《乌托邦》一书，从那时算起，至今已将近 500 年了。"[①]然而，直至科学社会主义形成之前，社会主义作为与资本主义对立的思想体系，还停留在对资本主义罪恶不同程度的揭露、抨击、鞭挞和对未来社会的美好憧憬阶段；社会主义作为社会运动，更多地表现为工人的自发斗争；社会主义作为社会制度，则还远未提上日程。"道义上的愤怒，无论多么入情入理，经济科学总不能把它看作证据，而只能看作象征。"[②]唯物史观阐明了社会存在与社会意识、经济基础与上层建筑的辩证关系，从而探查了社会历史发展的客观规律，进而使社会主义建立在

---

① 高放：《关于社会主义五百年历史的答问》，《北京日报》2013 年 6 月 24 日。
② 《马克思恩格斯选集》第 3 卷，人民出版社 2012 年版，第 528 页。

科学的基础之上。恩格斯指出："现代资本主义生产方式所造成的生产力和由它创立的财富分配制度，已经和这种生产方式本身发生激烈的矛盾，而且矛盾达到了这种程度，以至于如果要避免整个现代社会毁灭，就必须使生产方式和分配方式发生一个会消除一切阶级差别的变革。现代社会主义必获胜利的信心，正是基于这个以或多或少清晰的形象和不可抗拒的必然性印入被剥削的无产者的头脑中的、可以感触到的物质事实，而不是基于某一个蛰居书斋的学者的关于正义和非正义的观念。"[1]科学社会主义思想体系形成并指导社会主义运动，使社会主义超越了仅仅作为未来更合理更美好社会的"象征"，而具备了可以被看作是"证据"的现实力量。

2.社会主义在历史进程中不断切实满足人民群众的需要

空想社会主义虽然没能为工人阶级和全人类获得解放指出现实路径，但是却启发了工人阶级的觉悟，鼓舞了他们争取改善生活的斗争，更重要的是提出了一种不同于资本主义的社会发展方向。科学社会主义思想体系形成以来，凝聚着工人阶级和劳动群众的力量，指导着他们反抗阶级压迫和推翻剥削制度的斗争，一次又一次把社会主义运动推向高潮。五百年来，社会主义从空想到科学、从理论到实践、从一国到多国的数次飞跃，空前广泛而深刻地改变了世界的面貌和人类发展的轨迹。社会主义制度的确立，使社会主义国家的劳动群众在人类历史上首次真正成为国家和社会的主人，享受到前所未有的经济、政治、文化和社会权利。考虑到大多数社会主义国家在历史上或从近代以来是经济文化落后的国家，这种跨越式发展的成就就更加值得肯定。尽管由于历史和现实的种种原因，社会主义国家的发展远不是一帆风顺的，期间充满了艰难和曲折，但是社会主义的价值不容抹杀也无法抹杀。同时，在社会主

---

[1] 《马克思恩格斯选集》第3卷，人民出版社2012年版，第537页。

义与资本主义两种社会制度并存的历史时代，社会主义的巨大优越性和强大竞争力，也使得资本主义社会发生一系列重大变化，迫使资本主义国家采取了一些有利于劳动群众的措施，因此，社会主义也间接地增加了资本主义国家劳动群众的利益。

（二）中国特色社会主义共同理想统摄社会主义价值的阶段目标

从目前到进入共产主义社会还要经过相当漫长的历史时期，在此期间的社会主义是动态发展的过程，因而社会主义的价值追求及其实现不是固定不变的。中国特色社会主义是当代中国的科学社会主义，故中国特色社会主义价值就是当代中国的社会主义价值。党的十八大报告指出，"建设中国特色社会主义，总依据是社会主义初级阶段，总布局是五位一体，总任务是实现社会主义现代化和中华民族伟大复兴。"① 这一论述深刻体现了在中国共产党领导下，坚持和发展中国特色社会主义，实现中华民族伟大复兴，是社会主义初级阶段的奋斗目标和价值追求。中国特色社会主义是道路、理论体系和制度的统一，集中体现着社会主义价值的阶段目标。

1. 中国特色社会主义道路体现社会主义初级阶段的发展道路价值

"中国特色社会主义道路，就是在中国共产党领导下，立足基本国情，以经济建设为中心，坚持四项基本原则，坚持改革开放，解放和发展社会生产力，建设社会主义市场经济、社会主义民主政治、社会主义先进文化、社会主义和谐社会、社会主义生态文明，促进人的全面发展，逐步实现全体人民共同富裕，建设富强民主文明和谐的社会主义

---

① 胡锦涛：《坚定不移沿着中国特色社会主义道路前进　为全面建成小康社会而奋斗——在中国共产党第十八次全国代表大会上的报告》，人民出版社 2012 年版，第 13 页。

现代化国家。"① 其中，坚持四项基本原则，为实现社会主义价值提供了基本政治保障；立足基本国情有利于正确把握社会发展阶段（这个问题的处理是社会主义史上最重要最深刻的经验教训之一），清晰认知这个阶段的社会主义价值；以经济建设为中心、解放和发展社会生产力，使社会主义的价值实现获得最根本的动力；通过改革开放建设好"五位一体"总布局，是社会主义价值的实现途径；逐步实现共同富裕进而建设富强、民主、文明、和谐的社会主义现代化国家，是社会主义初级阶段具体的价值标准；促进人的全面发展，则体现了社会主义初级阶段价值与社会主义终极价值的衔接。

2. 中国特色社会主义理论体系展现社会主义初级阶段的理论体系价值

"中国特色社会主义理论体系，就是包括邓小平理论、'三个代表'重要思想、科学发展观在内的科学理论体系，是对马克思列宁主义、毛泽东思想的坚持和发展。"② 理论是实践的指南，中国特色社会主义理论体系指导着中国特色社会主义实践去实现社会主义价值。列宁将辩证唯物主义和历史唯物主义视为"一整块钢铁"，实际上，"一整块钢铁"的说法不但适用于马克思主义哲学，而且适用于整个马克思主义理论体系，也适用于中国特色社会主义理论体系。列宁又说，"因为具体的社会政治形势改变了，迫切的直接行动的任务也有了极大的改变，因此，马克思主义这一活的学说的各个不同方面也就不能不分别提到首要地位。"③ 邓小平理论初步回答了"什么是社会主义、怎样建设社会主义"，

① 胡锦涛：《坚定不移沿着中国特色社会主义道路前进　为全面建成小康社会而奋斗——在中国共产党第十八次全国代表大会上的报告》，人民出版社 2012 年版，第 12 页。

② 胡锦涛：《坚定不移沿着中国特色社会主义道路前进　为全面建成小康社会而奋斗——在中国共产党第十八次全国代表大会上的报告》，人民出版社 2012 年版，第 12 页。

③ 《列宁全集》第 20 卷，人民出版社 1989 年版，第 85 页。

开辟了建设中国特色社会主义的正确道路，有助于我们澄清"什么是真正的社会主义价值"这个关键性问题；"三个代表"重要思想进一步回答了"什么是社会主义、怎样建设社会主义"和"建设什么样的党、怎样建设党"，深化了对中国特色社会主义的认识，有助于我们进一步认识"如何实现社会主义价值"；科学发展观进一步回答了"实现什么样的发展、怎样发展"，使我们对社会主义价值的理解更加丰富化、科学化。

3.中国特色社会主义制度呈现社会主义初级阶段的国家制度价值

"中国特色社会主义制度，就是人民代表大会制度的根本政治制度，中国共产党领导的多党合作和政治协商制度、民族区域自治制度以及基层群众自治制度等基本政治制度，中国特色社会主义法律体系，公有制为主体、多种所有制经济共同发展的基本经济制度，以及建立在这些制度基础上的经济体制、政治体制、文化体制、社会体制等各项具体制度。"①社会制度作为上层建筑的重要组成部分，对经济基础的巩固与发展起着至关重要的作用。社会主义制度的确立，使社会主义得以作为一种社会形态形成、巩固和发展，中国特色社会主义制度的确立保证了社会主义价值在当代中国的真正实现。

（三）民族精神和时代精神体现社会主义价值的价值视野

辩证唯物主义阐明了事物之间的普遍联系，历史唯物主义揭示了生产方式对于人们思想观念的决定性作用，运用这两条原理分析价值问题，就要求从纵向与横向的各种联系出发去规定社会主义价值的价值视野。江泽民提出"用马克思主义的宽广眼界观察世界"的问题，"所谓

---

① 胡锦涛：《坚定不移沿着中国特色社会主义道路前进　为全面建成小康社会而奋斗——在中国共产党第十八次全国代表大会上的报告》，人民出版社 2012 年版，第 12 页。

宽广的眼界，一是要有历史的深远眼光，一是要有世界的全局眼光。这样来观察问题，我们就能更深刻更全面地认识当代中国和当今世界，更加清醒、主动地掌握我们自己发展的命运。"① 只有用这种宽广眼界来看待社会主义价值问题，才能准确定位特定民族、特定时代的社会主义价值，才能有利于社会主义价值的实现。

1.民族精神要求用历史性联系的观点看待当代中国的社会主义价值

马克思主义认为，社会主义是世界历史性的。马克思和恩格斯也说过，"共产主义只有作为占统治地位的各民族'一下子'同时发生的行动，在经验上才是可能的"②。但是，这并不意味着世界上所有的国家和民族会在同样的日期、以同样的方式走上社会主义道路。正如列宁所说，"一切民族都将走向社会主义，这是不可避免的，但是一切民族的走法却不会完全一样，在民主的这种或那种形式上，在无产阶级专政的这种或那种形态上，在社会生活各方面的社会主义改造的速度上，每个民族都会有自己的特点。"③列宁这段话对于理解民族精神与社会主义价值的关系具有非常重要的针对性意义。

中华民族拥有数千年的文明历史，比较早地缔造了幅员辽阔、人口众多的统一国家，在自身生产方式的基础上，形成了富有特色的民族追求、民族思维、民族传统、民族风格，并且在嬗变中延续至今。社会主义是丰富多彩的，既不应该也不可能在任何一个层面都必须按照单一的模式去建设。社会主义的终极价值是实现人的自由全面发展，在现阶段从哪些方面着手促进人的自由全面发展，这是社会主义价值最现实和最迫切的问题。中国特色社会主义"五位一体"总布局是当代中国建设社会主义以及实现社会主义价值的基本框架，它必然会打上深深的中华民

---

① 《江泽民文选》第三卷，人民出版社 2006 年版，第 126 页。
② 《马克思恩格斯选集》第 1 卷，人民出版社 2012 年版，第 166 页。
③ 《列宁选集》第 2 卷，人民出版社 2012 年版，第 777 页。

族烙印。立足于民族精神和现实国情，我们的经济建设既要使社会主义与市场经济有机结合，还要深入发掘中国传统"货殖"思想；我们的政治建设要注意搞好选举民主和协商民主两种民主形式；我们的文化建设要整理、借鉴中华优秀传统文化的珍贵遗产；我们的社会建设要吸收传统"中和"思想的有益成分；我们的生态文明建设要探索出一条符合中国国情的人口、资源、环境协调发展之路。总之，社会主义价值不是抽象的而是具体的，倘若割裂民族精神，也就失去了社会主义价值的未来。

2. 时代精神要求用共时性联系的观点看待当代中国的社会主义价值

坚持社会主义民族性的前提是首先要承认社会主义的世界历史性。列宁明确指出："首先考虑到各个'时代'的不同的基本特征（而不是个别国家的个别历史事件），我们才能够正确地制定自己的策略；只有了解了某一时代的基本特征，才能在这一基础上去考虑这个国家或那个国家的更具体的特点。"[①] 当今的"大时代"是资本主义世界体系向社会主义世界体系过渡的历史时代，"小时代"是和平与发展成为时代主题的时代。在此背景下，应当从三个角度去看待当代中国的社会主义价值。

一是把中国与其他社会主义国家联系起来去观察社会主义价值。现存社会主义国家都是在经济文化落后的基础上走上社会主义道路的，必须大力发展社会生产力。"如果没有这种发展，那就只会有贫穷、极端贫困的普遍化；而在极端贫困的情况下，必须重新开始争取必需品的斗争，全部陈腐污浊的东西又要死灰复燃。"[②] 我们必须注意其他社会主义国家的路线、政策、措施及其效果所提供的经验教训。当前的世界社会主义运动总的来说还处于低潮，但近年来在国际金融危机背景下有局部

---

① 《列宁全集》第 26 卷，人民出版社 1988 年版，第 143 页。
② 《马克思恩格斯选集》第 1 卷，人民出版社 2012 年版，第 166 页。

复苏的迹象，其理论与实践为我们提供了思考社会主义价值的新视角。

二是把中国与资本主义发达国家联系起来去考察社会主义价值。应当指出，落后国家可以在一定历史条件下率先走上社会主义道路，但这还只能称之为"地域性的共产主义"即"地域性的社会主义"。社会主义最终要代替资本主义，这必须建立在社会主义体系的生产力远远超过资本主义体系的基础之上。在一定历史时期内，资本主义还将在物质技术领域占据优势地位，并利用这种优势地位不断对社会主义国家进行"和平"的和"非和平"的演变。因此，"社会主义要赢得与资本主义相比较的优势，就必须大胆吸收和借鉴人类社会创造的一切文明成果，吸收和借鉴当今世界各国包括资本主义发达国家的一切反映现代社会化生产规律的先进经营方式、管理方法"①，还要分析、借鉴发达资本主义国家所创造的文化成果中的有益成分。只有这样，才能使社会主义价值在事实上超越资本主义价值，进而成为有强大吸引力的价值。

三是把中国与广大发展中国家联系起来去思索社会主义价值。中国本身就是发展中国家的一员，与广大发展中国家有着天然的联系。作为公认的最有潜力的社会主义发展中大国，社会主义价值在中国的实现程度，直接影响着社会主义在全世界尤其是在发展中国家的声誉。中国特色社会主义取得的成就，"不但是给占世界总人口四分之三的第三世界走出了一条路，更重要的是向人类表明，社会主义是必由之路，社会主义优于资本主义。"②

（四）社会主义荣辱观契合社会主义价值的价值自觉

"意识在任何时候都只能是被意识到了的存在，而人们的存在就

---

① 《邓小平文选》第三卷，人民出版社 1993 年版，第 373 页。
② 《邓小平文选》第三卷，人民出版社 1993 年版，第 225 页。

是他们的现实生活过程。"① 另一方面，意识又对存在起着或促进或阻碍的反作用。价值体系作为精神上层建筑的核心部分，这种反作用当然表现得是非常强烈的。因此，只有当价值主体具有强烈的价值自觉，清晰认识到自己需要客体以何种属性满足自己的何种需要，并依此指导自己的行为去满足该需要，价值的客观真实性才有现实的意义。

1. 主体的价值自觉是社会主义价值实现的必需环节

价值自觉回答了为什么要创造价值、要创造什么样的价值、怎样去创造价值这样几个基本问题。"历史不过是追求着自己目的的人的活动而已。"② 对于社会主义价值来说，如果没有价值主体即人民群众对社会主义价值的正确认知，也就谈不上去为实现社会主义价值而奋斗，社会主义价值的客观真实性也就无从体现。

"价值体系对生产方式——主要是对生产关系的制约作用，表现在两个方面：一是在它自身建构的过程中对兴起的新生产关系的形成起促进作用；当体系定型后，对现存的生产关系起维护作用。这同时也反映了它对旧的体系的否定及对自身否定的过程。"③ 无论对于何种价值体系、哪个历史时期来说都是如此。中国是一个独特的"文明型国家"，我们当下谈论的"中国梦"，除了具有国家富强梦、民族振兴梦、人民幸福梦的内涵之外，还应当是文明复兴梦、价值彰显梦。在历史上，"为天地立心，为生民立命，为往圣继绝学，为万世开太平"作为中华民族的价值自觉，对中华民族创造丰富的物质文明和精神文明、长期走在世界前列产生了深远影响；在今天，广大人民群众关于社会主义价值的价值自觉，将成为民族复兴的新契机。

① 《马克思恩格斯选集》第 1 卷，人民出版社 2012 年版，第 152 页。
② 《马克思恩格斯文集》第 1 卷，人民出版社 2009 年版，第 295 页。
③ 李从军：《价值体系的历史选择》，人民出版社 2008 年版，第 98 页。

2.社会主义荣辱观是社会主义价值自觉的重要体现

荣辱观，是对荣誉和耻辱的总体看法和根本观点，是价值自觉的重要体现，从荣誉—耻辱的角度引导着人们的价值观念、培养着主体的价值自觉。在这个意义上说，荣誉就是对符合价值创造方向、致力于价值创造行为的褒扬以及由此而产生的肯定性心理状态；耻辱就是对背离价值创造方向、不利于价值创造行为的贬斥以及由此而产生的否定性心理状态。孔子曰："道之以政，齐之以刑，民免而无耻；道之以德，齐之以礼，民有耻且格。"①自觉的力量是真正伟大的力量，通过荣辱观建设来培养价值自觉，在一定条件下会产生较之其他方式更持续、更强烈的效果。社会主义荣辱观从荣誉—耻辱的角度着眼，以国家观、人民观、科学观、劳动观、集体观、义利观、法纪观、生活观这八个方面的内容，引导和规约着人们的价值标准与价值选择，发挥着主体建构和社会整合的功能，是社会主义价值自觉的重要体现。

三、验证历史发展性

（一）马克思主义指导思想奠定社会主义价值发展的理论品格

发展的观点是马克思主义的基本观点，用发展的观点看待世界是唯物辩证法的基本要求。恩格斯说，在辩证哲学面前，"不存在任何最终的东西、绝对的东西、神圣的东西；它指出所有一切事物的暂时性；在它面前，除了生成和灭亡的不断过程、无止境地由低级上升到高级的不断过程，什么都不存在。"②马克思主义的发展历程便鲜明地体现出发展品格，社会主义以及社会主义价值也必然体现出这样的品格。

---

① 《论语·为政》。
② 《马克思恩格斯选集》第 4 卷，人民出版社 2012 年版，第 223 页。

1. 以发展的眼光对待社会主义

《德意志意识形态》明确指出，"共产主义对我们来说不是应当确立的状况，不是现实应当与之相适应的理想。我们所称为共产主义的是那种消灭现存状况的现实的运动。这个运动的条件是由现有的前提产生的。"①《德意志意识形态》是马克思恩格斯早年的典型作品，正是科学社会主义逐步创立的年代，在那时，马克思和恩格斯就明确提出了共产主义（社会主义）的发展性，并将这一观点贯彻理论创作与革命行动的始终。在《共产党宣言》1872年德文版序言中，他们特别指出，由于形势的发展、经验的积累，一些具体的观点和判断所针对的情况都发生了变化，"所以这个纲领现在有些地方已经过时了。"② 恩格斯晚年根据马克思主义哲学、政治经济学发展所提供的新材料和对资本主义发展新现象的深入思考，进一步提出了关于马克思主义哲学和政治经济学的一些新观点，作出了符合实际情况的对资本主义发展的新预见，探索了对于社会主义的新认识。列宁在革命实践中发展了马克思主义关于社会主义革命和社会主义建设的理论，成功创建和巩固了世界上第一个社会主义国家，并对落后国家的社会主义建设进行了初步探索。以毛泽东、邓小平等为代表的中国共产党人，实现了并不断推进了马克思主义中国化、时代化、大众化，开创了社会主义事业的新局面。

社会主义从空想到科学是发展，从理论构想到真正建立社会主义国家是发展，社会主义制度从一国扩展到多国是发展，社会主义运动在曲折探索中不断深入也是发展。以发展的眼光对待马克思主义和社会主义，才有马克思主义和社会主义的蓬勃生机和不竭活力。

---

① 《马克思恩格斯选集》第1卷，人民出版社2012年版，第166页。
② 《马克思恩格斯选集》第1卷，人民出版社2012年版，第377页。

2. 以发展的眼光对待社会主义价值

要用发展的眼光审视社会主义价值表现形态的丰富化。社会主义价值，一般地说，是对人自由全面发展需要的满足，但是应该看到，这种满足是社会性、历史性的，不是抽象的、一蹴而就的。在社会主义革命时期，社会主义价值体现为推翻剥削阶级统治、建立社会主义制度，为人的自由全面发展开辟了无限广阔的前景；在社会主义建设时期，社会主义价值则体现为要通过经济、政治、文化、社会、生态文明等领域的建设，不断为人的自由全面发展创造物质技术基础、培养社会主义新人、推进人与社会和自然的和谐关系。这还只是从相对宏观的历史分期来看社会主义价值表现形态的丰富化，如果从微观角度来看就更加明显了。

要用发展的眼光看待社会主义价值实现途径的多样化。马克思研究过"东方社会"走向社会主义的特殊道路及其可能性问题，恩格斯晚年对通过"暴力"和"和平"争取社会主义胜利做了辩证分析。列宁创造性地发展了马克思主义，探索了社会主义价值实现的"俄国方式"，并由斯大林发展为"苏联模式"。中国则在革命、建设和改革等方面走出了自己的道路，形成了社会主义价值实现的"中国模式"。社会主义价值必然随着社会主义理论与实践的深化而得以实现和发展。

（二）中国特色社会主义共同理想把握社会主义价值发展的实际需求

依次实现递进性的阶段目标，是实现社会主义价值的历史经验，是马克思主义政党领导革命和建设的历史经验，这个历史经验是由深刻的历史教训转化而来的。列宁逝世以后，苏联共产党对于社会主义长期采取教条式的理解。斯大林曾经在社会主义社会基本矛盾问题的认识上存在反复，赫鲁晓夫试图使苏联"二十年建成共产主义"，勃列日涅夫提出"发达社会主义"，安德罗波夫等人则宣扬苏联处于"发达社会主义社会入口处"。这些脱离实际、超越现实发展阶段的观点给社会主义的发展、社会主义价值的实现造成了非常严重的危害。我国在社会主义建设过程中也经历过超越发展阶段的曲折经验。上述教训说明，马克思主义政党要想领导好社会主义建设就必须立足于现实发展阶段，要想实现社会主义价值就必须把握社会主义价值发展的实际需求。

党的十一届三中全会以后，中国共产党在实践经验和理论总结的基础上，逐步形成了社会主义初级阶段理论，解决了曾经长期困扰我们的对社会发展阶段的认识问题。以此为依据，党的十三大把邓小平提出的"三步走"战略构想确定了下来。因为当时充分认识到经济发展是社会全面发展的决定性基础，所以"三步走"中三个发展阶段的标准都是按照"国民生产总值"、"人均国民生产总值"、"人民生活比较富裕"这样的经济方面的水平来衡量的。在前两步战略目标实现之后，为了把第二步和第三步战略很好地进行衔接，党的十五大又把第三步战略进一步具体化，提出了三个阶段性目标。这三个阶段性目标仍然突出经济标准，但已经开始提到"形成比较完善的社会主义市场经济体制"、"各项制度更加完善"的内容。党的十六大从社会主义的经济建设、民主法制建设和全民族的思想道德素质、科学文化素质和健康素质的提高以及生态环境的改善等方面，提出全面建设一个惠及十几亿人口的更高水平的小康社会的奋斗目标。党的十七大则从增强发展协调性、扩大社会主义民主、加强文化建设、加快发展社会事业、建设生态文明五个方面提出了新的更高要求。党的十八大根据我国经济社会发展实际，将"全面建设小康社会"发展为"全面建成小康社会"，提出了经济持续健康发展、人民民主不断扩大、文化软实力显著增强、人民生活水平全面提高、资源节约型、环境友好型社会建设取得重大进展的新的要求。

从上述中国特色社会主义在社会发展目标方面的发展历程可以看

出，每一个阶段任务和目标的完成，不仅稳步推进了社会主义价值的落实，又进一步提出了社会主义价值新的更高要求。总而言之，继续正确把握社会主义价值发展的实际需求，是使我们在本世纪中叶建成富强民主文明和谐的社会主义现代化国家以及实现中华民族伟大复兴的必要条件。

（三）民族精神和时代精神提供社会主义价值发展的精神动力

社会主义价值发展是客观的过程，然而这并不意味着人的作用、精神的力量在其中的缺位。恰恰相反，社会主义价值有待于人们用发展的眼光去看待它，用创新的精神去促进它。求变求新是中华民族民族精神的重要内涵，改革创新是时代精神的核心。因此，民族精神和时代精神提供了社会主义价值发展的精神动力。

1.民族精神中的变革思维鼓励人们发展社会主义价值

中华民族在改造自然和社会的实践中，很早就注意到类似"高岸为谷，深谷为陵"①的现象。面对时刻处于变动中的自然界与社会，中华民族的先民认识到要顺应变化的趋势去促成积极的变化。《易经》曰："穷则变，变则通，通则久"②，揭示了事物发展到极端就会出现变化，发生变化才会使事物的发展通达，事物才能持续发展的规律。正因为用变化的观点来看待事物，所以，就个人修养而言，才强调"苟日新，又日新，日日新"③，把不断除旧布新、日新月异作为个人应有的品行；就精神状态而言，才提倡"君子以自强不息"④，把自强不息、拼搏向上作为君子应有的追求；就讲求学问而言，才认为"大学之道，在明明德，在新民，

---

① 《诗·小雅·十月之交》。
② 《易经·系辞下》。
③ 《礼记·大学》。
④ 《易经·乾》。

在止于至善"①，把促使民众敦品励学、革新求进作为研究学问的最主要目的之一；就社会发展而言，才肯定"汤武革命，顺乎天而应乎人"②，把"革命"作为符合天道和人望的变革社会的手段。虽然社会主义价值发展与中国古代的"变易"学说不可同日而语，但民族精神中的变革思维使中华民族更易理解、接受和创新社会主义价值发展的思路、要求和实践。

2. 时代精神中的创新意识引导人们发展社会主义价值

改革创新是时代精神的核心，中国特色社会主义离不开以改革创新为核心的时代精神弘扬。发展社会主义价值，必须发挥理论创新、制度创新、科技创新、文化创新和其他各方面的创新及其引导作用。在社会主义价值发展方面，一是要坚持理论创新的先导作用，以马克思主义的社会主义观、价值观和发展观来观察、分析、展望和指导社会主义价值发展的方向、内容以及实践。二是要发挥制度创新的保障作用，通过大力推进体制机制创新，不断完善中国特色社会主义制度体系，适应社会主义价值发展的要求，巩固社会主义价值发展的成果。三是要注意科技创新的支撑作用，提高自主创新能力，实现科学技术和经济水平的跨越式发展，为社会主义价值发展奠定坚实的物质技术基础。四是要加强文化创新的激励作用，以贴近实际、贴近生活、贴近群众的文化增加人民群众的社会主义价值认同，激发人民群众发展社会主义价值的积极性、主动性、创造性。

（四）社会主义荣辱观展开社会主义价值发展的清晰脉络

发展意味着一些矛盾和问题在一定范围内和一定程度上获得了解

---

① 《礼记·大学》。

② 《易经·革·象辞》。

决，同时，发展又使另外一些矛盾和问题凸显出来，并带来一些全新的矛盾和问题，发展就是一个不断解决新问题、实现新进步的过程。社会主义价值的当代发展，必须根据当代环境去面对一些急迫问题的挑战，而社会主义荣辱观则有针对性地回应了这些问题的挑战。

1. 社会主义价值发展的当代环境特点

社会主义价值发展的演进充分证明，只有准确把握时代脉搏，自觉引领时代潮流，才有社会主义价值的发展，这就要求我们研究社会主义价值的时代环境。在当代，社会主义价值发展的环境呈现出三个方面的特点。

一是当代环境两面性明显。社会主义价值发展既要借助时代背景的积极条件，也要应对其消极影响的挑战。当前，全球化、现代化、工业化、信息化、城市化的形势是一把双刃剑，对于政治生活和社会生活来说，既带来了前所未有的统一趋势，也带来了相当明显的分裂特征；既产生了文化的交融与改善，也促成了多样化的发展、特别是对传统文化的发掘和整理；既加强了相互的影响，也激化了极端的封闭主义；既使社会主体对自身以及周围环境的认识更加深刻，自我选择性增强，又使政治生活和社会生活变得更具有多变性和不可控性，使宏观和微观的发展道路的选择都在一定程度上丧失了普遍意义。无论是从国际环境来看还是从国内环境来看，这样的特点都非常明显。因此，当代社会主义价值发展必须注重灵活性、平衡性、科学性，力争为社会主义价值发展走出一条新路。

二是当代环境复杂性强烈。当前经济社会发展中的短期问题和长期问题交织，结构性问题和体制性问题并存，国内问题和国际问题互联。阶层之间、地域之间、行业之间、城乡之间居民在收入、经济机会和生活质量等方面仍存在一些复杂的难题。因此，社会主义价值发展只有将多元社会主体纳入到解决社会公共问题的过程之中，才能有效促进公共利益、引导科学发展、维护社会公正。

三是当代环境风险性突出。现代社会是一个高风险的社会。从国际层面来讲，包括局部战争和地区冲突、核武器和大规模杀伤性武器的研制与扩散、金融危机、恐怖主义、流行性疾病等全球性危机的蔓延，不公正不合理的国际经济政治秩序带来的矛盾和争端，愈演愈烈的生态危机，毒品交易、非法移民等大规模跨国犯罪活动，都给我国的社会主义现代化建设带来不可忽视的外部风险。从国内角度来说，人口、资源、环境的非协调发展，收入的两极分化现象，阶层分化的固化趋势，部分地区经济发展的依赖性因素等问题，也是中国特色社会主义建设的发展环境在风险性方面的突出表现。寻求如何规避风险威胁的因应之道，从而为最大限度地减少风险作出贡献，是社会主义价值发展的应有之义。

2. 社会主义荣辱观回应社会主义价值发展的急迫问题

面对具有两面性、复杂性、风险性特点的当代环境，社会主义价值要获得发展，亟须有力应对各种现实矛盾和挑战。社会主义荣辱观从提倡什么、反对什么的角度对此旗帜鲜明地作出了回应。

在全球化浪潮方兴未艾的时代，人民不可避免的存在国家观念的疏离、国家意识淡漠、爱国主义的困惑。"以热爱祖国为荣，以危害祖国为耻"，就是要使人民认识到在国家消亡条件尚未具备的当代，热爱、建设和发展社会主义中国，才能使社会主义价值发展具备现实、可靠的载体。

在世界各种思潮交流交融交锋的过程中，资本主义抽象人性论也借机大行其道，不少人在发展为了谁、依靠谁、谁享有的问题上产生这样那样的模糊认识或错误观点。"以服务人民为荣，以背离人民为耻"，就是要坚持马克思主义群众观点，澄清社会主义价值的价值主体。

在经济建设成就巨大、人民生活水平显著提高的同时，由于历史和现实、内部和外部各种不利因素的影响，漠视科学、推崇迷信的主张、现象和活动，以或直截了当或改头换面的形式沉渣泛起，甚至有愈演愈烈之势。"以崇尚科学为荣，以愚昧无知为耻"，就是要高举科学的旗帜，捍卫社会主义价值与真理的统一。

在社会主义初级阶段，一部分社会成员能够不劳而获是客观事实，加之封建剥削思想的残余和资本主义剥削思想的蔓延，少数人存在鄙视劳动、贬低劳动人民的问题。"以辛勤劳动为荣，以好逸恶劳为耻"，就是要明确指出美好生活离不开劳动、社会进步离不开劳动，社会主义价值发展的实现离不开劳动。

改革开放以来，伴随着对个体差异的认可、对个人利益的尊重、对个人奋斗的赞许，也出现了个人私欲膨胀、个人主义抬头的不良倾向。"以团结互助为荣，以损人利己为耻"，就是要坚持集体主义这个社会主义价值发展的前提条件，引导社会成员正确处理个人与他人、个人与社会之间的关系。

社会主义市场经济激活了各种经济要素，激发了社会活力，创造了丰硕的物质成果，但是，市场经济的趋利性、自发性也使见利忘义、唯利是图的行为层出不穷。"以诚实守信为荣，以见利忘义为耻"，就是要坚决表明两极分化、道德滑坡与社会主义价值不相容，社会主义价值发展不允许"商品拜物教"、"资本拜物教"泛滥。

在东西方文明的分析比较中，在传统与现代的碰撞与过渡中，"法治虚无主义"和"法治万能主义"的声音都时有所闻。"以遵纪守法为荣，以违法乱纪为耻"，就是要用法治来保障社会主义价值发展，使社会主义民主与社会主义法治相统一、使依法治国与以德治国相结合。

在中国特色社会主义建设过程中，持续满足着人民日益增长的物质文化需要，但也带来一些人的意志消磨、进取精神衰退、奢靡之风的问题。"以艰苦奋斗为荣，以骄奢淫逸为耻"，就是要树立人的意志品质和精神状态的更高境界，这不仅是社会主义价值的重要内容，也是社会主义价值发展过程中的客观要求。

四、把握实践基础性

（一）马克思主义指导思想说明社会主义价值实践的哲学根基

辩证唯物主义的实践观认为"全部社会生活在本质上是实践的"[①]，正确阐明了实践的本质及其在认识世界和改造世界中的作用，科学回答了社会主义价值为什么能够实现、社会主义价值如何能够实现这一价值领域的重大问题。

1. 实践与社会主义价值的实现

实践是价值的主体——人的存在方式，从而是社会主义价值的主体——人民群众的存在方式。人的一切社会关系都是在实践活动中产生的，实践形成了人类特有的本质属性，即人的社会性。价值是客体以其自身属性实现对主体需要的满足，但是这种满足并不是天然地发生的。就自然界这个客体来说，人类必须依赖自然界才能够生存和发展，但自然界的天然状态并不完全适合人的生存和发展的需要，人类对于自然界客体的需要必须通过改造自然的实践来得到满足；至于社会这个客体，其本身就是人类实践的产物，就更是通过实践才能使之具备满足需要的属性。对于社会主义价值来说，实践也是其主体即人民群众的存在方式，人民群众在改造自然和改造社会的实践中生存和发展，实践使社会主义价值得以实现。

实践体现了自然界与人类社会的关系，揭示了社会主义价值实现中的自然因素。马克思明确指出人是自然界的一部分，是实践使人从自然界中分化出来，使人既具有自然属性又具有社会属性，使人与自然的关

---

① 《马克思恩格斯选集》第 1 卷，人民出版社 2012 年版，第 135 页。

系全面超越了动物与自然的关系。但是，人又不可能脱离自然界而存在，实践又把人类社会与自然界有机统一起来。人类通过实践活动根据自己的意图和目的改造自然界、影响自然界、制约自然界，这就产生了如何使人类社会与自然界和谐相处、共同发展的问题。在历史上和现实中，或者由于人们对于客观规律及其发挥作用的认识不足，或者由于剥削阶级的私利使然，经常使人类与自然界的关系处于紧张之中。人类无限度地向自然进行索取、破坏自然界，自然界则"对人进行报复"。在如何解决恩格斯所说的"人类同自然的和解"问题的语境中，社会主义价值得以凸显。社会主义的合规律性，使人类能够正确认识人与自然的关系，准确把握改造自然活动的后果；社会主义的合目的性，则使人类能够摆脱部分利益、眼前利益的束缚，从最大多数人和人类的长远发展角度去处理人与自然的关系。

实践是人类社会的基础，这也说明了社会主义价值实现的根源。在实践中形成了人与自然、人与人以及人与自身的关系。恩格斯指出："共产主义不是教义，而是运动。它不是从原则出发，而是从事实出发。共产主义者不是把某种哲学作为前提，而是把迄今为止的全部历史，特别是这一历史目前在文明各国造成的实际结果作为前提。"① 实践的三种基本形式划分出了社会生活的基本领域，这些基本领域也是社会主义价值实现的领域。社会主义价值要求丰富的物质成果，物质生产实践为此提供了物质支撑，是社会主义价值在物质生活领域的实现；社会主义价值要求高度的政治文明，社会政治实践调整和处理社会政治和社会关系，是社会主义价值在政治生活领域的实现；社会主义价值要求发达的精神文明，科学文化实践通过实验和社会调查等手段探索事物的本质和规律并变革事物，是社会主义价值在精神生活领域的实现。

---

① 《马克思恩格斯选集》第 1 卷，人民出版社 2012 年版，第 291 页。

2.实践与社会主义价值观念

实践是社会主义价值实现的决定性力量，从而决定社会主义价值观念的形成和演变。"人的思维是否具有客观的真理性，这不是一个理论的问题，而是一个实践的问题。人应该在实践中证明自己思维的真理性，即自己思维的现实性和力量，自己思维的此岸性。"①首先，物质生产活动以及由其决定的社会关系实践的发展过程，产生了对社会主义价值观念的需要；其次，人类改造自然和改造社会的实践活动及其现实发展状况，为社会主义价值观念的产生提供了可能性，也使社会主义价值观念得以不断发展；最后，社会主义价值观念的真理性，还要实践来加以检验。

（二）中国特色社会主义共同理想建构社会主义价值实践的总体框架

理想是一定社会实践的产物，但又超越了当前的社会实践。要把理想转化为现实，实践是关键环节。在当代中国实践社会主义价值，就是要深入实践中国特色社会主义共同理想，这为当代中国的社会主义价值实践提供了共同的总体性框架。

1.中国特色社会主义是社会主义价值实践的鲜明特色

中国特色社会主义是中国特色社会主义道路、理论体系和制度的有机统一体。"中国特色社会主义道路是实现途径，中国特色社会主义理论体系是行动指南，中国特色社会主义制度是根本保障，三者统一于中国特色社会主义伟大实践，这是党领导人民在建设社会主义长期实践中形成的最鲜明特色。"②这也是社会主义价值实践在当代中国的最现实内

---

① 《马克思恩格斯选集》第1卷，人民出版社2012年版，第137页。
② 胡锦涛：《坚定不移沿着中国特色社会主义道路前进　为全面建成小康社会而奋斗——在中国共产党第十八次全国代表大会上的报告》，人民出版社2012年版，第13页。

容和最鲜明特色。

2. 中华民族伟大复兴是社会主义价值实践的阶段目标

实践是有目的性、预见性的活动。马克思指出："蜘蛛的活动与织工的活动相似，蜜蜂建筑蜂房的本领使人间的许多建筑师感到惭愧。但是，最蹩脚的建筑师从一开始就比最灵巧的蜜蜂高明的地方，是他在用蜂蜡建筑蜂房以前，已经在自己的头脑中把它建成了。"①把我国建设成为富强民主文明和谐的社会主义现代化国家、实现中华民族伟大复兴，是中国特色社会主义共同理想的奋斗目标，这个奋斗目标是社会主义价值实践的阶段性目标。中国特色社会主义共同理想与共产主义远大理想是既相互区别又相互联系的，实现前者是实现后者的一个阶段。在中国特色社会主义共同理想实现的时候，发展着的实践会给我们提出新的更高级的理想。

（三）民族精神和时代精神蕴涵社会主义价值实践的历史经验

民族精神和时代精神是历史和时代的实践的产物，民族精神和时代精神促进实践向新的广度和深度发展。民族精神和时代精神在社会主义价值实践中具有重要地位和重大作用，弘扬民族精神和时代精神属于社会主义价值实践的基本历史经验。

1. 弘扬民族精神是社会主义价值实践的历史经验

历史证明，社会主义在全球范围内取代资本主义将是一个相对较长的过程。在"两制并存"的过渡时期，更加重视民族特点，将民族精神与社会主义有机结合，是推进社会主义事业和实现社会主义价值的必要环节。中华民族在漫长历史中形成了以爱国主义为核心的民族精神，中华民族正是以"救亡"为契机走上了社会主义道路，并且在爱国主义精神中建设和发展社会主义。邓小平说，"特别是像我们这样第三世界的

---

① 《马克思恩格斯文集》第 5 卷，人民出版社 2009 年版，第 208 页。

发展中国家，没有民族自尊心，不珍惜自己民族的独立，国家是立不起来的。"①这是中华民族在实践中形成的共识。大力弘扬以爱国主义为核心，以团结统一、爱好和平、勤劳勇敢、自强不息为内容的民族精神，才能立足人口多、底子薄、自然资源人均量低的现实国情，以坚忍不拔的精神，发挥聪明才智，取得改造自然的实践成果；才能协调各方，有效团结国内外、各阶层、各部分所有可以团结的力量，致力于社会主义和谐社会建设，取得改造社会的实践成果；才能以人的自由全面发展为导向，不断提升全民族的思想道德素质和科学文化素质。

2.弘扬时代精神是社会主义价值实践的历史经验

社会主义的先进性，要体现在能够创造出比资本主义更高的生产力上，也要体现在能够把握时代潮流、引领时代精神上。以改革创新为核心的时代精神，贯穿了社会主义价值实践的全过程。改革创新是革命性的行动，革命也可以说是一种改革创新的活动。革命、建设、改革，都不可能因循守旧，都离不了创新，从中国的社会主义实践来看如此，从世界的社会主义实践来看也是如此。"创新是一个民族进步的灵魂，是一个国家兴旺发达的不竭动力，也是一个政党永葆生机的源泉。"②大力弘扬以改革创新为核心的时代精神，才能发展社会主义市场经济领域的实践，用好政府和市场这"两只手"；才能推进社会主义民主政治领域的实践，发展好选举民主和协商民主这两种民主的基本形式；才能促进社会主义先进文化领域的实践，创造出导向明确、丰富多彩的文化成果；才能带动社会主义和谐社会领域的实践，协调好各阶层、各民族、各区域群众的利益；才能引领社会主义生态文明领域的实践，使社会主义价值能够获得永续发展。

---

① 《邓小平文选》第三卷，人民出版社1993年版，第331页。
② 《江泽民文选》第三卷，人民出版社2006年版，第64页。

（四）社会主义荣辱观强调社会主义价值实践的基本要求

社会主义荣辱观贯穿社会生活的各个领域，兼顾了宏观与微观，不仅在范围上覆盖广泛，而且在标准上富有弹性，从而使社会主义价值实践的基本要求得以明确并能够落到实处。

1.社会主义荣辱观是社会主义价值实践内容的具体化

社会主义荣辱观在社会主义核心价值体系中处于"基础"地位，这个"基础"的作用和表现就是把社会主义核心价值体系其他内容和要求具体化了。如何运用马克思主义的立场、观点、方法去分析现象和解决问题，需要社会主义荣辱观作为价值标尺；如何建设中国特色社会主义，需要社会主义荣辱观作为价值指引；如何弘扬以爱国主义为核心的民族精神和以改革创新为核心的时代精神，需要社会主义荣辱观作为价值导向。

社会主义荣辱观是社会主义价值实践内容的明细化表达。我们很难设想，一个不认同社会主义荣辱观的人，会信仰马克思主义、会拥有中国特色社会主义理想、会珍惜民族精神和时代精神；我们也很难设想一个不践行社会主义荣辱观的人会去进行社会主义价值实践。社会主义荣辱观将社会主义价值实践的内容，具体化为人们正确看待个人与国家、个人与集体、个人与社会、个人与他人、个人与自身的种种价值准则，具体化为人们正确处理关于金钱、名誉、地位、权力、事业、生活中等诸多问题的价值选择。

2.践行社会主义荣辱观是社会主义价值实践的依托

社会主义价值实践，既关涉宏观的制度安排，也有赖于在微观的日常生活中实践。社会主义荣辱观渗透到社会生活的方方面面，从而成为社会主义价值实践的有效依托。

一是把践行社会主义荣辱观与全面深化改革结合起来。党的十八大提出了全面深化改革的历史任务，十八届三中全会对此作出了具体部署。"全面深化改革的总目标是完善和发展中国特色社会主义制度，推进国家治理体系和治理能力现代化。"① 全面深化改革，事关社会主义市场经济、民主政治、先进文化、和谐社会、生态文明的各个领域，既需要建设和完善制度体系，又要求突破和改进具体工作，全面体现了社会主义价值实践的新发展。用社会主义荣辱观提出的系统、具体、简明的标准去关照全面深化改革的各项工作，有利于校正改革方向、提供改革动力、检验改革效果。

二是把践行社会主义荣辱观与党的建设结合起来。办好中国的事情，关键在党。作为中国特色社会主义领导核心的中国共产党也是社会主义价值的领导力量。中国共产党十八届六中全会明确提出加强党的政治纪律和监督条例，这就要求党带头自觉践行社会主义荣辱观，而这必将有利于增强党的执政能力，永葆党的先进性和纯洁性，更好地推进社会主义价值实践。

第三节　社会主义价值与社会主义 核心价值体系内在融汇

一、既立足普遍规律又结合中国实际

（一）社会主义价值与社会主义核心价值体系都立足普遍规律

确立一种价值或价值体系，并不是社会主义国家或社会主义制度所特有的，这种做法其实是人类历史和社会发展所共有的基本规律。处于

---

① 《中共中央关于全面深化改革若干重大问题的决定》，人民出版社 2013 年版，第 3 页。

不同条件下的人，必然会按照各自的标准和方式去挖掘、筛选以及组织各自的价值和价值体系。就社会主义价值与社会主义核心价值体系而言，它们是内在融汇的，这种融汇立足于马克思主义普遍原理，这种融汇表现在生产力与生产关系、经济基础与上层建筑的辩证关系以及共产党执政规律、社会主义建设规律、人类社会发展规律，这种融汇还统一于中国特色社会主义的伟大实践。

社会主义价值，不仅汲取了具有强大生命力的人类的普遍价值，并且还会更多的融入和实现人类的普遍价值。也就是说，"社会主义价值与人类一般价值具有一致性，但不能把社会主义价值与人类一般价值等同，它们的关系是辩证的。首先，社会主义作为人类共同价值理想的一种历史实现方式，其价值源自于或传承着人类共同价值理想。凡属真正是人类一般价值的东西，都可以被吸收、容纳到社会主义价值中来。因为一般人类价值的东西，是在人类历史的长河中，经由人类各个世代的实践所积累、沉淀下来的有益于它自身发展的物质和精神财富。"① 随着社会主义的持续发展和不断完善，社会主义价值将更加符合人类内在的、根本的本质特征，社会主义价值也将越来越彰显人类普遍的、深刻的以及长远的需求。这不仅是社会主义必然战胜和替代资本主义的重要依据，而且是社会主义价值当前以及今后所不懈奋斗的重大目标；这不仅仅是社会主义之所以诞生、存在和发展的核心缘由，同时也是使得社会主义价值继续越升和进步的根本动力。总之，在合理回应社会主义价值与人类本质和人类需要的相互关系的长久过程中，社会主义价值不断向前迈进着。

马克思和恩格斯为了同封建的社会主义、小资产阶级的社会主义、德国的或"真正的"社会主义、保守的或资产阶级的社会主义、空想社

① 方爱东：《社会主义的价值学视域：原则与启示》，《当代世界与社会主义》2008 年第 2 期。

会主义等等各色各样非马克思主义的"社会主义"流派相区别，在大部分文献中将无产阶级运动和反映这个运动的理论体系称之为共产主义。恩格斯在《社会主义从空想到科学的发展》中阐明了科学社会主义概念。列宁在《国家与革命》一文中，将马克思所说的"共产主义社会第一阶段"称之为社会主义社会。因此，科学社会主义理论体系即共产主义理论体系，社会主义社会的发展方向是共产主义社会，社会主义价值与共产主义价值是相衔接的。

人类社会是一个自然历史过程，社会主义的发展演变同样也是一个遵循人类社会发展规律的历史演进进程。社会主义价值的构建必须合乎人类社会发展的规律，这个规律还必须根植于一定的社会条件中。社会是价值系统成长所需的最深厚土壤，这样的社会条件支撑这样的价值系统，那样的社会条件支撑那样的价值系统。恩格斯指出：对于"真正社会主义的秘密学说和万应药方"①以及"共产主义的千年王国"②，马克思"只是最一般地谈到"③。"但是无论如何应当声明，我所在的党并没有任何一劳永逸的现成方案。我们对未来非资本主义社会区别于现代社会的特征的看法，是从历史事实和发展过程中得出的确切结论；不结合这些事实和过程去加以阐明，就没有任何理论价值和实际价值。"④在社会中并且借助它的强大支撑，社会主义价值才是最稳固、最持久的，它才能在这个社会中发挥出最合理、最积极的作用。

（二）社会主义价值与社会主义核心价值体系都结合中国实际

社会主义的状况制约着社会主义价值的整体面貌或基本图像。社会

---

① 《马克思恩格斯全集》第21卷，人民出版社2003年版，第316页。
② 《马克思恩格斯全集》第21卷，人民出版社2003年版，第316页。
③ 《马克思恩格斯全集》第16卷，人民出版社1964年版，第243页。
④ 《马克思恩格斯选集》第4卷，人民出版社2012年版，第582页。

主义价值与社会主义核心价值体系的构建必须具有合目的性，即必须符合中国特色社会主义客观实际的内在要求以及中国最广大人民群众的内在需求。"人的活动总是由一定的思想动机推动的，是有意识的、有目的的。社会的发展总是人们按照自己所设定的目标来推动的，社会形态的更替、社会变更的演进、社会体制的确定等都离不开社会主体的有意识、有目的的价值选择。但人们的价值选择能否实现必须依赖一定客观条件和遵循社会发展规律。人类社会的变化发展不是只有一种可能性，而是有多种可能性。社会主体的价值选择既能推动社会向前发展，同时也会阻碍社会发展，脱离客观实际、违背社会发展规律的价值选择是不可能推动社会向前发展的。"①

在构建社会主义价值的整个过程中，人们既不是随心所欲的，也不是完全被动的。社会主义价值系统的蓝图只有在开放式的构建中才能更加雄壮。首先，社会主义价值是在各种社会主义思潮和实践的比较中得以"扬长补短"的。社会主义价值的有效构建需要汲取各个不同社会主义所带来的有益营养。比如，"社会主义理论虽然从空想变为科学，但这并不意味着空想社会主义理论对社会主义历史进程不重要，相反，它作为社会主义历史之源头，为社会主义以后的发展提供了诸多理论资源。"② 再比如，针对我们通常所说的斯大林模式，即世界上第一个完整的社会主义发展模式，不能因为苏联的衰亡而把它弃如敝屣，反而应当从中吸取教训。其次，社会主义价值是在对资本主义进行批判、扬弃中实现"取长补短"的。列宁指出："马克思主义这一革命无产阶级的思想体系赢得了世界历史性的意义，是因为它并没有抛弃资产阶级时代最宝贵的成就，相反却吸收和改造了两千多年来人类思想和文化发展中

---

① 陈校：《从价值选择角度看中国社会主义现代化的路径探索》，《文史博览》2007 年第 1 期。
② 陈华兴：《从社会主义的历史经验看社会主义的基础价值》，《浙江社会科学》2010 年第 1 期。

一切有价值的东西。"①邓小平则强调："社会主义要赢得与资本主义相比较的优势，就必须大胆吸收和借鉴人类社会创造的一切文明成果"②。如是而言，"世界社会主义运动的历史经验还表明，建立了社会主义制度的国家，能否保证生产力高度的发展，能否吸收资本主义一切肯定的成就，在政治、经济、文化等各个方面赶上和超越资本主义，建设对资本主义具有优越性的社会主义，关系到社会主义运动的兴衰。"③

二、既凸显一脉相承又契合与时俱进

（一）社会主义价值与社会主义核心价值体系都凸显一脉相承

恩格斯说："马克思的整个世界观不是教义，而是方法。它提供的不是现成的教条，而是进一步研究的出发点和供这种研究使用的方法。"④列宁则指出，马克思和恩格斯这两位伟人给社会主义"这个科学奠定了巩固的基础，指出了继续发展和详细研究这个科学所应遵循的道路。"⑤邓小平也指出："绝不能要求马克思为解决他去世之后上百年、几百年所产生的问题提供现成答案。列宁同样也不能承担为他去世以后五十年、一百年所产生的问题提供现成答案的任务。真正的马克思列宁主义者必须根据现在的情况，认识、继承和发展马克思列宁主义。"⑥这些关于马克思主义理论创新的卓见，也适用于社会主义价值，因为社会主义价值理论不可能对遥远将来的所有社会主义价值问题都给出完全正确的现成答案。由此而言，我们应当深刻领会社会主义价值其本身理论

① 《列宁全集》第 39 卷，人民出版社 1986 年版，第 332 页。
② 《邓小平文选》第三卷，人民出版社 1993 年版，第 373 页。
③ 曹长盛：《世界社会主义运动的历史价值和发展趋势》，《国际政治研究》1995 年第 1 期。
④ 《马克思恩格斯选集》第 4 卷，人民出版社 2012 年版，第 664 页。
⑤ 《列宁全集》第 4 卷，人民出版社 1984 年版，第 160 页。
⑥ 《邓小平文选》第三卷，人民出版社 1993 年版，第 291 页。

原理的实质，并且在实践中实现一般原理的具体化，由此使社会主义价值的理论更加确切和完善。

一定地域、一定时期、一定群体对社会主义价值的认识及构建并不一定能完全囊括社会主义价值的全部真理，由于社会主义实践在范围上的不断拓展、在层次上的不断升级，对社会主义价值的认识不是永恒不变的。社会主义价值不是一个已经完成和完备的封闭系统，而是一个必须在与时俱进中不断发展和创新的开放而进步的系统。社会主义价值与社会主义核心价值体系都生动地体现了中国特色社会主义和中国共产党的历史自觉与价值自信。

（二）社会主义价值与社会主义核心价值体系都契合与时俱进

社会主义价值与社会主义核心价值体系应当着眼于彰显社会前进的方向、推动社会的进步，从而与社会的内在旋律协奏。在构建社会主义价值以及建设社会主义核心价值体系的整个过程中，社会主义价值符不符合时代潮流、符不符合社会主义要求，这是判定社会主义价值时代状况的重要依据。只要人类的社会主义实践尚未达到足够高的水平，加之人类对社会主义的认识尚需进一步深化，社会主义价值就需要不断地在理论上进行主观构建以及在实践中进行努力探索。此外，对社会主义价值的执着探索以及对社会主义核心价值体系的深入建设，不仅是为了深化理论，而且是为了满足实践的需要。"只要人类追求美好生活并为之奋斗，就有社会主义的存在合理性和发展必要性，也要求人们在实践中扩展和深化它的基本价值，不是对照理论搞实践，而是理论与实践的有机结合，做到理论的实践化与实践的理论化的统一；不是关注虚拟的人，而是关注现实的人，做到个人社会化与社会个人化的统一，就是个人真正认同社会与社会真正尊重个人的统一；不是把它作为一种可望而不可即的制度理想，而是看作一种现实可追求的制度理想，做到理想的现实化与现实的理想化的统一，就是理想包含着现实内容，现实蕴涵着未来希望。"①

　　社会主义价值与社会主义核心价值体系，均合目的性且合规律性，是合目的性与合规律性相映照的集合。"一方面，社会主义不仅因为它是人类的理想追求才有价值，而且因为它是一种历史趋势才有价值，甚至它的合目的性价值还必然要通过它的合规律性价值而得以实现；另一方面社会主义的优越性表现为社会主义相对于包括资本主义在内的其他社会来讲更加符合人类的目的，更加符合历史发展的趋势。社会主义价值的第一方面规定第二方面，因为倘若社会主义不是人类的理想追求，相对于其他社会来讲就不可能更加符合人类的目的；倘若社会主义不是一种历史趋势，它也不可能更加适合历史发展的趋势。"②

---

① 马耀鹏：《社会主义科学本性的追寻与坚守》，《社会主义研究》2011 年第 6 期。
② 郭林江：《关于社会主义价值问题的理论思考》，《江汉大学学报（社会科学版）》2011 年第 3 期。

第六章
社会主义价值与社会主义
核心价值观关联论

　　社会主义核心价值观指的是：遵循马克思主义的基本原理，在社会主义实践过程中形成的，与社会主义的政治、经济、文化和社会等制度体系相适应的，在社会主义社会起着主导作用的价值观。它是人们对社会主义应有的核心价值的基本判定，也是社会主义应有的核心价值的集中表达。社会主义核心价值观有广义和狭义之分，广义上的社会主义核心价值观泛指所有社会主义国家所普遍认同的核心价值观；狭义上的社会主义核心价值观特指中国特色社会主义核心价值观，即中国共产党领导中国人民在社会主义革命、建设和改革中逐渐形成和确立的核心价值观。党的十八大报告提出的"三个倡导"以及中共中央办公厅印发的《关于培育和践行社会主义核心价值观的意见》，从国家、社会、公民三个层面对社会主义核心价值观做了明确概括，即国家层面的价值目标——富强、民主、文明、和谐；社会层面的价值取向——自由、平等、公正、法治；公民个人层面的价值准则——爱国、敬业、诚信、友善。社会主义价值与社会主义核心价值观的内在关联主要体现在两个方面：一方面，社会主义价值是社会主义核心价值观的依托对象；另一方面，社会主义核心价值观是对社会主义价值的明确表达。这两方面关系融通并体现于社会主义价值与社会主义核心价值观的理论定位和实践旨归。

第一节 社会主义价值厘定社会主义
核心价值观的价值标尺

一、甄别思想成果

在培育和践行社会主义核心价值观过程中，科学把握社会主义核心价值观的理论定位，对于保持清醒头脑、坚持正确方向、选择合理路径、激发创新思维，具有十分重要的意义。

（一）社会主义价值确定社会主义核心价值观的价值要义

价值观作为主观性与客观性辩证统一的社会意识，具有突出的主体选择性特征，即人们会根据价值客体满足自身需要的大小、强弱来判定、选择或确认最符合自我发展和自我需求的价值观。价值观念既是对客观状态的主观认识或表达，也是对价值意义的选择和认可。所以一定社会、一定阶级、一定阶层、一定群体的价值观念必然基于对价值意义的理解而呈现差异性，由此一定社会、一定阶级、一定阶层、一定群体之中也必然存在多元多样、性质迥异、形式不同的价值观念。核心价值观正是基于人的价值需求通过比较鉴别和归纳概括，是在价值观的比较性和选择性以及差异性与多样性中彰显出来的。最能反映社会现实关系，最能彰显社会价值理念，因而是一个社会主流意识形态的本质体现。

核心价值观是基于一定社会所倡导和推崇的思想理念、价值观念、行为规范、道德准则等因素综合构成和核心深化的社会价值认同，是保证社会制度、经济制度、政治制度和文化制度稳步运行和发展进步的思想引擎，是引领社会前进的精神旗帜。它是基于多元多样的价值现实，选择具有主导性、引领性和统摄性的价值观念，确保文化引领和思想统摄，起到凝聚力量、统一思想和整合认识的作用。

社会主义价值应当是具体的和发展的，因而具有历史性和民族性，故而具有与国家状况、阶段条件等相适应的内容规定和形式表现。社会主义核心价值观正是符合社会主义价值发展阶段和发展条件的特殊形态与共识价值。总而言之，随着实践的发展，社会主义核心价值观的凝炼概括必然会深化；随着理论的创新，社会主义核心价值观的实践也将不断推进发展。

（二）社会主义价值确立社会主义核心价值观的价值意蕴

任何价值与价值观均与其生成背景、理论依托以及实践要求有着密切联系。此外，价值与核心价值观既有对错优劣之分，更有意识形态之别，这种需求来自于阶级差异和群体差异，产生于利益需要和实践过程。因此，社会主义核心价值观必然要在坚持社会主义意识形态本质属性的同时，彰显价值追求的科学性和真理性，实现社会主义核心价值观合目的性与和规律性的统一。

首先，从价值观生成背景来看，社会主义核心价值观是自发性生成和自觉性建构的辩证统一体。一方面，社会主义核心价值观必须根植于现有的实际生活，在直面现实问题的过程中体现其价值意蕴；另一方面，社会主义核心价值观必须符合先进文化，在引领文化过程中凝聚力量、鼓舞精神、昭示未来。

其次，从价值观理论依托角度来看，社会主义核心价值观的科学性体现在其依托基础——马克思主义的科学性之中。社会主义核心价值观以马克思主义理论为指导，以辩证唯物主义和历史唯物主义为依托，以对人类社会发展演变规律的把握为凭借，进而揭示出人类社会发展的价值追求和存在意义。马克思主义不仅通过剩余价值的发现揭开了资本主义制度剥削的奥秘，揭露了资本主义价值追求的虚伪性和片面性，而且通过唯物史观的创立揭示了资本主义制度建构的缺陷和矛盾，更通过未来的共产主义社会是要实现"人的自由全面发展"，站在人类文化发展的历史高度，真正揭示了人们的现实需求和人类的发展规律，切实把握了文化发展的内在要求和客观趋势。面向世界、面向未来不仅是推进社会主义先进文化发展繁荣的不竭动力，也是推动社会主义核心价值观不断完善、发展的不可遏止的力量所在。

再次，从价值观实践要求角度来看，社会主义核心价值观的科学性体现在社会实践发展性和价值理念发展性的协调互动之中。实践是检验真理的唯一标准，生活是验证价值的基本尺度。社会主义核心价值观的发展演变历程，充分表明能够符合当下时代特征、契合社会实践需求的价值观念必然是会深入人心、广泛流传并得以贯彻落实的。中国特色社会主义正是在坚持社会主义现代化的政治方向、和谐社会建设的统一目标、人民利益至上的主体意识的基础上，以人民利益为出发点和落脚点，不断实践、发展、验证和体现着社会主义制度、社会主义价值、社会主义本质以及社会主义优越性，是社会建设现实性和社会发展理想性的历史性统一。

（三）社会主义价值确保社会主义核心价值观的价值特质

任何价值观念的形成发展都有其特定的历史条件、理论渊源和实践基础，都有一定的社会存在作为价值观念产生的制度土壤、文化土壤和实践土壤。价值观念正是在与价值主体的互动中，在与社会发展的互动中，在与具体社会制度的互动中不断呈现时代性、实践性和发展性。《关于培育和践行社会主义核心价值观的意见》明确指出，社会主义核心价值观的基本内容"与中国特色社会主义发展要求相契合，与中华优秀传统文化和人类文明优秀成果相承接，是我们党凝聚全党全社会价值共识作出的重要论断。"从本质上看，社会主义核心价值观是对社会主义的本质与中国特色社会主义价值的特质的集中反映。

首先，社会主义核心价值观与资本主义核心价值观是不同的。资本主义核心价值观奠基于资本主义生产关系之上，在资产阶级革命和资本主义制度上升时期对推动社会进步起到了积极作用，在今天也还有其合理因素。资本主义核心价值观包含"人类文明优秀成果"的成分，资本主义核心价值观的基本内容也包括自由、平等、民主、法治等概念，确有其借鉴意义和启示价值。然而，形式上的相同或相似绝不能掩盖本质上的区别。资本主义核心价值观本质上属于资产阶级的意识形态，其着眼点、出发点、落脚点都是维护以"全社会"、"全人类"为名的资产阶级利益。当代资本主义社会发生了若干新变化，但是资本主义核心价值观的基本立场没有变也不会变。资本主义核心价值理念的缺陷并不在于上述这些概念本身，而在于其本质的资本性、内容的狭隘性、实现的虚伪性。我们倡导的社会主义核心价值观与其不同之处正是要赋予这些理念以前所未有的人民性、真实性、现实性、丰富性。

其次，社会主义核心价值观与中国的传统价值观有显著区别。中华优秀传统文化，不仅是人类文明的瑰宝，而且是维系中华民族生生不息的民族血脉与精神家园，传统价值观则是中华优秀传统文化的精髓与核心。中国传统的天人观、群己观、义利观、理欲观饱含人类智慧的闪光点，传统道德提倡的家国情怀、责任意识、远大抱负、务实观念，即使今天仍然值得我们珍视。但是，从价值属性来看，传统价值观无法最终摆脱自然经济和宗法制度的束缚与窠臼，不可避免地带有狭隘性、保守性、落后性。社会主义核心价值观应当摒弃民族文化虚无论和复古论，坚持用客观的态度、扬弃的原则、发展的眼光对待这一份珍贵的历史遗产，处理好传承与创新之间的辩证关系。

再次，社会主义核心价值观与非科学社会主义的价值观具有本质差异。在科学社会主义初创时期，就有空想社会主义、封建的社会主义、小资产阶级的社会主义、德国的或"真正的"社会主义等多种类型的"社会主义"及其核心价值观，马克思恩格斯对此曾有深入的分析与批判；在当今时代，仍有民主社会主义、生态社会主义、市场社会主义、自治社会主义等形形色色的所谓的社会主义的核心价值观。应该看到，在各种打着"社会主义"旗号的价值观中，不乏广泛的涉猎、独到的探索、精辟的见解，但是又往往很不科学、很不全面、很不深刻。因此，现在所倡导的社会主义核心价值观可以借鉴、吸收其有益成分，但必须注意本质差异。总而言之，我们应当珍惜前人的探索成果，更要注重社会主义核心价值观的系统性、时代性和发展性。

二、坚持理论品质

理论问题是对社会生活的集中反映，理论创新是对社会实践活动尤其是社会现实问题的积极回应。社会主义核心价值观的确立以及培育和践行正是对社会主义的理论探索和实践省思。社会主义核心价值观应该是开放、发展着的，它应当而且必须随着时代变化不断丰富新的内涵，而不是固守僵化言论的具体形式。因此，不同时期对社会主义核心价值观的理解也会呈现差异，这种差异既与时代的发展演变有着内在的密切关系，也与社会主义自身的发展演变有着内在的天然联系。

（一）社会主义价值的内在基准要求社会主义核心价值观实事求是

毛泽东指出："共产党员应是实事求是的模范，又是具有远见卓识的模范。因为只有实事求是，才能完成确定的任务；只有远见卓识，才能不失前进的方向。"① 在不同时期、不同地域或者在同一时期的不同地域、同一地域的不同时期，对社会主义的具体设想、具体实践均可能不尽相同甚或风格迥异，从而使得社会主义的具体形态纷繁复杂，但社会主义所蕴含的价值追求、秉承的价值理念以及坚持的价值实践却呈现出共通性、相似性和趋同性。"当代社会主义价值观，必须是对当下社会存在本质的观念把握，离开了对当代社会实际生活的本质抽象和把握，他的当代建构也就失去现实的基础。"②

核心价值观处于生成、演变和发展的动态过程之中，从而在不同阶段呈现出相应的理论发展形态和实践演进形态。"社会主义核心价值观的演进过程既包含了对社会主义五百年理论发展、制度演进和实践深化的尊重和继承，更是对时代发展的现实问题的考量和分析。历史发展表明，任何思想体系一旦将自己禁锢、封闭和僵化起来，脱离社会实践和现实问题，就会失去存在的价值和意义，也就会为人民群众所抛弃。"③ 因此，培育和践行社会主义核心价值观，必须坚持实事求是，坚持历史性与现实性相统一的基本原则。马克思主义尤其是中国化的马克思主义是社会主义核心价值观的理论性基石；社会主义的实践经验是社会主义核心价值观的现实性支架；资本主义价值观中的正确部分、中国传统文化中的优益精粹、空想社会主义中的合理构想则是社会主义核心价值观的丰沃养料。

社会生活在本质上是实践的，实践是价值活动、价值关系以及价值

---

① 《毛泽东选集》第 2 卷，人民出版社 1991 年版，第 522—523 页。
② 吴向东：《重构现代性：当代社会主义价值观研究》，北京师范大学出版社 2009 年版，第 53 页。
③ 王学俭、李东坡：《培育和践行社会主义核心价值观的原则、路径和机制研究》，《中国特色社会主义研究》2014 年第 3 期。

观念产生的最根本基础。实践直接决定着社会主义核心价值观的内容生成、理念实现以及发展演变。培育和践行社会主义核心价值观，聚集在精神、落脚在实践、关键在行动，故要以社会实践活动为基本立足点，不断创造实践活动新形式，不断巩固实践活动新成效。总而言之，必须实事求是地培育和践行社会主义核心价值，立足当下实践、把握时代要求，在尊重历史和关注现实中推进社会主义核心价值观的理论与实践创新。

（二）社会主义价值的开放包容要求社会主义核心价值观解放思想

社会主义从来就不是固化模式、僵化体系、简化思想的代言，马克思恩格斯特别注意强调，社会主义不是某种主观愿望和想象的结果，而是一个客观的历史进程，不断发展的现实是社会主义得以实现的基础，并提供着必要的条件和动力。他们认为社会主义没有一成不变的现成模式，而是无产阶级和人民群众在不断发展的社会实践中不断创造的产物，因此社会主义的建构要立足现实，从实际出发，不断探索、创造、发展。恩格斯指出："所谓'社会主义社会'不是一种一成不变的东西，而应当和任何其他社会制度一样，把它看成是经常变化和改革的社会。"①

实践探索永不停步，理论创新永无止境。社会主义核心价值观彰显了宏大的全球视野和深邃的历史眼光，它一经形成和确立，具有权威性、统摄性、恒定性，但同时也保持了足够的张力，能够根据中国特色社会主义的持续发展而彰显时代发展性。中国特色社会主义的发展道路更是充分证明了僵化、固化社会主义模式就会不可避免地走向社会主义

---

① 《马克思恩格斯选集》第4卷，人民出版社2012年版，第693页。

的反面，与时俱进地推进社会主义建设的时代化才是坚持和发展社会主义的不二法门。在社会主义革命、建设、改革历程中，中国特色社会主义理论体系的产生和发展，以及在全球化时代不断凸显出卓越的理论优势和价值优势，与其"旗帜鲜明地把价值观和价值标准引入了社会主义本质规定和判断标准之中"[①]有着密不可分的关系。社会主义实践发展道路如此，社会主义核心价值观的培育践行更是如此。社会主义核心价值观的形成与发展，需要在立足中国国情和中国特色社会主义实践的基础上，不断挖掘社会主义核心价值观的时代内涵。

社会主义核心价值观是体察民族特性的价值升华和概括，因而具备牢固的民族根基、凝聚充沛的民族气质、体现显著的民族特性。社会主义核心价值观科学诠释中华民族价值思维，充分展现民族智慧；发扬光大中华民族价值关怀，集中呈现民族追求；认可尊重中华民族价值情感，生动体现民族传统；推崇提倡中华民族价值规范，全面表现民族道德。中华民族曾经为人类的进步作出了不可磨灭的贡献，在新的时代条件下，发展社会主义、推进人类进步事业的重任历史性地落在中国人民和中华民族肩上。社会主义核心价值观在中国特色社会主义的发展中，一定会以其民族性而升华具备世界性意义，为人类的价值创造和价值实现作出更大贡献。

（三）社会主义价值的动态演进要求社会主义核心价值观与时俱进

价值观总是回应着特殊的时代性问题，表征着特定的时代精神，体现着一定时代人们的需要和利益等方面的诉求以及为时代所要求的价值原则、价值规范和价值理想。价值观的性质、内容和形式都会受到特定

---

① 李德顺：《价值论：一种主体性的研究》，中国人民大学出版社 2013 年版，第 285 页。

时代的社会发展水平、社会实践程度以及人的认识能力的限制。社会主义核心价值观蕴含在时代发展所展现的基本趋向之中。因此，社会主义核心价值观不可能始终保持一致的样式和形态，而是要在回应时代需求、反映时代变化的过程中始终保持敏锐的捕捉能力、强烈的现实关怀和超前的理论关照。

社会主义核心价值观是考量时代特征的价值抽绎和价值整合。马克思指出，社会主义价值具有与时代精神和时代风貌相适应的具体内容和具体形式。中国特色社会主义是与时俱进的社会主义，社会主义核心价值观同样把握着时代主题、融合着时代特征、反映着时代任务、回应着时代问题。因此，社会主义核心价值观，必须凝聚以发展进步为主旨的时代的社会主义价值，体现经济全球化、政治多极化、科学技术高度发展的时代的社会主义价值，弘扬中华民族抓住机遇、迎接挑战、凝聚力量、攻坚克难的时代的社会主义价值。此外，社会主义核心价值观的培育和践行必须立足时代条件。总而言之，社会主义核心价值观不是封闭的体系和停滞的形态，而必须辨别和融入时代行进步伐、把握和回应时代发展要求、契合和反映时代现实特征。

三、明晰信仰旨归

习近平指出："理想信念就是共产党人精神上的'钙'，没有理想信念，理想信念不坚定，精神上就会'缺钙'，就会得'软骨病'"。社会主义价值蕴含的信仰追求是明晰社会主义核心价值观的信仰取向的重要标尺。

（一）社会主义价值明确社会主义核心价值观的信仰基准

一个社会的价值观是这个社会对提倡什么和反对什么的规范性判断；一个人的价值观是这个人心中深层次的信仰导向和信仰表征。从空想社会主义的价值构想到科学社会主义的价值设计，从巴黎公社革命性制度规划的价值彰显到中国特色社会主义实践的价值自信，社会主义价值观始终指引、规范和推动着社会主义的变革和发展，从而也展现了社会主义信仰的发展历程。

社会主义核心价值观的形成过程，既是在与社会主义运动、理论和制度的互动过程中形成的，是对社会主义本质规定和社会主义终极目标的价值言说。社会主义核心价值观的生成过程，更是在与资本主义发展模式的比较中，在社会主义运动、革命和建设的历程中，在不断剖析、考量和论证社会主义科学性、先进性与优越性的过程中，获得的对社会主义信仰的力量源泉和启迪借鉴。

社会主义核心价值观是在与社会主义道路、制度、理论和运动的互动中生成的，社会主义核心价值观也是社会主义思想文化、意识形态、道德规范的综合体和精华体，其本质上是对社会主义基本制度、发展道路和生活方式也就是社会主义运动实践的价值反映。换言之，作为在社会主义价值观念体系中居主导地位、起指导作用的社会主义核心价值观，是从价值层次解答着"什么是社会主义"、"如何建设社会主义"以及"建设什么样的社会主义"，进而诠释着社会主义的内在现实，昭示着社会主义的发展前景。总括而言，社会主义核心价值观是对社会主义本质的价值言说，是社会主义思想体系的内核，也是社会主义运动的旗帜，是社会主义制度的灵魂，也是社会主义的信仰表现。

（二）社会主义价值明确社会主义核心价值观的信仰内容

信仰是信念的最高表现形式，是具有总体性、普遍性特点的信念，也是价值体系的终极价值标准，是人们关于最高价值的信念。"可以认为，信仰是人类特有的精神存在和精神生活的本质形式之一。信仰是人类文化和文明的内在条件之一。……在人类的精神生活中，信仰是全部价值追求的指向机制、定向机制、导向机制。"①

核心价值观是一个国家、社会或群体所普遍认可、共同遵循并且相互维护的较为稳定的价值观。核心价值观的确立、培育、践行和弘扬，不仅要求核心价值观自身揭示且契合社会发展的内在规律以及价值观变化发展的基本规律，而且需要统治阶级的自觉建设。因为，核心价值观具有影响国家进步之道路、社会前进之步伐、公民发展之走向等重大影响力。这种影响力往往深刻地作用于制度的设计、规则的制定以及对价值追求和实践中的偏差的纠正，从而具有稳定统治秩序、维护统治阶级利益的功绩。

信仰追求归根结底就是个人乃至人类、群体乃至社会追求一个什么样的存在状态的实现。社会主义价值特别强烈地体现为价值观念的信仰形式，主要体现为导向机制。社会主义价值对于社会主义核心价值观的信仰导向机制，就在于保证全部价值追求不会偏离指向机制所确定的奋斗方向。不同的信仰发挥定向机制作用的机理不同。在历史上，对未来社会的美好憧憬不断或隐或显地出现在个别人物、整个派别甚至整个阶级的头脑中，但是对未来社会状态合理性的论证却大相径庭。马克思主义指导下的社会主义价值思想，使扬弃私有制、消灭阶级、实现"自由人的联合体"建立在科学的基础之上，从而发挥了对社会主义和共产主义的信仰的导向机制及其方法路径。

（三）社会主义价值明确社会主义核心价值观的信仰实践

社会主义核心价值观内含的信仰及其实践，不是无源之水、无本之木。中国特色社会主义实践为社会主义核心价值观的信仰实践奠

---

① 李德顺：《价值论》，中国人民大学出版社 2007 年版，第 206 页。

定了坚实的根基。社会主义核心价值观来源于实践、形成于实践、验证于实践、完备于实践，社会主义核心价值观的培育与践行普及于实践、健全于实践、深化于实践、拓展于实践。正因为如此，社会主义核心价值观的信仰实践，是社会主义现代化进程中的信仰实践，是中华民族伟大复兴视阈中的信仰实践，是全面深化改革语境中的信仰实践。

一方面，社会主义核心价值观的信仰自觉和信仰自信归根结底应立足于中国特色社会主义所蕴含的信仰及其实践，才能具有深刻的说服力、强大的吸引力、持续的感召力以及旺盛的生命力；另一方面，社会主义核心价值观要妥善应对中国特色社会主义所蕴含的信仰及其实践所面临的挑战。伟大的道路不可能一帆风顺，远大的目标不可能一蹴而就。在追逐和实现信仰的征途中，社会主义核心价值观必须应对种种风险、面对层层考验、针对重重挑战。不思进取、小富即安的观念，因循守旧、固步自封的意识，封建人治思维、全盘西化倾向，民族虚无主义、历史虚无主义，在当下社会生活中都还不同程度地存在。社会主义核心价值观具有战斗力才能有影响力，故不能是温室里的花朵，而应该是风雨中的松柏。要敢于正视错误思潮对社会主义核心价值观的扭曲与悬置，要勇于直面丑恶现象对社会主义核心价值观的消解与遮蔽。

总而言之，理论只有面向现实、符合实际，才能成为人们的行动指南。要在中国特色社会主义前沿问题中落实价值要求、避免价值缺位，牢记价值目标、防止价值错位，警惕价值越位、恪守价值功能，确保社会主义核心价值观在社会生活的方方面面充分地发挥积极作用，有效践行社会主义、集体主义和爱国主义，坚持国家利益、集体利益和个人利益的统一，这是推动人们接受、认可和践行社会主义核心价值观的重要转化通道。

第二节　社会主义核心价值观概括
社会主义价值的基本内容

2013 年 12 月，中共中央办公厅印发的《关于培育和践行社会主义核心价值观的意见》指出："富强、民主、文明、和谐是国家层面的价值目标，自由、平等、公正、法治是社会层面的价值取向，爱国、敬业、诚信、友善是公民个人层面的价值准则，这 24 个字是社会主义核心价值观的基本内容"。社会主义核心价值观的基本内容虽然分属三个不同层面而反映着社会主义核心价值观不同主体的价值诉求，但三个层面彼此之间既主体明确、层次分明又相互联系、有机统一。

一、富强、民主、文明、和谐是基本价值目标

"富强、民主、文明、和谐"是社会主义核心价值观中国家层面的基本价值目标。对于富强的渴望、民主的追求、文明的秉承、和谐的向往，是近两百年来中国人民寻求国家富强、民族复兴、生活幸福的美好愿景和内在心声的价值追求，同时也是已经写入党章的党在社会主义初级阶段现代化建设的基本主张和写入国家宪法的社会主义现代化事业的国家发展目标，是党和全国人民对于中国特色社会主义事业建设和发展的基本价值定位，在社会主义核心价值观中居于统领和主导地位。

（一）"富强"

"富强"作为一种价值目标，是马克思主义唯物史观的根本体现，是实现"人的自由全面发展"的物质保障。任何国家和民族都致力于物质财富的创造和积累，对富强的追求是人类历史进程中不变的主题，体现了人类最基本的生存需要，推动着社会文明的发展进步。具体而言，

"富强"是我国社会主义经济建设的现实目标，昭示着中国特色社会主义发展道路要坚持解放和发展生产力，大力推进经济社会的科学发展，着力建设社会主义物质文明。"富强"既是勤劳勇敢的中国人千百年来不断追求的社会理想，又是当今社会主义初级阶段持续发展的客观要求，是现代价值与传统价值的有机统一，是国家价值与个人价值的有机统一。因此，从这个意义上讲，"富强"并不仅仅代表着国家富强的目标，也孕育着个人富裕的愿望。

（二）"民主"

"民主"在马克思主义政治思想中居于核心位置，是中国特色社会主义政治发展的本质要求。"民主"既是一种价值理念，是人类政治文明和中国政治发展的价值追求，也是一种政治实践，体现在国家政治制度设计和制度安排的方方面面。具体而言，"民主"既是坚持科学社会主义基本原理、发展中国特色社会主义政治的客观要求和主要方向，又是党领导全国人民长期奋斗、创造和积累的结果。我们倡导的"民主"是在超越资本主义民主价值的过程中，在继承科学社会主义民主思想的基础上，以社会主义人民民主为核心内容的价值追求。它坚持国家一切权力属于人民，坚持党的领导、人民当家作主和依法治国的有机统一。因此，要坚持人民当家做主的总要求，就要不断完善社会主义民主政治建设，构建社会主义政治文明。

（三）"文明"

"文明"是对一个国家思想文化发展状态的总体性描述，体现、指引和代表着社会主义先进文化的发展要求与前进方向。具体而言，"文明"是我国社会主义文化建设的基本追求，指引着中国特色社会主义精神文明建设要以提升文化软实力为主要内容，不断促进社会主义文化大发展大繁荣，扎实推进社会主义文化强国建设。追求文明既是对我国五千多年源远流长、博大精深的优秀传统文化的忠实传承和积极弘扬，又是对社会主义先进文化建设凸显解放思想、实事求是、与时俱进的科学理论和"百花齐放、百家争鸣"的多元文化的整体反映和科学建构。"文明"具有整体性和个体性相统一、主导性和多元性相统一的基本特征，所以对"文明"的追求既需要整体提高国家文化软实力，又需要全面提升公民素质修养。

（四）"和谐"

"和谐"这一价值目标，既根源于中华民族几千年的传统文化，又贯穿于个人成长、社会发展、治国理政等方方面面。流变至今，中国特色社会主义的发展又赋予其全新内涵，成为中国特色社会主义社会发展的价值目标。此外，"和谐"是我国社会主义社会建设的根本方向，蕴含着中国特色社会主义社会建设要以社会和谐稳定为主要目标，正确处理社会主义市场经济条件下人与自然的和谐关系，建设社会主义生态文明，改善民生和创新治理，建设社会主义和谐社会。"和谐"的价值理念既兼容了我国传统文化中"和"、"大同"等理想因素，又继承了马克思主义理论中的"和解"等思想因素，更吸取了现代化过程中可持续发展、科学发展等理念，具有十分重要的当代价值。因此，我们追求的"和谐"，既是人与人、人与社会、人与自然的和谐相处，又是让广大人民群众能拥有幸福美满和谐的生活。

二、自由、平等、公正、法治是基本价值取向

"自由、平等、公正、法治"是社会主义核心价值观中在社会层面的基本价值取向。对于自由的捍卫、平等的争取、公正的维持、法治的建构，不仅体现了中国特色社会主义的基本属性，标明了中国共产党人

的一贯的价值立场和价值追求，更是凸显了引领现代文明走向的人类共同价值准则和理想社会目标，是维持社会秩序、调整社会关系、维护社会公正、确保和谐社会的重要精神力量，既有利于促进国家的繁荣强盛、中华民族的伟大复兴和人民的幸福安康，又有利于推进社会主义现代化建设、推动"中国梦"的进一步实现。

（一）"自由"

"自由"是社会主义社会的价值追求，每个个体都有生存和发展的自由，表现为个体能力的充分发挥、需要的满足以及个性的张扬。"自由人的联合体"是社会主义的终极追求和最高理想，自由的实现程度与社会制度密切相关，社会主义自由才是真实的和实质的自由。具体而言，"自由"既是对资本主义自由价值观的批判和超越，又是对马克思主义"人的自由全面发展"的价值追求的继承和坚守，更是对中国特色社会主义的坚持和发展。"自由"主要涉及人以及人在社会关系中的存在状态，认知自由、尊重自由、追求自由、捍卫自由，进而实现每个人自由全面的发展，是社会主义自由价值观的根本内容，是社会成员个体对自觉认识、自愿意志、自主行为的向往和追求，也是整个社会更高层面的安定有序的理想状态和追求目标。因此，这种"自由"既不同于资本主义社会虚假带有局限性的自由，又不同于没有约束和保障的虚幻带有臆想性的自由，而是在承认和尊重个体自由基础上的一种更加合乎理性、符合规范、遵循规律的社会秩序的自由。

（二）"平等"

"平等"是指人人生而平等，社会成员虽然在能力、个性、需求、身份等方面有差异，但社会对待每一个社会成员应该是平等的，每一个社会成员在经济、政治、文化和社会等发展上应当享有平等的待遇和权利。具体而言，"平等"作为社会主义市场经济的价值取向，既来源于马克思主义的平等思想，又形成于我国传统的平等观念，还启发于资本主义的平等价值观，更生成于中国特色社会主义的生动实践之中。在社会主义初级阶段，"平等"主要涉及人际关系的形式平等、机会持有的程序平等和利益分配的结果平等，保障人们在经济、政治、文化、社会等方面享有同等的权利。这是对社会成员个体人格和权利的基本尊重，也是对社会成员个体尊严与幸福感受的重要坚守。

（三）"公正"

"公正"是指将某种被普遍认同的原则或标准普遍地无偏颇地适用于一切人，对社会资源进行合理的分配以给予人们各自应得的权益和结果，既包括程序公正，也包括实体公正。具体而言，"公正"作为社会主义民主政治的重要保障，是中国特色社会主义的内在要求。作为中国特色社会主义核心价值理念的"公正"，既是对马克思主义、毛泽东思想和中国特色社会主义理论体系的公正观的发展，又是对历史上其他社会制度的公正观念和公正实践的批判和超越，更是对中国特色社会主义实践过程中公正问题的理论升华。社会主义公正价值观既关乎我们党和国家发展的命运，又关乎人们在社会交往中的具体和切实利益，还关乎和谐社会的维护和实现，更关乎中国特色社会主义发展的前途和命运。

（四）"法治"

"法治"是与"人治"相对而言的，一方面强调法律的至高无上性，任何人不得凌驾于法律之上；另一方面强调依靠法律的理性和权威来管理国家和社会，充分保障公民的自由和权利。具体而言，"法治"作为社会主义社会治理的价值追求，是推进法治中国建设的本质要求。追求法治，就是要在社会治理中形成树立法治理念、恪守法律原则、弘扬法律精神、履行法律使命的良好局面，这是治国理政的主要方式和根本途径。因此，坚持社会主义法治价值观，就要坚持依法治国、依法执政、依法行政共同推进，坚持法治国家、法治政府、法治社会一体建设，将"法治中国"作为具有划时代意义的国家建设和社会建设的系统工程和制度追求，从而更好地保障人民群众的合法群益。

三、爱国、敬业、诚信、友善是基本价值准则

"爱国、敬业、诚信、友善"是社会主义核心价值观中在个人层面的价值准则。个体层面价值准则的提出，正是面向微观层面的社会成员个体，为他们提供更加明晰的价值准则和行为标尺，从而推动整个社会的和谐发展。"爱国、敬业、诚信、友善"作为社会主义核心价值观最基本主体的公民个人的底线价值准则和根本道德规范，不仅贯穿于我国公民道德行为的各个环节，并从社会公德、职业道德、家庭美德、个人品德等方面，强调了作为社会主义社会的公民应当具有的主要道德规范、基本立场态度和核心价值追求。作为个体层面道德价值规范的"爱国、敬业、诚信、友善"的提出，既延续着我国传统文化价值观念的精华，实现了与中华民族传统文化的紧密衔接；又塑造着社会成员的心理、性格、思维方式和价值观念等，引导人们形成身份认同、文化认同和理想认同，从而促进公民道德的有效提升、社会事业的健康发展、国家整体的有序发展和中华民族的伟大复兴。

（一）"爱国"

"爱国"是指公民对待国家的积极而稳定的情感、态度和行为，是公民道德的重要组成部分，主要包括公民对国家地理、历史、人文的尊重和热爱，对国家发展、民族进步的积极参与和理性认同，对国家利益、民族利益的积极维护。"爱国"作为一种价值观，主要在于强化人

们的爱国意识、提升人们的爱国情怀、涵养人们的爱国情操、引领人们的爱国行为。对爱国的执着是中华民族传统美德的精华和中华民族精神的核心，更是时代发展变化对具有永恒意义的价值理念的复归。一个国家的核心价值观，必然需要社会全体成员的加工提炼和国家意识形态的教育宣传，但这并不意味着核心价值观是从头脑中想象出来的东西，是观念意识自我建构的产物，而是在这个民族国家生产生活的社会实践基础上产生的、在文化传统的延续过程中产生的价值自觉。

（二）"敬业"

"敬业"是公民职业道德的具体体现，指公民对待工作和事业的尊敬态度，它强调全身心的情感投入以及尽职尽责的努力奋斗。"敬业"作为一种职业价值观，主要在于引导人们树立爱岗敬业、勤奋守业、开拓创业的自强不息、勤俭奋斗的敬业精神。可以这样说，"敬业"既是人的本质力量的展现，也是激发社会活力、支撑社会发展的精神力量。

（三）"诚信"

"诚信"强调真诚无欺、信守承诺、言出必行，既是中华民族的传统美德，也是市场运行的必要原则。人无信而不立，诚信是公民个人安身立命的前提，也是公民维持与他人和社会关系正常化的基础。"诚信"作为社会公共价值观，主要在于引导人们把诚实守信作为立身处世的行为准则，让每一位公民做到恪守市场道德、履行社会责任。

（四）"友善"

"友善"倡导的是公民在人际交往过程中平等待人、与人和善、互帮互助的道德品质，是处理人与人关系的基本态度和价值准则。"友善"作为处理人际关系的价值观念，主要在于引导人们自觉形成人与人、人与社会、人与自然友善共处的良好关系，形成奋发向上、齐心协力的社会合力，从而推动建设社会主义和谐社会。

第三节　社会主义价值与社会主义核心价值观交相辉映

一、反映文明潮流及其发展趋势

（一）与人类价值探索的历史、现实与未来相对接

社会主义价值与社会主义核心价值观，都不仅是对于美好生活的追求、对于未来发展的判定，也是人类社会超越自我、追求未来的历史性、实践性和价值性的永恒话题。社会主义核心价值观作为一种社会理想，是对人类诞生以来希冀美好生活理想的继承和发扬；作为一种社会意识，是对人类认识世界和改造世界过程中期待未来社会的总结和创设；作为一种观念上层建筑，是对人类剖析各种社会制度、社会模式的比较中坚定社会主义发展道路的引导和指引。

社会主义价值与社会主义核心价值观，都不仅是对人类美好生活理想的继承发展，也是社会主义五百年追求目标的集中宣言，更是我国社会主义现代化建设的精神动力和指引思想。社会主义核心价值观并不是时代发展到今天才需要提炼和宣传的意识形态的自我建构，而是人类在追求社会理想的过程中不断积累和凝练的社会发展的价值思考。因此，对社会主义核心价值观的探究，应该放置于人类社会发展的历史进程中予以考量，去探寻社会主义核心价值观内在的历史性和发展性，寻找社会主义核心价值观的理论源泉和实践原点；应该放在社会主义思想演变发展的过程中予以说明，去探究社会主义核心价值观蕴含的理论性和思

想性，发现社会主义核心价值观的价值合理性和思想科学性；应该放在社会主义运动实践的具体场域中予以论证，去探析社会主义核心价值观凸显的民族性和时代性，建构和实现社会主义核心价值观的民族化、大众化和生活化。总而言之，对于社会主义核心价值观的考察研究要将其置于具体的历史环境和历史阶段，而不是一味地超越历史阶段和时代特点去追寻虚幻的价值理想。

作为一种人类社会的理想追求，社会主义并不仅仅具有五百年的历史进程。它和其他人类社会理想一样，都有着深远的历史渊源和持续的思想脉络。总而言之，社会主义价值与社会主义核心价值观并不是一个僵化固定或一成不变的思想模型，而是一个与时俱进和开放发展的思想体系。只要人类社会探索幸福生活、建构理想社会、追求完美人生的实践活动不停息，人们对社会发展道路的价值追求就不会停止，社会主义核心价值观的深入探讨和持续发展也就不会终止。

（二）与社会主义价值的理论、实践与趋向相承接

社会主义价值与社会主义核心价值观反映了社会主义五百年人们对社会主义的追求步伐、对社会主义的构想创造、对社会主义的践履历程。社会主义五百年的发展历程，从空想到科学、从理论到实践、从一种发展模式到多种发展道路，其贯穿始终的主线是对"什么是社会主义、怎样建设社会主义"这一首要的基本问题的回答和思考。从柏拉图"理想国"中对于"共产主义"社会蓝图的描绘开始，人类就没有终止过对于"社会主义"或者"共产主义"的追求和设想，从16、17世纪的莫尔、闵采尔、康帕内拉、温斯坦莱等人，到18世纪的梅叶、摩莱里、马布利、巴贝夫，再到19世纪初叶的圣西门、傅立叶和欧文，思想家们从没有停止过对于人类美好社会理想的探索和追寻。以情感的抒发、道德的批判、愿景的设想为显著标志的空想社会主义，从试图尝试提升社会

整体道德、改善无产阶级社会地位、取消剥削压迫制度、建构美好社会生活的角度出发，在描绘未来理想社会蓝图的同时，凸显出了平等、博爱、劳动、和谐、普遍幸福、人的全面发展等价值追求。空想社会主义者出于情感的义愤、弱者的怜悯，他们无情地揭露和批判了资本主义社会的罪恶，并积极地阐述和宣扬社会主义的价值观念。虽然这些没有科学理论支撑的社会主义思想在现实中必然失败，但是他们对社会主义在价值上的判断却是一份珍贵的历史遗产：未来的社会主义社会是一个消除阶级压迫、消灭阶级剥削的美好社会。

以科学的理论批判、强烈的现实关照、客观的规律把握和理性的未来构想为显著特征的科学社会主义，以唯物史观和剩余价值学说为理论基石，以人类社会发展的客观规律和对资本主义制度的理论批判为阐述视角，从严谨论证社会主义代替资本主义的历史必然性出发，在对未来社会提出谨慎的基本构想的过程中，凸显出了公平正义、尊重人权、友爱互助、富裕和谐、自由发展等核心价值追求。科学社会主义阐发的核心价值观念体现为合目的性与合规律性、社会发展与人的发展、科学理性和价值理性的辩证统一。因此，马克思和恩格斯提出：消灭资本主义私有制，建立生产资料公有制；有计划地组织社会生产，废除商品经济；合乎规律地改造和利用自然；实行按劳分配的原则，并逐步从按劳分配向按需分配过渡；通过无产阶级专政和社会主义高度发展最终实现消灭阶级、消灭剥削，实现国家逐步自行消亡，建立起"自由人联合体"。

中国共产党人把马克思主义基本原理与中国革命、建设和改革的具体实际创造性地结合在一起，在落后的东方大国奇迹般地探索出了中国特色社会主义道路、中国特色社会主义理论体系和中国特色社会主义制度，并由此成为当代世界社会主义实践运动中的成功典范。以突出生产先进性、凸显人民主体性、强调社会公正性、主张发展科学性、捍卫存在自由性和建构关系和谐性为显著标志的中国特色社会主义，逐步凸显了社会主义核心价值观。中国特色社会主义发展道路表明，只有充分认识到社会主义价值的重要作用和核心地位，在坚持和发展科学社会主义的过程中，不断赋予科学社会主义以价值性的内容和诉求，遵循并实现社会主义科学性与价值性的有机结合，才能获得永恒的发展机遇，迸发蓬勃的生命力。

总而言之，人们对于社会主义的价值理解总是体现出某一具体历史阶段的突出特征和鲜明个性。社会主义价值和社会主义核心价值观正是在这样的过程中经历着从抽象到具体、从空想到科学、从理论到实践、从革命到建设、从改革到发展的形态转换，并在不同的历史阶段，表现出革命的逻辑、建设的逻辑、改革的逻辑和发展的逻辑之间的差异性。在社会主义五百年沧桑演变的历史进程中，有高潮、有低谷，有一路高歌的伟大变革，也有坎坷曲折的黯然神伤，但其中永恒不变的是社会主义运动背后蕴含着的人类美好的价值追求。因此，探讨社会主义价值与社会主义核心价值观需要将其深植于人类社会追求美好理想生活的探索历程中，深植于社会主义运动发展的历史进程中，深植于中国特色社会主义的开创征程中。

二、立足中国实践以及中国特色

（一）战略构想是国际定位及中国梦想

社会主义核心价值观不能只成为"社会主义价值"的核心表达与基本捍卫，更要放眼并走向世界，在文化自信和价值自觉中树立价值自信、价值典范，这是社会主义核心价值观在当今世界文明格局中必须扮演的角色。社会主义核心价值观必须要凸显出有中国特色的价值旨归和价值指向。理论与实践都表明，中国特色社会主义是科学社会主义，是一定历史发展阶段的中国的科学社会主义。只有回答好"为什么要重视社会主义核心价值观的践行、怎样开展好社会主义核心价值观的践行"这些基本问题，才能使人们践行社会主义核心价值观的动机由以义务为主升华为以觉悟为主，使人们践行社会主义核心价值观由自发阶段跃进到自觉阶段。2014 年 2 月 24 日，习近平在中共中央政治局第十三次集体学习时强调，要把培育和弘扬社会主义核心价值观作为凝魂聚气、强基固本的基础工程，使核心价值观的影响像空气一样无所不在、无时不有。

习近平明确指出："当代中国价值观念，就是中国特色社会主义价值观念，代表了中国先进文化的前进方向"，回答的是"在当代中国，我们的民族、我们的国家应该坚守什么样的核心价值观"这一重大的理论与实践问题。2013 年 12 月 23 日，中共中央办公厅印发了《关于培育和践行社会主义核心价值观的意见》，强调"培育和践行社会主义核心价值观，是推进中国特色社会主义伟大事业、实现中华民族伟大复兴中国梦的战略任务"，也是全面深化改革、推进国家治理体系和治理能力现代化提出的时代性课题，还是科学社会主义理论、制度和运动的未来发展图景提出的历史性课题。习近平在第十二届全国人大一次会议上指出："实现中华民族伟大复兴的中国梦，就是要实现国家富强、民族振兴、人民幸福"[①]。由此可见，中国梦是由国家、民族和人民三个层面相互贯通而成为一体的。社会主义核心价值观是实现中国梦的价值支撑和精神保障，中国梦则是社会主义核心价值观的目标引领和动力助推。正因为如此，中国梦的三个层面与社会主义核心价值观基本内容的三个层次是一一对应的：社会主义核心价值观基本内容的国家层面即富

---

① 习近平：《在第十二届全国人民代表大会第一次会议上的讲话》，人民出版社 2013 年版，第 3 页。

强、民主、文明、和谐与中国梦的国家层次即国家富强相互辉映；社会主义核心价值观基本内容的社会层面即自由、平等、公正、法制与中国梦的民族层次即民族振兴相互辉映；社会主义核心价值观基本内容的公民层面即爱国、敬业、诚信、友善与中国梦的人民层次即人民幸福相互辉映。

（二）现实背景是多元社会和价值竞争

正确、全面和深入地把握社会主义核心价值观，就要将其置于我国社会主义现代化建设的生动实践之中，将其置于全球化时代资本主义发展模式与社会主义发展模式的比较之中，将其置于信息化时代文化多元与价值多样导致的人们信仰迷茫、价值迷失、道德失范的文化现代性危机交锋之中。通过梳理社会主义五百年的思潮演进、运动轨迹和实践历程，社会主义核心价值观是社会主义运动变革的思想旗帜，是社会主义制度构建的内在灵魂，同样也是社会主义思想体系的重要内核，始终发挥着无可替代的导向性、规范性和驱动力的重要作用。而社会主义发展道路的曲折历程、辉煌成就和现实图景则充分证明了研究和培育社会主义价值和社会主义核心价值观的紧迫性、明晰和践行社会主义价值和社会主义核心价值观的重要性。社会主义核心价值观内蕴于社会主义的理论、运动和制度之中，并在全球化时代、文化多元化时期愈发凸显其重要性和主导性。

从国内外环境来看，各种价值观念竞相激荡，各种矛盾错综复杂且日渐凸显，当今世界正处在大变革大调整之中。习近平指出："核心价值观承载着一个民族、一个国家的精神追求"[①]，社会主义核心价值观是

[①]　习近平：《青年要自觉践行社会主义核心价值观——在北京大学师生座谈会上的讲话》，人民出版社 2014 年版，第 4 页。

在特定时代的处境中喷薄出来的，是"面对世界范围思想文化交流交融交锋形势下价值观较量的新态势，面对改革开放和发展社会主义市场经济条件下思想意识多元多样多变的新特点"（《中共中央办公厅印发〈关于培育和践行社会主义核心价值观的意见〉》，《人民日报》2013 年 12 月 24 日。）的时代大势下应运而生，其使命和责任是解决当下中国的发展难题。价值多元背景下，倘若没有价值甚或核心价值观的确立和认同，则会导致价值共识危机，这种危机包括价值失范、价值错乱、价值冲突、价值迷茫、价值真空等。应对这些问题，则必须建立一种明确而合理的价值立场，从而对多元价值进行有效整合，重塑和引领整个社会的价值认同。

总而言之，培育和践行社会主义核心价值观，就是要推动解决目前社会存在的"价值缺失"、"价值冲突"、"价值迷茫"等问题，推动解决目前存在的试图冲击、解构和颠覆主流意识形态的思想斗争问题，以社会主义核心价值观引领社会思潮、凝聚社会共识，增强中国人民的价值观认同，不断提升文化软实力，逐步打破西方社会的话语垄断、抵制西方国家意识形态入侵，增强社会主义意识形态的国际竞争力，掌握意识形态话语权和主动权，维护国家利益和意识形态安全，进一步推进社会主义文化强国建设和中国特色社会主义"三个自信"的发展。

（三）文化源流是传统道德与传统价值

文化是民族的血脉，是人民的精神家园。"价值观属于文化的范畴，不可能脱离特定的历史文化传统。"① 文化具有民族性，不同的民族产生的文化也不同。文化既是人们在社会生产、生活活动的精神产物，也是一个民族长期发展的历史产物。作为文化内核的价值理念必然也同样具

---

① 王晓辉：《积极培育和践行社会主义核心价值观》，《求是》2012 年第 23 期。

有鲜明的民族性，并与民族文化的发展呈现互动关系。任何一种价值理念都必然是具体的和历史的，具有鲜明民族特征的价值追求，任何一种价值观也都隶属于一定民族、一定阶层，并具有鲜明个性特征的利益诉求，因此从这个层面讲，价值观念必须依附在一定的民族文化之上，才能具有精神力量的作用，而不是悬设在理想上空的空中楼阁。全球化进程的加快和世界交往范围的频繁，在缩小了人们交往空间、缩短了人们交流时间的同时，并无法改变因民族文化而产生的隔阂和误解，正如美国学者本尼迪克特所言："长久以来被预言将要到来的'民族主义时代的终结'，根本还遥遥无期。事实上，民族属性是我们这个时代的政治生活中最具普遍合法性的价值。"①

社会主义核心价值观作为一种社会主义运动实践的理想性宣言，作为一种社会主义曲折发展的目标性指向，作为一种民族国家选择建构的精神性产品，更需要在坚持社会主义本质属性、捍卫社会主义核心价值、体现人类社会幸福美好追求的基础上，充分汲取民族优秀传统文化，不断显示社会主义核心价值观的民族性。只有这样，社会主义核心价值观才能真正根植于社会主义国家民族文化土壤之中，才能获得继续发展和不断完善的实践性基础，才能真正实现内涵丰富、形式简洁、话语淳朴、特征鲜明的话语转换，才能在推广和普及社会主义核心价值观的过程中获得认同，聚拢社会各方面力量。此外，我国作为一个有着悠久文化历史传统的国家，在这样一个传统文化根深蒂固的国度进行社会主义核心价值观建设，更是不能忽略对于民族特性、民族文化的借鉴和吸收。社会主义核心价值观正是积淀了中华民族最深层的精神追求，具有鲜明的民族特色和广泛的群众基础。

---

① ［美］本尼迪克特·安德森：《想象的共同体》，吴叡人译，上海人民出版社 2003 年版，第 2 页。

中国优秀传统文化历史悠久、内容丰富、内涵浓厚。社会主义核心价值观"传承着中国优秀传统文化的基因,寄托着近代以来中国人民上下求索、历经千辛万苦确立的理想和信念,也承载着我们每个人的美好愿景"①。历史作为一个民族、一个国家共同的记忆,以深刻的智慧和意义启迪着后人,告知我们的来路,指明我们的去路。正如习近平指出:"一个民族、一个国家,必须知道自己是谁,是从哪里来的,要到哪里去。"②悠久的历史赋予我们应对复杂变局的丰富经验,使我们面对新事物、新环境时更富弹性和韧劲。历史传统是价值建构、价值自觉和价值自信的来源,社会主义核心价值观从中华民族五千年历史中走来,吸吮着中华民族漫长奋斗积累的历史养分,融入历史血脉,具有厚重的历史感。习近平强调:"一个民族、一个国家的核心价值观必须同这个民族、这个国家的历史文化相契合,同这个民族、这个国家的人民正在进行的奋斗相结合,同这个民族、这个国家需要解决的时代问题相适应。"③

---

① 习近平:《青年要自觉践行社会主义核心价值观——在北京大学师生座谈会上的讲话》,人民出版社 2014 年版,第 5 页。
② 习近平:《青年要自觉践行社会主义核心价值观——在北京大学师生座谈会上的讲话》,人民出版社 2014 年版,第 8 页。
③ 习近平:《青年要自觉践行社会主义核心价值观——在北京大学师生座谈会上的讲话》,人民出版社 2014 年版,第 8 页。

第七章
社会主义核心价值体系与社会主义核心价值观关联论

社会主义核心价值体系是提出社会主义核心价值观的重要的思想基础和理论基石之一，也是确立社会主义核心价值观基本内容的重要的逻辑理据和观点依据之一。社会主义核心价值观则是社会主义核心价值体系的内核，不仅深刻地体现了社会主义核心价值体系的根本性质和基本特征，而且内在地反映着社会主义核心价值体系的丰富内涵和实践要求，因而成为社会主义核心价值体系的高度概括、要义提炼和集中表达。此外，培育、践行和弘扬社会主义核心价值观是建设社会主义核心价值体系的应有之义。概而言之，社会主义核心价值体系与社会主义核心价值观以及培育和践行社会主义核心价值观与建设社会主义核心价值体系均是相辅相成的。

第一节　社会主义核心价值体系是社会主义核心价值观的理论基础

社会主义核心价值体系在当代中国尤其是中国特色社会主义的价

值体系中处于支配和主导地位、具有统摄和引领作用。这主要体现在：社会主义中国所倡导的社会主义核心价值体系支配、主导、统摄、规定、引领着中国特色社会主义的价值理想与价值追求、价值原则与价值目标、价值标准与价值规范。社会主义核心价值体系应当而且必须是以"三个倡导"为基本内容所必不可少的理论基础，换言之，社会主义核心价值体系应当而且必须是由价值目标、价值取向和价值准则所构成的"三位一体"式的社会主义核心价值观不可或缺的前提条件。

一、提供价值基石

社会主义核心价值观的产生、形成与确立、发展都是社会主义核心价值体系理论与实践之逻辑发展的结果与体现，因而是社会主义核心价值体系的继续深化。因此，社会主义核心价值体系，应当而且必须渗透于社会主义核心价值观之中，也应当而且必须指导社会主义核心价值观，还应当而且必须通过社会主义核心价值观得以进一步明确和彰显。换言之，倘若脱离甚至背离社会主义核心价值体系，社会主义核心价值观也就失去了自身赖以产生、实现和演进的必要土壤或重要根基。

（一）社会主义核心价值体系规定社会主义核心价值观的价值本质

社会主义核心价值体系是当代中国所培育和践行的价值原则、价值规范、价值理想的本质精神和强大国魂。中国特色社会主义道路是中国发展进步的根本道路。由此而言，社会主义核心价值体系内在地揭示并且有力地增添了中国特色社会主义在经济建设、政治建设、文化建设、社会建设以及生态文明建设等方方面面的理据确证和发展动力。在紧紧扎根社会主义核心价值体系的前提与基础下，社会主义核心价值观深刻而生动地切合与体现了"富强、民主、文明、和谐的社会主义现代化国家"这一民族伟大使命、国家宏远战略和人民共同愿望。

具体而言，作为一种重要而且必要的特殊价值意识，社会主义核心价值观必然以社会主义核心价值体系及其价值本质、价值要求为基本遵循和核心秉持。更确切地讲，社会主义核心价值体系就是社会主义核心价值观的"立命之基"、"成长之本"。一言以蔽之，"只有那些集中体现以马克思主义为指导思想、以中国特色社会主义为共同理想、以爱国主义为核心的民族精神和以改革创新为核心的时代精神，以社会主义荣辱观为道德规范，在科学社会主义思想体系中占有核心地位的价值理念，才能称为社会主义核心价值观。"[①]

（二）社会主义核心价值体系属于社会主义核心价值观的理论前提

社会主义核心价值体系是兴国之魂，也是在我国社会中具有支配性的核心价值追求和具有支配性的基本价值准则。简单地讲，社会主义核心价值观的理论内涵、社会主义核心价值观的特色理据以及社会主义核心价值观的质的规定性，都必须有社会主义核心价值体系作为支撑，也都必须有社会主义核心价值体系予以显证。可以这样说，社会主义核心价值体系以及由它规定着的社会主义核心价值观，是中国特色社会主义意识形态的本质属性、是社会主义先进文化的内在精神，也是中国特色社会主义的特征表现、中国特色社会主义的强大动力，更是中国特色社

---

① 戴木才：《论社会主义核心价值观与核心价值体系的辩证关系——中国特色社会主义核心价值观探索之一》，《南昌航空大学学报（社会科学版）》2011 年第 2 期。

会主义的生命力之根、中国特色社会主义的活力保障，从而决定着中国特色社会主义的发展方向。

首先，马克思主义指导地位是社会主义核心价值体系的旗帜、灵魂，也是社会主义核心价值体系的指导思想、根本内容，从而决定着社会主义核心价值体系和社会主义核心价值观的性质与方向。其次，中国特色社会主义不仅是当代中国发展进步的根本方向，也是社会主义核心价值体系的主题，而且集中体现了最广大人民的根本利益和共同愿望，由此具有强大而不竭的凝聚力、号召力，由此也凸显出了社会主义核心价值观的先进性、优越性。再次，以爱国主义为核心的民族精神和以改革创新为核心的时代精神是社会主义核心价值体系的精髓。爱国主义是感召中华儿女齐奋进和中华民族大团结的生生不息、薪火相传的思想传统和精神支撑，改革创新是激励中华儿女锐意进取和中国与时俱进的最鲜明的时代特征和最可贵的思想保证，这些是维系和提振社会主义核心价值观强大生命力的不竭能量。最后，社会主义荣辱观是社会主义核心价值体系的道德基础，生动体现了社会主义道德规范的根本要求，深刻影响整个社会，这就要求社会主义核心价值观也必须积极倡导优良道德规范，大力弘扬传统美德，着力培养社会公德、职业道德、家庭美德和个人品德，增强人们的道德判断力和道德荣誉感。

二、彰显价值外化

社会主义核心价值体系的理念、本质与规定应当内在、显著而鲜明地渗透于社会主义核心价值观的方方面面，而社会主义核心价值观也必须明确地展现社会主义核心价值体系。不紧紧依据好或不深刻把握住社会主义核心价值体系，社会主义核心价值观在理论与实践中均难以真正立得住。概而言之，社会主义核心价值体系理应是社会主义核心价值观确立和发展的前提条件和重要载体。

（一）社会主义核心价值体系揭示社会主义核心价值观的精神内核

社会主义核心价值体系的四方面基本内容，明确表达了并且传导着社会主义核心价值观基本内容在国家层面的价值目标、在社会层面的价值取向和在公民个人层面的价值准则，而社会主义核心价值观在把握与诠释这种表达以及在对接与深化这种传导的理论与实践中，最终成为了社会主义核心价值体系的内核。具体而言，社会主义核心价值观不仅鲜明地彰显出社会主义核心价值体系的根本特性、基本属性，而且生动地映现着社会主义核心价值体系丰富的理论格调、深刻的实践品格。

社会主义核心价值体系立足于人民、民族、国家以及道路、理论、制度等宏大战略和长远谋划，从指导思想、共同理想、民族精神和时代精神、道德基础构建成了逻辑缜密、结构完整、功能协同的"四位一体"式的基本框架。社会主义核心价值观则从国家、社会和公民个人的系统视阈和统筹视角确立了"三位一体"式的基本形式。具体而言，一方面，社会主义核心价值体系在理念、精神和信仰等方面指明了社会主义核心价值观的内在本质；另一方面，社会主义核心价值观的动态发展也必须紧紧围绕社会主义核心价值体系的基本内容。正因为这样，社会主义核心价值观在现实与未来以及理论与实践中才能找到无比重要的深厚而肥沃的土壤。

（二）社会主义核心价值体系明晰社会主义核心价值观的要旨呼唤

社会主义核心价值体系不仅是社会主义核心价值观内涵规定的必要载体，也是社会主义核心价值观样态确立的必要载体，还是社会主义核心价值观功能彰显的必要载体。正因为如此，社会主义核心价值体系的基本内容有利于甄别、明晰和导引、表达社会主义核心价值观所蕴含的国家基本的价值目标、战略理念、方针政策和社会基本的价值取向、规划思路、路径举措以及公民个人的精神追求、价值准则和行为方式。

四个方面的社会主义核心价值体系的基本内容是三个层面的社会主义核心价值观的基本内容得以最终明确的不可脱离的重要价值载体。具体地讲，第一，社会主义核心价值体系规定了社会主义核心价值观的基本价值蕴含；第二，社会主义核心价值体系表达了社会主义核心价值观的基本价值归属；第三，社会主义核心价值体系体现了社会主义核心价值观的基本价值呼唤。换句话说，作为当代中国最基本和最核心的价值观念，社会主义核心价值观的基本内容是对社会主义核心价值体系的基本内容所包蕴的价值诉求、价值导向、价值标准、价值规范、价值信念的进一步继承、揭示、明晰和确证。这就进一步塑造和推进了社会主义核心价值体系与社会主义核心价值观在理论与实践上的广泛性、真实性以及现实性、实效性，进而进一步使得社会主义核心价值体系与社会主义核心价值观既合规律性又合目的性。

第二节　社会主义核心价值观是社会主义核心价值体系的要义凝练

"提炼"是一个由粗到精的制作过程，"概括"则是一个由繁到简的制作过程。对这种理性制作过程，马克思将其解读为"完整的表象蒸发为抽象的规定"和"抽象的规定在思维行程中导致具体的再现"，它们均属于同一个理性制作过程中的两个不同方面，如马克思所说的"具体之所以具体，因为它是许多规定的综合，因而是多样性的统一。因此它在思维中表现为综合的过程，表现为结果，而不是表现为起点"[①]。通过这一理性的思维制作过程，使得社会主义核心价值观揭示了社会主义核心价值体系的"精神内核以及其所遵循的根本原则"，从而就成为"这个价值体系的精髓，是核心中的核心"。[②]

一、提炼价值内核

倘若从全社会的视角理性审视社会主义核心价值观，如若就社会主义核心价值观的本质和社会主义核心价值观问题的本质而言，社会主义核心价值观问题绝非是一个普通的社会文化问题抑或社会道德问题，而是一个必然涵盖着如何建构社会政治意识形态、如何引领社会思想意识、如何规导社会文化价值观念、如何规范社会道德伦理体系重建的重大问题，因而培育和践行社会主义核心价值观是一个融合着道德、精神乃至思想、文化的理论与实践的系统性建设工程。正因为如此，社会主义核心价值观必须进一步提炼社会主义核心价值体系的价值内核。

（一）社会主义核心价值观提炼了社会主义核心价值体系的价值精要

社会主义核心价值观的提炼，可谓是集历史与现实、理论与实践、中国与世界等多重视阈的有机整体。作为社会主义主流意识形态之本质体现的社会主义核心价值观，不仅深刻契合了中国特色社会主义发展要求，而且深刻凝聚了全党全社会的价值共识；不仅深刻承接了中华优秀传统文化的精华，而且传承了人类文明的优秀成果。可以看出，社会主

---

① 《马克思恩格斯选集》第 2 卷，人民出版社 2012 年版，第 701 页。
② 柯缇祖：《社会主义核心价值观研究》，《红旗文稿》2012 年第 2 期。

义核心价值观具有建构政治意识形态、维系社会思想意识、规导文化价值观念以及重建社会道德伦理规范体系等多层重大意蕴。

在充分考量和高度汲取社会主义核心价值体系既有成果的基础与前提下，提炼、培育、践行、弘扬社会主义核心价值观这个重大课题就摆在了十分急迫且非常显著的重要地位。因此，社会主义核心价值观要主动而理性地立足世界社会主义的思想发展、理论延伸、实践运动所积累起来的一系列重要成果，从而勇敢地直面和积极地应对全球化历史进程中所显露出的文化多元乃至价值紊乱等客观现象及其时代难题，合理而充分地汲取中国特色社会主义在探索、实践、创新和发展的伟大历程中所反映出的重大智慧，从而为中国特色社会主义发展提供精神支撑、思想支柱和文化支持。

（二）社会主义核心价值观提炼了社会主义核心价值体系的价值实核

在以既有的社会主义核心价值体系作为前提之一的基础上，进一步总结、提炼和概括，从而才得到了社会主义核心价值观的基本内容。作为国家意识形态建设的重要理论和实践课题，当代中国的价值体系问题以及价值观问题亟须更具针对性、更富可行性和更具操作性的对策建议，由此仅仅有了社会主义核心价值体系尚显得不够，还需提炼社会主义核心价值观。另一方面，有了明确的社会主义核心价值观，也才能确保社会主义核心价值观的培育践行得到系统阐释、广泛宣传和全面践行。

总而言之，目前确立的社会主义核心价值观的基本内容，对社会主义核心价值体系的价值实核有针对性地进行了科学地提炼。努力使社会主义核心价值观既成为中国特色社会主义理论应有的不可缺失的精神内核，又成为全体中国人民应当秉持和践行的价值认同。由此可见，有效应对当前普遍存在的价值观问题，及时化解社会流变的各种思潮冲击，有力凝聚全社会在价值认同等一系列方面的精神力量，这些都是深刻把握社会主义核心价值体系以及深化社会主义核心价值观的理论与实践的重要使命。

二、概括价值内容

社会主义核心价值观针对三个层次主体即国家、社会、公民分别提出了相应的价值要求。在国家层面，立场坚定地倡导"富强、民主、文明、和谐"的价值目标；在社会层面，理直气壮地倡导"自由、平等、公正、法治"的价值取向；在公民层面，旗帜鲜明地倡导"爱国、敬业、诚信、友善"的价值准则。

（一）富强、民主、文明、和谐是国家层面的价值目标的集中体现

富强、民主、文明、和谐居于社会主义核心价值观的最高层次，涉及经济、政治、文化、社会和生态建设等全方位的价值要求，体现了对社会主义核心价值体系中的中国特色社会主义共同理想以及当代中国马克思主义的凝练和反映。简而言之，第一，社会主义核心价值观所强调的"富强"是国富与民富的结合。在中国特色社会主义条件下实现最广大人民群众的根本利益就集中体现在共同富裕的实现，而这也是中国特色社会主义伟大事业不断前进的奋斗目标。第二，社会主义核心价值观所强调的"民主"是社会主义的人民民主，这也是全体中国人民的共同追求。第三，社会主义核心价值观所强调的"文明"蕴含着实现人们物质生活的充裕以及精神世界的丰富。第四，社会主义核心价值观所强调的"和谐"是指人与人、人与社会、人与自然有序的社会状态。

（二）自由、平等、公正、法治是社会层面的价值取向的抽象凝练

人的本质属性是社会性，社会是国家和个人之间的重要平台和必要纽带。因此，社会的价值取向，既影响个人的价值行为的取舍，又影响国家的价值目标的方向。正因为如此，社会主义核心价值观从社会层面凝练出了"自由、平等、公正、法治"。比如，公正一直是人类都在不懈追求的理想价值目标，也是一个社会的社会规则和社会制度应当遵循的基本价值标准，还是一个社会得以稳定和进步的重要价值支撑。明确提出和真正实现社会主义公正，不仅会显著提高广大人民群众对中国共产党的执政能力的信服度，从而提升中国共产党乃至中国特色社会主义道路、中国特色社会主义制度和中国特色社会主义文化体系的认同性、支持度。再比如，法治强调在法律面前人人平等，具体而言，无论任何人都没有任何特权可以逾越法律的界限。在我国，依法治国是中国共产党治国理政以及执政兴国的基本方略，也是在社会主义制度下发展社会主义民主政治的基本要求和重要保障，从而有利于中国特色社会主义的自我完善和科学发展。

（三）爱国、敬业、诚信、友善是个人层面的价值准则的高度概括

爱国、敬业、诚信、友善，是对以爱国主义为核心的民族精神和以改革创新为核心的时代精神以及社会主义荣辱观的高度概括，体现着公民个人在社会公德、职业道德、家庭美德、个人品德等方面的具体规范，从而构成了公民个人层面的价值准则。第一，爱国主义是公民对祖国深厚情感的体现，它对公民个人具有强大的鼓舞力、动员力、凝聚力，从而高度统一着公民个人的权利和义务。因此，在社会主义核心价

值体系中，"爱国主义"被确立为民族精神的核心；在社会主义核心价值观中，"爱国"被置于公民个人层面的价值准则之首位。第二，敬业要求社会主义公民在工作中爱岗敬业、恪尽职守、勤勤恳恳。敬业既为公民个人的幸福生活提供可靠保障，同时也为维护社会和谐繁荣发挥着巨大的促进作用。第三，诚信是公民的基本道德规范之一，是社会主义核心价值体系中的社会主义荣辱观的题中之义。第四，友善是人与人之间宽厚相处和真诚相待的具体要求，也是公民的基本道德规范，还是公民个人践行社会主义荣辱观的具体体现。

三、涌现价值特征

社会主义核心价值观的基本内容精辟概括了社会主义尤其是中国特色社会主义所崇尚的一系列基本价值观，涵盖了中国特色社会主义在国家、社会、公民中所倡导的奋斗目标、社会理想、行为准则，从而体现了国家、社会、个人层面的价值要求，也呈现着社会主义核心价值体系的主要价值特征。

（一）社会主义核心价值观涌现着社会主义核心价值体系的理想性

社会主义核心价值观与社会主义核心价值体系，既立足现实又超越现实，均具有非常强大的感召力、引导力和凝聚力。社会主义核心价值观把社会主义核心价值体系所体现的崇高理想及其所指引的前进方向更加明确了。理想性及其所产生的统摄性是社会主义核心价值体系的显著特征。正是由于社会主义核心价值观继承和彰显了社会主义核心价值体系所内在蕴含的理想性，人们才能在理解和践行社会主义核心价值观的价值追求和价值实践过程中，持续而及时地纠正自身言行与价值理想、价值信仰不相符的一系列价值偏差。此外，正是有了社会主义核心价值观明确倡导的理想性及这种理想性所具有的精神支柱和思想保障，人们才能更加坚定和积极地朝着社会主义核心价值体系所表达的共同价值目标不懈迈进，从而不断获得继续前进和不断胜利的价值观动力。

（二）社会主义核心价值观涌现着社会主义核心价值体系的时代性

价值观总是表现出鲜明的时代特点。抽象的或超历史的价值观是不存在的。社会主义核心价值观同社会主义核心价值体系共同回应着中国特色社会主义所面对的一系列特殊的时代问题，生动表现着时代主题和时代任务折射出的人们的需要和利益诉求。换言之，社会主义核心价值观不仅集中体现为时代要求的价值原则、价值规范和价值理想，而且集中表征着以改革创新为核心的时代精神及其精华。总而言之，社会主义核心价值观的内容、性质和形式甚至阐述方式都会受到社会发展水平、社会实践程度和人的认识能力的限制，但也集中反映和明确指出了社会主义的发展趋向。

（三）社会主义核心价值观涌现着社会主义核心价值体系的民族性

核心价值观应当是而且理应是一个社会具有显著稳定性的根本价值观。一个民族在长期的共同生活和共同实践的基础上，逐渐积淀出了具有该民族特色的价值原则、价值规范、价值理想。社会主义核心价值观具有民族性，这种民族性也体现着社会主义核心价值体系所内含的民族性，从而表现出了中华民族区别于其他民族的精神气质的核心和灵魂。正因为这样，社会主义核心价值观有助于使社会主义核心价值体系最终社会化、大众化、日常化，从而成为最广大中国人民所共同遵循和共同维护的根本价值规范。简而言之，社会主义核心价值观成为一个国家和民族在价值和价值观方面不断发展的方向盘或定向器，这也可被看作共识性。社会主义核心价值观是当代中国和中国人民普遍认同的价值目标、价值取向、价值准则的集中反映，正因为如此，当代中国和中国人民才能齐心协力地朝着同一价值目标、牢记同一价值取向、秉持同一价值准则而团结奋斗。

（四）社会主义核心价值观涌现着社会主义核心价值体系的阶级性

在阶级社会中，价值观总是具有阶级的特性。不同阶级的价值原则、价值规范和价值理想由其阶级地位和经济利益所决定。"占统治地位的思想不过是占统治地位的物质关系在观念上的表现，不过是以思想的形式表现出来的占统治地位的物质关系；因而，这就是那些使某一个阶级成为统治阶级的关系在观念上的表现，因而这也就是这个阶级的统治的思想。"[①] 社会主义核心价值观与社会主义核心价值体系共处于社会主义意识形态之价值领域的中心地位，从而与其他性质的价值观与价值体系有着明显的差别和明确的界限。

第三节　社会主义核心价值体系与社会主义核心价值观相辅相成

社会主义核心价值体系与社会主义核心价值观具有显著的内在一致性，它们紧密联系、相辅相成，共同构成了中国特色社会主义的价值思维，从而也彰显着价值领域的中国特色、中国气派、中国风格和中国话

---

① 《马克思恩格斯文集》第 1 卷，人民出版社 2009 年版，第 550—551 页。

语。可以这样说，建设社会主义核心价值体系以及培育和践行社会主义核心价值观是中国特色社会主义的灵魂工程。社会主义核心价值体系与社会主义核心价值观均力求社会主义价值的复兴、谋求国家文化软实力的增强并且引领社会思潮、指导制度设计。

一、力求社会主义价值的复兴

建设社会主义核心价值体系以及培育和践行社会主义核心价值观，对于丰富和发展马克思主义价值学说，坚守和把握中国特色社会主义意识形态的本质，引领和整合多样化社会思潮的主流价值导向，树立和改善国家形象，增强和提升社会主义价值的影响力和凝聚力均有着非常重要的现实意义和历史意义。

（一）建设中华民族的精神家园

自苏东剧变后，资本主义的制度架构、价值理念及其影响力、扩散度借机掀起了新高潮，而社会主义转入相对低潮和暂时低谷的时期。此外，放眼世界，在全球化背景下，以价值观为核心的各种思想文化较量呈现新的态势；回望国内，改革开放和社会主义市场经济的深入发展使思想意识愈加多元多样多变，当代中国社会呈现出主流价值观边缘化的风险。在这样错综复杂的背景下，中国特色社会主义奋勇探索、开拓进取，取得一系列举世瞩目的成果，从而为社会主义开拓了新的天地、创造了新的局面，也为社会主义价值增添了新的生机、新的内涵。这就要求中国共产党及其带领的全体中国人民自觉担当起构建社会主义价值、展示社会主义价值自信的历史使命。

建设社会主义核心价值体系以及培育和践行社会主义核心价值观，不仅有利于建设中华民族共有的精神家园，也是实现中国梦的基础性工程。实现中华民族伟大复兴的中国梦是一个伟大的系统工程，在此工程的推进过程中必将要面对一个又一个难以预料的风险和挑战，需要全体中国人民的辛勤劳动，而这需要有社会主义核心价值体系以及社会主义核心价值观营造良好的价值环境和价值观氛围，从而增强精神引领、价值支撑和思想保证。

（二）构建意识形态的话语体系

世界历史进程已经明确表明，一个国家要走向世界、要发展强大，在国际各领域特别是在意识形态领域拥有自己的话语权是必不可少的。就目前全世界范围内的价值观运动态势来看，西方发达国家主导着国际话语权，这种格局仍使西方意识形态话语权尤其是资本主义价值观话语权占据舆论主体，因而社会主义国家话语权及其价值观话语能力仍须加大培育。

国际话语权的提升是一项系统工程。话语权以核心价值体系和核心价值观为重要支撑；核心价值体系和核心价值观以话语权为重要手段。在意识形态的斗争中，中国应当旗帜鲜明地树立社会主义价值及社会主义核心价值体系、社会主义核心价值观，进而推进社会主义话语权以及中国话语体系的形成，这对巩固社会主义主流价值理念、完善社会主义发展形象、提升社会主义核心价值体系和社会主义核心价值观的国际认可度以及国际影响力，均具有十分重要而深远的意义。

二、谋求文化软实力增强

当今世界，文化越来越成为综合国力竞争的重要因素，文化也日益凸显出它在经济社会发展中的重要支撑作用。正因为如此，国家文化软实力越来越成为争夺发展制高点、道义制高点的关键所在。由于文化的力量归根到底来自于凝结其中的核心价值体系和核心价值观的影响力和感召力，所以国家文化软实力的竞争在本质上是不同文化所代表的核心价值体系和核心价值观的竞争。

（一）确立国家文化软实力的国家战略

实事求是地讲，核心价值体系和核心价值观，不仅是决定文化性质和方向的最深层次要素和最本质内涵，而且是国家文化软实力的精髓和导向。因此，社会主义核心价值体系和社会主义核心价值观就是国家文化软实力的灵魂、国家文化软实力建设的重点。正因为如此，必须在中国特色社会主义条件下深入地探索如何建设社会主义核心价值体系、如何培育和践行社会主义核心价值观，进而走中国特色社会主义文化发展道路。

当今世界，越来越多的国家和地区把提升文化软实力确立为国家战略和长远工程。因此，一方面，建设社会主义核心价值体系以及培育、践行乃至弘扬社会主义核心价值观，都是凝魂聚气、强基固本的基础工程，提升国家文化软实力则是国家长治久安、民族兴旺发达、人民幸福安康、党的前途命运的宏伟战略。国家文化软实力对于坚持好和发展好中国特色社会主义的地位与作用是显而易见的。另一方面，建设社会主义核心价值体系以及培育、践行乃至弘扬社会主义核心价值观是一种独特而强大的内生性动力，它有利于彰显中国特色、中国风格、中国气派的文化软实力观，也有利于展示社会主义中国的良好形象，有利于引领中华文化的科学发展，有利于增强国家文化软实力的竞争力，从而进一步推进我国的社会主义文化强国建设。

（二）明晰国家文化软实力的价值路径

对于我国这样一个有着 13 亿多人口和 56 个民族的大国而言，倘若没有共同的价值信念、强大的精神支撑和基本的道德规范，国家就难以形成强劲的整合性力量，而国家文化软实力的发展也就会失去重要的根基。因此，在我国的国家文化软实力的构建中，必须引导我国人民树立和坚持正确的历史观、民族观、国家观、文化观尤其是价值观。提高我国的国家文化软实力，需努力向世界展示中华文化的独特魅力、基本走向，也需大力向全世界说明和彰显社会主义核心价值体系与社会主义核心价值观的基本理念、重要意义和鲜明特色。

简而言之，中国的国家文化软实力建设，必须深入追问和系统解答如何整合社会主义核心价值体系以及社会主义核心价值观在国内和国际的积极功能和正向能量，也必须深刻追问和正确解答如何提升中国文化软实力的理论自觉、理论自信以及实践自觉、实践自信。正因为如此，不仅要增强中国文化软实力更加强劲的内在动力和外在活力，而且要确保我国在跨文化交流和国际竞争中赢得话语权和主动权。这就要深入探索和科学解答如何在当代中国构建和坚守充分反映中国特色、民族特性、时代特征的价值体系，也需要深入探索和科学解答如何在当代中国又好又快地提升具有中国特色、中国风格、中国气派的文化软实力，进而使中国特色社会主义更加融入时代前进潮流、更加符合社会进步趋势、更加彰显实践指导要求。

三、引领社会思潮

为什么建设以及如何建设社会主义核心价值体系、为什么培育和践行以及如何培育和践行社会主义核心价值观，这是一项系统性的复杂大工程。社会思潮常常被称为意识形态领域的"晴雨表"。用社会主义核心价值体系和社会主义核心价值观引领社会思潮进而牢牢掌握意识形态工作的领导权和主导权，就是这项大工程中的重要方面，而这也是保持国家长治久安、民族团结振兴的重要方略。

（一）整合错综复杂的社会意识

多元化社会时代，多种社会思潮相互碰撞和激荡，传统价值观和现代价值观、资本主义价值观和社会主义价值观、主流价值观和非主流价值观等各种价值观复杂并存，这种价值观格局容易引发价值观之间的矛盾和冲突。全球化和信息化进程推动了社会的多样性发展，也带来意识形态的争锋甚或对抗。随着改革开放在广度和深度上的持续拓展，一方面促进了我国社会各领域的发展，同时也使多种社会思潮乘机而入。与此同时，地理地域差异、民族宗教差异、阶层职业差异、知识结构差异、文化环境差异、城乡社会差异以及剧烈的社会转型和社会流动，等等。这都不同程度地增加了建设社会主义核心价值体系、培育和践行社会主义核心价值观的复杂性、艰巨性和长期性。

合理建构社会主义核心价值体系、社会主义核心价值观与其他社会价值观之间的良性互动关系，尊重差异、包容多样，以社会主义核心价值体系、社会主义核心价值观统领多样社会价值观，是整合社会意识的关键性问题。总而言之，建设社会主义核心价值体系、培育和践行社会主义核心价值观，有利于有效遏制和消除种种错误思潮，从而有效整合社会意识，这是社会有机系统得以正常运作、社会良好秩序得以有效维护的重要途径和重要标志。

（二）引导坚定不移地走中国道路

任何社会的良性发展都是在正确而鲜明的价值体系和价值观的引领下前进的。以社会主义核心价值体系和社会主义核心价值观共同地引领社会思潮、协同地凝聚社会共识，具有非常重大的意义。这也是建设社会主义核心价值体系、培育和践行社会主义核心价值观本身的必然要求，也是马克思主义中国化、时代化和大众化在内在本质方面的必然要求，还是坚定中国特色社会主义道路、发展中国特色社会主义理论体系和完善中国特色社会主义制度的现实而长远的需要。

一言以蔽之，在全社会努力建设社会主义核心价值体系、大力培育和弘扬社会主义核心价值观，从而提高整合社会思想文化和价值观念的能力，有利于掌握价值观念领域的主动权、主导权、话语权，进而引导人们坚定不移地走中国道路。这就要求揭示社会主义核心价值体系和社会主义核心价值观的强大活力和独特气质，这不仅要从社会主义核心价值体系四个方面的基本内容去明确基本的价值界限，而且要从社会主义核心价值观的国家、社会和个人的三个层面去确立基本的价值尺度，从而显著地增强社会主义意识形态自身的活力和动力以及对社会成员的吸引力、凝聚力和影响力，最大限度地形成社会共识，不断推进中国特色社会主义伟大事业。

四、指导制度设计

制度承载着价值、传递着价值，是建设价值体系以及培育和践行价值观的有效载体形式、重要保障策略和宝贵话语方式。国内外发展的历史经验表明，"价值系统自身不会自动地'实现'，而要通过有关的控制来维系。在这方面要依靠制度化、社会化和社会控制一连串的全部机制。"[①]

（一）加强社会主义核心价值体系和社会主义核心价值观的制度设计

如果不能科学建立关于社会主义核心价值体系和社会主义核心价值观的整套制度架构，那么社会主义核心价值体系、社会主义核心价值观以及建设社会主义核心价值体系、培育和践行社会主义核心价值观就失去了支撑其存续意义和存续保障的必不可少的基础，从而只能成为"无

---

① ［美］塔尔科特·帕森斯：《现代社会的结构与过程》，梁向阳译，光明日报出版社 1988 年版，第 141 页。

源之水，无本之木"或者成为仅仅是"写在纸上、喊在嘴上、挂在墙上"的"空头支票"和虚幻口号。

不仅要把社会主义核心价值体系、社会主义核心价值观的制度设计好，还要把建设社会主义核心价值体系、培育和践行社会主义核心价值观的制度设计好，并且更要建立健全与社会主义核心价值体系和社会主义核心价值观相对接和相辉映的各种机制，如教育宣传机制、示范引领机制、激励约束机制、监督评价机制、调节保障机制、统筹协同机制、心理认同机制和学习交流机制，等等。从而以此为社会主义核心价值体系与社会主义核心价值观的一系列宏远战略和具体实践奠定坚实的基础，这是在全民族、全社会和全体人民中弘扬社会主义核心价值体系以及社会主义核心价值观的基本而主要的支撑点、着力点和推进点。

（二）用社会主义核心价值体系和社会主义核心价值观指导制度设计

只有将社会主义核心价值体系和社会主义核心价值观深入地贯穿于并且有效地指导整个社会的制度体系，才会避免社会主义核心价值体系和社会主义核心价值观成为无所依附的"观念漂浮物"；只有及时形成和长期坚持社会主义核心价值体系和社会主义核心价值观制度化的建设机制，才会使社会主义核心价值体系和社会主义核心价值观获得扎根现实、持续推进的可靠效力。因此，要以社会主义核心价值体系和社会主义核心价值观为基本指向，不断加强中国特色社会主义制度建设、不断优化社会主义核心价值体系和社会主义核心价值观的制度架构，从而提升社会主义核心价值体系和社会主义核心价值观乃至中国特色社会主义的巨大效能。

制度通常是指在特定社会中，特定主体制定的维护和扩展自身利益的原则和方式的总和。从更宽泛的角度来说，它是宏观社会领域中要求相应组织、机构、成员所要遵行的各类准则或规范。制度总与人们生存和发展的各个方面息息相关。由此而言，一系列具体的制度是社会主义核心价值体系和社会主义核心价值观、建设社会主义核心价值体系和弘扬社会主义核心价值观的重要场境、必要载体和主要保障。正因为如此，要将社会主义核心价值体系、社会主义核心价值观有机而深入地融通和体现于经济制度、政治制度、文化制度、社会制度、生态文明建设制度、党的建设制度等党和国家制度体系的方方面面，不仅如此，还要有机协调这些制度的系统建设，从而在此基础上或通过潜移默化的方式提高广大人民群众对社会主义核心价值体系和社会主义核心价值观的心理认同感与精神归属感。这是推进社会主义核心价值体系和社会主义核心价值观"内化于心"、"外化于行"及"内外"双向互动、"心行"相互协同的核心工程和有效路径。

下　篇

社会主义价值实现论

第八章
社会主义价值实现阶段论

马克思曾经指出，历史科学、社会科学的研究对象都是既定的、历史性的存在①。并且马克思认为，评价任何一段历史，都无法脱离当时的历史阶段。法国年鉴学派②领袖布罗代尔也曾把历史比作海洋，把历史的短时段与长时段分别比作大海的表面与深处，并将二者描述为现象与本质的关系。这说明对于人文社会科学的研究对象而言，其阶段性研究非常重要。对于社会主义价值实现研究来说，也是一样的。在每个历史时段，其具体表现既有阶段性的特征，又潜在地包含历史规律的延续性。脱离了历史视角，就很难全面清晰地看清当前社会主义价值实现存在的问题。因此，对于社会主义价值实现问题的研究一定要重视社会主义价值实现的阶段性视角，加强社会主义价值实现的阶段性研究，有助于厘清源流、判断未来。

---

① 《马克思恩格斯文集》第 8 卷，人民出版社 2009 年版，第 30 页。
② 所谓法国年鉴学派，是法国自 1929 年以来主持、编纂《经济与社会史年鉴》的几代历史学家。这些历史学家反对以兰克为代表的旧的史学传统，主张把新的观念和新的方法引入历史研究领域。法国年鉴学派的理论不仅震撼了法国的史学界，而且深刻影响了整个现代西方史学的发展。

第一节　社会主义价值实现阶段论的理论依据

"观之上古，验之当世，参之人事"[①]。人类认识自己的过程，将伴随着人类社会的终生。社会主义价值的实现在一定程度上来说也遵循这样的规律。社会主义价值的实现是阶段性的过程，而社会主义的发展也是阶段性的过程，这就说明它们是相统一的、是与社会主义初级阶段理论认识相符合的、是与人民群众对社会发展真善美的追求相契合的、是与社会主义价值实现的规律性相一致的，并把握社会主义价值实现的阶段性与坚持党的思想路线相促进，这些构成了社会主义价值实现阶段论的基本理论依据。

一、社会主义价值实现的阶段性与社会主义发展的阶段性现实相统一

《易传》说："日新之谓盛德，生生之谓易"[②]。《中庸》说："苟日新，日日新，又日新"[③]。正可谓：革故鼎新、守成创新。社会主义价值的实现也是一个社会主义不断发展更新的过程。与此同时，我们应该有清醒的认识：社会主义的发展是一个不断推进的历史进程，具有鲜明的阶段性特征，是发展的连续性与阶段性的统一。社会主义的发展具有阶段性、社会主义政治民主的实现具有阶段性、社会主义法治体系的构建具有阶段性等，总的来说，社会主义建设中其他诸多问题的解决也具有阶段性。换言之，在社会主义发展中，其自身的各种建设完善、问题解决具有阶段性，同时，党和人民群众对社会主义的发展认识、发展设想也

---

① 参见贾谊：《过秦论·下》。
② 参见《周易·系辞上传》。
③ 参见《礼记·大学》。

具有阶段性。这也决定了社会主义价值的实现也不可能一蹴而就，而是与社会主义发展的阶段性相统一的阶段性与持续性的结合。

（一）社会主义经济的发展具有阶段性

无论是资本主义还是社会主义，其经济增长都具有阶段性。在不同的阶段中，经济发展的重点不同、要求不同，因而经济发展的衡量标准也不同。历史地看，西方资本主义国家的经济增长大致经历了三个阶段，第一个阶段是要素驱动阶段，所谓要素驱动，主要是靠增加土地和自然资源等要素的投入来实现经济的增长，这个阶段主要发生在资本主义第一次产业革命之前；第二个阶段是投资驱动阶段，投资驱动以机器大工业的迅猛发展为主要代表，这个阶段发生在 18 世纪后期第一次产业革命到 19 世纪后期第二次产业革命的早期；第三个阶段是创新驱动阶段，主要通过技术进步和效率提高来实现，这个阶段是第二次产业革命以后的"现代经济增长"。

我国的社会主义经济发展从 20 世纪 90 年代到"十一五"前期，投资驱动的阶段性特征比较明显，在投资高速增长的同时生产效率也得以不断提高。而现阶段，我国的社会主义经济发展正处于从投资驱动向创新驱动迈入的关键时期。无论是投资驱动阶段，还是从投资驱动向创新驱动的过渡阶段，在我国社会主义经济发展的同时，我国人民的收入都出现了迅速增长。根据英国《经济学家》周刊的数据统计，使人均实际收入增加一倍，英国所用的时间是 58 年，美国所用的时间是 47 年，日本所用的时间是 34 年，而与上述西方资本主义国家相比较，中国仅用 10 年就实现了人均实际收入增加一倍[①]。

但是，无论是西方资本主义国家还是社会主义国家，当经历了一个

---

① 参见任仲平：《转变，中国道路的历史性跨越》，《人民日报》2012 年 11 月 6 日。

较长时间的高速增长之后，都会相应地经历一个经济减速或者调整的过程。当前，我国经济的增长正在发生阶段性的变化，开始由过去两位数的高速增长转向7%—8%的潜在增长区间。这意味着我国的社会主义经济体发展告别了过去粗放式的高速增长阶段，而进入了以中高速、优结构、新动力、多挑战为特征的新阶段。我国的社会主义经济发展呈现出新常态。

（二）社会主义政治民主的实现具有阶段性

马克思曾深刻地指出："民主"的实质就是"人民当权"，是"劳动人民的人民当权的监督"①。没有民主、没有"人民当权"其实就是说明没有社会主义现代化。民主一直是中国共产党高举的旗帜，并且，人民当家作主一直是中国共产党在改革开放中以人民为依靠创造性地建立具有中国特色社会主义制度的根本出发点和落脚点。

中国特色社会主义制度的本质是人民当家作主，涵盖了的科学内涵包括：（1）人民为中国特色社会主义制度的形成奠定了根本基础，其国家和社会主人翁的地位和权利得以实现；（2）依靠人民群众主动性、创造性、积极性的充分调动与发挥，中国特色社会主义制度不断完善；（3）具有中国特色社会主义制度建设与发展的根本价值取向是人民群众根本利益的维护与实现；（4）人民群众的意见是判断制度优劣的根本标准，是促进中国特色社会主义制度不断完善的根本动力。

不要把"中国特色社会主义制度的本质是人民当家作主"当作一句空话，应通过与之相匹配的政治制度及系统的基本制度和具体制度使之得以体现和实现。根本政治制度的坚守与一系列基本制度和具体制度的建立和完善都具有阶段性与持续性相统一的特征，因此，社会主义政治

---

① 参见《马克思恩格斯文集》第3卷，人民出版社2009年版，第443页。

民主的实现相应地具有阶段性的特征。

同时，我们也必须清醒地认识到，社会主义政治民主的实现具有阶段性也具有艰巨性，我们今天的社会主义政治民主还没有完全达到一种理想状态。用政治学的术语讲，我们今天的社会主义政治民主仍然是一种起点民主。这也是习近平所指出的"人民只有在投票时被唤醒、投票后就进入休眠期"① 的问题。

（三）社会主义法治体系的建立具有阶段性

恩格斯指出，社会主义就是反对剥削雇佣劳动的。是在消灭阶级和剥削的基础上，使每一位社会成员都能自由全面地发展，从而建成"每个人的自由发展是一切人的自由发展的条件"② 这样"一个联合体"③，这体现了社会主义的根本价值目标，它的最大优越性也在于此。怎样实现"每个人的自由发展是一切人的自由发展的条件"④？要如何实现社会主义的根本价值与最大优越性呢？这对于社会主义发展来说，是一个不能回避、不得不认真思考的问题，更深层次来讲，是实现社会主义价值必然要深思的问题。显然，需要做的工作很多，但不可否认，只有建立了社会主义的法治体系，才能够为社会主义价值的最大实现、根本实现提供保障。

建立社会主义法治体系是一个长期的过程。与社会主义法律体系的静态性不同，社会主义法治体系动态性强，系统地包括了法律的制定、法律的实施、法律的监督、法律的实现、法律的作用发挥、法律效果的

---

① 参见习近平：《在庆祝中国人民政治协商会议成立 65 周年大会上的讲话》，人民出版社 2014 年版，第 14 页。
② 《马克思恩格斯文集》第 10 卷，人民出版社 2009 年版，第 666 页。
③ 《马克思恩格斯文集》第 10 卷，人民出版社 2009 年版，第 666 页。
④ 《马克思恩格斯文集》第 10 卷，人民出版社 2009 年版，第 666 页。

反馈等一系列动态的、阶段性过程。建立针对中国国情的、符合中国社会发展实际的、具有中国特色社会主义法治体系，在一定程度上来说，会为中国特色社会主义的发展及法治社会的建立等各项事业注入强大的牵引力和推动力。

（四）社会主义外交战略具有阶段性

历史地看，包括我国在内的社会主义外交和战略思想既有诸如和平共处五项原则、独立自主等原则性的，是需要社会主义国家长期坚持的，同时也有阶段性的，如我国外交战略思想中的"三个世界"理论、"和平发展"理论、"中间地带"思想、"韬光养晦"思想、新型义利观、"一带一路"战略等。这些具有阶段性的社会主义外交战略在准确把握马克思主义国际关系学说，在新的历史条件下具有不断总结和深入探索及实践的空间和阶段性特征。在当前复杂的国际环境条件下，为实现社会主义外交指导思想和社会主义外交原则方法的发展创新，需要不断分析和判断现有国际环境的变化和发展。

（五）社会主义建设中其他诸多问题的解决具有阶段性

社会主义的发展呈现出一系列的阶段性特征，社会主义建设中诸多问题的解决也具有阶段性。例如，我国社会主义经济社会持续快速发展，特别是人民群众物质生活水平不断提高，使得人民群众的精神文化需要日趋旺盛，我国进入了文化消费的快速增长期，如何有效、高效地缓解人民日益增长的物质文化需求与社会文化生产力不相适应的矛盾，这是推动社会主义价值实现必须考虑的一个问题。事实上，社会主义建设中其他诸多问题的解决都具有阶段性特点，而问题的解决不能囫囵吞枣、一概而论，而应分轻重缓急、对症下药，其中也特别需要根据问题的阶段性来考虑解决对策的阶段性安排。其中，长期性的问题解决需要长期的过程，应有长远的方案；阶段性的问题解决需要一定的过程，应有相应的安排；一时性的问题解决需要必要的过程，应有得当的措施。总之，对于社会主义建设中的诸多问题，我们应当既重视解决各种的具体问题，又重视各种具体问题的分阶段解决过程，以阶段的小过程推动大过程的持续。

二、社会主义价值实现的阶段性与社会主义初级阶段理论认识相符合

马克思曾经指出，唯物主义历史观，"它不是在每个时代中寻找某种范畴，而是始终站在现实历史的基础上，不是从观念出发来解释实践，而是从物质实践出发来解释各种观念形态"①，离开了"现实历史"②的抽象没有任何价值。在社会主义初级发展阶段中，社会主义价值的实现很显然要镌刻上社会主义初级阶段的发展印记。社会主义初级阶段理论科学阐明中国建设社会主义的根本依据。在一定意义上来说，实现社会主义价值的阶段性是与社会主义初级阶段理论认识相符合、相一致的。

众所周知，社会主义初级阶段理论是中国发展特色社会主义的理论基础。通过建设中国特色社会主义、走中国特色社会主义道路、建立中国特色社会主义理论体系，进一步阐释社会主义，进一步发展壮大社会主义，进一步为社会主义价值的实现奠定理论的基础和前进的方向。然而，对于我国社会主义所处的历史阶段的认识、党对于社会主义初级阶段的科学判断本身也是分阶段完成的，而非一蹴而就、一次完成。

早在20世纪50年代，毛泽东就指出："关于中国的前途，就是搞社会主义。要使中国变成富强的国家，需要五十到一百年的时光。"③并

---

① 《马克思恩格斯文集》第1卷，人民出版社2009年版，第544页。
② 《马克思恩格斯文集》第1卷，人民出版社2009年版，第544页。
③ 《毛泽东文集》第七卷，人民出版社1999年版，第124页。

且毛泽东尝试对社会主义的发展进行阶段划分，他说："一九一一年的革命，即辛亥革命，到今年，不过四十五年，中国的面目完全变了。再过四十五年，就是二千零一年，也就是进到二十一世纪的时候，中国的面目更要大变。中国将变为一个强大的社会主义工业国"①。

1962 年，毛泽东在"扩大的中央工作会议上的讲话"中就曾高瞻远瞩地指出："从现在起，五十年内外到一百年内外，是世界上社会制度彻底变化的伟大时代，是一个翻天覆地的时代，是过去任何一个历史时代都不能比拟的。"②

20 世纪 80 年代，邓小平按照毛泽东的设想，提出了"三步走"战略，即"本世纪走两步，达到温饱和小康，下个世纪用三十年到五十年时间再走一步，达到中等发达国家的水平。"③

在 1981 年党的十一届六中全会上，第一次明确提出了"我们的社会主义制度还是处于初级的阶段"的观点。

在 1982 年党的十二大报告上，提出了"我国的社会主义社会现在还处在初级发展阶段"的观点，并将"物质文明还不发达"作为此阶段的根本特征。

在 1987 年党的十三大召开前夕，邓小平指出："中国社会主义是处在一个什么阶段，就是处在初级阶段，是初级阶段的社会主义。社会主义本身是共产主义的初级阶段，而我们中国又处在社会主义的初级阶段，就是不发达的阶段。一切都要从这个实际出发，根据这个实际来制订规划。"④

在 1987 年党的十三大上，第一次提出了"建设有中国特色社会主

---

① 《毛泽东文集》第七卷，人民出版社 1999 年版，第 156 页。
② 《毛泽东文集》第八卷，人民出版社 1999 年版，第 302 页。
③ 《邓小平文选》第三卷，人民出版社 1993 年版，第 251 页。
④ 《邓小平文选》第三卷，人民出版社 1993 年版，第 252 页。

义"的概念，这是第一次将社会主义初级阶段作为事关全局的基本国情来把握，系统地阐明了中国社会主义初级阶段论，其中包括了初级阶段的性质、特征、主要矛盾和历史任务，提出了"一个中心、两个基本点"的党在社会主义初级阶段的基本路线，制定了"三步走"的发展战略，勾画了中国特色社会主义的基本轮廓，这标志着社会主义初级阶段理论的确立，同时标志着中国特色社会主义理论开始构建。

在 1992 年党的十四大上，再一次申明中国还处于社会主义初级阶段，明确指出这个阶段至少还要上百年，在制定一切方针政策时，都必须依据社会主义初级阶段这个基本国情，任何时期也都要紧紧围绕这个实际，建设有中国特色社会主义理论的主要内容就是社会主义初级阶段理论。

在 1997 年党的十五大上，以深入阐述社会主义初级阶段的历史方位、基本特征、主要任务为基础，系统论述了社会主义初级阶段主要特征、发展进程、主要矛盾、根本任务、基本制度、基本纲领，将社会主义初级阶段理论全面拓展。同时，在党的十五大上也指出社会主义初级阶段"是逐步缩小同世界先进水平的差距，在社会主义基础上实现中华民族伟大复兴的历史阶段"；提出将奋斗目标设定为 20 世纪末实现小康、21 世纪中叶达到中等发达国家水平。

在 2002 年，党的十六大报告又一次强调，"必须看到，我国正处于并将长期处于社会主义初级阶段，现在达到的小康还是低水平的、不全面的、发展很不平衡的小康"[①]，以全面建设小康社会为目标，即把 21 世纪头 50 年分为两个阶段，头 20 年全面建设更高水平的小康社会，基本实现工业化；到 21 世纪中叶基本实现现代化。

在 2007 年，党的十七大指出，"我国仍处于并将长期处于社会主义

---

① 《江泽民文选》第三卷，人民出版社 2006 年版，第 542 页。

初级阶段的基本国情没有变，人民日益增长的物质文化需要同落后的社会生产之间的矛盾这一社会主要矛盾没有变"，从多个方面深入分析，指出在现阶段的发展过程中，所显现出的阶段性特征在一定程度上体现了在新的社会环境下社会主义初级阶段的基本国情，这种进步性体现了我党对于社会主义发展阶段的认识得到了不断深化。

2012 年召开了党的十八大，在十七大"两个没有变"的基础上增加了"我国是世界最大发展中国家的国际地位没有变"①，对社会主义初级阶段的认识进一步深化。本次提出的"三个没有变"是建立在中国社会主义初级阶段基本国情上的科学结论。党的十八大报告强调指出，要在建设中国特色社会主义的实践中紧紧围绕社会主义初级阶段这个国情、这个实际情况，而坚持社会主义初级阶段这个基本国情、这个实际情况是我们坚持并发展中国特色社会主义所必须遵循的理论和指导行动的纲领。党的十八大进一步提出到 2020 年国内生产总值和城乡居民人均收入都要比 2010 年翻一番。社会主义的发展设想具有的阶段性与中华民族实现伟大复兴的阶段性目标是具有共同点，并且是相统一的。

综上所述，社会主义初级阶段理论是我党通过社会主义的实践和探索，并且是建立在深刻认识社会主义初级阶段基本国情和深刻总结社会主义建设经验教训后的基础上的理论创新。社会主义初级阶段理论的提出，不但使我国社会主义发展的历史方位和坐标得以确立，并且使社会主义初级阶段理论成为形成中国特色社会主义理论和路线、方针、政策的根本依据，并在理论层面上深刻总结了社会主义初级阶段所面临的问题，科学回答了社会主义初级阶段发展中所面临的诸多问题，并在丰富马克思主义关于社会主义发展阶段的同时使得该理论得以进一步发展。

---

① 党的十八大报告强调"三个没有变"，即：社会主义初级阶段的基本国情没有变、人民日益增长的物质文化需要同落后的社会生产之间的矛盾这一社会主要矛盾没有变、我国是世界最大发展中国家的国际地位没有变。

从某种意义上说，这是我们在依据我国社会主义的基本国情的基础上实现了马克思主义的"中国化"。同时，我国社会主义初级阶段至少会有上百年的时间，会在社会主义初级阶段的不同发展阶段呈现出不同的特征。

要抓住基于社会主义初级阶段理论认识的总依据，从而对中国社会主义价值及社会主义价值实现的水平有一个总体认识，并从总体上对当前我国社会主义价值实现的阶段性特征有一个把握、辩证看待。例如，我国社会主义建立以来特别是改革开放以来，我国社会主义的经济实力得到了大幅提升，为社会主义价值的实现奠定了坚实的物质基础。4亿人脱贫、13亿人走向现代化、对世界经济增长的年平均贡献率超过20%[①]⋯⋯这的确是中国特色社会主义实现了的现实价值。但是我们也注意到，我国还处于社会主义初级阶段，所面临的问题较多，生产力发展较为缓慢，从整体上来说，生产力发展水平还不高，生产力需要得到进一步解放和发展。与此同时，在社会主义初级阶段，生产效率、生产水平、生产质量也有待提升，特别是在生产过程中，我们的自主创新能力还需得到进一步提高与发展，社会竞争力也有待进一步提升，社会主义价值实现的空间仍然很大。社会主义价值实现应做好阶段性安排，充分准备，科学预设，统筹规划，逐步实现。要特别注意的是，社会主义价值实现应与发展生产力结合在一起。邓小平指出："马克思主义最注重发展生产力。我们讲社会主义是共产主义的初级阶段，共产主义的高级阶段要实行各尽所能、按需分配，这就要求社会生产力高度发展，社会物质财富极大丰富。所以社会主义初级阶段的最根本任务就是发展生产力，社会主义的优越性归根到底要体现在它的生产力比资本主义发展得更快一些、更高一些，并且在发展生产力的基础上不断改善人民的物

[①]　参见《转变，中国道路的历史性跨越》，《人民日报》2012 年 11 月 6 日。

质文化生活。如果说我们建国以后有缺点，那就是对发展生产力有某种忽略。社会主义要消灭贫穷。贫穷不是社会主义，更不是共产主义。"①同时，邓小平还把生产力的发展与社会主义的优越性、与社会主义的价值实现联系在一起，他指出："我们说，社会主义是共产主义的第一阶段。落后国家建设社会主义，在开始的一段很长时间内生产力水平不如发达的资本主义国家，不可能完全消灭贫穷。所以，社会主义必须大力发展生产力，逐步消灭贫穷，不断提高人民的生活水平。否则，社会主义怎么能战胜资本主义？到了第二阶段，即共产主义高级阶段，经济高度发展了，物资极大丰富了，才能做到各尽所能，按需分配。不努力搞生产，经济如何发展？社会主义、共产主义的优越性如何体现？"②

三、社会主义价值实现的阶段性与人民群众对社会发展真善美的追求相契合

社会主义价值实现是社会主义不同发展阶段对价值不断追求与实践的连续谱，它体现在社会主义社会空间中为生活于其中的人民群众既分阶段性又具持续性地生产并创造出更多的价值。因此，社会主义价值实现的阶段性与人民群众对社会发展真善美的不断追求相契合。

首先，社会主义价值实现的阶段性体现着人民群众对社会发展之真的价值追求。它是五百年来世界各国无产阶级对公平公正、美好幸福社会的向往，也在于，它是与我们国家的人民群众正在进行的社会建设、民族复兴的奋斗相符合，也是与我们民族、我们国家需要解决的时代问题相适应。因此，社会主义价值的实现体现为一连串阶段性任务、阶段性奋斗目标。

---

① 《邓小平文选》第三卷，人民出版社1993年版，第63页。
② 《邓小平文选》第三卷，人民出版社1993年版，第10页。

其次，社会主义价值实现的阶段性体现着人民群众对社会发展之善的追求。其与资本主义的价值观念、理论指南、生产方式、分配方案、历史使命不同，决定了社会主义价值实现具有伟大性，同时决定了社会主义价值实现必然走上一条价值理想与国情现实相结合、价值凸显与规律遵循相符合、价值实践与理论创新相统一的社会主义发展道路，并在这条道路上创造出不同于西方资本主义的新的人类社会现代文明，为人的自由而全面发展、为人类的美好未来开启新的希望。

再次，社会主义价值实现的阶段性体现着人民群众对社会发展之美的追求。它是人民幸福的集中体现。人民对美好生活的向往，就是我们的奋斗目标①。社会主义价值实现之美还在于，社会主义有为人类做出新的更大贡献的真诚意愿。对世界而言，社会主义价值实现的过程，也是社会主义国家与其他各国和平相处的过程、合作共赢的过程、分享更多发展成果和发展红利的过程。

社会主义价值实现的阶段性与人民群众对社会发展真善美的追求相契合，这就要求在社会主义价值的各项工作中都要倾听人民群众的呼声、关切人民群众的利益。

在倾听人民群众的呼声方面，要清醒地认识到，社会主义价值实现得好不好，人民群众最有发言权。要根据社会主义价值实现任务的轻重缓急，确定社会主义价值实现的阶段性重点来安排各项工作，要深入人民群众，贴近民生，为人民群众做实事并主动接受人民群众的监督。社会主义的各项具体工作都要经常反思，看看人民群众反映的问题有没有得到解决，人民群众是否得到了实惠。

在关切人民群众的利益方面，马克思认为，利益既不是一种抽象观念，也不是功利主义的心理联想及利己主义的个人私利，而是指以物质

---

① 《习近平谈治国理政》，外文出版社 2014 年版，第 3 页。

生活条件为基本内容的物质关系。马克思说："人们奋斗所争取的一切，都同他们的利益有关。"① 为了利益的实现，人民群众创造并使用各种工具和方式，进而在创造并使用各种工具和方式中促进了人与物、人与人、人与社会的更紧密联系，并形成一种驱动力，不断推动着生产力和社会的发展。同时，围绕着社会主义价值实现而进行的一切社会主义理论创新也都要清楚这一点，任何思想理论都要与人民群众的切身利益结合在一起。正如马克思所指出的："'思想'一旦离开'利益'，就一定会使自己出丑。"② 解决事关人民群众的任何利益问题都要深入人民群众的实际中，应将解决关乎人民群众利益问题的理论指导与人民群众的近期利益和人民群众的远期利益相结合。同时，任何基于解决人民群众利益问题的理论创新都要真正从人民群众在生产生活中最关心、最直接、最现实的利益问题入手。

四、社会主义价值实现的阶段性与社会主义价值实现的规律性相一致

只有尊重规律性，才能因势利导；只有把握阶段性，才能循序渐进。社会主义价值的实现有其规律性，也有其阶段性，其阶段性与规律性是一致的。

人类创造历史的活动是合目的性和合规律性的统一。当社会主义思想理论建设的阶段性目标符合规律性要求且社会主义价值实现的途径、手段、方法等也符合规律要求时，就能顺利推进社会主义价值理想以及社会主义现代化建设，使之如愿实现。这种推进与实现会反过来成为促进社会主义各项事业建设的动力；反之，不仅社会主义价值理想与价

---

① 《马克思恩格斯全集》第 1 卷，人民出版社 1956 年版，第 82 页。
② 《马克思恩格斯文集》第 1 卷，人民出版社 2009 年版，第 286 页。

值目标实现无望，而且还会使生活于社会主义社会中的人民群众感到失望，甚至对社会主义产生价值迷茫、价值动摇。

把握社会主义价值实现的阶段性与价值实现的规律性相一致的问题至少需要有两个向度的追问：一是为什么要提升社会主义价值实现的科学化水平，也就是社会主义建设的目的和价值追求是什么；二是怎样提高实现社会主义价值的科学化水平，也就是为实现社会主义价值目标和价值追求应遵循怎样的科学路径、基本方略和方式选择。同时，把握社会主义价值实现的阶段性与价值实现的规律性相一致的问题，也就是要在社会主义建设过程中始终使社会主义发展的目的性和规律性相统一。

把握社会主义价值实现的阶段性与价值实现的规律性相一致的问题离不开马克思主义的根本指导。马克思主义为我们深刻揭示了客观世界尤其是人类社会发展的一般规律，指导我们前进、指导社会主义价值的实现。推动社会主义价值的实现，要求我们在马克思主义的指导下，科学认识社会主义价值实现阶段性的客观规律，尊重社会主义价值实现阶段性的客观规律，按照社会主义价值实现阶段性的客观规律办事。关于社会主义事业是如何开创的、怎样走过来的，创新的社会主义事业将去往何处、如何向前走等这些事关社会主义发展的重大问题中，都暗含着社会主义价值实现的阶段性与社会主义价值实现的规律性；推动社会主义价值的实现，要求我们在马克思主义的指导下，立足我国社会主义的发展实际、实践实际，积极借鉴包括西方资本主义在内的社会发展管理理念，以更为开阔的视野在遵循共产党的执政规律、遵循科学的社会主义的建设规律及人类社会发展规律等的基础上更好地建设社会主义。

把握社会主义价值实现的阶段性与价值实现的规律性相一致的问题也需要在辩证关系的逻辑中审视社会主义价值实现的复杂性。社会主义价值实现特别要弄清楚社会主义价值整体实现与某一具体实现的关系、社会主义价值链条与某一价值环节的关系、社会主义价值实现安排设计与实践分层对接的关系、社会主义价值实现统一性与实现差异性的关系、社会主义价值实现长期性与实现阶段性的关系。社会主义价值的实现既不能以局部实现代替整体实现、又不能以整体实现代替局部实现，既不能以实现的灵活性损害实现的原则性、又不能以实现的原则性束缚实现的灵活性。社会主义价值的实现是整体与具体、链条与环节、安排设计与实践分层、统一性与差异性、长期性与阶段性等的辩证实现的过程。社会主义价值的实现遵循辩证法。辩证法的实质是对立统一。社会主义价值的实现也反对任何一种片面性，不能只讲其一、不讲其二。要更好地实现社会主义价值，就要遵循辩证法，按照辩证法办事，具体到社会主义建设实践中，在经济发展领域，既要注重发挥市场在配置资源中的决定性作用，又要注重发挥好政府的决策调控作用；在社会分配领域，既要有大蛋糕可分，也要以公平正义的社会主义原则把蛋糕分好；等等。社会主义价值的实现应学会在对立中把握统一、在统一中把握对立，社会主义价值的实现应学会辩证思维与战略思维、系统思维、创新思维、底线思维的统一。

需要指出的是，正确理论的生命力不仅在于准确科学把握规律，而且要运用规律去了解群众。这也是把握社会主义价值实现的阶段性与价值实现的规律性相一致的问题时需要注重思考的。

五、将社会主义价值实现的阶段性与坚持党的政策路线相协调

为实现社会主义价值，我们应该始终坚持把实现远大理想的最高纲领与实现阶段性现实目标的最低纲领通过一定方式有序地统一起来，在实践过程中，用实现远大理想的最高纲领指明方向，用实现阶段性现实目标的最低纲领努力凝聚一切力量，极大地激发了人民群众建设社会主义的主动性、积极性和创造性。

中国共产党进行实践活动的方法和原则依据离不开党的思想路线，党制定政治路线、组织路线和各项方针政策的基础离不开党的思想路线。同时，正确理解和执行党的路线、方针、政策的保证也离不开党的思想路线。党的思想路线的基本内容主要包括：应一切从实际出发，做到理论联系实际，要在实践中检验真理等。党的思想路线的精髓是解放思想、实事求是、与时俱进、求真务实。

首先，马克思主义革命性、批判性本质的集中体现是解放思想，即以马克思主义为指导，冲破习惯、主观、偏见的束缚，更新思想观念、变革思维方式、提升精神状态，对出现的新情况不断研究，并积极解决新出现的问题。只有真正解放思想，才能实事求是。实事求是强调从客观实际出发，同时客观实际又是不断变化发展的，不断解放思想，就会跟上时代发展的脚步、跟上不断变化的实际，这样就真正掌握了事物发展的客观规律。因此我们说，解放思想等于实事求是。据此，邓小平同志曾有过深刻论述："解放思想，就是使思想和实际相符合，使主观和客观相符合，就是实事求是"[①]。显然，把握社会主义价值实现的阶段性就是使社会主义建设思想与社会主义建设实际相符合，就是使社会主义价值实现的主观诉求与社会主义价值实现的客观条件相符合。反过来，社会主义建设思想的解放也更有助于为社会主义价值实现创造更多的有利条件，为社会主义价值的阶段性实现、持续性实现奠定良好的思想理论基础。

其次，实事求是意味着真知、勇气和办法。"实事求是"这个词语在我国的存在已经有两千多年的历史了。实事求是指从实际对象出发来逐步探求事物的内部联系及其发展的规律性，来逐步认清和把握事物的本质。简言之，实事求是就是按照事物的实际情况来办事。邓小平把实

---

① 《邓小平文选》第二卷，人民出版社 1994 年版，第 364 页。

事求是提到马克思主义和毛泽东思想精髓、我们党思想路线核心的高度，足见实事求是之于社会主义、之于共产党而言所具有的重要而不可替代的价值与意义。社会主义的革命和建设实践也充分证明，坚持实事求是的时候，就是我们的社会主义事业顺利发展的时候；背离实事求是的时候，就是我们的社会主义事业遭受挫折的时候。毫不夸张地说，实事求是就是我们党的生命，实事求是就是我们社会主义事业的根基，实事求是就是我们进行社会主义建设、实现社会主义价值必须坚持的思想方法和工作原则。只有始终坚持实事求是，并了解具体情况、制订具体办法、化解具体问题，才能保证社会主义建设的各项任务、社会主义价值实现的各项措施落到实处；只有始终坚持实事求是，始终坚持说实话、办实事、出实招、求实效，才能在实践中形成反对各种形式主义的坚强力量，才能把社会主义价值理想变为现实。

再次，与时俱进意味着观念、行动和时代一起进步。与时俱进的内涵使党的思想路线内容呈现出鲜明的时代特色。它昭示全党，把社会主义事业全面推向前进，全面完成社会主义价值目标，全面实现社会主义价值理想，必须始终站在时代前列，必须把握时代变化，必须紧跟时代步伐。"与时俱进"这个词语的含义散见于中国古书中的"与时偕行"、"与时俱化"、"与时俱新"，而蔡元培在 1910 年初撰写的《中国伦理学史》中第一次使用了"与时俱进"，他说："故西洋学说则与时俱进"。这一说法是蔡元培通过中西文化对比，特别是通过清朝末年中国思想文化界抱残守缺、固步自封的局面与西方文化的差距对比而使用的。对于党领导下的社会主义建设而言，与时俱进意味着面对社会主义发展过程中存在的问题和出现的新情况，以坚持一切从实际出发、不断解放思想为出发点，改变一些不合时宜的经验和做法，以新的发展理念、发展办法着力推进经济社会发展创新，这样可使社会主义建设的思想和行动与客观实际相符合，与世情、国情和时代发展的要求相符合。以开阔的视野辩证地分析实现社会主义价值所处的阶段性发展环境和拥有的阶段性发展条件，把握社会主义价值实现的阶段性方向和阶段性发展趋势。

第四，将马克思主义哲学尤其是马克思主义哲学中认识论的精神实质进行精辟概括，就是求真务实。其中的"求真"是去不断地认识事物的本质，把握事物的规律；其中的"务实"则是要在基于认识事物的本质、把握事物的规律基础上形成的科学认识指导下去做事、去实践。马克思主义所要求的理论和实践、知和行具体的历史的统一被求真务实体现得淋漓尽致。坚持马克思主义科学世界观和方法论的本质要求就是要坚持求真务实，坚持辩证唯物主义和历史唯物主义的科学精神就是坚持求真务实，坚持科学发展观精神实质的核心就是坚持求真务实。要求在社会主义各项事业中求真务实，在政策的制定、工作的推动上与客观实际相符，敢于讲真话，坚决抵制弄虚作假，把科学发展观和正确政绩观贯穿于工作中、落实在行动上，不唯书，不唯上，只唯实，采用切实可行的方法办实事、得实效，且不怕实践、人民、历史的检验，真真切切地为社会主义建设、为社会主义价值实现做出共产党人的应有贡献。

第二节　全球化背景下社会主义价值的实现

世界的全球化其实是一个客观的、历史的过程，它促使世界政治、经济、文化和环境等方面越来越多地联结在一起。在全球化进程中，社会主义价值在实践中逐渐扩大着其自身影响，人们越来越关注社会主义，越来越关注社会主义的价值实现问题。在全球化的背景下，实现社会主义价值面临着新的机遇和挑战。

一、全球化背景下资本主义的新变化

历史唯物主义认为，社会主义的发展很迅速且潜力巨大，而它代替资本主义是人类历史发展的必然规律。但是在第二次世界大战之后，由于受新科技革命的影响，在一定程度上促进了经济全球化发展，资本主义社会生产力获得了前所未有的高度发展，相对于原先来说，资本主义社会的面貌也发生了具有一定影响力的变化，为了促使自身得到更好的发展，资本主义社会对生产关系和上层建筑进行了改良和调整。因此，资本主义并没有走向死亡，而是在不断的自我调整中得到了发展，资本主义旧制度在这努力残喘中得到了一定的养分，在努力生长的缝隙中又出现了"腐而不朽、垂而不死"的新情况。在这种现象的影响下，一些人开始片面地怀疑马克思主义基本原理，甚至还开始怀疑社会主义的前途。这些新情况的出现值得我们认真思考。

（一）全球化时代资本主义社会生产力迅速发展

二战后，资本主义进入了国家垄断资本主义和全球垄断资本主义的新阶段，各资本主义国家纷纷利用新科技革命浪潮逐步调整生产关系，促进了自身生产力的快速发展。马克思恩格斯也曾肯定了资本主义取得的功绩："资产阶级在它的不到一百年的阶级统治中所创造的生产力，比过去一切世代创造的全部生产力还要多，还要大。"① 具体来说，"从20世纪50年代中期到70年代中期，西方发达资本主义国家国民生产总值年均增长迅速，达到5.5%。到21世纪初，全世界国民生产总值约为30万亿美元，其中发达资本主义国家约占75%，美国约占27%。按不变价格计算，1980年的国内生产总值与1950年相比，美国增长了1.7

① 《马克思恩格斯文集》第2卷，人民出版社2009年版，第36页。

倍、德国增长了 3.5 倍、日本增长了 9.2 倍。按现价计算，2000 年，美、德、日的国内生产总值又比 1980 年分别增长了 2 倍、0.3 倍和 3 倍。"①
在上述这些成果外，资本主义国家在过去的时代里富有创造力地创造了关乎世界发展、推动世界前进的绝大多数的科技成果，全世界 90% 的专利技术都被资本主义国家拥有，显示了资本主义国家在科技领域的巨大成就。可以看出，在战后半个多世纪里，全球经济迅猛发展，而资本主义国家起到了领头羊的作用，同时也使经济的发展实现了跨越式、跳跃式的转变，使经济的发展从最初的效率较为低下的工业经济时代快速进入了高效、高能量的信息经济时代。

（二）全球化时代资本主义生产关系不断自我调整

资本主义在取得巨大成就的同时，也对自身的生产关系不断进行调整。一方面马克思给资本主义开出了一剂良药，另一方面则资本主义内部危机迫使其必须做出改变，因此，随着新科技革命和生产力的日新月异的发展，在世界范围内，经济发展日益呈现出扩散式并且与全球化的发展趋势相契合，发达的资本主义国家率先进行了以适应经济全球化形势的自我调整：一是继续进一步加强国家对经济的宏观调控，即通过发展国有经济对整个经济运行实行宏观调控，通过财政调节、金融调节、收入政策，实行国民经济计划、行政和法律手段以及国际调节实现宏观调控，实现资本主义再生产的顺利进行，为资产阶级谋取最大利益。二是加强和完善社会福利政策，即在资本主义经济得到巨大发展后，物质基础的极大丰富和广大人民群众的长期不懈的斗争，逐渐建立和发展社会福利和社会保障制度，主要包括社会保险、社会援助和免费教育。三是加强和完善资本主义的全球宏观调控体系，即在资本主义进入垄断阶

---

① 曹文振：《经济全球化时代资本主义的新变化》，《世界经济与政治》2001 年第 9 期。

段后，其依靠国际垄断组织的力量，使资本主义再生产过程跨越了国界在世界范围内进行，而资本的周转和循环更多的依靠市场杠杆的调节来完成。

（三）全球化时代资本主义的矛盾日益加剧

当代资本主义经过自我调节和改良，出现了一系列的新变化，在一定范围内适应了生产社会化不断扩大的趋势，一定程度上缓和了社会矛盾。但这些新变化并没有消除资本主义社会的固有的基本矛盾，而且更为严重的是，在世界经济全球化范围越来越广、时间越来越长、影响越来越大的条件下，资本主义基本矛盾也在全球范围内不断加深。一是经济危机不断加深。国际金融危机近年来频繁爆发，出现了经济虚拟化和大量金融泡沫、周期性经济停滞、高失业率、公共债务攀高等现象。近20年来，资本主义经济危机从点到面、从浅到深不断发生，也预示着资本主义不可能从根本上克服自身固有的经济危机。如1994年的墨西哥金融危机、1997年的亚洲金融危机、2007年的美国次贷危机、2008年的国际金融危机，等等。二是政治矛盾不断加剧。在当代资本主义制度下，利益集团操纵政治与主权在民原则的矛盾，资产阶级的统治权力的统一性与内部分权制衡的矛盾普遍存在。随着资本主义社会的发展，资本主义国家内部的矛盾实则越来越突出，资产阶级与工人阶级之间的突出矛盾虽然改变了形式，但二者之间的对立依然存在，而且随着经济全球化的日益加深和社会贫富分化拉大，这种阶级对立不断出现新的变化并进一步加剧。三是社会矛盾不断加剧。资本主义社会最突出的问题是社会贫富两极分化。随着全球化浪潮，资本主义社会财富不断向少数人集中，贫富分化更加严重，资本主义国家的社会问题更加凸显，民族矛盾、种族矛盾等也日益激化。四是南北矛盾日益激化。除传统的经济、政治、军事、资金、技术等南北矛盾外，经济全球化还促进了国与国之间的财富流动，这就给了发达资本主义国家以可乘之机，他们利用自身优势使财富流动总体上流向自己，广大发展中国家则处于严重的、持久的相对贫困状态，一些国家和地区甚至可能陷入绝对贫困状态。同时，随着一些新兴的发展中国家国力逐渐增强，并在高新技术领域开始占有一席之地，也日益与发达资本主义国家力图控制世界范围内市场和资源产生矛盾，资本主义全球体系越来越难以巩固。五是发达资本主义国家之间的矛盾日益加深。随着世界格局向有利于广大发展中国家的方向逐渐转变，发达资本主义国家掠夺资源和占领市场会变得更为困难，推行霸权主义的代价也会变得更高，相互之间的矛盾也在日益加剧。

二、全球化对社会主义价值实现的阶段性影响

马克思恩格斯对于资本向外扩张以及由此带来的全球一体化问题有着全面而深刻的认识，他们明确指出，全球化资本膨胀将带来的结果是："不断扩大产品销路的需要，驱使资产阶级奔走于全球各地。它必须到处落户，到处开发，到处建立联系。资产阶级，由于开拓了世界市场，使一切国家的生产和消费都成为世界性的了。……资产阶级，由于一切生产工具的迅速改进，由于交通的极其便利，把一切民族甚至最野蛮的民族都卷到文明中来了。它的商品的低廉价格，是它用来摧毁一切万里长城，征服野蛮的最顽强的仇外心理的重炮。它迫使一切民族——如果它们不想灭亡的话——采用资产阶级的生产方式；它迫使它们在自己那里推行所谓的文明，即变成资产者。"① 在全球化的进程中，资本主义为此作出了巨大贡献，利益的驱动和技术的进步使世界真正的联系在了一起。各民族不再是孤立的割裂的发展，而是融入世界发展的共同体中。为此，马克思并没有忧心忡忡，而是从另一个方面看到了社会主义

---

① 《马克思恩格斯选集》第 1 卷，人民出版社 2012 年版，第 404 页。

的未来，因为，由此将更便于全世界无产阶级的大联合和无产阶级最终的彻底解放。这就说明，就是全球化的趋势不仅与社会主义是一致的，而且在不断发展中为社会主义价值更广泛、更好地实现提供了源源不断的机遇和基础。

（一）全球化为社会主义价值提供了物质基础

历史地来看，资本主义的历史功绩是不可抹杀的，也正是这样的功绩将成为社会主义价值实现的物质基础。而且它以这种特有的方式使"一切民族甚至是最野蛮的都卷入文明的旋涡里了"①，它从一定程度上来讲，严重冲击并进一步摧毁了封建专制统治的根基，在自身的发展之下，为新的社会形态奠定了必不可少的物质条件。诚实地来讲，在过去的一百多年的时间里，资本主义制度的确在经济上取得了出乎意料的成功，同时在政治上彰显出的民主化也大大超出了马克思的预想。然而，在社会生产和国际分工以及人类能动的选择所共同作用和促进下形成的全球化局面使得世界经济成为了一个统一体，从而实现了经济资本的全球化配置格局。这种格局既是资本主义生产方式的内在需要，也是资本主义制度的历史使命。马克思指出："资产阶级社会的胎胞里发展的生产力，同时又创造着解决这种对抗的物质条件。"② 历史的发展终将会证明，经济的全球化发展将使在资本主义全球化格局中所形成的世界交往局面得到更进一步的发展，同时也将为社会主义和共产主义价值理想在全世界范围内的实现提供了更为充分的物质条件。虽然世界全球化的发展在一定程度上给世界各国带来了文明和进步，但在这传播文明和进步的过程中，不可避免的是，资本主义的固有矛盾也被带到了世界各地，

---

① 《马克思恩格斯全集》第 4 卷，人民出版社 1958 年版，第 470 页。
② 《马克思恩格斯选集》第 2 卷，人民出版社 2012 年版，第 8 页。

从而有形、无形地影响了世界各国。这一过程中，不仅为社会主义价值的实现提供了强大的物质基础，而且也培养了资本主义自身的掘墓人，为社会主义价值最终在全球范围的实现创造了条件。

（二）新自由主义的困境促使人们审视社会主义价值

在苏联解体以后，社会主义的发展遭受了严重的挫折。以弗朗西斯·福山为代表的新自由主义思潮开始活跃在世界的舞台上，这种新自由主义的思潮将尖锐的矛头指向了社会主义，这种新自由主义的思潮片面地认为苏联社会主义的失败其实就是说明了社会主义的落后性、社会主义的不可发展性，也就相应地说明了资本主义的先进性、可发展性。换言之，也即说明资本主义是人类历史发展的终极状态，是无法被其他主义所代替的。尽管这一论调甚嚣尘上，但是，在全球化进程中，新自由主义包装下的片面性的方针政策却造成了大多数国家发展的困境：一方面塑造出了一个新的无法控制的金融商人；另一方面金融和资本大量外逃以及由此引来的阶级分化、进一步扩大了贫富之间的差距。在这种情况下，新自由主义的思想开始受到各国、各阶级的批判，在对比之下，促使人们开始回头重新审视社会主义价值。正如布热津斯基所说："建立在自由市场体制上的民主，似乎在当前取得了胜利。但是它的胜利主要是由于共产主义的失败，而不是由于它成功地表明民主理想放之全球而皆准。对世界大部分贫困地区来说，民主理想是否行得通还要看人们的实际生活水平是否得到提高。……所以更应当说，在意识形态冲突中民主制度的胜利是以美国为首的联盟对苏联集团的胜利，而不是民主理想本身在全球的胜利。"[①] 布热津斯基的评价明确了新自由主义与社

[①] ［美］兹比格涅夫·布热津斯基：《大失控与大混乱》，潘嘉玢等译，中国社会科学出版社 1995 年版，第 196 页。

会主义在意识形态领域斗争的尖锐性，也道出了新自由主义没有取得真正的胜利。相反，在面临全球化带来的危机时，更多的人在重新思考社会主义价值的意义。

（三）全球化背景下人们对社会主义价值的重新思考

在全球化的发展过程中，人们结合当代资本主义的新发展特点和新科技革命、讯息革命的影响以及吸取苏联解体的教训，进而不断探索新思想。20世纪90年代兴起的"市场社会主义"思潮以及中国市场化改革的经验和历史价值逐渐弥散在了资本主义向社会主义过渡的整个历史进程中。同时，在经历了20世纪80年代的危机后，"民主社会主义"思潮发挥了一定的作用，在危机四伏的情况下，"民主社会主义"思潮在一定程度上缓解了20世纪90年代所出现的劳工危机，同时，"民主社会主义思潮"还根据发展的形势，对社会主体多元化进行了深刻分析，并且在一定程度上或多或少地改变了当今西方社会发展的观念，它的发展及优越性，尤其在西方发达资本主义国家得到了广泛的支持，有一定的传播基础。此外，关于"第三条道路"的突破，再加上"生态社会主义"思潮对资本主义进行了批判，他们通过不懈努力，持续性地探索各种社会主义思潮，再加上经历了苏联解体后，欧洲共产党开始重新进一步地审视社会主义问题等，人们在全球化的背景下不断探索、研究、思考社会主义价值，就像法国共产党全国书记罗贝尔·于说的："当世界20%的人口消费着全球86%的财富时，马克思的思想仍然显得格外年青。"①

三、全球化背景下社会主义价值的复兴

随着苏联等一批社会主义国家在20世纪90年代的相继解体和崩溃，

---

① 张战生：《千年马克思》，《马克思主义研究》2000年第1期。

社会主义制度体系一时间消失大半，从原本与资本主义在全球范围内挤压的态势一下子转变成守势，从而形成了一个有利于西方发达资本主义国家的全球化格局。在这一全球化格局中，贸易的自由化、生产的国际化、经济的私有化、金融的全球化等等，逐渐成为了当今全球化发展的主导趋势。世界无法回避这种全球化格局，所以也必将面临其所带来的各种问题。东欧和苏联的社会主义解体为资本主义在新一轮的全球化舞台上表现自己提供了机会：逐渐分化的、不公正的、不平等的社会形态以及生态环境的不断恶化。法国著名学者阿尔贝尔说："共产主义的终结和东西方对抗的结束不仅意味着一种（自由主义）制度对另一种（国家至上）制度的胜利。这次失败就像一场大旋风把一整套理念、思考、感触和分析都一股脑儿卷走了，而这些东西不应该一下子全然消失。"[①]而由于社会主义在东欧和苏联的失败，使得资本主义大肆发展自己，使得这种全球化格局逐渐走向有利于资本主义发展的扭曲的格局，但是，这并不能直接说明社会主义就是失败的，并不能片面地认为社会主义不适合于任何国家，而在一定角度来说，社会主义助推了全球化格局的形成，助推了全球化过程中所面临问题的解决，社会主义价值正表现出它顽强的生命力。

（一）经济全球化为社会主义价值的实现创造了良好的外部环境

从某种视角来看，全球化格局的形成使社会主义阵营不再是孤立的，各社会主义国家不断探索适合自身道路的同时也加强了与世界的联系，尤其是中国通过艰苦卓绝的斗争取得了革命的胜利实现了国家

---

① ［法］米歇尔·阿尔贝尔：《资本主义反对资本主义》，杨祖功、杨齐、海鹰译，社会科学文献出版社1999年版，第184页。

的独立自主，成为国际舞台上一支重要的力量，促使两极格局逐渐向多极化转变。与此同时，以综合国力的竞争，主要是科技力量、创新力量、文化力量等的竞争成为各国十分关注的焦点，军事和政治上的冷战有所缓解，社会主义国家也打破了资本主义的围堵和封锁，逐渐摆脱了与世界隔绝的状态，资本主义与社会主义的交流逐渐正常化，世界迎来了"和平与发展"的主题。虽然社会主义与资本主义在意识形态、价值观念、政治体制上的矛盾依然存在，但经济全球化的发展使各个国家的利益彼此交融相连，资本主义也摒弃原来独立发展的状态，打破僵局，以自身利益为中心，与社会主义进行了交流与合作，以期获得更多的利益，解决人类面临的共同问题。社会主义国家也在利用全球化格局所带来的机遇与挑战，在机遇与挑战中与世界各国进行了充分交流与合作，并在交流与合作中实现了自身的发展。随着各国之间的联系更加紧密，和平与发展的主题更加鲜明，社会主义价值实现也迎来了更好的外部环境。

（二）全球化提升了社会主义价值的开放性和生命力

我们看到，在全球化进程中，社会主义国家的经济得到了快速发展，政治民主化也稳步推进，尤其是人们对于社会主义的认识水平大大提升，理解更加深入合理。如，对于计划经济的认识更加全面，认为计划经济不是社会主义的发展模式，市场经济也不是资本主义特有的东西。全球化也给了人们一个更加开放灵活的思维方式，对于社会主义价值实现的方式和途径认识也更加科学，能够立足不同的国情，选择适合自己的实践道路。所以这些冷静的思考对于社会主义价值的实现无疑都大有裨益，人们越来越可以接受社会主义价值的实现不再建立在资本主义灭亡的基础上，而是力图通过双方利益的满足，通过交流与合作，达到"双赢"的结果。在此情况下，社会主义价值超越意识形态、社会制度、价值观念的差异，以人类整体的长远利益为重，相互配合，同舟共济，社会主义国家也在与发达资本主义国家的交流合作中，获得了自身发展所需的资金、技术、管理经验及文明成果，逐步缩小与发达国家的差距，增强与资本主义国家的竞争力，增加自身发展的生命力。

（三）中国特色社会主义实践的蓬勃发展为社会主义价值提供现实蓝本

全球化过程中，中国主动迎接全球化的挑战，很好地把握住了各种发展机会，为本国人民和世界社会主义发展交出了一份满意的答卷。首先，中国充分判断目前的国际形势，较早地得出了"和平与发展是当今世界的主题"，在以经济建设为中心的指引下，转变经济、社会、文化的发展方向，制定了一系列有利于经济、文化、社会发展的方针政策，使得中国特色社会主义得到了迅速发展。其次，在资本主义出现各种复杂变化的情况下，反思与资本主义的关系，作出了"改革开放"的大胆探索，突破了社会经济发展的瓶颈，不仅使本国经济取得了巨大发展成就，也形成了与资本主义交流合作的新局面。最后，在"摸着石头过河"的挑战中，不断总结经验，探索形成了中国特色社会主义发展道路、理论体系和制度，不仅回击了新自由主义强势理论的步步威逼，也充分显示了社会主义制度的优越性。还有其他更多经验在此不再一一赘述，但是作为中国来讲，在正确理论基础的指导下，中国特色社会主义的实践得到了长足发展，取得了阶段性成功。同时，在发展中国特色社会主义的过程中，也为全球社会主义价值的实现奠定了一定的基础，它向全世界进一步证明了社会主义的强大生命力，为进一步实现社会主义价值提供了物质保障和精神动力。

第三节　社会主义价值实现的当代特征

"一切向前走，都不能忘记走过的路；走得再远、走到再光辉的未来，也不能忘记走过的过去。"[①] 习近平的这段话不仅坚持了马克思主义所阐述的社会历史是将连续性与阶段性相统一的唯物史观点，而且使毛泽东"不能割断历史"的重要观点得以丰富和进一步发展。站在历史发展的角度来看，社会主义从空想到理论形成、从一个理论到逐步实践、从在一国尝试到在几个国家发展，可以说道路曲折。不但有高潮、辉煌与成功，也有低谷与挫折，但我们要看到，社会历史向前发展的总趋势并未改变，人类仍然执着探求和追寻着社会主义价值的实现。社会主义价值的实现具有多样性、阶段性、系统性等特征。而就社会主义价值实现的阶段性而言，其当代特征具有实现的内涵逐渐丰富、实现的内容逐步深化、实现的环境愈加复杂等。

一、社会主义价值实现的内涵逐渐丰富

实现社会主义价值，一方面意味着社会主义不断在实践过程中靠近理想性的意义；另一方面也意味着社会主义不断在实践过程中获得现实性的品格。作为社会主义价值实现的方式，社会主义价值实践表现出多重形式。从物质生产力的提升到精神产品的丰富，从人民的幸福生活到社会的和谐稳定，社会主义价值实践体现并展开于人的更好发展的各个方面。社会主义价值实践在确证社会主义价值的同时，本身也在不断丰富、发展着社会主义价值的既有内涵。

---

① 习近平：《在纪念毛泽东同志诞辰 120 周年座谈会上的讲话》，人民出版社 2013 年版，第 14 页。

（一）社会矛盾愈复杂社会主义价值实现的内涵愈需要更丰富、更深刻

社会主义价值实现所面临的社会矛盾越复杂和多样，相应地，社会主义价值实现的内涵也需要更丰富、更深刻。社会矛盾的产生不是凭空的，而是产生于经济社会发展的具体进程中，产生于与经济社会利益密切相关联的各种物质关系中，社会矛盾是主客观因素综合作用的结果，这些主客观因素包括经济社会发展的阶段性特征、社会心态、价值取向和文化素养等。当前，我国的社会主义建设正处于改革和发展的新的历史阶段，不同个体与不同群体、不同行业与不同区域的具体利益诉求日趋多样化和复杂化，社会矛盾整体更是呈现出多发、易发、错综复杂的态势。

事实上，在社会主义价值实现的过程中，人们不断发挥自身的主体性，接受与传承包括资本主义在内的已有的文明成果，并结合实际客观看待历史、积极创造未来。由此，在面对社会矛盾的复杂与多样的情势下，社会主义价值的实现既需要积极借鉴包括资本主义文明在内的世界历史发展中的已有文明成果，也需要在面对和处理社会新问题、新矛盾中始终坚持社会主义、共产主义的远大理想和价值追求，并在两者的结合中日益使社会主义价值实现的内涵扩展和延伸。

（二）成功实践了具有中国特色的社会主义，这为社会主义价值实现提供了"新版本"、新内涵

中国特色社会主义的成功实践为社会主义价值实现提供了"新版本"、增添了新内涵。如何在规模超大且有悠久历史传统的国家更好地实现社会主义价值，如何从农业社会向工业社会的社会转型中更好地实现社会主义价值，如何在从计划经济向市场经济的经济转轨中更好地实

现社会主义价值，这无论在理论意义上还是实践意义上，都是中国共产党带领中国人民建设社会主义中所要思考的亟待解决的难题，都是以社会主义的价值实现为目标方向所要回答的世界级难题。既以和平的方式实现经济的发展，又在发展转型中整体保持社会的稳定；既以社会主义的生产方式实现现代化，又克服现代化所带来的各种弊端。中国特色社会主义的成功实践不仅证明了社会主义的价值所在与价值可实现，也为社会主义价值实现提供了"新版本"、新内涵。这种"新版本"、新内涵的丰富，不是凭空想象，中国特色社会主义的价值实现既具有开创性，又不忘继承性。

一方面，中国特色社会主义的价值实现具有开创性。中国特色社会主义的价值实现是基于对马克思主义的始终坚持，并以此为基础，在遇到中国社会主义发展中的具体问题时，灵活运用马克思主义来解决。产生了一系列新思想、新观点，比如社会主义初级阶段理论、社会主义市场经济的理论、社会主义本质论、社会主义的政治文明、社会主义的核心价值体系、社会主义核心价值观、社会主义和谐社会、社会主义市场经济、社会主义生态文明等，站在全新的视角上，将人类社会发展规律、社会主义建设规律及共产党执政规律的认识进行深化，既具有鲜明的中国特色，又写出了社会主义价值实现的"新版本"，具有开创性。

另一方面，中国特色社会主义的价值实现具有继承性。人类探索社会主义思想的脉络延续了五百年，而中国特色社会主义的价值实现是对科学社会主义的精髓的继承。例如，在实现社会主义价值的进程中，中国特色社会主义始终坚持共产主义最高理想，始终坚持无产阶级政党领导，始终坚持以公有制和按劳分配为社会主义经济制度的基础，始终坚持人民是历史的创造者以及实现人的全面发展等这些社会主义价值实现的基本原则、基本保证；又如，在社会主义的价值实现进程中，中国特色社会主义对于自身建设中已经探索总结的科学理论体系进行了坚持和发展，其中包括关于社会主义社会基本矛盾和主要矛盾，包括正确处理社会主义建设重大关系，包括正确处理人民内部矛盾等。可以说，随着时代的发展，中国特色社会主义的价值实现在政治理想、思想基础、根本立场上没有改变。

二、社会主义价值实现的内容逐步深化

社会主义的价值是在"人民需要"的基础上而存在。而随着人民需要的阶段性需求得到满足，社会主义价值自身也处于不断提高之中。社会主义价值的阶段性实现，就是要在推动社会主义事业阶段性与持续性发展相统一的进程中，始终关注人民的需要，始终关注人的发展，不断提升人民的尊严感和幸福感。

尽管西方资本主义模式以两三百年的时间解决了 10 亿人的发展问题，但中国特色社会主义在 30 多年间改变了 13 亿中国人的命运，这能够说明社会主义价值实现的速度和能力，我们应该有充分的社会主义的价值自信，但同时也应该看到，随着社会的发展，人们的需求层次和需求结构、需求质量也在逐步改变，中国特色社会主义实践也进一步显示，在满足人民群众的温饱性需求、物质性需求等方面，社会主义的价值实现呈现出边际递减的发展趋势，而相应地，在满足人民群众精神文化需求、社会公平正义需求等方面，社会主义的价值实现是呈上升发展趋势的。同时，随着人民群众精神文化需求、社会公平正义需求的逐步满足，人民群众的权利意识、公平意识、民主意识、法治意识也在呈现不断增强的发展趋势，进而人民群众对促进社会公平正义、实现安居乐业的要求越来越高。人民群众对社会主义价值实现诉求的内容日趋多元多样，对社会主义价值实现表达诉求的方式日趋活跃。同时，对社会主义价值实现更高层次诉求的期待日趋强烈，再加上我国社会主义改革逐

步进入攻坚期、经济社会发展逐步进入关键期、社会矛盾逐步进入凸显期，社会主义事业发展呈现出一系列新的阶段性特征。社会主义价值实现也比以往有了更多的内容升级。

当前我国的经济实力显著增强，经济总量已跃居世界第二，社会主义价值实现的物质基础已较为牢固，但值得注意的是，我国社会生产力的总体水平还较低，自主创新能力还较弱，还保留着长期形成的结构性矛盾和粗放型增长方式。目前，我国的社会主义市场经济体制初步形成，社会主义价值实现的体制机制正在逐步形成，但一些旧有的体制机制依然存在，它影响着社会的发展，改革的困难还很多，存在着不少深层次的矛盾和问题；目前，人民生活水平整体达到小康，社会主义价值实现的群众基础得以稳固，但贫富差距拉大的趋势还未得到根本扭转，统筹各方面利益的难度加大；对外开放日益扩大，社会主义价值实现的国际环境整体有利，但国际竞争也日趋激烈，西方发达资本主义国家经济科技具有优势，这个压力一直存在，一些能够预见和很难预见的风险变多，对诸如国内发展的统筹和对外开放的要求更高。简言之，社会主义价值实现具备一定的基础和条件，但因为社会主义价值实现环境的复杂性，更由于随着社会主义各项事业改革的逐步推进、逐步深入，人们对社会主义价值实现的内容和质量期待越来越高，例如，以往上调一级工资，老百姓就非常满意，喜笑颜开；现在进行全民医保社保，国家给予资金支持，投入成百上千亿，但有些人还是不满意，更有甚者抱怨反对。这也说明社会主义价值实现的内容需要面对比以往更多的新情况、新问题、新矛盾，社会主义价值实现的困难也越来越多，需要付出的努力也越来越多。

同时，随着全球化进程的加速，特别是进入新世纪以来，我国社会主义各项事业逐步步入发展快车道。经济社会开始转型攻坚，人民群众政治参与度开始活跃，城市化发展开始快速成长，国际地位迅速提升，同时，思想文化的多元化碰撞出火花，利益分化的矛盾激化，以上的社会主义发展阶段性特征，向追求皆大欢喜的"普惠式"社会主义价值实现提出了巨大挑战。社会主义价值实现的内容空间亟须科学有序加以拓展。

另外，在社会主义初级阶段，由于个别党员干部没有较高的理想觉悟、信念不坚定、能力低、没有优秀的作风、思想消极倦怠、不与群众一条心、不能做到清正廉洁、腐败奢侈、存在严重的官僚主义及形式主义等现象，而相应缺乏社会主义革命和建设初期的前辈们"置之死地而后生"的勇气和对社会主义共产主义的崇高信念，进而失去了对社会主义价值理想的追随、追求。从而使得社会主义价值的实现以及社会主义价值实现内容的升级受到了阻碍。

三、社会主义价值实现所处的环境更加复杂

目前，从全球范围来看，社会主义与资本主义共存这一基本世情没有改变，而我国处于并将长期处于社会主义初级阶段仍是基本国情。因此，社会主义价值实现的环境既包含有机遇性条件，也包含有挑战性困难。机遇与挑战并存，挑战与机遇互含。社会主义价值实现的环境愈加复杂。

在社会主义与资本主义的共存期，和平与发展仍然是时代主题，在相当长的一个时期内，社会主义与资本主义会保持一个相对和平的发展大环境。但世界格局将会重组的趋势没有变，正在做出新的调整，国际关系重新整合，新旧力量抗衡加剧，这其中存在着诸多变数和风险，社会主义价值实现所处的外部环境更为复杂；在社会主义与资本主义的共存期，经济社会发展正呈现新趋势，经济全球化、科技高新化、信息网络化深入发展，资源跨国流动和配置成为常态，全球合作向多层次全方位拓展，这为社会主义各国、资本主义各国的经济社会发展创造了新的

发展机会。

同时，在社会主义与资本主义的共存期，国际竞争日趋激烈，世界经济增长带来的不稳定和不确定的因素也在增加；在国际关系的舞台上，霸权主义、强权政治和新干涉主义有发展的苗头，国际和地区各种突出问题甚至局部战争此起彼伏；在我国得到迅速发展后，我国的综合国力与此同时也在不断得以增强，且随着中国世界地位的提高，中国的国际影响力也得到了很大提升。在这样的环境下，就在世界范围内随之产生了"中国威胁论"，使得某些国家对我国持观望态度。在这样的环境下，我国社会主义的发展开始面临着严峻的国际国内环境，形势复杂。

我国的基本国情在一定程度上使得我国经济社会发展呈现出鲜明的阶段性特征。当前，经济增速逐渐缓慢，所以稳定增长、转变方式、调整结构的需求十分迫切，创新和转型并升级的任务还很艰巨，我国经济发展进入新常态；要全面深化改革，打开新的窗口，改革攻坚期的复杂性、敏感性、艰巨性前所未有。如何更好地促进社会主义的生产力得以提高、如何更好地实现并满足人民群众日益增长的对社会主义精神文化生活的新期待，这些问题的解决与实现社会主义价值的艰巨性、困难性、复杂性是紧密相连的，这就使得实现社会主义价值的环境变得愈加复杂。

同时，当前，经济全球化、社会信息化、文化多样化、思想多元化等相互交织、相互激荡、相互影响，拜金主义、个人主义和所谓的自由主义与价值目标短期化、价值主体自我化、价值取向功利化同时并存、互相影响，这说明了某些个体、某些群体对社会主义价值实现存在焦虑。抵御境外敌对势力思想文化渗透任务更加繁重，引领社会思潮、凝聚社会共识的难度正在增加。社会主义价值的实现相比较以往，需要更深刻地把握社会主义发展的历史方位和社会主义价值实现的阶段性特征，需要改变旧的思想观念、打破既有利益的固化、广泛地凝聚起广大人民群众的智慧和力量来共同建设社会主义，在建设社会主义的过程中，围绕基本国情，走党的基本路线，从而实现社会主义价值。

在这里需要着重强调的是，虽然资本主义与社会主义共存的局面没有改变、我国仍处于并将长期处于社会主义初级阶段的基本国情没有变，但在不同时期，基本世情、国情的特点、社会主义价值实现的奋斗目标和发展方略都呈现出鲜明的阶段性特征，因而不能把社会主义价值实现的前一个阶段的理念、思路和办法简单地延续或移植到社会主义价值实现的后一个阶段上。

马克思指出："历史是认真的，经过许多阶段才把陈旧的形态送进坟墓"①。社会主义价值的实现不是短期的，不是一次就成的，它需要的是一个长期的、经年累月的历史过程。处于不同的世情、国情，站在不同的时期、背景、形势下，社会主义价值实现会表现出不同的阶段性特征。如近代中华民族在水深火热中时，以中国共产党人为代表的社会主义革命者积极奔走，努力使民族复兴，并带领人民大众付诸行动，其场景恰如"昨夜西风凋碧树。独上高楼，望尽天涯路"；当我国确立社会主义制度并开始进行相应的社会主义建设时，实现社会主义的健康、和谐、顺利发展，实现中国特色社会主义的理想追求就是社会主义价值的实现，其场景恰如"衣带渐宽终不悔，为伊消得人憔悴"；将来，当社会主义进入高级阶段、发达阶段时，以实现共产主义为最高理想追求成为社会主义价值实现的具体体现，其场景恰如"众里寻他千百度，蓦然回首，那人却在灯火阑珊处"。

同时，在理解和把握社会主义价值实现的阶段性与持续性的统一

---

① 《马克思恩格斯选集》第 1 卷，人民出版社 2012 年版，第 6 页。

时，也要看到社会主义价值实现的民族性与世界性，社会主义价值的实现同时也是民族性和世界性的有机统一。这样才能使实现了创造性转化和创新性发展的社会主义价值符合甚至引领世界文明发展潮流，以不断增强社会主义在世界范围内的生命力、吸引力、感染力、亲和力。

第九章
社会主义价值实现条件论

　　社会主义既是一种理想，又是一种运动；既是一种理论，又是一种制度；既是一种实践，更是一种价值观。社会主义价值自身回答的是社会主义"有什么好处"、"对谁有好处"，亦即社会主义之于无产阶级和广大人民群众的优越性问题。应当明确，社会主义价值既不是某种独立物或实体，也不是某种先验存在，它实际反映的是社会主义这一客体的属性对于无产阶级和广大人民群众这一主体的功用。一切物体都不是静止的，都是运动着的，社会主义价值同样也不是某个终极的静止状态，它是在运动之中生成的，并且，这个生成过程只能在历史的前提、现实的条件下，而不能摆脱历史、脱离现实。

　　"社会主义是当下世界的呈现，是当下世界呈现出的现实运动和通过现实运动的现实呈现。"① 社会主义价值的实现不仅是价值主体能动的实践创造过程，而且这一过程是受到一定的客观、现实条件的制约。

---

① 　吴向东：《重构现代性：当代社会主义价值观研究》，北京师范大学出版社 2009 年版，第 43 页。

第一节　社会主义价值实现的理论指导

理论指导能够为实践确立方向和原则。正确的理论指导是实现社会主义价值的基础和重要条件。坚持马克思主义基本原理并实现马克思主义发展的民族化、时代化、大众化，才能为社会主义各项事业的健康、持续发展指明方向，才能为实现社会主义价值奠定更为牢固的理论基础和更为广泛的群众基础。

一、坚持马克思主义基本原理

众所周知，马克思主义是科学，这一科学是"揭示客观世界的本质和发展的一般规律的科学真理，是工人阶级和劳动人民改造世界的思想武器，是指导人类解放和实现共产主义科学的世界观和方法论。马克思主义是由它的一系列基本原理和基本观点构成的系统的、科学的理论体系，这其中包括马克思主义创始人的思想，也包括他的继承者在回答时代课题中形成的、经过实践检验了其正确性的原理。"[①]

同时，马克思主义是全世界社会主义国家重要的指导思想。从本质上看，坚持马克思主义理论的指导地位，在根本上就是始终坚持马克思主义的立场、观点和方法不动摇。"马克思主义立场、观点、方法，是马克思主义科学思想体系的精髓所在，贯穿于马克思列宁主义、毛泽东思想和中国特色社会主义理论体系之中。坚持马克思主义，最根本的是要坚持和运用马克思主义立场、观点、方法研究解决实际问题。"[②]在当

---

① 靳辉明、李崇富：《马克思主义若干重大问题研究》，社会科学文献出版社2006年版，第1页。
② 张雷声、李玉峰：《为什么要坚持马克思主义》，中国人民大学出版社2012年版，第123页。

代中国，始终坚持马克思主义的指导思想，其实就是坚持马克思列宁主义、毛泽东思想和中国特色社会主义理论体系。这其中，中国特色社会主义理论体系是与中国实践、实际相结合的并发展了的马克思主义，其反映的真理也具有一定的普遍意义，这些理论和经验对于坚持社会主义制度及处于社会主义初级阶段的其他社会主义国家也具有积极的、重要的借鉴意义。

另外，马克思主义是发展的、现实的、开放的思想理论体系，它的内涵在实践中不断得到丰富和发展。坚持马克思主义基本原理，就必须全面而准确地理解马克思主义；坚持马克思主义基本原理，就要掌握马克思主义的精髓，将马克思主义与社会主义建设的具体实际相结合；坚持马克思主义基本原理，就要汲取人类文明的一切优秀文化成果，实现马克思主义发展的民族化，与时俱进，保持理论的时代先进性与方向指引性，使之能够"适应时代需要，把握时代脉搏，回答时代课题"；坚持马克思主义基本原理，就必须注重社会主义的各项制度建设和制度完善，从而为马克思主义意识形态主导地位的巩固建立保障力量，保障马克思主义在意识形态领域的领导权和主导权。

二、实现马克思主义发展的民族化

马克思主义发展的民族化，是指在社会主义的发展进程中，基于马克思主义的原理并对原理进行深刻剖析和探索，在探索的过程中加入民族化的现实情况，是将马克思主义原理结合实际、将马克思主义基本理论结合实践的必然要求。实现马克思主义发展的民族化，对于实现社会主义价值具有深远的理论意义与指导意义。"马克思主义的民族性有两个方面的表现：一是必须了解本国的独特国情，研究本国社会的实际矛盾，提出本国式的解决方案；二是必须改变自己的理论形态，实现其形式的民族化。"①

列宁指出：马克思的理论"所提供的只是总的指导原理，而这些原理的应用具体地说，在英国不同于法国，在法国不同于德国，在德国又不同于俄国。"②同时，他还指出："在分析任何一个社会问题时，马克思主义理论的绝对要求，就是要把问题提到一定的历史范围之内；此外，如果谈到某一国家（例如，谈到这个国家的民族纲领），那就要估计到在同一历史时代这个国家不同于其他各国的具体特点。"③事实上，世界上每个国家都有自己的历史，每个国家在地理环境、自然资源、生产力水平、阶级构成状况、文化等方面也都存在着一定的差异。世界上没有完全相同的两片树叶，世界上的每一个具体事物都有其个性，有其独特性和个体性。国家和民族也是如此，世界上没有也不可能有完全相同的两个国家和民族。马克思主义作为揭示客观世界本质和发展的一般规律的科学真理，马克思主义作为工人阶级和劳动人民认识世界和改造世界的思想武器，马克思主义作为指导人类解放和实现社会主义、实现共产主义的世界观和方法论，其在发挥作用时，必须与社会主义国家的基本国情相符合、相结合，并在符合、结合的基础上实现社会主义指导理论的更好发展，进而更好地促进社会主义各项事业的健康发展和社会主义价值的更好实现。简言之，应以民族化、本土化的马克思主义来指导建设有中国特色的社会主义；应以民族化、本土化的马克思主义进一步指导社会主义各项事业的实践；应以民族化、本土化的马克思主义作为指导社会主义全面建设的行动指南，如此看来，简单地将马克思主义看作是封闭的、僵化的教条，这种想法是片面的、错误的。

---

① 张雷声、李玉峰：《为什么要坚持马克思主义》，中国人民大学出版社 2012 年版，第 53 页。
② 《列宁选集》第 1 卷，人民出版社 2012 年版，第 274—275 页。
③ 《列宁选集》第 2 卷，人民出版社 2012 年版，第 375 页。

毫无疑问，中国是"马克思主义民族化的优秀典型"。马克思主义在中国的民族化实际上就是将中国的实际情况与马克思主义相统一、相融合，即马克思主义的中国化。在中国，第一次明确提出"马克思主义中国化"的是毛泽东同志。毛泽东在中共六届六中全会的报告中指出："共产党员是国际主义的马克思主义者，但是马克思主义必须和我国的具体特点相结合并通过一定的民族形式才能实现……离开中国特点来谈马克思主义，只是抽象的空洞的马克思主义。因此，使马克思主义在中国具体化，使之在其每一表现中带着必须有的中国的特性，即是说，按照中国的特点去应用它，成为全党亟待了解并亟须解决的问题。"①

对于马克思主义民族化的问题，列宁也有过论述。列宁曾在《论面目全非的马克思主义和"帝国主义经济主义"》一书中说过："一切民族都将走向社会主义，这是不可避免的，但是一切民族的走法却不会完全一样……，每个民族都会有自己的特点。"② 马克思主义的民族化要求把马克思主义基本原理与中国的具体实际相结合，根据中国自己的国情实际，深刻分析中国的具体矛盾和问题并提出解决中国实际矛盾和问题的方法对策，在这个过程中，还必须根据社会主义发展的需要不断完善并发展自己的社会主义理论，从而实现社会主义理论形态的民族化，在这一进程中，要着重用中国老百姓喜闻乐见的语言来阐释马克思主义及其相关理论。历史地和辩证地看，正是由于马克思主义与中国实际的结合，正是由于在中国特色社会主义的建设实践中，始终将马克思主义民族化作为各项事业推进的重要依靠，经过 80 多年的艰辛探索，我们党才领导全国各族人民克服了建设社会主义过程中的种种困难，并在克服困难的过程中，稳步地迈向了胜利。总之，应在坚持马克思主义基本理

---

① 《毛泽东选集》第二卷，人民出版社 1991 年版，第 534 页。
② 《列宁专题文集·论社会主义》，人民出版社 2009 年版，第 398 页。

论指导地位始终不动摇的前提下，不断推动马克思主义的民族化，不断
实现马克思主义的民族化发展，进而开辟更加具有本国特色的社会主义
道路，从而奠定全国人民团结奋斗共同建设社会主义、共同实现社会主
义价值的思想基础。

三、推进马克思主义发展的时代化

马克思主义的发展只有与时代相结合，紧扣时代发展的主题，紧跟
时代发展的步伐，才能在与社会主义实践的结合中迸发活力。"马克思
主义时代化，就是把马克思主义同当前时代的发展、同当前时代的特征
结合起来，使之能够适应时代需要、把握时代脉搏、回答时代课题。"①
马克思主义的实践已经充分证明，与时俱进，紧抓机遇，跟随时代的发
展，适应时代的变化，在此基础上不断推进社会主义理论创新、实践创
新，这是保证马克思主义在不断发展中保持自身活力和生命力的基本条
件。相反，任何一种理论，即便是再好的理论，如果不发展，如果没有
时代性，那也会变成一种片面的、畸形的、僵死的东西，就会失去活的
灵魂，失去其自身存在的价值和意义。

从某种视角来看，马克思主义时代化也是对"社会存在决定社会
意识"这一哲学命题的具体回应。事实上，任何一种理论和思想，都只
能是一定时代的社会存在的反映和回应，任何一种理论和思想都是与一
定时代社会发展的客观要求相统一、相协调的推进过程。正如马克思在
《德意志意识形态》中所指出的那样："一切划时代的体系的真正内容都
是由于产生这些体系的那个时期的需要而形成起来的。"②恩格斯也认为：
"每一个时代的理论思维，包括我们这个时代的理论思维，都是一种历

---

① 何毅亭：《推进马克思主义中国化、时代化、大众化》，《人民日报》2009 年 10 月 27 日。
② 《马克思恩格斯全集》第 3 卷，人民出版社 1960 年版，第 544 页。

史的产物，它在不同的时代具有完全不同的形式，同时具有完全不同的内容。"① 马克思主义作为一个科学的体系，也是一定时代的产物。在进入新世纪以后，我们必须根据时代的发展变化和发展要求，毫不动摇且与时俱进地推进马克思主义的时代化，使马克思主义始终与我国的国情实际紧密结合、与我国的建设实践紧密结合，始终让马克思主义植根于社会主义发展的实际需求、实践需要之中。只有这样，才能因时制宜地指导社会主义实践不断发展，进而推动社会主义各项事业的繁荣发展。

就马克思主义本身而言，马克思主义本身是一个发展的、开放的、现实的理论体系，它提供的是分析问题和解决问题的立场、观点和方法，而不是现成的答案。对此，恩格斯曾强调："我们的理论是发展着的理论，而不是必须背得烂熟并机械地加以重复的教条。"② 并反复指出，"马克思的整个世界观不是教义，而是方法。它提供的不是现成的教条，而是进一步研究的出发点和供这种研究使用的方法。"③ 列宁结合社会主义建立和建设的实践，也有同样的深刻理解："我们决不把马克思的理论看作某种一成不变的和神圣不可侵犯的东西；恰恰相反，我们深信：它只是给一种科学奠定了基础，社会党人如果不愿落后于实际生活，就应当在各方面把这门科学推向前进。"④ 邓小平结合我国社会主义的实践，也指出："绝不能要求马克思为解决他去世之后上百年、几百年所产生的问题提供现成答案。列宁同样也不能承担为他去世以后五十年、一百年所产生的问题提供现成答案的任务。"⑤ 无论是马克思恩格斯还是列宁、邓小平，从这些论述中我们可以得出这样一个结论：在社会

---

① 《马克思恩格斯选集》第 3 卷，人民出版社 2012 年版，第 873 页。
② 《马克思恩格斯选集》第 4 卷，人民出版社 2012 年版，第 588 页。
③ 《马克思恩格斯选集》第 4 卷，人民出版社 2012 年版，第 664 页。
④ 《列宁选集》第 1 卷，人民出版社 2012 年版，第 274 页。
⑤ 《邓小平文选》第三卷，人民出版社 1993 年版，第 291 页。

主义建设和发展的任何一个阶段，如果把马克思主义当作可以到处套用的教条，那就从根本上违背了马克思主义，那就会使马克思主义失去生机和活力，并且，我们还有可能会因为理论不能把握时代或者与时代的发展方向发生偏离而发生一些不该发生的错误。

中国共产党成立 90 多年来，之所以取得了建设社会主义的巨大成就，从根本上说，是因为我们党始终坚持用马克思主义作为指导中国特色社会主义实践的思想旗帜。这是历史的总结，也是经验的积累。因此，在新的历史条件下，我们要深刻把握马克思主义与时俱进的理论品质，不拘泥于个别的过时的结论，从实际出发，解放思想、实事求是，在发展社会主义事业的过程中做到既坚持马克思主义的立场、观点、方法和基本原理，又根据社会主义国家的发展需要，在更高层次上不断推进马克思主义的时代化发展，从而为社会主义价值的实现提供坚实的理论指导和思想指引。

第二节　社会主义价值实现的物质基础

我们在探讨社会主义价值实现的条件时，应重视探讨分析社会主义的价值实现与社会主义物质基础之间的相互关系。事实上，社会主义价值的实现在任何时候都离不开社会主义物质基础所提供的发展条件。"社会主义价值的实现是一个过程。在这一漫长的过程中，社会主义价值的实现始终离不开它的物质基础，决定这个价值实现过程的发展的决定性因素，也只能是它的物质基础。物质基础发展到什么程度，社会主义价值也就实现到什么程度。"[①] 事实上，坚实的物质基础是社会价值实现必

---

① 方爱东：《社会主义的价值学视域：原则与启示》，《当代世界与社会主义》2008 年第 2 期。

不可少的条件之一，社会主义的物质基础越是雄厚，社会主义价值实现的程度就越高。在社会主义建设过程中，通过解放生产力、提高人民生活水平、增强综合国力、实现人与自然的和谐发展，等等，通过这些实践活动，能够为社会主义价值的实现奠定坚实的物质基础。

一、解放和发展社会主义生产力

"社会主义"这一概念，最初是作为个人主义的"反题"而出现的，它力求矫正早期资本主义社会的各种弊端，并提出了以合作为基础、以公众的幸福和福利为目标去集体管理人类社会的思想，这其中，尤其强调建立提高下层福利和保障社会和平改造的社会制度，所以早期社会主义者的理想社会特别注重社会的公平。但是，由于这种社会主义只是对改变社会抱有一定的美好愿望，这就使得其无法为社会主义的建立和发展创造实实在在的生产力条件和物质基础，因此最终只能是停留在了空想阶段而成为"空想社会主义"。

我们说，马克思恩格斯实现了社会主义从空想到科学的飞跃，其中的一个重要标志，就是把生产力的发展作为人类社会发展的决定因素并把这一思想置入并贯穿到社会主义的发展理论中，进而做出了"资产阶级的灭亡和无产阶级的胜利是同样不可避免"[①]的这一伟大结论。

马克思恩格斯深刻指出，只有发展社会生产力，只有创造社会生产的物质条件，才能为更高级的社会形式的出现和变为现实奠定基础，当然，社会主义价值的实现也遵循同样的规律，也需要同样的条件。相比之下，如果在生产力没有高度发达的情况下去任意追逐和勉强实现社会主义的价值目标，"那就只会有贫穷、极端贫困的普遍化；而在极端贫困的情况下，必须重新开始争取必需品的斗争，全部陈腐污浊

---

① 《马克思恩格斯选集》第 1 卷，人民出版社 2012 年版，第 413 页。

的东西又要死灰复燃。"①事实上，只有大力解放和发展社会生产力，并且要实现生产力高度发达，才能最终形成共产主义，才能最终取代和消灭资本主义，才能从根本上使得社会主义比资本主义更具优越性。事实上，马克思恩格斯在创立科学社会主义理论时，便在《共产党宣言》中提示：无产阶级在上升为统治阶级以后，必须"尽可能快地增加生产力的总量。"②

毫无疑问，人类解放的基石也在于社会生产力的高度发展。"一定的物质生产力决定了一定的生产关系和其他社会关系，并归根到底决定了在一定生产关系基础之上所形成的政治上层建筑以及其他各种社会意识形态。"③我国的实际国情是我国社会主义建设处于初级阶段，即我国已经走上了社会主义道路但尚处于不发达的社会主义阶段。提高生产力水平既有助于推动社会主义的阶段性前进，也有助于推动社会主义价值的真正实现。从很长的一段时间来看，解放和发展生产力、提高人民生活水平仍然是现阶段社会主义实践、社会主义建设和发展的根本任务。

实事求是地看，解放和发展生产力既是社会主义自身价值的体现，同时也是社会主义价值实现的重要物质基础。所以，社会主义价值实现要始终把握住这一基本原则，坚持以经济建设为中心，解放和发展生产力。事实上，"初级形式的社会主义"在生产力水平上，尚处于与资本主义尚未达到发达阶段的生产力水平相对应的阶段。这就从根本上决定了现实社会主义（初级阶段的社会主义）不可能不经过商品经济的充分发展而由自然经济或半自然经济直接进入产品经济阶段；决定了商品经济是现实社会主义经济的内在属性，现实社会主义（初级阶段的社会主义）经济还处于商品经济发展阶段；决定了现实社会主义（初级阶段的

---

① 《马克思恩格斯选集》第 1 卷，人民出版社 2012 年版，第 166 页。
② 《马克思恩格斯文集》第 2 卷，人民出版社 2009 年版，第 52 页。
③ 《马克思恩格斯选集》第 1 卷，人民出版社 2012 年版，第 80 页。

社会主义）与当代资本主义一同处于人类社会经济发展三大形态的第二大形态——商品经济形态上。因此，处于初级阶段的社会主义中国必然要求以商品经济作为社会生产的基本经济形式，要求建立社会主义市场经济体制，发挥市场机制在社会资源配置中的基础作用。相对于封闭性的和地域性的自然经济，商品经济本质上是开放性和世界性的经济。商品经济形态正是在世界历史上"形成普遍的社会物质变换，全面的关系，多方面的需求以及全面的能力的体系"[①] 的社会经济发展阶段。总之，当下尚处于社会主义初级阶段的中国必须全面提高开放型经济水平，必须大力解放和发展社会生产力，必须全面提高人民的物质生活水平，从而为社会主义价值的更好实现、全面实现奠定坚实的、牢固的物质基础。

二、提高人民的生活水平

社会主义是人民的事业，没有广大人民的主动性、积极性、创造性和自觉性，不但社会主义建设不可能取得根本性成功，社会主义价值也不可能从根本上得以实现，并且社会主义可能由此失去生机和活力。从社会主义政治的角度来看，人民居于主体地位。从某种意义上来看，社会主义就是人民的社会主义。在社会主义建设的过程中和任何阶段，都需要紧紧依靠人民、依赖人民，与此同时，建设社会主义的目的也是服务人民、为了人民，这是社会主义价值实现最本质的内在要求。只有人民才能托起社会主义的生命体，不管以怎样的理由，如果人民的双手把社会主义放下了，社会主义的价值就只是梦想的空壳的价值而已，甚至会沦为社会主义价值反对者的笑柄。这是每一位共产主义理想的追随者、社会主义的建设者必须要有的清醒认识。

---

① 《马克思恩格斯全集》第 46 卷（上），人民出版社 1979 年版，第 104 页。

社会水平是人民生存、生产、生活是否满意的重要标识。社会主义价值的实现与人民生活水平的提高息息相关。马克思恩格斯在《德意志意识形态》中提出，人们为了能够"创造历史"[1]，必须能够生活。但是"为了生活，首先就需要吃喝住穿以及其他一些东西。因此第一个历史活动就是生产满足这些需要的资料，即生产物质生活本身。"[2] 所以，我们必须把社会主义价值的实现与人民群众的福祉结合在一起，要给人民带来看得见的物质福利，要切实提高人民的生活水平。

新中国成立后，毛泽东把人民物质利益的获取、生活水平的提高上升到维持政权的高度。他指出："首先使工人生活有所改善，并使一般人民的生活有所改善，那我们就不能维持政权，我们就会站不住脚，我们就会要失败。"[3] 历史的发展充分证明，只有人民的生活水平提高了，才能维护政权稳定，才能创造历史，才能从根本上实现社会主义价值。换言之，社会主义是人民的选择，社会主义价值因人民而存在，为人民而实现，同时，人民只有在一定的物质基础上才能真正实现社会主义价值。

相反，长期贫穷的"社会主义"，人民是不会也不可能一直拥护、一直忍受的。正如邓小平曾经深刻指出的那样："贫穷不是社会主义，社会主义要消灭贫穷。"[4]"哪有什么贫困的社会主义、贫困的共产主义！马克思主义的理想是实现共产主义。马克思讲的共产主义是'各尽所能，按需分配'的社会。什么是按需分配？没有生产力的极大发达，没有物质产品的极大丰富，怎么搞按需分配？马克思主义讲的共产主义是物质产品极大丰富的社会。共产主义的第一阶段是社会主义，社会主义就是要发展生产力，这是一个很长的历史阶段。生产力不断发展，最后才能

---

① 《马克思恩格斯选集》第 1 卷，人民出版社 2012 年版，第 159 页。
② 《马克思恩格斯选集》第 1 卷，人民出版社 2012 年版，第 158 页。
③ 《毛泽东选集》第四卷，人民出版社 1991 年版，第 1428 页。
④ 《邓小平文选》第三卷，人民出版社 1993 年版，第 116 页。

达到共产主义。"①邓小平同时还指出："社会主义制度的优越性的根本表现，就是能够允许社会生产力以旧社会所没有的速度迅速发展，使人民不断增长的物质文化生活需要能够逐步得到满足……归根结底要表现在社会生产力的发展上，人民物质文化生活的改善上"②。这些论述都时刻提醒我们，在社会主义价值实现的任何一个阶段中都要时刻关注人民生活水平提高的问题，都要时刻注重社会民生问题的解决。

从某种意义上说，社会主义的价值，其根本就在于能够更好地满足人民日益增长的物质文化需求。从一定角度来说，要想实现社会主义的价值，关键就在于不断提高人民的生活水平，能够不断满足人民生存、生产、生活的实际需求。从根本上说，社会主义要消灭贫穷，是因为物质的、经济的贫困和精神、文化的贫困以及因贫困而产生的对生态环境等的破坏是不符合社会主义的本质的。社会主义社会是实现无产阶级和全人类解放的社会，是使社会主义社会的人民过上富裕文明幸福生活的社会。所以，在社会主义价值实现的任何一个阶段，我们都必须坚决维护最广大人民群众的根本利益，满足人民的物质文化需求，体现人民的主人翁地位，在实现社会主义价值的过程中，尽最大努力解放和发展生产力，加快经济发展的步伐，从而进一步提高人民的生活水平，这既是为社会主义价值的实现不断积累现实物质基础的需要，也是凝聚人心和为社会主义共产主义事业共同奋斗奠定群众基础、集聚人民大众的共识和力量的需要。

三、增强社会主义国家的综合国力

综合国力是一个综合性、系统性的概念。在一般意义上，综合国力

---

① 《邓小平文选》第三卷，人民出版社 1993 年版，第 228 页。
② 《邓小平文选》第二卷，人民出版社 1993 年版，第 128 页。

是指一个主权国家生存和发展自身所拥有的内部实力（这其中包括物质力、文化力、凝聚力等等）及外部国际影响力的合力。综合国力是国与国之间竞争的底牌和砝码，对此，江泽民曾经深刻地指出："从世界范围看，各国之间的竞争，说到底是综合国力的较量。"① 进入二十一世纪的国际竞争，从根本上说也主要是综合国力之间的竞争。

综合国力的大小在一定程度上是反映一个国家在国际事务中是否具有较高地位及是否具有较深影响力和作用的主要标志。同时，综合国力还是一个主权国家谋求生存和发展的内在动力和对外影响力的综合反映。在经济全球化加速发展的今天，如果一个国家没有一定的能够保护自己、提高自己、实现自己价值的综合实力，这个国家就算是获得了法律上和形式上的主权地位，但往往也有沦落为大国附庸的可能性，从而在与其他国家的交往中，不能与其他国家有着同等的地位，不能在平等的环境下表达自己的立场，不能平等地参与国际事务的管理，从而无法维护本国的主权和利益。同时，一个没有一定综合国力的社会主义国家，在国际社会中也往往受到强国或他国的思想侵蚀，受到强国或他国的意识形态渗透，从而影响到社会主义的价值观，影响到社会主义价值的实现。因此，要全面实现社会主义价值，必须要有强大的综合实力作为基础。

现阶段，国际竞争日趋激烈，世界各国都把争夺综合国力的竞争优势作为新时期的国家战略目标，以充分抢占战略优势，增强国际地位和国际影响力。提高本国的综合国力已经成为一个国家能否屹立于世界强国之林前列的重要措施，谁能在既有的条件下扩大本国综合国力上升的空间、又好又快地提升本国的竞争力、提高本国的国际地位，谁就能在政治上更独立、在经济上更繁荣、在军事上更强大、在外交上更主动，

---

① 江泽民：《高度重视和大力发展科学技术》，《人民日报》1991 年 8 月 9 日。

谁就能实现自己的追求，从而进一步提升自己的世界影响力。所以，坦白来讲，社会主义国家要在这日趋激烈的国际竞争中立于不败之地，就必须始终拥有强大的综合国力，这其中，文化及其以文化为代表的文化软实力在国际间综合国力竞争中的作用愈加重要。

文化软实力是综合国力竞争的核心要素，是事关一个民族和国家兴衰成败的重要条件，也是社会主义价值实现的重要基础。江泽民就曾深刻论述过文化软实力的重要性，他指出："当今世界激烈的综合国力竞争，不仅包括经济实力、科技实力、国防实力等方面的竞争，也包括文化方面的竞争。世界多极化和经济全球化的趋势深入发展，引起世界各种思想文化之间的相互激荡，历史的和现实的、外来的和本土的、进步的和落后的、积极的和颓废的，展开了相互激荡，有吸纳又有排斥，有融合又有斗争，有渗透又有抵御。而在此背景下，总体上处于弱势地位的广大发展中国家，不仅在经济发展上面临严峻挑战，在文化发展上也面临严峻挑战。保持和发展本民族文化的优秀传统，大力弘扬民族精神，积极吸取世界其他民族的优秀文化成果，实现文化的与时俱进，是关系广大发展中国家前途命运的重大问题。"[①] 当今世界，国与国之间的联系更为紧密，并在一定程度上形成相互制约的关系，可以说是一损俱损，一荣俱荣。一个国家想要通过军事强力而赢得世界的主导地位变得越来越不现实，而依靠文化价值观念的渗透却成为必然选择。

自我国建立社会主义制度以来特别是自改革开放以来，我国的经济发展水平迅速提高，国际竞争力大大增强，目前已经成为世界第二大经济体，我国的综合实力得到大大增强。但是我们也清醒地认识到，经济只是综合国力众多因素中的其中一部分，作为综合国力重要组成部分的文化软实力还有待进一步提升。并且，现阶段的社会主义还面临着西方

---

① 《江泽民文选》第三卷，人民出版社 2006 年版，第 399—400 页。

敌对势力西化、分化战略的影响，社会主义的文化安全、社会主义国家的文化安全比以往面临着更为严峻的挑战。因此，我们只有大力弘扬社会主义先进文化，大力发展社会主义文化产业，从根本上提升文化软实力，并做好国家的文化安全维护工作，才能为社会主义价值的全面实现奠定坚实的基础。

四、实现人与自然的和谐发展

实现人与自然的和谐发展，实现可持续发展，这是实现中国现代化的必然选择，也是实现社会主义价值的重要基础。胡锦涛就此曾经指出："可持续发展战略事关中华民族的长远发展，事关子孙后代的福祉，具有全局性、根本性、长期性。实施可持续发展战略，促进人与自然的和谐，实现经济发展和人口、资源、环境相协调，坚持走生产发展、生活富裕、生态良好的文明发展道路，这既是全面建设小康社会的必然要求，也是贯彻落实科学发展观的重要实践。"[1]

人类不仅生活在狭义的社会之中，而且还生活在广义的自然界之中。马克思在《1844年经济学哲学手稿》中明确指出："自然界，就它自身不是人的身体而言，是人的无机的身体。人靠自然界生活。这就是说，自然界是人为了不致死亡而必须与之处于持续不断地交互作用过程的、人的身体。所谓人的肉体生活和精神生活同自然界相联系，不外是说自然界同自身相联系，因为人是自然界的一部分。"[2] 恩格斯在《反杜林论》中也指出，"人本身是自然界的产物，是在自己所处的环境中并且和这个环境一起发展起来的"。[3] 在《1844年经济学哲学手稿》中，马克思指出："通过实践创造对象世界，改造无机界，人证明自己是有意

---

① 《十六大以来重要文献选编》（中），中央文献出版社2006年版，第69—70页。
② 《马克思恩格斯选集》第1卷，人民出版社2012年版，第55页。
③ 《马克思恩格斯选集》第3卷，人民出版社2012年版，第410页。

识的类存在物"。① 事实上，"动物仅仅利用外部自然界，简单地通过自身的存在在自然界中引起变化；而人则通过他所作出的改变来使自然界为自己的目的服务，来支配自然界。"② 在支配自然界时，倘若违背自然规律，人迟早会由此受到自然的惩罚。这可谓是一个亘古不变的箴言。

马克思曾在写给恩格斯的一封信中援引了法国自然科学家比·特雷莫的《人类和其他生物的起源和变异》中的一句话："不以伟大的自然规律为依据的人类计划，只会带来灾难"。③ 同时，恩格斯语重心长地提醒道："但是我们不要过分陶醉于我们人类对自然界的胜利。对于每一次这样的胜利，自然界都对我们进行报复。每一次胜利，起初确实取得了我们预期的结果，但是往后和再往后却发生完全不同的、出乎预料的影响，常常把最初的结果又消除了。"④ 因此，人类在改造利用自然界的时候，不能完全按照自己的意念来企图改变自然界，应该在改造利用的过程中，遵循大自然发展的规律，尊重大自然，客观地对大自然进行改造利用，维护自然与人的和谐发展，否则人类就会遭到自然界的报复，失去实现社会主义价值的自然基础。

人与自然的和谐发展与良性互动是反映人类文明进步的重要尺度。马克思恩格斯在批判费尔巴哈时曾经提出："历史可以从两方面来考察，可以把它划分为自然史和人类史。但这两方面是不可分割的；只要有人存在，自然史和人类史就彼此相互制约。"⑤ 显而易见，在社会主义形态下，实现人类史和自然史的"和解协调"，是实现社会主义价值的基础。

在资本主义社会中，资本主义降服了自然力并且迫使它为资本主义

① 《马克思恩格斯选集》第 1 卷，人民出版社 2012 年版，第 56 页。
② 《马克思恩格斯选集》第 3 卷，人民出版社 2012 年版，第 997 页。
③ 《马克思恩格斯全集》第 31 卷，人民出版社 1976 年版，第 251 页。
④ 《马克思恩格斯选集》第 3 卷，人民出版社 2012 年版，第 998 页。
⑤ 《马克思恩格斯选集》第 3 卷，人民出版社 2012 年版，第 998 页。

服务，这使得蕴藏在自然中的力量发挥的速度和深度都被推进了。资本主义在聚集和增强社会发展的历史动力的同时，又使得人在总体上凌驾于自然之上，这加大了自然与人之间以及人与人之间的关系异化，自然与人的对立也由此凸显出来了。在前眺人类的未来发展走向时，马克思恩格斯曾极富创见地指出，在社会主义高级阶段中，人与自然处于互相亲近、彼此融洽、和谐美好的状态，同时，在社会主义高级阶段中，资本主义异化的物质变换被真正消除了，人会实现对自身本质的完全占有。因为共产主义是在必然王国的彼岸的自由王国，这个真正的自由王国的繁荣建立在必然王国的基础上，在这样的必然王国中的自由是："社会化的人，联合起来的生产者，将合理地调节他们和自然之间的物质变换，把它置于他们的共同控制之下，而不让它作为一种盲目的力量来统治自己；靠消耗最小的力量，在最无愧于和最适合于他们的人类本性的条件下来进行这种物质变换"。① 如此看来，只有这样，人类才能在遵循客观规律的基础上，在尊重大自然的前提下，协调好与大自然的关系。所以我们必须立足于自然与人的和谐协调之上而去改造自然，以此奠定社会主义价值实现的更为坚实的物质基础。

第三节　社会主义价值实现的主体条件

"人是一切价值的主体，是一切价值产生的根据、标准和归宿，是价值的实现者和享有者。"② 一切事物的一切价值归根到底都与人息息相关。社会主义价值最本质、最基本的要求就是社会主义是人民的事业，

① 《马克思恩格斯文集》第 7 卷，人民出版社 2009 年版，第 928—929 页。
② 李德顺：《价值论：一种主体性的研究》，中国人民大学出版社 2013 年版，第 99 页。

在事业发展过程中，需要紧紧依靠人民，如果在这一过程中，人民没有强烈的自觉性、主动性、积极性、创造性，任何社会主义建设都不可能取得根本性成功。因此，社会主义价值的实现不能脱离人的存在而独立实现。

社会主义始终高举人的自由和解放的大旗，并将推动人的自由发展作为社会主义理论、制度和运动建构运行的一条主线。所以，社会主义无论是作为一种理论体系、一种社会制度，还是作为一种社会运动、一种社会实践，都意味着一种与无产阶级和广大人民群众的生存和发展、与无产阶级和广大人民群众的解放和自由息息相关的根本价值。要实现社会主义价值，就要充分体现人民在社会主义价值实现中的主体性地位，提高人民对社会主义价值的认知水平，在提高认知水平的过程中，应进一步提高人民实现社会主义价值应具备的一些基本能力和素质，例如，实现社会主义价值应具备社会主义价值自觉、社会主义价值自信、社会主义价值判断，还应对社会主义、对共产主义充满信心等。这其中，社会主义价值自觉、社会主义主体意识、社会主义主体能力是社会主义价值实现的主体条件。

一、社会主义价值自觉

"所谓价值自觉，则是克服受本能支配，受非理性支配的倾向，从科学的理性思维出发，正确认识价值的本质，把追求眼前价值与确立正确而远大的价值追求结合起来。"[①] 社会主义是历史的选择，是人民的选择。社会主义价值因人民而存在，为人民而实现。不管是选择还是实现，社会主义价值都不是一种自然的产物，而是需要人民群众从科学思维出发，从求实思维、发展思维、实践思维、辩证思维出发正确认识社

---

① 王玉樑：《21 世纪价值哲学：从自发到自觉》，人民出版社 2006 年版，第 1 页。

会主义的价值所在与价值所载，才能自觉承担起实现社会主义价值的伟大责任与使命。

马克思指出："任何人类历史的第一个前提无疑是有生命的个人的存在"①，"任何历史记载都应当从这些自然基础以及它们在历史进程中由于人们的活动而发生的变更出发"。② 社会主义作为一种价值客体必须要以能够满足价值主体即人民的需要为生成、演变和发展的基本前提，这是社会主义与资本主义、社会主义与封建主义在价值形态和价值追求上的根本区别，与此同时它也是社会主义核心价值观的本质规定性。无产阶级运动就是要使广大劳动人民从资本主义及一切剥削制度的严酷剥削、压迫下解放出来，彻底改变自身的生存处境和发展处境，实现当家作主，并最终发展成为"自己的社会结合的主人，从而也就成为自然界的主人，成为自身的主人——自由的人。"③ 同时，人是社会历史的主体，也是全部人类活动和全部人类关系的本质和基础。"历史活动是群众的事业"，④ 社会发展演变归根结底是由人以及人的活动所导致的，正如马克思所指出的："创造这一切、拥有这一切并为这一切而斗争的，不是'历史'，而正是人，现实的活生生的人。"⑤ 需要指出的是，创造社会主义历史的并不是其他具有意识形态的东西，而是人，与此同时，实现社会主义价值的主体也是人。社会主义价值的实现，需要让广大人民群众科学正确地认识、理解社会主义价值，自觉主动地追求社会主义价值，从而进一步努力实现社会主义价值。

人民群众是历史的创造者，是社会实践的主体，与此同时，还是社

---

① 《马克思恩格斯选集》第 1 卷，人民出版社 2012 年版，第 146 页。
② 《马克思恩格斯选集》第 1 卷，人民出版社 2012 年版，第 147 页。
③ 《马克思恩格斯选集》第 3 卷，人民出版社 2012 年版，第 817 页。
④ 《马克思恩格斯全集》第 2 卷，人民出版社 1957 年版，第 104 页。
⑤ 《马克思恩格斯全集》第 2 卷，人民出版社 1957 年版，第 118 页。

会发展进步的重要推动力量，社会主义价值的实现需要充分发挥人民群众的主体性作用，需要充分培养人民群众对社会主义的价值自觉和价值自信。人民群众为实现社会主义价值而具备的自觉、自信程度，一方面体现着人民群众对社会主义价值本质的认识程度；另一方面也影响着人们对社会主义价值的价值评价、价值选择和价值实践活动，这些都对社会主义价值的实现及其实现程度产生着深远影响。在经济全球化的大浪潮中，面对西方"西化"社会主义、"分化"社会主义的图谋，面对社会主义国内价值多元和社会急剧转型的现实环境，更需要人民群众自觉地科学认识、理解、认同、追求社会主义价值，以唤起人民群众实现社会主义价值的热情，并主动地抵御各种非社会主义思潮、非马克思主义思想的侵蚀。

二、社会主义主体意识

科学的信念和崇高的理想是主体意识的重要组成部分，同时也是一直照亮人类及人类社会前行的灯塔。英国思想家伯特兰·罗素在《自由之路》中指出："在漫漫的黑夜中，人们渴望一座光明灯塔的指引，这就是明确的信仰、基础稳固的希望以及由此产生的能够超越一切险阻的沉稳的勇气。"[①] 科学的信念和崇高的理想相辅相成，共同构成一种积极的力量，引导个体和社会向着胜利的方向前进。"理想是一面旗帜，引领着人们前进的方向；信念则犹如旗杆，支撑着旗帜的飘扬。信念越坚定，追求理想的动力就越强大；理想越具有现实的科学性，信念也越坚定；二者相辅相成、相互依存。"[②]

社会主义价值的实现同样需要以坚定的社会主义理想信念为代表的

---

① [英] 罗素：《自由之路》，李国山译，文化艺术出版社1998年版，第381页。
② 王向明：《为什么要信仰共产主义》，中国人民大学出版社2012年版，第5页。

社会主义主体意识的培育。中国革命之所以能取得成功，也离不开科学的社会主义信念和崇高的共产主义理想的照耀和指引。邓小平就曾多次强调这一点，他指出："光靠物质条件，我们的革命和建设都不可能胜利。过去我们党无论怎样弱小，无论遇到什么困难，一直有强大的战斗力，因为我们有马克思主义和共产主义的理想信念。"① 正是有马克思主义和共产主义的理想信念作为旗帜，老一辈的共产党人才能够为社会主义事业、为社会主义价值的实现而英勇奋斗，不惜牺牲一切甚至献出了自己宝贵的生命。是否树立科学的社会主义信念关系到社会主义国家及政党的兴衰存亡，也关系到社会主义革命、社会主义建设、社会主义改革事业的兴衰成败。

第一，科学的社会主义信念和崇高的共产主义理想具有价值导向作用，能够引导人民坚持共产主义价值。社会主义事业要想取得成功，社会主义价值要想得以实现，就必须树立共产主义的崇高理想信念。在我国，共产主义理想信念是凝聚全党全国各族人民团结奋斗的思想旗帜，是促使中国特色社会主义事业繁荣发展的思想旗帜。正如邓小平所指出的："要团结就要有共同的理想和坚定的信念。我们过去几十年艰苦奋斗，就是靠用坚定的信念把人民团结起来，为人民自己的利益而奋斗。没有这样的信念，就没有凝聚力。没有这样的信念，就没有一切。"② 如此看来，树立崇高的共产主义理想信念是实现社会主义价值必备的思想基础和力量源泉。

第二，科学的社会主义信念和崇高的共产主义理想具有价值凝聚功能，能够团结人民为实现社会主义价值而共同奋斗。共产主义理想是凝聚人民群众的精神纽带，同时，共产主义理想也是中国特色社会主义核

---

① 《邓小平文选》第三卷，人民出版社 1993 年版，第 144 页。
② 《邓小平文选》第三卷，人民出版社 1993 年版，第 190 页。

心价值的重要体现。邓小平曾反复指出："我们这么大一个国家，怎样才能团结起来、组织起来呢？一靠理想，二靠纪律。组织起来就有力量。没有理想，没有纪律，就会像旧中国那样一盘散沙，那我们的革命怎么能够成功？我们的建设怎么能够成功？"① 历史和事实也反复证明，在我们这样一个拥有十三亿人口的大国，要将人民凝聚起来共同建设中国特色社会主义的伟大事业，共同实现社会主义价值，必须依靠科学的社会主义信念和崇高的共产主义理想，以凝聚人们的价值共识，促使人们彼此之间达成建设社会主义认识和行动上的一致。

第三，科学的社会主义信念和崇高的共产主义理想具有价值激励功能，能够激励人们追求社会主义价值。共产主义理想信念为人们提供了人生追求的意义和价值，促使人们坚持不懈地追求社会主义的价值实现与自我人生价值实现的统一。"红军爬雪山、过草地，'万水千山只等闲'；八路军、新四军炸炮楼、反扫荡，'独有英雄驱虎豹'；人民解放军南征北战、以弱胜强，'横扫千军如卷席'，凭的就是坚定的理想信念，就是'革命理想高于天'"② 。正是由于有崇高的理想和坚定的信念在支撑着他们，在革命战争年代，无数革命先烈们才能为社会主义事业冲锋陷阵、赴汤蹈火在所不辞，党员干部们才能为党和人民的事业鞠躬尽瘁、死而后已。同样，科学的社会主义信念和崇高的共产主义理想可以激励人们坚持不懈地追求社会主义价值，为追求社会主义价值而奋斗终生。

第四，崇高的共产主义理想和科学的社会主义信念具有价值选择功能，能够在一定条件下形成稳固的社会主义价值实现的思想共识。同时，随着社会主义中国的强盛以及全球化格局的形成与发展，资本主义在一定程度上加快了对社会主义"西化"和"分化"的步伐，各种社会

① 《邓小平文选》第三卷，人民出版社1993年版，第111页。
② 王向明：《为什么要信仰共产主义》，中国人民大学出版社2012年版，第5页。

思潮也不断侵蚀着社会主义的思想阵地。在复杂的社会环境中，我们更加需要树立、坚定科学的共产主义信念和崇高的共产主义理想。正如习近平在十八大报告中所强调的："坚定理想信念，坚守共产党人的精神追求。坚持马克思主义的指导地位，坚持社会主义和共产主义的理想信念，是共产党人的政治灵魂，是共产党人经受住各种考验的精神支柱。"事实上，共产主义理想信念为人民在多元价值中提供了价值的选择指针，使人民能够选择正确的价值，坚定理想信念和追求，激励人民努力实现社会主义价值。

三、社会主义主体能力

所谓人的主体能力，就是主体能动地驾驭外部世界对其才能实际发展的推动作用，从而不断使自身全面发展的能力。它包括两个方面：认知能力和实践能力。前者是指主体对自身的发展及其与外部推动作用关系的价值判断和鉴别的能力。后者则是指主体在不断地对外部世界的推动作用的把握过程中，不断自我更新建构的能力[1]。因此，人作为社会主义价值实现的承担者和推动者，要实现社会主义价值，就必须具备实现社会主义价值的主体能力，包括认知能力（即对社会主义价值进行判断、鉴别、选择的能力）和实践能力（即实践、实现社会主义价值的能力）等。

"现代化作为一种整体性的社会演进，不仅包括物质器具和制度层面的现代化，也包括文化的现代化；不仅意味着社会教育水平、体育卫生设施、通信交通等交往条件和社会服务中介组织的现代化，更意味着人们的思维方式和价值观的现代化。"[2] 当前我国正处于社会主义初级阶段，这一阶段也正是社会主义现代化建设的关键时期，社会急剧转型，

---

① 参见张继良：《实现人的全面发展的主体条件》，《教育理论与实践》1988 年第 5 期。
② 马俊峰：《价值论的视野》，武汉大学出版社 2010 年版，第 308 页。

经济体制变革，社会结构变动，社会矛盾凸显。人们的思维方式和价值观念不断现代化，一些旧有的价值观念体系和社会制度已经不能适应新的环境、新的形势的发展要求，而新的观念和新的价值体系尚未完全建立起来。与此同时，当前，世界正处在大发展、大变革、大调整时期，世界多极化发展趋势增强，经济全球化持续深入，科学技术日新月异。而以美国为首的西方国家凭借其在全球化进程中的政治强势、经济优势、文化强势、网络技术和资讯传播优势，在全球范围内多方式、多手段地加大西方文化、资本主义文化的渗透力度，极力向发展中国家特别是社会主义国家抛售其民主政治体制、自由市场经济、腐朽生活方式、资本主义意识形态和价值观念，加紧对社会主义国家进行意识形态和价值观念渗透，不断侵蚀着社会主义国家的思想阵地。在此背景下，人民群众作为实现社会主义价值的主体，必须借助一切客体的力量，使自身具备实现社会主义价值的主体能力。

在主体认知能力上，需要正确认识社会主义价值的本质并在此基础上做出正确的价值判断和价值选择，需要旗帜鲜明地抵制西方资本主义国家腐朽思想的侵蚀，需要始终坚持马克思主义在意识形态领域中的指导地位。

在主体实践能力上，要注重培育和践行社会主义核心价值观，注重思想与实践的紧密结合，正如马克思所指出的："思想从来也不能超出旧世界秩序的范围：在任何情况下它都只能超出旧世界秩序的思想范围，思想根本不能实现什么东西。为了实现思想，就要有使用实践力量的人。"[①]与此同时，在实践的过程中，还能使人的个体能力得到发展，不断完成自我更新和建构，进而使其对社会主义价值的认知能力和实践能力在更高层次上得以逐步深化，反过来促进社会主义主体能力的不断增强。

---

① 《马克思恩格斯全集》第 2 卷，人民出版社 1957 年版，第 157 页。

第四节　社会主义价值实现的制度安排

制度是社会主义价值实现的重要保障。邓小平指出："制度问题，关系到党和国家是否改变颜色，必须引起全党的高度重视。"① 事实证明，"改革开放以来取得成功的根本原因之一，就是纠正了那些超越阶段的错误观念和政策，对不适应社会主义初级阶段要求的制度和体制进行了带有根本性的改革。"② 社会主义国家现在正进入现代化建设的关键时期，改革形势发展迅速，成就显著，但是问题累积，挑战很大，面临很多深层次全局性的矛盾，而无论在生活的哪个领域，进行现代化的关键都在于制度。

一、牢固的社会主义政治制度

有学者认为，"中国特色社会主义政治制度是中国特色社会主义制度体系的重要组成部分，包括了人民代表大会制度的根本政治制度，中国共产党领导的多党合作和政治协商制度、民族区域自治制度以及基层群众自治制度等构成的基本政治制度。"③ 还有学者认为，中国特色社会主义政治制度包括"根本政治制度、基本政治制度、中国特色社会主义法律体系和社会主义民主政治体制"④。但毫无疑问，两者都肯定中国特色社会主义制度包括根本制度和基本制度这两大主要内容。中国特色社会主义政治制度是中国共产党带领全国各族人民在长期的历史实践中所

---

① 《邓小平文选》第二卷，人民出版社 1994 年版，第 333 页。

② 王庆五：《十七大报告辅导读本》，人民出版社 2007 年版，第 63 页。

③ 参见杨春风：《论中国特色社会主义政治制度的形成发展及特色优势》，《马克思主义研究》2011 年第 9 期。

④ 参见郭强：《中国特色社会主义政治制度实现形式》，《科学社会主义》2011 年第 5 期。

探索出的具有一定经验性的制度化总结，是历史发展所形成的具有实践意义的理论制度，是具有中国特色的社会主义事业得以发展的制度保障，更深层次地来讲，是实现社会主义价值的制度支撑。

人民代表大会制度是适合中国国情的根本制度。"人民代表大会制度是指全国各族人民按照民主集中制的原则，依法定期选举产生自己的代表，组成各级人民代表大会作为行使国家权力的机关，并由人民代表大会组织其他国家机关，以实现对整个国家和社会的有效管理的一种政治制度。"① 人民代表大会制度是中国人民民主专政的政权组织形式，是中国的根本政治制度，与此同时还是我国社会主义民主政治的主要标志和基本形式，充分体现了社会主义制度的优越性。国体决定政体，政体表现国体，在我国，与人民民主专政的国体相适应的是人民代表大会制度这一组织形式。只有不断坚持和完善人民代表大会制度，才能发挥社会主义民主的优越性，才能充分发扬人民民主，保证对敌人实行有效的专政。众所周知，我国是工人阶级领导的以工农联盟为基础的人民民主专政的社会主义国家，在我国，一切权力属于人民。人民代表大会制度的确立，能够体现我国的社会主义本质，保障人民当家作主的地位。同时，在广大人民群众中实现广泛的民主，也能够对极少数破坏我国社会主义制度的敌对势力和敌对分子更好地实行专政。另外，坚持和完善人民代表大会制度，坚持民主集中制原则，既能保证中央的统一领导，又能给地方以适当的自主权，使之因地制宜，充分发挥中央和地方两个积极性。正如邓小平所说："民主集中制也是我们的优越性。这种制度更利于团结人民，比西方的民主好得多。"②

"所谓基本政治制度，是指在国家政治制度中具有全局性战略地位，

---

① 浦兴祖：《当代中国政治制度》，复旦大学出版社 2006 年版，第 1 页。
② 《邓小平文选》第 3 卷，人民出版社 1993 年版，第 257 页。

在社会各领域发挥不可替代的重要作用的政治制度。"① 中国共产党领导的多党合作和政治协商制度、民族区域自治制度以及群众自治的基层民主制度构成了中国特色社会主义的基本政治制度。

"中国共产党是中国工人阶级、中国人民、中华民族的先锋队，是中国特色社会主义事业的领导核心，代表着中国先进生产力的发展要求，代表着中国先进文化的前进方向，代表着中国最广大人民的根本利益。由中国共产党制定的多党合作和政治协商制度是与人民民主专政国体相适应的政党制度，有利于发展社会主义民主，维护国家的长治久安。中国共产党经常就党和国家工作中的重大事项同各民主党派、全国工商联和无党派人士进行协商，充分发扬民主，有利于推进决策的科学化、民主化，有利于中国共产党加强执政能力建设，更好地团结带领全国各族人民进行社会主义现代化建设。"②

"所谓民族区域自治制度是指在国家的统一领导下，各少数民族聚居的地方实行区域自治，设立自治机关，行使自治权的一种制度"③。毛泽东曾指出："国家的统一，人民的团结，国内各民族的团结，这是我们的事业必定要胜利的基本保证。"④ 民族区域自治制度是维护国家统一、维护人民团结、维护国家长治久安、促进各民族共同繁荣的不可动摇的基石。民族区域自治制度是维护中华民族根本利益的保障。

群众自治的基层民主制度是社会主义民主制度的重要组成部分，是保障人民群众充分行使自己民主权利的政治制度，是符合最广大人民根本利益的、适合中国国情的好制度。

---

① 聂月岩：《当代中国政治制度》，首都师范大学出版社 2007 年版，第 98 页。
② 《胡锦涛总书记在民主协商会上的讲话》，《人民日报》2003 年 2 月 28 日。
③ 聂月岩：《当代中国政治制度》，首都师范大学出版社 2007 年版，第 122 页。
④ 《毛泽东文集》第七卷，人民出版社 1999 年版，第 204 页。

二、稳固的社会主义经济制度

在资本主义社会中发展起来的生产力，具有高度社会化的性质。然而，在资本主义的经济制度下，这种统一的社会化生产由许许多多相互分离的私人生产者分别进行。私人资本家各自按照取得最大限度利润的私人利益进行生产，在个人利益和社会利益发生矛盾时，不愿牺牲个人利益服从集体利益，也不愿接受社会对生产的自觉支配。于是，社会化的生产同生产资料私人占有之间发生了尖锐的矛盾。这种矛盾造成资本主义社会周期性的经济危机。同时随着资本主义社会的发展，生产力已经发展到与资本主义不相容的地步。资产阶级在资本主义制度的范围内，采取一系列措施，调整生产关系，适应生产力的社会化大生产。但是没有什么措施能取得长期的根本性的成效，资本主义经济社会所固有的矛盾已经不能由资本主义经济制度本身来解决了。

只有建立社会主义经济制度，建立生产资料公有制、按共同协议分配产品的社会主义经济制度，才能更好适应社会化大生产的需要，才能促进社会经济更好发展，使人民走上富裕之路，并进一步实现共同富裕。

中国特色社会主义经济制度是我国自改革开放以来在不断总结经验教训的基础上，根据我国国情提出的一系列经济制度。它是指社会主义经济关系的总和，以公有制为基础，实行按劳分配，消灭剥削、消除两极分化，最终实现共同富裕。包括社会主义市场经济体制以及由此形成的各项具体制度。

坚持公有制为主体是保持我国社会主义性质的根本保证，正如恩格斯所说的：“社会主义制度与资本主义制度的‘具有决定意义的差别’是它在生产资料公有制基础上组织生产。”[①]邓小平同志也曾指出：“社会

---

① 《马克思恩格斯选集》第4卷，人民出版社2012年版，第693页。

主义的经济是以公有制为基础的，生产是为了最大限度地满足人民的物质、文化需要，而不是为了剥削。由于社会主义制度的这些特点，我国人民能有共同的政治经济社会理想，共同的道德标准。以上这些，资本主义社会永远不可能有。"①

在坚持公有制为主体的前提下，还必须允许和鼓励进一步发展非公有制经济，这是我国基本经济制度所规定的，也是由我国的基本国情，即我国尚处于并将长期处于社会主义初级阶段所决定的。

同时，稳固的社会主义经济制度也离不开分配制度的考虑和设计。邓小平同志十分重视分配问题，他指出："中国发展到一定程度后，一定要考虑分配问题。也就是说，要考虑落后地区和发达地区的差距问题。不同地区总会有一定的差距。这种差距太小不行，太大也不行。如果仅仅是少数人富有，那就会落到资本主义去了。要研究提出分配这个问题和它的意义。到本世纪末就应该考虑这个问题了。我们的政策应该是既不能鼓励懒汉，又不能造成打'内仗'。"② 因此，中国共产党在运用马克思主义基本原理分析我国社会主义初级阶段的基本国情后确立了按劳分配为主体、多种分配方式并存的分配制度，确立该制度是由以公有制为主体、多种所有制经济共同发展的基本经济制度所决定的，并受社会主义市场经济体制影响的，能消灭剥削、消除两极分化，并最终实现共同富裕的分配制度。1992 年 10 月，中国共产党第十四次代表大会明确提出，建立社会主义市场经济体制是我国经济体制改革的目标。充分发展的商品经济阶段，是实现社会经济高度发达不可逾越的阶段，实行社会主义市场经济体制，是充分发挥社会主义制度优势和市场经济作用的有效途径。中国特色社会主义经济制度是适合我国国情的好制度，

---

① 《邓小平文选》第二卷，人民出版社 1994 年版，第 167 页。
② 《邓小平年谱（1975—1997）》（下），中央文献出版社 2004 年版，第 1356、1357 页。

对我国社会主义改革开放和现代化建设事业具有巨大的推动作用，从而有利于社会主义价值的实现。

三、完备的社会主义法治体系

完备的法治体系是维护社会稳定与发展的根本保证，为国家的政治发展和经济发展提供着有序的规则框架。"法治的出现和展开，是人类曾有过的成就中影响最为深远的一种成就——比火的发明和火药的发明影响更为深远，因为在所有这些成就中，是法治最大限度地将人类命运交到了人类自己手中。"①"根据现代法治主义的各种主张，我们可以发现这样一种对法治的共识，即国家权力的行使必须遵循通过某种民主程序订立的法律，并且要求所有的社会活动在形式和实质这两个方面都符合法治精神，特别是对于任何违宪的政府行为都可以通过司法救济和司法审查等途径予以纠正，以保障每一个公民的尊严、社会的正义以及制度的稳定。"②以宪法为基础的法治为人类迈向现代社会提供了秩序基础，保障了公民尊严、社会正义以及制度稳定，没有现代法治的存在，就没有现代国家的成长方向。维护宪法和法律的权威，维护社会公平正义，必将为社会成员提供一个对当下和未来生活的稳定预期。因此，建立完备的法治体系能够为社会主义国家实现社会主义价值奠定稳定的社会环境基础。

依法治国是社会主义法治体系的核心内容，同时，依法治国也是社会主义法治建设的重要组成部分，是社会主义法治体系构建的核心与根基。按照中国共产党十五大报告的归纳，所谓"依法治国，就是广大人民群众在党的领导下，依照宪法和法律规定，通过各种途径和形式管理

---

① ［英］哈耶克:《自由秩序原理》上卷，邓正来译，上海三联书店1997年版，第375页。
② 季卫东:《宪政新论——全球化时代的法与社会变迁》，北京大学出版社2002年版，第59页。

国家事务，管理经济文化事务，管理社会事业，保证国家各项工作都依法进行，逐步实现社会主义民主的制度化、法律化，使这种制度和法律不因领导人的改变而改变，不因领导人看法和注意力的改变而改变。"①依法治国理念是中国共产党顺应历史潮流、实现民主政治、提高国家治理技术的一项政治理念，其符合中国最广大人民群众的根本利益、整体利益和长远利益，符合人类文明发展进步的基本趋势。党的十八大报告中明确提出要"全面推进依法治国"，并提出"法治是治国理政的基本方式"。

中国共产党十八届四中全会审议通过了《中共中央关于全面推进依法治国若干重大问题的决定》。全会提出："全面推进依法治国，总目标是建设中国特色社会主义法治体系，建设社会主义法治国家"。并提出"全面建成小康社会、实现中华民族伟大复兴的中国梦，全面深化改革、完善和发展中国特色社会主义制度，提高党的执政能力和执政水平，必须全面推进依法治国"。在社会主义国家中，推进依法治国，应该建设完备的社会主义法治体系。建设完备的社会主义法治体系是实现国家统一、社会稳定的根本保证，中国的历史发展实践已经证明了这一点。因此，社会主义国家应建设完备的法治体系，为社会主义价值的实现创造良好的法治环境。

四、高效的社会主义体制机制

制度具有根本性、全局性、稳定性和长期性，制度是社会主义价值实现具有根本性、基础性保障的条件。好的制度可以让破坏、阻碍社会主义价值实现的人无法任意妄为。我们应该高度重视社会主义价值实现的制度安排，为社会主义价值实现提供制度保障，但是除了牢固的社会

①　《江泽民文选》第二卷，人民出版社 2006 年版，第 28 页。

主义政治制度、稳固的社会主义经济制度、完备的社会主义法治体系外，还应建设高效的社会主义体制机制。

要实现社会主义价值，就应该充分地发挥机制的力量，要着重构建社会主义价值实现的运行机制、激励机制、保障机制和约束机制等。

社会主义价值实现的运行机制，要求在社会主义全面发展的规划中努力实现社会主义价值的蓝图，使实现社会主义价值变成可具体操作的行为，为社会主义的实现奠定一定的基础。

建立实现社会主义价值的激励机制，就是要综合运用多种激励方法，激励人们积极主动地来参与实现社会主义价值的各种社会实践，引导人民正确的价值取向。激励包括精神激励，如通过树立模范的方式可以培养人民实现社会主义价值的主体意识；激励也包括物质激励，如对社会主义价值实现做出重大贡献的人予以适当物质上的奖励，以鼓励人民为社会主义建设、为社会主义价值的实现贡献自己的智慧和力量。

建立社会主义价值实现的保障机制，就是国家要将社会主义的价值实现具体体现到制度设计、政策法规和社会管理之中，并将社会主义价值实现所涉及的一些具体项目所需的部分经费开支列入国家财政计划给予大力支持。

建立社会主义价值实现的约束机制，是指通过一系列方法手段约束企图破坏社会主义价值实现的敌对行为。其中包括法律规范约束，依法严厉打击各种违法乱纪、破坏社会主义事业的敌对行为；道德舆论约束，通过大众媒体形成社会舆论，潜移默化地影响和规范大众的思想和行为，等等。

同时，社会主义价值的实现不仅需要一系列的机制来保障，而且需要建立相应的体制。如应将社会主义价值的实现融入国民教育这一体制中。众所周知，教育始终处于社会稳定发展的基础性位置上，社会主义价值的实现，需要对人民进行持续不断的教育。江泽民曾深刻指出：

"正确的世界观、人生观、价值观的确立，民族优良传统的发扬，共同理想和精神支柱的形成和巩固，科学文化水平的提高，都离不开教育工作。"①并且他还指出："我们的各级各类教育机构，我们的全体教育工作者，对增强包括民族凝聚力在内的综合国力，承担着庄严的职责。"②应把社会主义价值实现融入国民教育体制，贯穿于国民教育的各个环节中，通过开展形式多样的教育活动，将社会主义价值实现的要求转化为每个公民的内在精神信仰和现实行动，从而更有效地促进社会主义价值的实现。

---

① 《江泽民文选》第二卷，人民出版社 2006 年版，第 331 页。
② 《江泽民文选》第二卷，人民出版社 2006 年版，第 331 页。

第十章
社会主义价值实现途径论

价值的实现是需要条件的，社会主义价值的实现也需要非常系统而多样的条件，这些条件包括物质条件、主体条件、思想条件、制度条件等。但仅仅有这些条件的准备和存在，社会主义价值也不能够自然得以实现。社会主义价值的实现需要在这些条件具备的基础上，不断加强社会主义价值实现的思想引领，不断畅通社会主义价值实现的运行机制，不断丰富社会主义价值实现的实践内涵，不断整合社会主义价值实现的文化资源等等。简言之，要不断丰富、拓展社会主义价值实现的途径、路径与方法。注重社会主义价值实现的途径就是要更加注重社会主义价值实现的可行性、实践性。

第一节　加强社会主义价值实现的思想引领

加强社会主义价值实现的思想引领，首先要明确教育目标，并在此基础上着重做好打造精品力作、创新传播载体、锻炼工作队伍等工作。

一、明确教育目标

"所谓目标,就是指在一定条件和环境下,人们行为所期望达到的结果。"① 教育目标就是指在一定时期内教育者开展的各项教育活动所要达到的预想结果。教育目标和内容正确,是教育活动取得成功的前提。确定正确的教育目标是保证教育有的放矢、顺利进行的基本条件。没有明确的目标,教育就会陷于盲目性之中。正如恩格斯所说:"在社会历史领域内进行活动的,是具有意识的、经过思虑或凭激情行动的、追求某种目的的人;任何事情的发生都不是没有自觉的意图,没有预期的目标"。② 同时,我们也看到,"世界上任何一种成功的教育都起码具有两个条件:一是正确的教育目标;二是科学的教育原则和方法。正确的教育目标和内容是教育成功的前提。科学的教育原则和方法是教育成功的条件。教育一刻也不能脱离教育目标和内容的制约。"③

教育目标是教育本质的直接反映,教育目标代表着教育的方向和未来,规定着教育的基本任务和要求,也是提高教育自觉性和有效性的关键。因此,确定教育目标是实施教育活动、对人民进行思想引领的关键环节。只有确定准确的目标,才能提出具体实现目标的教育内容、原则和方法,并根据目标的要求,选择教育的时机和人员等。如果目标有误,无论后面的实施和执行步骤如何到位,都必定会导致教育活动的失败。"因为按错误目标制定的最好方案可能恰恰就是最坏的决策。"④ 因此,明确思想引领的目标,确立教育目标是加强社会主义价值实现思想引领的首要举措,是决定教育成败的关键环节。

---

① 陈秉公:《思想政治教育学原理》,辽宁人民出版社 2000 年版,第 247 页。
② 《马克思恩格斯选集》第 4 卷,人民出版社 2012 年版,第 253 页。
③ 陈秉公:《思想政治教育学原理》,辽宁人民出版社 2000 年版,第 240 页。
④ 张耀灿:《现代思想政治教育学》,人民出版社 2006 年版,第 340 页。

社会主义价值不会自动实现，必须由人来实现，并且通过具有社会主义、共产主义思想的人经过持久的实践和努力来实现。在现阶段，社会主义国家进行思想引领的目标主要包括以下几个方面。

（1）提高社会主义的价值自觉，促使人民树立坚定的共产主义理想信念。"历史不过是追求着自己目的的人的活动而已。"① 对于社会主义价值而言，如果没有价值主体即人民群众对社会主义价值的正确认知，也就谈不上去为实现社会主义价值而奋斗，社会主义价值的客观真实性也就无从体现，社会主义可能也由此失去生机和活力。因此，必须提高人民的社会主义价值自觉，引导人民掌握马列主义指导思想，树立科学的世界观，掌握科学的方法论，提高人民对社会主义价值的认知，捍卫主流意识形态，引领先进文化建设。

（2）塑造社会主义理想人格，促进人的自由全面发展。社会主义理想人格，就是在思想观念、道德品质、心理素质和行为方式上与社会主义建设相适应的人格。《中共中央关于教育体制改革的决定》指出：各级各类学校培养的人才，"都应该有理想、有道德、有文化、有纪律，热爱社会主义祖国和社会主义事业，具有为国家富强和人民富裕而艰苦奋斗的献身精神，都应该不断追求新知，具有实事求是、独立思考、勇于创造的科学精神。"这是对中国社会主义理想人格的精辟概括。它不仅适用于学校，也同样适用于整个社会。人既是教育的主体，又是教育的客体，对人的教育离不开对人的全面发展理论的正确而全面的理解。人的全面发展问题是社会发展的根本问题，是教育的根本目的和基本价值取向，以德、智、体、美等诸多因素构建的社会主义教育旨在培养全面发展的社会主义建设者。因此，在社会主义国家进行思想引领的目标之一是要塑造社会主义理想人格，促进人的自由全面发展。

---

① 《马克思恩格斯文集》第 1 卷，人民出版社 2009 年版，第 295 页。

（3）引导人们产生积极行为，促进社会主义价值的实现。在现实生活中，教育活动仅有提高社会主义价值自觉和塑造社会主义理想人格的目标是不够的，还必须有引领人们行为的实践。行为实践是认识人类社会历史存在与发展的逻辑起点和本质，行为实践是社会生活的基础和内在动力，只有通过引导人们的行为实践，使人们自觉地产生正确积极的行为实践，促使人们圆满地完成各种社会建设实践任务，才能更好地实现社会主义价值。

教育目标作为一定教育活动所要达到的预期结果，其形式是主观的，而内容却是客观的。它虽然由教育者所制定，体现着教育者的主观愿望和要求，但并不是由教育者任意描绘的，而是深深地根植于社会土壤之中，实质上反映了受教育者和社会发展的客观需要。因此，不断满足受教育者适应社会发展的需要，这是明确教育目标的重要的客观依据。具体而言，需要重点做好以下几个方面的工作。

首先，应适应社会发展的需要。这是制定和确立具体教育目标的根本依据，教育目标必须是社会发展和进步所需要的，只有适应社会发展和进步所需要的教育目标，才能有利于社会发展，也同时有利于受教育者自身的发展。教育实践活动是为社会发展服务的，其目标必须反映我国社会经济、政治、文化、时代发展的客观要求。同时，由于中国共产党的奋斗目标适应社会主义发展的客观需要，因此，教育活动的目标就必须依据党的奋斗目标来确立，而不能与党的奋斗目标相矛盾，这是确定教育活动目标的基本性要求。

其次，应适应人的发展的需要。教育活动既要适应当前社会发展的需要，又要适应人的长远发展的需要。教育活动是面向具体的人的，因此教育活动必须坚持全面的发展观，为受教育者的自由全面发展而努力。相应地，这也就要求明确教育目标时，必须要考虑到受教育者的实际发展需求和需要，促使教育目标为受教育者所真正接受，并在接受和认同的基础上进一步内化为受教育者的个人目标。

除此之外，由于受教育者在思想观念、道德品质、心理素质和智慧能力等方面也存在着诸多的差别、差异，因此教育目标的设定和明确还要根据受教育者不同的思想实际来确定，应从实际出发，切实可行，据此确定的教育目标才是恰当的。如果忽视了受教育者的思想观念、道德品质、心理素质和智慧能力等方面的实际状况，就有可能把教育目标定得过高或过低，从而使教育自身偏离正确的方向。

二、打造精品力作

精品力作对于加强思想引领具有重要的意义。在一个国家和社会中，总是会存在着不同种类、不同方面的精神生产者及其精神产品，并且，"以不同的方式为精神消费者提供精神食粮，为精神产品消费者所消费。"①但精神产品就其内容来讲，有内容正确的精神产品，有内容错误的精神产品，还有内容正确与错误相交织的精神产品，各种精神产品对人们思想观念的形成与发展起着合力的作用。特别是其中的正确的、积极向上的精神产品对于人们正确思想和行为的引导具有积极的、不可估量的重要作用。因此，我们必须大力倡导优秀精神产品的生产和传播，以优秀的精神产品去占领思想阵地，打造能够有效促进思想引领的精品力作，引领人们思想发展的正确方向。这正如江泽民所指出的："大量事实证明，思想文化阵地，马克思主义、无产阶级的思想不去占领，各种非马克思主义、非无产阶级的思想甚至反马克思主义的思想就会去占领。从上到下的一切思想文化阵地，包括理论、新闻、出版、报刊、小说、诗歌、音乐、绘画、舞蹈、戏剧、电影、电视、广播、网络等，都应成为我们宣传科学理论、传播先进文化、塑造美好心灵的阵

---

① 宋成剑：《精神生产视野中的思想政治教育》，光明日报出版社 2011 年版，第 55 页。

地，决不能给违反四项基本原则、违反改革开放政策、违反党的方针政策的错误观点，以及危害人民特别是青少年身心健康的东西提供传播渠道。"①

精品之所以"精"，就在于其思想精深、艺术精湛、制作精良。② 以文艺为代表的精品力作不是风花雪月的事情，而是实现社会主义价值的重要力量，是进行思想引领的重要载体，是实现中国梦的重要工具，正如习近平所指出的：文艺是铸造灵魂的工程，文艺工作者是灵魂的工程师。好的文艺作品就应该像蓝天上的阳光、春季里的清风一样，能够启迪思想、温润心灵、陶冶人生，能够扫除颓废萎靡之风。③ 因此，精品力作就应该是思想精深、艺术精湛、制作精良，并且能够启迪思想、温润心灵、陶冶情操；精品力作就应该是体现社会主义优越性、传播社会主义正确的价值观、凸显社会主义文化精神、表明社会主义精神文化追求及审美追求的具有较强思想性、艺术性、科学性、观赏性的作品。

任何文化产品都是一定思想的载体，都会自觉不自觉地反映着一定的价值理念和价值追求，而文化产业对社会主义价值的构建、导向、扩散、创新、整合、传播起着特别重要的作用，在社会主义价值的实现中有着不可替代的思想影响。在社会主义国家努力实现社会主义价值的今天，更需要积极建设文化产业并充分借助文化产业的力量打造出更多的文化精品力作，以更好地实现社会主义价值。

同时，打造精品力作，需要做好以下几个坚持。

首先，要打造精品力作，必须坚持正确的文化导向，弘扬主旋律。

---

① 《江泽民文选》第三卷，人民出版社 2006 年版，第 97 页。
② 《坚持以人民为中心的创作导向　创作更多无愧于时代的优秀作品》，《人民日报》2014年 10 月 16 日。
③ 《坚持以人民为中心的创作导向　创作更多无愧于时代的优秀作品》，《人民日报》2014年 10 月 16 日。

正确的文化导向是文化创作生产的根本性问题，一切进步的文化创作生产都应源于人民、服务人民、属于人民，这是打造精品力作所必须坚持的文化导向。正如习近平所指出的：艺术可以放飞想象的翅膀，但一定要脚踩坚实的大地。文艺创作方法有一百条、一千条，但最根本、最关键、最牢靠的办法是扎根人民、扎根生活。应该用现实主义精神和浪漫主义情怀观照现实生活，用光明驱散黑暗，用美善战胜丑恶，让人们看到美好、看到希望、看到梦想就在前方。① 因此，要引导文化工作者和文化群体、文化单位确立正确的价值坐标，引导文化工作者牢记为人民服务、为社会主义服务的神圣职责，坚持正确的文化立场，弘扬主旋律，认真对待和积极追求文化产品的社会效果，用高质量的优秀作品生动形象地表现和传播社会主义价值，以思想的力量、以艺术的魅力凝聚广大人民群众的共识和共同建设社会主义、实现社会主义价值的热情。

其次，要打造精品力作，必须坚持文化的兼容性，推广优秀作品。人民群众对精神文化产品的需要和需求是丰富多彩的，正如毛泽东所指出的："如果大家都画一样的画，都唱一样的曲调，千篇一律就不好了，就没有人看，没有人听，没有人欣赏。"② 因此，打造精品力作，必须坚持"百花齐放、百家争鸣"的文化发展方针，坚持文化发展的多样性，兼收并蓄，实现文化的多元化发展。同时，实现学术民主、艺术民主，在民主的环境中进一步彰显文化竞争力。在文化发展的过程中，还应该营造积极、健康的创作与传播氛围，鼓励多种观点文化的"碰撞"，大力提倡有关各类积极、健康的社会主义文化的题材，提高创新能力，实现观念创新、内容创新等，进一步提高文化的竞争力。同时，也需要把创新精神贯穿于文化创作生产的全过程中，既要弘扬民族的优秀文化传

① 中华人民共和国年鉴社编：《中国国情读本 2015 版》，新华出版社 2015 年版，第 189 页。
② 《毛泽东文集》第八卷，人民出版社 1999 年版，第 226 页。

统和革命文化传统，又要学习借鉴国外文化创新有益成果，兼收并蓄、博采众长，以增强社会主义文化产品的时代感和吸引力。

再次，要打造精品力作，必须坚持社会效益优先的原则，抵制低俗之风。文化产品既有教育人民、引导社会的意识形态属性，也有通过市场交换获取经济利益而实现再生产的商品属性、产业属性、经济属性。这其中，打造精品力作应始终将社会效益作为评判工作有效与否的重要依据，在任何工作中，不应始终追求经济效益，应将社会效益摆在第一位，当然，在提高社会效益的同时若能兼顾经济效益，则是更为有效的，正如习近平所指出的：文艺不能当市场的奴隶，不要沾满了铜臭气。优秀的文艺作品，最好是既能在思想上、艺术上取得成功，又能在市场上受到欢迎。①

三、创新传播载体

精神产品必须以一定的载体才能存在并进一步传播，才能深入人心，发挥其影响力。传播载体将各种不同精神产品呈现给全党及全国各族人民，也正是通过其所刊载的这些不同的精神产品影响着全党全国各族人民的思想观念，引导着社会舆论的走向。毛泽东早在陕甘宁边区文化教育座谈会上就曾明确要求我们党的同志："应该把报纸拿在自己手里，作为组织一切工作的一个武器，反映政治、军事、经济并且又指导政治、军事、经济的一个武器，组织群众和教育群众的一个武器。"②"我们的政策，不光要使领导者知道，干部知道，还要使广大的群众知道。有关政策的问题，一般地都应当在党的报纸上或者刊物上进行宣传……报纸的作用和力量，就在它能使党的纲领路线，方针政

---

① 《坚持以人民为中心的创作导向　创作更多无愧于时代的优秀作品》，《人民日报》2014年10月16日。

② 《毛泽东文集》第三卷，人民出版社1996年版，第111页。

策，工作任务和工作方法，最迅速最广泛地同群众见面。"① 传播载体是使最广大的人民群众了解党的政策，使党的政策变成广大人民群众自觉行动的重要工具，是培养民众正确的价值取向和高尚的道德情操、高雅的文化品位的关键，是教育群众、动员群众、发动群众、巩固文化阵地从而实现思想引领的重要力量。同时，传播载体对社会主义价值的有效传播，也是抵御西方意识形态攻势，争夺国际话语权的重要途径。正如江泽民所指出的："坚持正确的舆论导向，首先要把握好报刊、通讯社、广播电台、电视台、出版社的宣传方向，把这些阵地牢牢地掌握在我们党手里，掌握在马克思主义者手里。"② 今天，我们在弘扬时代主旋律，宣传社会主义核心价值观和实现社会主义价值的过程中，更要注重发挥传播载体的传播功能，使我们所倡导的社会主义核心价值观能够深入人心，使社会主义价值能够充分实现。

需要注意的是，在今天，传播的全球化、信息的多元化、媒介的社会化这些传播的新态势，使社会主义价值传播面临着前所未有的冲击和挑战，传统的传播方式已经不能完全适应新的传播需要。我们正站在传播的传统与传播的现代之十字路口上，如何在新形势下既发挥好传统传播媒体的效能，又利用好新兴传播媒介，进而构建系统的社会主义价值传播体系，更好地传播社会主义价值并使其促进社会主义以及社会主流意识形态的架构，这是一个需要我们认真思考的问题。在创新传播载体的过程中，需要努力做好以下几个方面的工作：

（1）积极发挥好传统媒介对思想引领的积极影响作用。"通常我们把平面媒介称为传统媒介，这里的平面最初起源于广告界。传统媒介是相对于近几年兴起的网络媒介而言的，以传统的大众传播方式即

---

① 《毛泽东选集》第四卷，人民出版社 1991 年版，第 1318 页。
② 《江泽民文选》第一卷，人民出版社 2006 年版，第 501—502 页。

通过某种机械装置定期向社会公众发布信息或提供教育娱乐的交流活动的媒介，包括电视、报纸、广播三种传统媒介。"① 媒介发展过程并非是新旧更替的，而是以叠加的方式不断融合并扩大的。传统媒体不会因新媒介的出现和发展而消亡，反而会在与新媒介的竞争中吸收新的元素，继续满足人们对于信息的某种需求。因此，在新形势下，我们需要继续发挥好传统媒介所固有的优越性，以传统媒介为有效的传播载体，通过传统媒介积极营造与社会主义价值要求相一致的积极向上的社会舆论环境，潜移默化地影响和规范人们的价值认知与实践行为。

（2）积极运用好网络新媒体传播社会主义价值。以网络为代表的新媒介的兴起，为社会主义的价值传播提供了便利条件，传播者应该改变传统的单一的传播理念和方式，充分利用新媒介，创新方法，以扩大社会主义价值的影响面。在传统媒介占主导的时代，传播往往是单向的，具有强烈的目的性行为，受众在这个过程中往往是被动的接受者。而互联网的产生和发展从根本上改变了这一状况，受众可以根据自己的需要和偏好随意地选择信息，还可以通过互联网来发布信息。媒介的变化给社会主义价值的传播带来了新的挑战，传播者必须充分利用好新媒介，创新传播方法，注重拓展大众化、现代化、人性化的现代传播渠道，使社会主义思想教育与价值传播更具艺术性和策略性。应通过多种渠道增强社会主义宣传教育的针对性和实效性，着力创新传统媒体的报道思路，注重采用导读、视频直播、博客、图表、对话等新鲜手法活跃传播形式，打造易于为人民群众所接受的新型传播平台。通过有效的实践平台建设以及实实在在的建设成效，使社会主义价值传播化无形为有形、变抽象为具体，更加入脑、入心。

---

① 王学俭、刘强:《新媒体与高校思想政治教育》，人民出版社 2012 年版，第 133 页。

四、锤炼工作队伍

毫无疑问，明确教育目标、打造精品力作、创新传播载体都是要靠人来完成的，都需要有一支工作能力强并且具有相当规模的工作队伍。思想引领工作队伍是按一定结构组合起来的从事思想引领工作的人的组合，需要能够始终坚持社会主义的价值目标和发展方向，是培养社会主义理想人格的一支不可或缺的重要力量。毛泽东曾指出："政治路线确定之后，干部就是决定的因素。"[①] 在1994年1月召开的全国宣传思想工作会议上，江泽民在讲话中也明确指出：建设一支政治强、业务精、作风正的宣传思想工作队伍，是做好宣传思想工作的组织保证。[②] 因此，我们要高度重视思想引领工作队伍建设，不断提高其政治思想素质和实践能力水平，建设好一支工作能力强并且具有相当规模的工作队伍。

思想引领工作者的自身素质直接决定着思想引领活动的实际效果。思想引领工作队伍建设的核心问题，就是要切实提高思想引领工作者的素质问题。一名合格的思想引领者，必须具备从事思想引领工作所需要的基本素质，这些素质包括政治素养、思想道德、文化理论修养、身心和能力等。其中，过硬的政治素养是最重要的素质。思想引领工作者必须具有坚定的政治立场，坚持党在社会主义初级阶段的基本路线，坚持四项基本原则，忠于党、忠于人民、忠于社会主义祖国，具有一定的政治水平和政策水平，有较强的政治辨别能力；思想引领者要努力掌握辩证唯物主义和历史唯物主义世界观，从人民群众的根本利益出发，树立正确的人生观和价值观，把实现共产主义作为自己的最高人生理想，把全心全意为人民服务作为人生最高目标；思想引领者要坚持实事求是的

---

① 《毛泽东选集》第二卷，人民出版社1991年版，第526页。
② 《十四大以来重要文献选编》（上），人民出版社1996年版，第660页。

作风、公正民主的作风、严于律己的作风、批评和自我批评的作风、谦虚谨慎的作风、艰苦奋斗的作风；思想引领者要学习和掌握马列主义、毛泽东思想的基础理论以及邓小平建设有中国特色的社会主义理论；思想引领者要有崇高的道德境界，坚持无私奉献的精神，拥有崇高的义务感，为祖国、为人民、为他人服务，忠诚积极、竭尽全力；思想引领者要有稳定的能力结构，有获取知识的自学能力，有调查研究的能力，有认识问题、分析问题、解决问题的能力，有组织实施的能力，有协调人际关系的能力，有开拓创新的能力等等。

同时，思想引领工作队伍建设是一项战略性的工程，必须做好主体人员的选拔、培养、使用和考察等各项工作。首先，做好主体人员的选拔工作。应坚持德才兼备、择优和扬长避短原则，将那些政治素养、思想道德、文化理论修养好，身心健康和能力强的人，选拔充实到思想引领工作队伍中来；其次，要做好主体人员的培养工作。为了建设一支工作能力强并且具有相当规模的工作队伍，除了必须做好人员的选拔工作以外，还应该做好人员的培养工作，应通过工作实践培训、职业道德和业务培训、业余学习、脱产学习、开展理论研究等方式，提高主体人员的基本素质，促进思想引领工作队伍的全面建设；再次，做好主体人员的使用工作。正确使用干部，也是思想引领工作队伍建设的一项重要工作。毛泽东同志曾说过："必须善于使用干部。领导者的责任，归结起来，主要地是出主意、用干部两件事。"① 必须坚持任人唯贤、量才使用、信任爱护、严格要求等原则正确使用干部，建设出一支思想水平高、业务能力强的思想引领工作队伍；第四，做好主体人员的考察工作。坚持"德、才、绩"相结合的原则，坚持思想品德和业务水平相结合，重在绩效的标准的原则，坚持通过实践考察的原则，坚持看本质、

---

① 《毛泽东选集》第三卷，人民出版社 1991 年版，第 527 页。

从长处着眼全面评价一个人的原则，坚持经常考察与定期考察相结合的原则，考察主体人员在工作中表现出来的"德、才"素质和业绩，以督促其提高自身素质，促进思想引领工作队伍的建设。

第二节 畅通社会主义价值实现的运行机制

制度具有根本性、全局性、稳定性和长期性，是社会主义价值实现的根本性、基础性的保障。畅通社会主义价值实现的运行机制，应完善领导机制，促使领导机制发挥指挥和协调功能；应优化管理机制，促使管理机制发挥控制和规范功能；应健全保障机制，促使保障机制发挥保证和制约功能；应构建反馈机制，促使反馈机制发挥反映和调整功能；等等。

一、完善领导机制

这是有效实现社会主义价值的重要组织保证，完善领导机制解决的是谁来负责，谁来参与的问题。社会主义价值实现是一项系统性工程，不是少数人和几个部门能够完成的事业，必须多层次、多渠道、多路径地开展。社会主义价值的实现，必须完善领导机制，充分发挥领导机制的指挥和协调功能，明确各部门应承担的任务、扮演的角色、具体从事的工作等，明确各部门的职责和分工。当前，最紧要的是要形成党委统一领导、党政群齐抓共管、宣传教育部门组织协调、有关部门分工协调、全社会力量积极参与[①]的领导体系和工作机制。要充分发挥各级

---

① 《深化文化体制改革推动社会主义文化大发展大繁荣若干重大问题的决定》，人民出版社 2011 年版，第 43 页。

党委、政府的领导作用，共产党是社会主义事业的领导核心，代表了最广大人民的根本利益，确立党的"一把手"总负责的地位。政府是"一个全国性的组织，其目的在于为全体国民——个人的和集体的——造福"①。历史上，没有政府而能存在的社会是罕见的，政府是一个组织，它管理两方面的事物：一方面它制定和决定什么人可以获得社会上有价值的东西的规则；另一方面它独自管理社会上合法权力的使用。因此，政府对什么人获得什么以及怎样实现这种获得拥有最后的发言权。卢梭认为："政府就是臣民在主权者之间建立的一个中间体，以便两者得以相互适合，它负责执行法律并维持社会的以及政治的自由。"②恩格斯从阶级对立的角度出发，认为国家和政府的功能在于"缓和冲突，把冲突保持在'秩序'的范围以内"③。社会主义价值的实现离不开党委、政府的组织与领导。党委、政府是实现社会主义价值的主导力量，能提供教育、科技、文化事业的投资，提供必要的公共服务。充分发挥党委、政府的功能和效用是实现社会主义价值的重要保障。

完善领导机制，就要努力做到"三到位"。一是要确保领导责任到位。社会主义价值的实现是一项涉及全局的社会系统工程，要站在全局的高度，统筹考虑，科学谋划，纳入经济社会发展的总体战略。要一以贯之地坚持"党委统一领导、党政齐抓共管。宣传部门组织协调、有关部门分工协调、社会力量积极参与的工作体制和工作格局"④。要建立层层责任负责制，明确领导职责，把任务落实到人，保证社会主义各项事业工作的实效；二是要确保目标落实到位，社会主义价值的实现任务

---

① 《潘恩选集》，马清槐等译，商务印书馆1981年版，第264页。
② [法] 卢梭：《社会契约论》，何兆武译，商务印书馆1980年版，第76页。
③ 《马克思恩格斯文集》第4卷，人民出版社2009年版，第189页。
④ 《中共中央关于深化文化体制改革推动社会主义文化大发展大繁荣若干重大问题的决定》，人民出版社2011年版，第43页。

繁重，涉及社会工作的方方面面，各级政府要建立相应的工作机构，专人负责、层层落实；三是要组织协调到位，各部门、各单位、各人民团体和其他社会组织都要在党中央统一协调指导下积极主动地开展工作。

二、优化管理机制

学者俞可平将管理体制概括为"国家为了维护社会秩序而用以规范和协调社会组织、社会事务和社会生活的一系列制度和机制"。[①]"一般而言，任何公共事务管理机制的基本功能都是调节、控制和平衡某种类型的社会矛盾"。[②] 良好的管理机制能够有效控制社会矛盾，能够实现管理现代化，能够推进社会整合、协调社会利益关系，能够保障社会稳定，能够规范社会组织、社会事务和社会生活，能够促进社会公平和正义。可以说优化管理机制是实现社会主义价值的内在要求和有效手段，社会主义价值的实现必须优化管理机制。

同时，社会管理机制是影响社会主义价值实现的一个关键性因素，必须根据社会主义价值实现的内在要求，不断改革与完善现行的管理机制，使之切实成为社会主义价值实现的机制保障。应该从以下两个方面着手和努力：

首先，完善监督机制。应建立健全监督管理机制，突出发挥好督促检查作用，加强舆论监督、群众监督和职能部门监督。通过行之有效的监督能够引导人们见微知著、防微杜渐，养成良好的工作作风和行为习惯。大众传媒例如报纸、电视、网络等要在规范自身的基础上加强舆论监督，引领正确的舆论导向，在舆论监督的过程中，发挥无形的"手"的作用，进一步规范行为，揭露、批评与社会主义价值相悖的言行和丑

---

① 俞可平：《推进社会管理体制的改革创新》，《学习时报》2007 年 4 月 3 日。
② 靳江好、王郅强：《和谐社会建设——社会矛盾调解机制研究》，人民出版社 2008 年版，第 195 页。

恶现象，帮助人们辨别是非美丑。行政部门要严格执法、公正执法、文明执法、鼓励和弘扬社会主义价值的行为，对学习教育活动中的不良现象、不良行为进行批评教育、纠正惩处，切实保障社会主义价值的有效实现。为此，要尽快建立监督体系，实现由许可监督为重点的主体监管转向以内容监管为重点的行业监管；由政府监管转向政府监管和行业组织自律结合的新型监管模式。

其次，完善评价机制。评价是一种观念性活动，是通过掌握了解客体对人的意义、价值，进而实行评定的一种活动，其实质就是主体对主客体价值关系的认识活动。社会评价活动就是社会群体从自身需要出发，以自身利益作为标准来体现社会群体意志的评价活动。评价机制就是对人们的行为进行有针对性的评价的有关机制，这种机制把评价活动进行了规范、制度化，而不是使评价处于随机、偶发的状态。实现社会主义价值，一方面要加大舆论宣传，通过广播、报纸、网络等新闻媒体大力宣传社会主义价值，在全社会形成舆论氛围，在进行舆论引导的过程中，要认真分析和区分现实存在着的不同的价值取向，在实践过程中，需要我们辨别正确的与偏向的社会主义价值取向，在辨别中进一步明确什么价值取向应该被广大人民群众所接受，什么价值取向在出现前就应该被"屏蔽"，并分清什么价值取向适合什么场景及环境，与此同时，有针对性地、循序渐进地加以正面引导；另一方面，建立健全科学的道德评价机制，必须把道德评价、舆论评价、行政评价、法律评价等结合起来。

三、健全保障机制

要切实保障社会主义价值的实现，就必须建立健全一套行之有效的社会主义价值实现的保障机制。社会主义价值实现的保障机制，就是要将社会主义的价值实现体现到制度设计、政策法规和社会管理之中，着力做好社会主义价值实现的制度保障和经济保障，其中，制度保障是根本，经济保障是基础。

实现社会主义价值，制度建设是根本。"制度作为具有普遍意义的、比较稳定的和正式的社会规范体系，具有一定条件下的行为建模的功能。制度建立的规范、惯例和做事程序，在长期的作用下，就会使人们形成行为习惯乃至内化为个人的自我价值取向，对人们的价值观念和行为方式具有根本性的指导意义。"[①]制度是一种行为规则，对于人们的价值观念和行为有着不可替代的规范作用。正如邓小平所指出的那样："制度好可以使坏人无法任意横行，制度不好可以使好人无法充分做好事，甚至会走向反面"[②]，制度问题"更带有根本性、全局性、稳定性和长期性"。[③] 任何价值观念要得到人民群众的广泛认同、真心拥护和积极践行，就必须将这种价值的基本精神和价值理念体现在具体而又完备的法律法规、政策、基本制度设计中。社会主义价值是社会主义制度的内在精神和生命之魂，同时，社会主义价值也是社会主义制度在价值层面的本质规定。社会主义价值的实现，要以不断完善的制度作为保障，将社会主义价值体现到法律、法规、政策之中，以保持社会主义价值的统领性、权威性和一贯性，并借助法律、法规、政策的强制力和约束力不断推广和普及，以确保社会主义价值真实有效地实现。

制度建设与社会主义价值实现是相辅相成的，制度设计要体现价值的内容，价值的实现需要借助制度来完成。在宏观层面上，要通过制定制度及方针政策等，使社会主义价值观的内容融入到制度建设的过程中，从而进一步使社会主义价值观中所蕴含的人民意志上升为制度及方针政策，引导全体社会成员对于社会主义价值观有更高层次的认识。在

---

① 王淑芹：《信用伦理研究》，中央编译出版社 2005 年版，第 227 页。
② 《邓小平文选》第二卷，人民出版社 1994 年版，第 333 页。
③ 《邓小平文选》第二卷，人民出版社 1994 年版，第 333 页。

微观层面上，将社会主义价值贯穿于日常管理制度中，将之转化为具体的、操作性强的行为规范，使日常管理制度的外在约束内化为自身的道德自律和道德品性，使人们在日常生活中潜移默化地接受社会主义价值教育，通过生活化的途径，逐步使社会主义价值深入人心并为人民所认可。社会主义价值的实现，需要制度建设的基础保证，通过制度的规范性、强制性和稳定性，促使社会主义价值的有效实现。否则，制度安排的到位、缺位以及越位等都会直接影响社会主义价值的有效实现。

社会主义经济建设为社会主义价值实现提供着不可或缺的物质保障。正如马克思所指出的："物质生活的生产方式制约着整个社会生活、政治生活和精神生活的过程。不是人们的意识决定人们的存在，相反，是人们的社会存在决定人们的意识。"[1] 社会主义价值属于意识形态范畴，作为观念的意识形态，不是人们凭空捏造出来的幻想，它是一定历史条件的产物。恩格斯曾指出："每一个历史时代主要的经济生产方式和交换方式以及必然由此产生的社会结构，是该时代政治的和精神的历史所赖以确立的基础，并且只有从这一基础出发，这一历史才能得到说明"。[2] 因此，社会主义价值的实现，需要把全社会的意志和力量凝聚起来，必须有一定的经济基础做保障。

在现代社会中，社会主义经济建设为社会主义价值的实现提供直接的动力和实践经验。这要求我们牢牢把经济建设摆在首位，把发展生产力作为根本任务，在努力创造物质文明的同时，抓好意识形态建设，通过经济建设为社会主义价值观提供经验的支持。经验表明，社会主义价值实现是与民众认同分不开的，而民众认同的关键是经济的发展，是基于经济发展基础之上使统治阶级、集团和社会大多数人获益。社会主义

---

① 《马克思恩格斯选集》第 2 卷，人民出版社 2012 年版，第 2 页。
② 《马克思恩格斯文集》第 2 卷，人民出版社 2009 年版，第 14 页。

价值的实现，归根到底要靠中国的经济奇迹和构建社会主义和谐社会取得成效，使全体人民获益来支撑。坚持以公有制为主体多种所有制经济共同发展的经济模式，已经是被中国实践证明了的正确的社会主义国家经济发展模式，因此，当前应继续坚定不移地走公有制为主体多种所有制经济共同发展的经济道路，以夯实社会主义价值实现的物质基础。

另外，推进社会主义价值的实现，也需在资金投入、硬件建设、队伍建设等方面提供相应的物质保障。国家应将社会主义价值实现所需的部分经费开支，列入国家财政计划给予支持；设立理论学习专项经费、配备现代化教学设施、改善学习场所，增强硬件设施建设；加强社会主义价值研究、宣传、教育人才队伍的建设，为实现社会主义价值的人才队伍培养提供科研经费、进修学习、成果出版等方面的支持，为推进社会主义价值实现提供人才保证。

四、构建动力机制

实现社会主义价值是一个长期的、艰苦的过程，需要强大而持久的驱动力。动力不足是实现社会主义价值的重要阻碍。而建立健全利益调节、奖励激励、典型示范等机制，可以为社会主义价值的实现提供物质的、精神的动力和长期的保障。

首先，建立及健全有关利益的调节机制。从价值产生的方面来看，利益与价值之间有着密切的、深入的关系。价值生成的基础是对利益的追求，而价值的保持则是对利益的根本反映。正如恩格斯所言："人们奋斗所争取的一切，都同他们的利益有关。"[①] 利益在某种程度上来说，是对人的社会需要的一种满足，与此同时也是一切社会实践活动的主导动力和根本动因。马克思认为"人的本质不是单个人所固有的抽象

---

① 《马克思恩格斯全集》第 1 卷，人民出版社 1956 年版，第 82 页。

物，在其现实性上，它是一切社会关系的总和"①，"人并不是抽象的栖息在世界以外的东西。人就是人的世界，就是国家，社会。"②人生存的环境其实就是一种利益环境，在利益环境中，个人与国家、社会、个人之间有着紧密的利益关系，而且在某种程度上来说通过一定的社会物质生产关系享有某种利益。因此，应着手处理好个人与国家、社会及其他人之间的利益关系，这对于构成社会利益分配、秩序长存和稳定发展来说是基本要求。而作为利益需求反映的社会主义价值，则是对于共同利益的捍卫和坚守。因此，建立健全利益维护机制，有利于在满足人们共同利益需要的过程中，推动人们对于社会主义价值的认同和追求。社会主义价值要通过由个体的自觉性转化为全体人民的精神追求，要求人民在实现社会主义价值的过程中协调好国家、社会、个人三者之间的利益关系。第一，要建立健全社会保障的机制，最大限度地维护广大人民群众的根本利益；第二，要建立健全合理的利益分配机制，最大限度地满足不同利益主体的需要；第三，要完善利益矛盾协调机制，妥善处理各种利益矛盾，进而在确保社会主义价值科学性的基础上着力关注人民群众的根本需要的满足，使人民群众实实在在地体会到社会主义价值对于自身利益的完整囊括以及对于自身利益的维护，通过进一步对自身利益、社会利益、国家利益的关注从而认同社会主义价值、实现社会主义价值。

其次，建立健全激励机制。社会主义价值来源于现实，关照着现实，同时又不能囿于现实，要高于现实，只有如此才能够对人们起到指导、约束和激励作用。社会主义价值作为一种理想实现，也在潜移默化地引导着人们的信念追求，规约着人们的行为实践，同时还在一定程度

---

① 《马克思恩格斯选集》第1卷，人民出版社2012年版，第135页。
② 《马克思恩格斯全集》第1卷，人民出版社1956年版，第452页。

上影响着人们的价值选择和价值判断，对人们的价值选择和价值判断也有一定的约束和促进作用。在世界多元文化共同发展的全球化发展背景下，中西方文化的交流日趋频繁及深入，这就使得人们的价值观念更加趋向多元化。在这种情况下，社会主义核心价值观作为一种主导的价值标准与价值规范，作为行为是非善恶的基本标准，理应对这种不断走向偏颇的文化多元、道德紊乱、价值迷失、信仰迷茫的现状进行科学的引导和有效地规范。但是现实情况并不乐观，仅仅依靠社会主义核心价值观的传播、宣传和教育，仅仅依靠社会主义核心价值观的培育和践行，也是不够的。应建立起与之相配套的更加有效的激励约束机制，通过一定的措施促使人们形成理性认识，并做出一定的理性行为，促使人们信仰坚定、理想明确、积极拼搏、奋发努力，为国家的昌盛做出自己应有的贡献，也相应地制约人们自私自利、贪图享乐、犹豫观望、不思进取，使自己的价值取向更为正确，价值追求更为合理。这也相应地需要我们做好以下几个方面的工作：第一，建立具有激励作用的奖励机制，对在培育和践行社会主义核心价值观过程中表现突出的个人及集体要有物质的和精神的奖励措施，建立支持、帮扶和奖励"道德模范"和"好人"机制，在这个过程中使做好人好事逐渐成为一种社会约定俗成的道德规范，在全社会形成"好人有好报"的社会共识。第二，建立严格的惩罚机制，对违反社会主义价值的不正确及不合理的行为进行批判及指正，同时将不正确及不合理的行为记入个人档案，甚至还可以借助一定的法律手段对违反社会主义价值观的行为进行惩处。

再次，建立健全示范机制。还是以社会主义核心价值观为例，社会主义核心价值观的培育与践行，既需要人民群众培育和践行的自觉性及坚定性，也需要一些在培育和践行社会主义核心价值观过程中有突出表现的人作为模范，用这些模范的示范效应来证明实现社会主义核心价值观的积极作用以及社会主义价值实现的可行性和必要性。在中国特色社会主义的建设实践中，党员干部要积极争做实现社会主义价值的模范，要坚持加强党的建设，提高党员干部整体素质。邓小平曾经指出："为了促进社会风气的进步，首先必须搞好党风，特别是要求党的各级领导同志以身作则。党是整个社会的表率，党的各级领导同志又是全党的表率。如果党的组织把群众的意见和利害放在一边，不闻不问，怎么能要求群众信任和爱戴这样的党组织的领导呢？如果党的领导干部自己不严格要求自己，不遵守党纪国法，违反党的原则，闹派性，搞特殊化，走后门，铺张浪费，损公利私，不与群众同甘苦，不实行吃苦在先、享受在后，不服从组织决定，不接受群众监督，甚至对批评自己的人实行打击报复，怎么能指望他们改造社会风气呢！"① 因此，以党风政风带动民风建设，这也是实现社会主义价值的必然要求。这就要求我们：一要加大理想信念方面的教育力度，使党员干部坚定地走中国特色社会主义道路，树立为党和人民事业不懈奋斗的理想信念；二要加强对党员干部的党性教育，在党性教育的过程中促使党员干部积极践行社会主义核心价值观，坚定地贯彻执行党的群众路线，通过优良党风促进政风的改革，同时带动民风的进一步发展。另外，还要加强道德建设，使党员及干部具备较高的思想道德水平，接受人民群众的监督，进一步促进优良党风的形成，进一步为社会主义价值实现动力机制的构建奠定良好的基础。

第三节　丰富社会主义价值实现的实践内涵

　　"真正的价值追求是价值认知、价值认同和价值实践三个方面的有机统一，没有付诸实践的价值追求是空想或者是价值追求不够强烈的表

---

① 《邓小平文选》第二卷，人民出版社 1994 年版，第 177—178 页。

现。价值追求的力量也在于从认知、认同上的追求转化为实践上的追求。离开了生活，离开了实践，再好的价值体系也只能是无本之木、无源之水，不可能成为具有普遍性的价值形态。"① 实现社会主义价值的根本在于社会的实践活动，因此，必须在实践中贯彻落实人民群众的价值诉求、致力于民族国家的价值追求、搭建社会主义的价值传播平台等。

一、践行社会主义价值观

首先，应立足社会、立足现实，努力践行好社会主义价值观。经济基础决定意识形态。任何的价值形式、思想观念都与它们在社会生产实践中所处的经济环境及其社会生产关系有着密不可分的关系。我国当前所处的经济政治状况决定了社会主义核心价值观是我国主流意识形态的主要表现形式。因此，立足社会、立足现实是践行社会主义核心价值观的必然及直接要求，同时也是践行社会主义核心价值观的基础性、前提性工作。马克思曾经指出："批判的武器当然不能代替武器的批判，物质力量只能用物质力量来摧毁；但是理论一经掌握群众，也会变成物质力量。理论只要说服人，就能掌握群众；而理论只要彻底，就能说服人。所谓彻底，就是抓住事物的根本。"② 因此，只有立足社会、立足现实，才能努力践行社会主义核心价值观，实现社会主义核心价值观的价值意义。

而理论要真正实现面向实际、面向现实，就必须要把社会主义核心价值观渗透进社会实践的各个方面，掌握社会层面的基本矛盾，并分析社会发展中的具体问题，在解决矛盾、问题的过程中，把核心价值理念转化为具体层面的价值追求，实现国家利益、社会利益和个人利益的有机统一，推动经济、政治、文化、社会、生态协调发展、持续发展和科

---

① 潘玉腾：《推进社会主义核心价值体系大众化研究》，社会科学文献出版社 2012 年版，第 187 页。

② 《马克思恩格斯选集》第 1 卷，人民出版社 2012 年版，第 9—11 页。

学发展，进而构建社会主义和谐社会。这是践行社会主义核心价值观的社会基础，同时也是推动人们接受、认可、践行社会主义核心价值观的转化通道。邓小平曾经指出："空讲社会主义不行，人民不相信。"[①] 因此，要使人民群众心中坚定社会主义核心价值观，就要始终坚持以公有制为主体的经济制度和按劳分配为主体的分配制度，努力实现共同富裕；就要注重经济行为和价值导向的有机统一，实现经济效益和社会效益的有机统一，从而进一步实现市场经济和道德建设的良性互动；就要推行法治，公正司法，严格执法，捍卫宪法和法律的尊严，从而维护社会的公平正义，在依法治国、依法执政、依法行政实践中进一步践行社会主义价值观；就要创新社会治理制度，建立健全激励机制、矛盾调处机制、权益保障机制、诉求表达机制、利益协调机制等，通过建立及完善这些机制，使经济、文化、社会、生态协调发展。

其次，应着重提高人们对于社会主义先进文化的接受和认同。美国文化学家爱德华·霍尔认为："文化中最重要的心理要素是认同作用，认同是文化与人格的桥梁。"[②] 在现今的社会转型期，文化认同在这个阶段中的作用日益重要。当社会变革发展缓慢时，文化的认同作用就是正向的，相反，在社会变革发展迅猛的时代，文化的认同作用就会造成极大的破坏[③]。可见，认同是文化力量的重要体现，而对社会主义核心价值观的认同程度则是建设文化强国的核心组成部分。与此同时，建设文化强国可以彰显社会主义核心价值观的时代意蕴、体现社会主义核心价值观的基本内涵、强化社会主义核心价值观的认同凝聚作用。社会主义核心价值观的同化研究既是社会主义核心价值观的本质要求，又是促进文化繁荣发展、提升文化软实力的现实要求。以建设文化强国促进同

---

① 《邓小平文选》第二卷，人民出版社 1994 年版，第 314 页。
② [美] 爱德华·霍尔：《超越文化》，何道宽译，北京大学出版社 2010 年版，第 211 页。
③ [美] 爱德华·霍尔：《超越文化》，何道宽译，北京大学出版社 2010 年版，第 211 页。

化，要以社会主义先进的文化加强文化建设，应该理性地应对由传统文化向现代文化转型过程中的各种非马克思主义文化思潮的挑战，同时掌握文化发展的基本规律。以文化强国建设促进同化，就要推进文化科学创新，健全文化产业体系，规范文化产业格局，引领文化消费模式，不断发展新的文化产品，建设先进文化新业态，提高先进文化的新引力、凝聚力和向心力。以文化强国建设促进同化，就要以科学的理论、正确的舆论、高尚的精神引领文化建设，提高人们对于社会主义先进文化的接受和认同。

再次，应创造实践活动新形式，以打牢价值基础促固化。社会生活在本质上是实践的，实践是价值活动、价值观念、价值关系产生的现实基础。实践决定着社会主义核心价值观的主要内容及追求目标。社会主义核心价值观是基于中国特色社会主义的具体实践而生成、演变和发展的核心价值理念，而30多年改革开放的历程则是社会主义核心价值观最直接的实践基础。所以，从这个层面讲，实践性是社会主义核心价值观的本质特征。践行社会主义核心价值观要以社会实践活动作为起点、凭借和归宿，不断创造实践活动新形式。践行社会主义核心价值观的基础是实践，关键在于行动。应该建立国家、社会和个人的联动机制，通过教育、法律、行政、经济等手段为社会主义核心价值观的践行奠定良好的环境，同时，努力坚持贴近实际、贴近生活、贴近群众，从各个角度妥善解决好机制性、普及性等的瓶颈问题，从而使社会主义核心价值观在真正意义上成为人们行动的指南。在这个基础上，要根据具体的实践要求及时代的发展方向，坚持开展形式多样的关乎社会主义价值实现的实践活动，可以通过开展如以诚信建设为重点的道德实践活动及学雷锋志愿服务活动；传播社会主义价值观内容的公益广告活动；弘扬民族精神和时代精神的活动；提升人民群众综合素质和社会文明程度的精神文明创建活动；等等。引导人民群众做公民道德规范的自觉实践者、中国特色社会主义的坚定信仰者，使广大人民群众自觉地践行社会主义核心价值观，与此同时，还要进一步增强党的凝聚力、政府的公信力、干部的执行力、制度的约束力。

二、落实人民群众的价值诉求

"在改革深水期、攻坚期与实现中华民族伟大复兴的关键节点上，呼吁各个阶层、各种势力、各种利益同心同德，不仅效验显著，而且意义重大。"① 这是凝聚改革共识，统一思想观念，整合社会资源，破除发展瓶颈的内在要求，也是落实人民群众的价值诉求，为社会主义价值的实现提供坚强的思想保障和强大的精神动力。落实人民群众的价值诉求与实现人民的幸福也是统一的。"生活的意义就是好生活……好生活是一种状态，即幸福。"② 追求人民幸福的中国梦想就是要让人民群众过上美好生活的未来图景，是对党的宗旨的形象概括，从梦想角度凝练了党重温革命理想、呼唤崇高信念、表达精神追求、创设理想境界的人格力量和品德节操；展现了共产党人勇于承担、不谋私利、富于牺牲精神的历史使命感和民族责任感；召唤着中华儿女奋发有为、自强不息、永不言败的高昂斗志和拼搏精神；凝聚着各族人民共同享有人生出彩机会、共同享有梦想成真机会、共同享有同祖国和时代一起成长与进步机会的智慧源泉和个体力量。

落实人民群众的价值诉求，要不断为人民造福，这是党领导各族人民不断取得胜利的制胜法宝，也是党自身建设不断趋于完善的主要动力，更是党执政为民不断开创新业绩的价值宣言。社会主义现代化建设的根本目标及总体目标是满足人民日益增长的物质文化需求及提高人民

---

① 《中国的上下同心——"中国梦"共识及构筑》，《人民论坛·学术前沿》2013 年第 7 期。
② 赵汀阳：《论可能生活——一种关于幸福和公正的理论》，中国人民大学出版社 2005 年版。

的物质文化生活水平，而这些同样也是中华民族、全体社会和公民个体实现"中国梦"的根本目的。落实人民群众的价值诉求与培育社会主义核心价值观是统一的。必须要毫不动摇地凝聚中国力量，要深刻掌握党的十八大在个体层面上提出的"倡导爱国、敬业、诚信、友善"社会主义核心价值理念，在解决好人民最关心最直接最现实的利益问题的基础上，加强个人品德、社会公德、职业道德、家庭美德教育，在加强教育的基础上，进一步促使人们自觉承担法定义务、社会责任、家庭责任，培育知荣辱、讲正气、作奉献、促和谐的良好风尚，培育爱祖国、敬职业、讲诚信、扬友善的价值观念，使人们形成自尊自信、积极向上、团结统一的社会心态，凝聚万众一心、行动一致、齐心合力的中国力量，打造实现中国梦想的"造梦新军"、"铸梦联军"和"追梦大军"，实现人民幸福的中国梦想、社会主义梦想。

三、致力于民族国家的价值追求

"中国超大型的人口规模、超广阔的疆域国土、超悠久的历史传统、超深厚的文化积淀意味着，中国政治形态也是独特的，因为治理这样的'文明型国家'只能以自己的理念和方法为主。"[①] 实现国家富强的中国梦想，更要在坚持和发扬中国特色社会主义核心价值理念的基础上，在坚持和推进改革开放和现代化建设的历程中，坚定不移地弘扬社会主义核心价值观，坚定不移地坚持中国道路。民族振兴、国家富强始终是近代以来中华民族追求的伟大梦想。

一百多年来，无数仁人志士为实现国家富强，前赴后继、奋斗不息，苦苦思索探寻民族国家的自立、自生和自强之路。但是由于缺乏科学理论的指导和坚强的领导核心，一系列救亡图存、爱国图强的主张均

---

① 玛雅：《中国道路的历史合法性——专访张维为》，《红旗文稿》2013 年第 6 期。

在历史条件并不成熟的近代社会转型中宣告失败了。实现中华民族走向繁荣富强的艰难重任历史地落在了中国共产党人的肩膀上，中国共产党以马克思主义理论为指导，以实现国家现代转型为目标，不断夺取新民主主义革命、社会主义革命和改革开放决策的伟大胜利，向着全面建成小康社会的宏伟目标英勇进军，在不断摆脱压迫、追求解放、建设和改革的过程中，总结经验，根据实际，以基本国情为基础，在实践中探索了一条中国特色社会主义道路，通过坚定不移地走中国特色社会主义道路，团结带领全国各族人民走在了实现国家繁荣富强的康庄大道上。

同时，以国家繁荣富强为主要内容的中国梦想，经历了 170 多年的民族事业、90 多年的建党伟业、60 多年的建国大业和 30 多年的改革基业，我国进入了改革开放的转型期和攻坚期，面临着改革的深水区和暗礁区。面对新事物、新现象和新问题的挑战，我们要深刻领会党的十八大在国家层面提出的"倡导富强、民主、文明、和谐"社会主义核心价值理念，以经济持续健康发展为目标推进国家富强进程，以人民民主不断扩大为目标促进政治体制改革，以文化软实力显著增强为目标推动精神文明建设，以人民生活水平全面提高为目标推动和谐社会建设，以资源节约型、环境友好型社会建设为目标推进生态文明，促进绿色发展、循环发展、低碳发展，加强中国特色社会主义道路的建设，进一步深化改革，致力于民族国家的价值追求，坚持走中国特色社会主义发展道路，以实现国家富强、社会进步的伟大民族梦想。

四、搭建社会主义价值传播的平台

任何价值观念的实现都需要具备广泛的社会基础，同时还应将人民群众自觉而长期实践的一系列社会活动作为其重要载体。社会主义价值要转化为群众自觉追求，更需要群众广泛而长期的实践来完成，需要各种各样的群众实践活动作为载体。在我们的社会主义建设实践中，群众性精神文明创建活动就为人民群众实现社会主义价值提供了一个有效的平台。"群众性精神文明创建活动是人民群众移风易俗、改造社会的伟大创造，是人民群众在党的领导下为自己创造美好生活的伟大实践，是把经济建设、政治建设、文化建设和社会建设各项任务落实到基层的有效途径，是新时期党的群众工作和思想政治工作的创新方式。以创建文明城市、文明城镇和文明行业为主要载体与以开展文明礼仪和节日庆典活动为特殊载体的各种形式的群众性精神文明创建活动能把社会主义精神文明建设的各项任务具体化，把思想、道德、观念等无形的东西融入搞活动、办实事等有形的载体之中，化无形为有形、化虚为实，使社会主义精神文明建设看得见、摸得着感受得到，易于操作、便于实施，是寓教育于活动、虚功实做的好形式。"[1]

我们应在群众性精神文明创建活动中融入社会主义价值理念，使社会主义价值同人民群众的日常生活紧密联系起来，在群众性精神文明创建活动中帮助人们实现社会主义价值。以文明城市的创建和文明行业创建活动等为例。

首先，应将社会主义价值的实现融入到文明城市的创建活动中。列宁曾提出："城市的发展要比农村快得多，城市是人民的经济、政治和精神生活的中心，是前进的主要动力。"[2] 毛泽东也曾提出："党和军队的工作重心必须放在城市，必须用极大的努力去学会管理城市和建设城市。"[3] 城市是一定区域政治、经济生产、文化（宗教）的中心，是现代文明的标志和先进生产力发展的代表。城市以其中心地位影响、辐射和带动周边地区经济社会文化的发展，城市建设在社会主义现代化建设中

---

[1]　潘玉腾：《推进社会主义核心价值体系大众化研究》，社会科学文献出版社 2012 年版，第 188 页。

[2]　《列宁全集》第 23 卷，人民出版社 1990 年版，第 358 页。

[3]　《毛泽东选集》第四卷，人民出版社 1991 年版，第 1427 页。

居于主导地位。实践证明，文明城市创建活动是群众性精神文明建设的龙头工程，是实现社会主义价值的重要载体，而且在各类创建活动中居于重要地位。

其次，在文明城市的创建活动中逐步实现社会主义价值。1894 年恩格斯曾指出："农民到处都是人口、生产和政治力量的非常重要的因素。"①邓小平也曾指出想要解决中国的问题，农村是解决这个中国问题的突破口，必须首先从农村建设出发，使农村稳定下来，进而使农民富起来，只有这样，才能保障社会的发展有一个稳定的环境。"农村人口占我国人口的百分之八十，农村不稳定，整个政治局势就不稳定，农民没有摆脱贫困，就是我国没有摆脱贫困。"②同时，"中国社会是不是安定，中国经济能不能发展，首先要看农村能不能发展，农民生活是不是好起来。"③显然，"城市搞得再漂亮，没有农村这一稳定的基础是不行的。"④农村工作决定了中国改革和现代化建设的大局，我国农民占全国人口的很大比例，这是我国的基本国情，决定了我们在任何时候都必须花大气力来重视农村，而且解决好农业、农村、农民的问题始终是党和国家工作的重中之重。农村文明程度的提高是全国文明程度普遍提高的基础和前提。开展文明城市创建活动能大力传播先进文化、倡导社会主义核心价值观，提高农民素质，在提高农村文明程度方面发挥了不可替代的作用。因此，开展文明城市创建活动可以进一步推动农村精神文明建设。

再次，应将社会主义价值的实现融入文明行业创建活动以及礼仪和节日庆典活动中。"行业是国民经济和社会发展的基础。行业的建设和发展水平，决定着国民经济的发展水平，也决定着人民群众的物质文化

---

① 《马克思恩格斯选集》第 4 卷，人民出版社 2012 年版，第 355 页。
② 《邓小平文选》第三卷，人民出版社 1993 年版，第 237 页。
③ 《邓小平文选》第三卷，人民出版社 1993 年版，第 77—78 页。
④ 《邓小平文选》第三卷，人民出版社 1993 年版，第 65 页。

生活质量。开展文明行业活动是促进各行各业规范行业行为、提高服务水平、树立行业新风和增强发展后劲的强有力手段。"[①] 在推进实现社会主义价值的过程中，应充分利用文明行业创建活动，引领各行各业员工成为践行社会主义价值观的先锋者、开路者、引导者。在这里需要强调的是，要想实现社会主义价值，就必须付诸实践，离开了实践，社会主义价值实现只能是无本之木、无源之水，只能是空想。社会主义价值实现活动只有同人民群众的日常生活紧密相连，使人民群众在日常生活中耳濡目染，才能具有强大的号召力。概言之，将社会主义价值实现活动融入到人民群众的日常生活中，融入到礼仪和节日庆典活动中，这是实现社会主义价值的重要途径。

第四节　整合社会主义价值实现的文化资源

一个国家、一个民族的强盛，总是以其文化的兴盛为支撑的。没有文化的继承和发展，没有文化的弘扬和繁荣，就不可能真正全面地实现社会主义价值。对于一个国家来说，文化是一种软实力，也是立足国际社会的重要支撑，同时还是实现社会主义价值的根源性、长期性保障。整合社会主义价值实现的文化资源包括传承并升华中国传统文化、继承与发展中国革命精神、借鉴和吸收国外优秀文化等。

一、传承并升华中华优秀传统文化

中华民族最高层次的精神追求表现为中华民族优秀的传统文化，传

---

① 潘玉腾：《推进社会主义核心价值体系大众化研究》，社会科学文献出版社 2012 年版，第 196 页。

承并升华中华民族优秀的传统文化是培育和践行社会主义核心价值观的重要基础。要想更好地实现社会主义价值，中华传统文化的传承与升华是一个无法绕开的路径。中华传统文化是历史的凝结，它有意无意地会影响到后人的意识形态以及行为规范，会在一定程度上制约和影响着人们的思想观念、思维模式和行为方式。中华民族优秀的传统文化是发展新文化的立足点和出发点，新文化价值应当以中华民族优秀的传统文化作为思想基石，如若丢失了自身的传统文化，就将导致民族凝聚力下降，甚至还会因为激烈的文化冲突导致社会分裂。这样，没有传统文化的依托，新的文化价值也将没有具体的体现形式，而且还会因为缺少传统文化底蕴使得新的文化价值难以被接受，从而难以深入人心。

我们实现价值创新的本土资源异常丰厚，优秀的传统文化为社会主义价值的实现提供着深厚的、有营养的土壤。我们许多优秀的思想文化传统与人类的根本需求是一致的，同时也与马克思主义有着诸多的相通和契合之处。比如：儒家着重于道德伦理，强调的是人与社会的和谐；道家着重于自然状态，强调的是人自身精神的和谐；佛家着重于内心的领悟，强调的是人自身的和谐。再如"仁义礼智信"集中体现了中华民族近代以前传统核心价值观的精髓，"忠孝仁爱信义和平"集中体现了中华民国时期的核心价值观。

应该说，中华民族传统文化内涵十分丰富，在历史发展的长河中，产生了许多优秀的思想，包括和而不同的和平发展思想、自强不息的奋斗精神、维护民族尊严的民族精神、天人合一与道法自然的和谐发展思想、讲究诚信的伦理价值传统、以人为本的价值取向等基本内容。这些思想和理念不论过去还是现在，都包含着鲜明的民族特色，都有其永不褪色的时代价值。应该看到，讲仁爱、重民本、守诚信、崇正义、尚和合、求大同的价值理念仍然是我们今天建设社会主义和实现社会主义价值的重要精神资源。在做人做事的各方面，在人性修养、整治吏治、加强廉政、降低管理成本方面，传统优秀文化价值仍有效用①。这些同时也为培育和践行社会主义核心价值观提供了丰富而深厚的思想资源，具有借鉴和启发作用。

同时，社会主义价值必须从传统文化资源里再找寻，历史发展不能割断。当然，中华传统文化在形成和发展过程中因为受到当时社会生产力发展水平的制约和影响，不可避免地存在着与现代社会和商品经济的社会发展基础不相适应的陈旧观念或已成为糟粕性的东西。实现社会主义价值不仅要弘扬社会主义优秀文化，还要破除、否定传统文化中一切糟粕的东西，更要创新传统文化，坚持对传统文化有鉴别的对待、有扬弃的继承，将传统文化发展到一个新的高度，努力实现传统文化的创造性、创新性发展，使之与现实文化相融相通，为涵养社会主义价值观念提供重要的精神源泉。创新传统文化要紧跟时代步伐，用科学的现代观念去发扬传统文化，同时还要将传统文化以现代化的形式进行"扬弃"，结合时代特点使其现代化。总之，实现社会主义价值必须在批判的基础上继承中国传统文化，这样才能使社会主义价值既有深厚底蕴又充满时代气息，既能实现对传统文化的借鉴又能充分体现社会主义的本质属性。

二、继承并发扬中国革命精神

在中国革命的发展进程中，孕育形成了井冈山精神，为中国革命精神的产生和发展开掘了源头，奠定了基础。后来的长征精神、延安精神、抗战精神、西柏坡精神进一步丰富和发展了井冈山精神，形成了以实事求是的科学态度、坚定不移的理想信念、百折不挠的斗争勇气、视死如归的英雄气概、无私奉献的爱国情怀、艰苦奋斗的优良作风为主要

---

① 田海舰:《社会主义核心价值体系培育纲要》，人民出版社 2012 年版，第 167 页。

内容的、完整系统的中国革命精神的思想体系。研究革命精神，可以揭示马克思主义与中国革命具体实践相结合的必要性、科学性、正确性，能够坚定人们的马克思主义信仰和中国特色社会主义共同理想，有利于社会主义各项事业的成功推进和社会主义价值的实现。

在实现社会主义价值的进程中，必须发掘和充分利用各种红色资源。红色资源是中国革命精神的重要载体。红色资源的开发和利用能够为社会主义价值的实现提供丰厚的"优质精神资源"。在开发和利用红色资源的过程中，有助于加强社会主义价值理想信念教育，在理想信念的指导下，进一步深化社会主义价值的认识，在这个过程中，继承和发扬优秀教育资源、弘扬民族精神和时代精神，促使社会主义价值的更好实现。

中国革命精神的内涵是十分丰富的。例如，井冈山精神包含着坚定的理想信念、不屈不挠的英雄气概、血肉相连的党群关系、艰苦奋斗的创业精神；长征精神包含着坚定不移的革命信念、坚韧不拔的英雄气概、维护团结统一的高尚品德、联系群众艰苦奋斗的崇高思想；延安精神包含着全心全意为人民服务的精神、爱国主义精神、自力更生与艰苦创业的精神；等等。在中国革命发展的道路上，由于各个时期历史条件的不同，所以在这之中所体现的革命精神也有其特定的内涵，但是这在本质上其实是一致的。邓小平曾经说过："革命精神是十分宝贵的，没有革命精神就没有革命行动。"[1] 他将我们党的革命精神概括为革命和拼命精神，严守纪律和自我牺牲的精神，大公无私和先人后己的精神，压倒一切困难，压倒一切敌人的精神，坚持革命乐观主义、排除万难去争取胜利的精神[2]。为了更好地实现社会主义价值，就要把中国革命文化及精神推广到人民群众中去，使中华民族的革命文化及革命精神成为我

---

[1] 《邓小平文选》第二卷，人民出版社 1994 年版，第 368 页。

[2] 翟泰丰等主编：《党的基本路线知识全书》，辽宁人民出版社 1994 年版。

国社会主义精神文明建设的重要内容。

中国共产党为了更好地把握历史的发展动态，具有重视学习和研究历史的优良传统，通过研究历史，从历史中汲取发展的智慧和力量。正如习近平所指出的：历史是最好的教科书，对我们共产党人来说，中国革命历史是最好的营养剂。① 实现社会主义价值，就必须继承和发展革命文化，就必须大力弘扬革命精神。中国共产党在长期斗争中所培育的革命精神、所形成的优良传统、所积累的丰富经验、所创造的红色文化资源构成了一个丰富的历史文化宝库。我们在社会主义价值实践中应该深入研究和弘扬这些革命精神和优良传统，在实践中及时发现问题，总结和运用丰富的历史经验，与此同时科学地开发和利用红色文化资源，这些举措对于实现社会主义价值将起到积极的作用。另外，我们还可以通过有组织地举办有关井冈山精神、延安精神、西柏坡精神、长征精神等红色文化的大型展览以及开展红色旅游活动等让人们在潜移默化的教育中接受红色革命文化精神。同时，将井冈山精神、延安精神、西柏坡精神、长征精神等融入文学作品、戏剧作品、影视作品中，增强革命文化的感染力和震撼力，让人们在日常生活中主动接受、乐于接受革命文化，真正起到"随风潜入夜，润物细无声"的效果。另外，弘扬革命文化价值观也是应对西方敌对势力意识形态侵蚀的有效武器，有利于人们形成强烈的爱国主义情感，有利于人们树立坚定的政治理想信念，同时还可以增强社会主义价值实现的实效性。

三、借鉴和吸收国外优秀文化

世界是多样的，同时相对来说世界也是开放的。英国著名哲学家伯

---

① 《充分调动干部和群众积极性　保证教育实践活动善做善成》，《人民日报》2013 年 7 月 13 日。

特兰·罗素说过："不同文明之间的交流过去已经多次证明是人类文明发展的里程碑。希腊学习埃及，罗马借鉴希腊，阿拉伯参照罗马帝国，中世纪的欧洲又模仿阿拉伯，而文艺复兴时期的欧洲则效仿拜占庭帝国。"① 全球化语境下实现社会主义价值，需要我们采取百家之长，积极借鉴和吸收国外的优秀文明价值。

国外文明的基本价值中存在着一定的价值共识。古今中外，人们在生产实践和处理社会关系的实践过程中形成了诸如自由、民主、平等、公正、发展、和平、和谐等基本的价值共识，这些价值共识是人们处理个人与自我、个人与他人、个人与社会、个人与自然界等关系的共同价值准则，同时还是一个国家治国理政、管理社会的共同价值原则，在一定程度上反映和代表了一个国家最广大人民群众的价值追求，影响着人类社会的和平、发展与幸福，是人类宝贵的精神财富。自由、民主、平等、公正、发展、和平、和谐等基本的价值共识虽然是由资产阶级思想家和革命家最早提出的，但在社会实践中我们可以看出，无产阶级才是自由、民主、平等、公正、发展、和平、和谐等基本价值共识的实践者。这些价值共识一直推动着无产阶级不断壮大自己的力量，同时在一定程度上来说，这些价值共识还是广大劳动人民奋勇前进的坚实力量。在社会实践的过程中，人们通过文化交流、社会行为交往，逐步形成了"价值共识"，并在之后的社会实践中得以完善和遵循。

借鉴和吸收国外文明的精髓，既体现了我国传统文化的包容性特点，也是我们发展新文化和社会主义先进文化的内在要求。毛泽东指出："中国应该大量吸收外国的进步文化，作为自己文化食粮的原料。"② 借鉴和吸收国外文明的精华，这是发展社会主义的必然要求。我们需要

---

① ［英］罗素：《中西方文化之比较——一个自由人的崇拜》，胡品清译，时代文艺出版社1988年版，第8页。

② 《毛泽东选集》第二卷，人民出版社1991年版，第706页。

在实现社会主义价值的过程中不断地去粗取精、去伪存真，吸收及借鉴全人类社会文明发展过程中的精华及精髓，在全球化发展的格局下，开阔视野，具有远大的理想、长远的眼光，在实现社会主义价值的过程中坚持开放政策，在实现社会主义价值的过程中融入自由、民主、平等、公正、发展、和平、和谐等价值共识，对于社会主义而言，离开这些价值共识而建立的社会主义是不完整的、固步自封的、没有任何意义的，最终被历史证明是孤立的、无价值的甚至是逆历史潮流的。

要更好地实现社会主义价值，就需要在社会主义的建设实践过程中将世界各国及各民族优秀的、积极的、有意义的价值共识进行交流，在交流中实现价值共识之间的碰撞、交融，在这碰撞、交融的过程中，吸收价值共识的精华与精髓，并通过进一步的实践，使各种价值共识在各种文明的融合中不断丰富、创新和发展。例如，随着社会主义从价值理念到体制机制、政策法规建设完善的实践过程，我们逐步吸收了效率、公平、法治、民主、人权、平等、正义、善治等人类社会文明发展进程中诸多的价值共识，在此基础上，我们提出并积极倡导建设"和谐社会"的共同价值理想。同时，我们在社会主义建设实践中，既要吸收多种文明的精髓，又要在吸收精髓的过程中逐渐形成并保持自身的民族特色，将价值共识融入实践过程中，并在实践过程中将社会发展的普遍性和特殊性、绝对性和相对性等通过价值共识连接并统一起来，并在这种统一中更好地实现社会主义价值。

参考文献

（一）著作类

1.《马克思恩格斯文集》，人民出版社 2009 年版。

2.托马斯·莫尔：《乌托邦》，商务印书馆 2006 年版。

3.康帕内拉：《太阳城》，商务印书馆 1997 年版。

4.傅立叶：《傅立叶选集》，商务印书馆 1982 年版。

5.欧文：《欧文选集》，商务印书馆 1979 年版。

6.圣西门：《圣西门选集》，商务印书馆 1985 年版。

7.《列宁专题文集》，人民出版社 2009 年版。

8.《斯大林选集》，人民出版社 1979 年版。

9.《毛泽东选集》，人民出版社 1991 年版。

10.《邓小平文选》，人民出版社 1994 年版。

11.《江泽民文选》，人民出版社 2006 年版。

12.中共中央文献研究室：《十六大以来重要文献选编（上、中、下）》，中央文献出版社 2005、2006、2008 年版。

13.中共中央文献研究室：《十七大以来重要文献选编（上、中、下）》，中央文献出版社 2009、2011、2013 年版。

14.《习近平谈治国理政》，外文出版社 2014 年版。

15.《关于培育和践行社会主义核心价值观的意见》，人民出版社 2013 年版。

16.中共中央宣传部理论局：《世界社会主义五百年》，学习出版社、党建读物出版社 2014 年版。

17.袁贵仁：《价值学引论》，北京师范大学出版社 1991 年版。

18.袁贵仁：《价值观的理论与实践：价值观若干问题的思考》，北京师范大学出版社 2006 年版。

19. 李德顺：《价值论：一种主体性的研究》，中国人民大学出版社 2013 年版。

20. 罗国杰：《马克思主义价值观研究》，人民出版社 2013 年版。

21. 王伟光：《社会主义通史（1—8 卷）》，人民出版社 2011 年版。

22. 高放、黄达强：《社会主义思想史》，中国人民大学出版社 1987 年版。

23. 黄宗良、孔寒冰：《世界社会主义史论》，北京大学出版社 2004 年版。

24. 郁建兴、朱旭红：《社会主义价值学导论》，浙江人民出版社 1997 年版。

25. 马德普：《社会主义基本价值论》，中央编译出版社 1997 年版。

26. 韩震：《社会主义核心价值体系研究》，人民出版社 2007 年版。

27. 吴向东：《重构现代性：当代社会主义价值观研究》，北京师范大学出版社 2009 年版。

28. 沈壮海：《兴国之魂——社会主义核心价值体系释讲》，湖北教育出版社 2013 年版。

29. 韩震：《社会主义核心价值观五讲》，人民出版社 2012 年版。

30. 韩震：《社会主义核心价值观凝练研究》，北京师范大学出版社 2012 年版。

31. 戴木才：《中国特色核心价值观的传统现实与前景》，广西人民出版社 2011 年版。

32. 侯惠勤：《马克思的意识形态批判与当代中国》，中国社会科学出版社 2010 年版。

33. 陈新汉：《社会主义核心价值体系论研究》，北京师范大学出版社 2012 年版。

34. 田海舰：《社会主义核心价值体系培育纲要》，人民出版社 2012 年版。

35. 程伟礼、杨晓伟：《中国特色社会主义核心价值观的历史形成》，复旦大学出版社 2013 年版。

36. 晏辉：《现代性语境下的价值与价值观》，北京师范大学出版社 2009 年版。

37. 徐觉哉：《社会主义流派史》，上海人民出版社 2007 年版。

38. 田海舰、邹卫：《社会主义核心价值观论纲》，人民出版社 2010 年版。

39. 石云霞：《当代中国价值观论纲》，武汉大学出版社 1996 年版。

40. 宋惠昌：《社会主义核心价值观专题解读》，中共中央党校出版社 2010 年版。

41. 谢晓娟：《社会主义核心价值观研究》，中国社会科学出版社 2012 年版。

42. 杨明等：《社会主义核心价值体系论纲》，南京大学出版社 2013 年版。

43. 郭建宁：《社会主义核心价值观基本内容释义》，人民出版社 2014 年版。

44. 孙伟平、陈慧平：《当代中国社会价值观调研报告》，中国社会科学出版社 2013 年版。

45. 龚群：《当代中国社会价值观调查研究》，北京师范大学出版社 2012 年版。

46. 周向军：《核心价值体系——铸造当代中国文化建设灵魂》，济南出版社 2013 年版。

47. 张森林：《经济全球化与世界社会主义价值的思考》，人民出版社 2011 年版。

48. 程伟礼、杨晓伟：《中国特色社会主义核心价值观的历史形成》，复旦大学出版社 2012 年版。

49. 裴德海：《从一般价值到核心价值——社会主义核心价值观培育与践行的双重逻辑》，安徽教育出版社 2013 年版。

50. 王学俭：《凝心聚力兴国魂——社会主义核心价值体系》，兰州大学出版社 2012 年版。

51. 王维平：《科学真理指航向——马克思主义指导地位》，兰州大学出版社 2012 年版。

52. 刘先春：《高举旗帜不动摇——中国特色社会主义共同理想》，兰州大学出版社 2012 年版。

53. 张新平：《万里长城永不倒——爱国主义为核心的民族精神》，兰州大学出版社 2012 年版。

54. 丁志刚：《弘扬时代主旋律——改革创新为核心的时代精神》，兰州大学出版社 2012 年版。

55. 马云志：《知荣明耻树新风——社会主义荣辱观》，兰州大学出版社 2012 年版。

（二）期刊类

1. 习近平：《把培育和弘扬社会主义核心价值观作为凝魂聚气强基固本的基础工程》，《人民日报》2014 年 2 月 26 日。

2. 任仲平：《凝聚当代中国的价值公约数——论培育和践行社会主义核心价值观》，《人民日报》2015 年 4 月 20 日。

3. 刘云山：《着力培育和践行社会主义核心价值观》，《求是》2014 年第 2 期。

4. 刘奇葆：《在全社会大力培育和践行社会主义核心价值观》，《人民日报》2014 年 3 月 5 日。

5. 王晓晖：《积极培育和践行社会主义核心价值观》，《求是》2012 年第 23 期。

6. 本刊记者：《社会主义核心价值观建设中的若干重大理论问题——访中国社会科学院马克思主义研究院党委书记、博士生导师侯惠勤教授》，《思想教育研究》2012 年第 5 期。

7. 包心鉴：《社会主义核心价值观的凝练与建构》，《光明日报》2012 年 1 月 14 日。

8. 程恩富：《核心价值观凝练的五个方面》，《光明日报》2011 年 3 月 28 日。

9. 陈秉公：《如何认识社会主义核心价值观与社会主义意识形态的关系?》，《光明日报》2011 年 2 月 25 日。

10. 戴木才：《凝练核心价值观要站在人类价值共识的制高点》，《光明日报》2012

年 4 月 28 日。

11. 戴木才:《从世界社会主义运动看社会主义核心价值观建设》,《红旗文稿》2011 年第 22 期。

12. 戴木才:《社会主义核心价值观的两个基本内容》,《光明日报》2011 年 4 月 18 日。

13. 戴木才:《自由、民主、幸福、仁爱:中国特色社会主义核心价值观内涵初探》,《南昌航空大学学报(社会科学版)》2012 年第 1 期。

14. 戴木才、彭隆辉:《积极培育和践行社会主义核心价值观》,《光明日报》2012 年 12 月 8 日。

15. 冯留建:《社会主义核心价值观培育的路径探析》,《北京师范大学学报(社会科学版)》2013 年第 2 期。

16. 方爱东:《社会主义核心价值观论纲》,《马克思主义研究》2010 年第 12 期。

17. 冯平、汪行福等:《"复杂现代性"框架下的核心价值建构》,《中国社会科学》2013 年第 7 期。

18. 龚群:《以马克思社会有机体论为基础概括社会主义核心价值观》,《红旗文稿》2012 年第 7 期。

19. 葛洪泽:《科学社会主义价值理想与中国特色社会主义核心价值》,《中共中央党校学报》2012 年第 4 期。

20. 高放:《社会主义核心价值体系内涵新见》,《学习时报》2010 年 12 月 13 日。

21. 胡振良:《社会主义价值理念的内涵与构建》,《科学社会主义》2011 年第 6 期。

22. 侯惠勤:《在社会主义核心价值观的概括上如何取得共识?》,《红旗文稿》2012 年第 8 期。

23. 韩庆祥:《核心价值观该如何凝练》,《光明日报》2011 年 8 月 4 日。

24. 韩震:《"民主、公正、和谐"体现了社会主义的核心价值追求——兼论社会主义核心价值观的凝练及其原则》,《红旗文稿》2012 年第 6 期。

25. 贾英健:《核心价值观及其功能》,《光明日报》2007 年 10 月 23 期。

26. 柯缇祖:《社会主义核心价值观研究》,《红旗文稿》2012 年第 2 期。

27. 李春秋、秦丽君:《社会主义核心价值观的理论与实践依据》,《光明日报》2012 年 5 月 5 日。

28. 林尚立:《社会主义意识形态与当代中国的核心价值观》,《学习时报》2006 年 12 月 18 日。

29. 罗文东:《自主、公平、和谐——中国特色社会主义核心价值论纲》,《山东社会科学》2011 年第 9 期。

30. 李建华:《社会主义核心价值观的提炼》,《红旗文稿》2012 年第 5 期。

31. 李君如：《着力构建核心价值观》，《人民日报》2011 年 8 月 30 日。

32. 李德顺：《社会主义核心价值与当代普世价值》，《学术探索》2011 年第 10 期。

33. 李德顺：《关于提炼社会主义核心价值观的几点思考》，《北京日报》2011 年 8 月 22 日。

34. 梅荣政：《社会主义核心价值观的内容构成》，《红旗文稿》2012 年第 9 期。

35. 马俊峰：《富裕、民主、公正、和谐：中国特色社会主义的核心价值理念》，《湖北大学学报（哲学社会科学版）》2011 年第 5 期。

36. 青连斌：《社会主义必须坚持共同富裕的价值理念》，《科学社会主义》2011 年第 6 期。

37. 秦宣：《概括提炼社会主义制度优越性的必要性和基本依据》，《中国特色社会主义研究》2012 年第 4 期。

38. 宋善文：《社会主义核心价值观的基本特征》，《光明日报》2012 年 2 月 11 日。

39. 沈壮海：《核心价值观凝练的思维四结》，《光明日报》2011 年 6 月 13 日。

40. 沈壮海：《把准社会主义核心价值观培育的着力点》，《光明日报》2013 年 1 月 5 日。

41. 沈江平：《历史唯物主义视野中的核心价值考量》，《马克思主义研究》2012 年第 10 期。

42. 宋萌荣：《科学社会主义的核心价值与人的全面发展》，《当代世界与社会主义》2007 年第 4 期。

43. 唐晓燕：《社会主义核心价值观建构的理论资源与方法论》，《浙江社会科学》2012 年第 9 期。

44. 田心铭：《中国社会主义核心价值观：以人为本，实事求是，独立自主》，《马克思主义研究》2011 年第 11 期。

45. 王泽应：《社会主义核心价值观的基本特征》，《光明日报》2007 年 4 月 3 日。

46. 吴向东：《提炼社会主义核心价值观是当代社会主义实践的时代课题》，《光明日报》2012 年 2 月 1 日。

47. 吴向东：《价值观：社会主义本质之维》，《马克思主义研究》2007 年第 12 期。

48. 吴向东：《社会主义核心价值观的表述与逻辑：一种可能的思路》，《哲学研究》2013 年第 1 期。

49. 吴向东：《社会主义价值观的当代建构》，《科学社会主义》2005 年第 4 期。

50. 吴倬：《关于社会主义核心价值观问题的理论思考》，《教学与研究》2008 年第 6 期。

51. 王晓晖：《积极培育和践行社会主义核心价值观》，《求是》2012 年第 23 期。

52. 王占阳:《社会主义的终极价值》,《科学社会主义》2005 年第 4 期。

53. 王立新:《社会主义核心价值的发展与苏共的历史命运》,《社会主义研究》2008 年第 3 期。

54. 吴潜涛:《深刻理解社会主义核心价值观的内涵和意义》,《人民日报》2013 年 5 月 22 日。

55. 辛鸣:《社会主义核心价值观的构建》,《学习时报》2010 年 5 月 3 日。

56. 许耀桐:《关于社会主义核心价值观的若干问题》,《中共中央党校学报》2012 年第 4 期。

57. 袁吉富:《马克思科学社会主义的价值表达》,《中国特色社会主义研究》2012 年第 6 期。

58. 虞崇胜:《凝练社会主义核心价值观的六大原则》,《光明日报》2012 年 2 月 18 日。

59. 袁银传:《凝练社会主义核心价值观的基本依据》,《马克思主义研究》2013 年第 1 期。

60. 朱旭红:《论科学社会主义的价值原则》,《浙江大学学报》1994 年第 3 期。

61. 周莉莉:《社会主义价值认识的历史溯源与现实思考》,《当代世界与社会主义》2008 年第 6 期。

62. 周向军、杨勇民:《中国特色社会主义文化形态论》,《山东师范大学学报（人文社会科学版）》2013 年第 6 期。

63. 周向军:《中国特色社会主义文化认同：一个亟待深入研究的重要问题》,《兰州学刊》2013 年第 8 期。

64. 周向军、王瑜、高奇:《正确认识和处理社会主义核心价值观培育中的六大关系》,《烟台大学学报（哲学社会科学版）》2013 年第 2 期。

65. 周向军、高奇:《社会主义核心价值体系是当代中国第一软实力》,《理论学刊》2012 年第 5 期。

66. 黄志高:《社会主义价值问题论析》,《社会主义研究》2009 年第 2 期。

67. 林怀艺:《社会主义：价值、本质和制度的统一》,《科学社会主义》2009 年第 3 期。

68. 许华:《社会主义核心价值与基本价值——马克思恩格斯社会主义价值理论探究》,《当代世界与社会主义》2007 年第 6 期。

69. 王虎学:《多元社会的价值重建——论社会主义核心价值体系的历史生成与自觉建构》,《北京师范大学学报》2011 年第 5 期。

70. 刘卓红、关锋:《价值的社会主义：一种对科学社会主义价值的解读》,《当代世界与社会主义》2006 年第 6 期。

71. 陈兴华：《从社会主义的历史经验看社会主义的基础价值》，《浙江社会科学》2010 年第 1 期。

72. 骆郁廷：《论社会主义的核心价值》，《马克思主研究》2014 年第 8 期。

73. 李德顺：《关于价值与核心价值》，《学术研究》2007 年第 12 期。

74. 王学俭：《价值问题是社会主义与生俱来的基本问题——关于社会主义价值问题的若干思考》，《人民论坛》2014 年第 32 期。

75. 王学俭、李东坡：《培育和践行核心价值观的原则、路径和机制研究》，《中国特色社会主义研究》2014 年第 3 期。

76. 王学俭、李东坡：《社会主义核心价值观研究述要》，《思想政治教育研究》2013 年第 4 期。

77. 王学俭、郭绍均：《社会主义价值系统的确立动因、演化进路和发展趋向》，《社会主义研究》2013 年第 4 期。

78. 王学俭、魏泳安：《恩格斯关于科学社会主义历史生成的三个论域——基于〈社会主义从空想到科学的发展〉的文本考察》，《学术论坛》2015 年第 1 期。

79. 王学俭、魏泳安：《社会主义价值的方位判定与功能指向》，《理论探讨》2013 年第 2 期。

80. 王学俭、魏泳安：《思想政治教育生态价值探略》，《思想教育研究》2013 年第 5 期。

81. 王学俭、魏泳安：《马克思主义社会意识理论与社会主义核心价值体系建设》，《求实》2013 年第 7 期。

82. 王学俭、杜敏：《培育和践行社会主义核心价值观的动力探微》，《甘肃理论学刊》2013 年第 4 期。

83. 王学俭、郭绍均：《互联网络境域中社会主义核心价值体系大众化的难题与对策》，《理论月刊》2013 年第 9 期。

84. 王学俭、郭绍均：《国家文化软实力之涵义：观点综述与反思辨析》，《理论与改革》2012 年第 3 期。

85. 王学俭、张智：《文化强国与社会主义核心价值体系》，《理论学刊》2012 年第 8 期。

86. 王学俭、杜敏：《以故事为载体培育社会主义核心价值观》，《思想政治教育研究》2013 年第 6 期。

87. 王学俭、金德楠：《社会主义核心价值观融入高校思想政治教育论析》，《北京教育》2014 年第 9 期。

88. 王学俭、金德楠：《论社会主义核心价值观的社会治理功能及其实现机理》，《黑龙江高教研究》2014 年第 11 期。

89.王学俭、魏泳安：《社会主义发展的价值维度考量》，《理论探讨》2014 年第 6 期。

90.张智：《价值自在·价值自觉·价值自信——从科学社会主义到中国特色社会主义之价值认识跃迁》，《思想政治教育研究》2013 年第 4 期。

91.张智：《当代中国社会主义的价值自觉——社会主义核心价值观研究回顾与前瞻》，《教学与研究》2013 年第 10 期。

后　记

　　价值问题是社会主义与生俱来的基本问题。历史的镜头回溯到1516年，英国人托马斯·莫尔发表了《乌托邦》，标志着社会主义思想及其社会主义价值追求的横空出世；历史的脉搏定格在2012年，党的十八大报告第一次郑重提出了培育和践行社会主义核心价值观，标志着科学社会主义在中国特色社会主义的实践沃土上绽放着价值观念的醉人芬芳。时至今日，历经五百年风雨历程，社会主义从空想到科学、从理论到实践、从一国实践到多国发展，其思想演进、运动跌宕、模式变换的发展历程中，核心价值观念作为一种强大的精神力量，时刻在场，始终相随；社会主义从兴起到高潮、从低谷到转折、从艰难探索到凯歌高奏，核心价值观念作为激荡人心、标明方位、框定走向的鲜明旗帜，向来迎风高展、一直飒飒作响。五百年社会主义思想运动的发展史已经充分表明，对社会主义道路的认识探索，对社会主义价值的认同追求，对社会主义理想的设计践行，都必须要以社会主义核心价值作为终极考量的评判标准。也正是在这个意义上，社会主义价值、社会主义核心价值体系、社会主义核心价值观等价值问题的研究、宣传和普及愈加凸显其重要性、必要性和紧迫性。

　　自党的十八大明确提出以"倡导富强、民主、文明、和谐，倡导自由、平等、公正、法治，倡导爱国、敬业、诚信、友善"为基本内容的社会主义核心价值观以来，学术界展开了热烈讨论和深入研究。在"什么是社会主义核心价值？什么是社会主义核心价值观？怎样培育和践行社会主义核心价值观？"这一基本问题的追问下，学术界形成了"三个倡导"实现了国家发展目标、社会价值导向和个体行为准则的有机统一的普遍共识，认为是涵盖各方意见、反映普遍追求的社会主义核心价值观的最大公约数，并在此基础上因为理解程度、学科背景、目标指向的不同，在具体研究过程中逐渐呈现差异性、争议性和交锋性。学术界的诸多论争，根源在于对"什么是价值，什么是核心价值？什么是价值观？什么是社会主义核心价值观？"等基础理论问题的研究深度不足，对于社会主义核心价值观阶段性发展的定位判定不准，对于社会主义核心价值观科学性建构的条件把握不足。深入研究社会主义核心价值观，就必须从理论层面分析核心价值观的基础理论，从形态层面梳理核心价值观的演进历程，从实践层面细化核心价值观的培育践行，从发展层面探究核心价值观的阶段特征，才能全面深入地解读社会主义核心价值观，科学理性地建构社会主义核心价值观。

　　正是在这一历史背景和研究现状下，我们成功申报了国家社会科学基金重点项目《社会主义价值研究》，项目获批后国家社科办下达项目任务书时对项目名称进行了调整，改为"社会主义价值与社会主义核心价值体系的内在关联研究"。课题组针对国家对项目新的变化和要求认真进行了研究方案的调整。课题项目组历经 4 年时间，先后召开 3 次全国性学术研讨会，多角度对社会主义核心价值观进行研究和探讨，引起学界广泛关注；我们特约兰州大学马克思主义学院的王维平、刘先春、马云志、张新平、丁志刚和我六位教授分别主持编写出版了《社会主义核心价值体系通俗系列读本》（全套 6 册），先后被列为"甘肃省迎接党的十八大重点图书"、"教育部 2013 年中小学图书馆（室）推荐书目"，入选"2013 年中宣部、新闻出版广电总局组织开展的第五届优秀通俗理论读物推荐活动"；以我为主围绕"社会主义价值、社会主义核心价值体系和社会主义核心价值观"为主题在《光明日报》、《马克思主义研究》、《教学与研究》等权威期刊发表论文 30 余篇，多次被人大复印报刊资料全文转载，并有多篇论文被马克思主义研究、中央编译局网站、人民网、新华网全文转载，研究成果受到社会各界的高度重视和广泛认可；课题组在全国各地尤其是西北地区积极开展社会主义核心价值观学术报告和理论宣讲，始终以改革创新的方式不断探索社会主义核心价值观培育践行的方式方法，引起社会各界强烈反响和深度认同。

正是在前期研究成果的基础上，我们对社会主义价值、社会主义核心价值体系、社会主义核心价值观等价值问题的研究逐渐深入、认识逐渐深化、理解逐渐深刻。我们认为，必须将社会主义价值放置于社会主义五百年发展的历史进程中，以实现人的自由全面发展为基本诉求，才能有效探究社会主义核心价值观的基本走向；必须将社会主义价值放置于中国特色社会主义现代化建设的生动实践中，以价值问题是社会主义与生俱来的基本问题为主基调，才能不断深化社会主义价值、社会主义核心价值体系与社会主义核心价值观的关系界定；必须将社会主义价值放置于中华民族伟大复兴中国梦的发展进程中，以社会主义价值的实现具有阶段性为总体论断，才能科学探索社会主义价值实现的阶段性特征与条件性基础，才能科学探寻中国特色社会主义的价值建构路向。

在我提出书稿提纲、主要观点和研究思路及统筹安排之下，我们决定以"社会主义价值论纲"为题，撰写了这部集社会主义价值基础理论研究、社会主义价值关联性研究和社会主义价值实现探索研究为一体的学术著作。为了写好这部著作，我们 9 次召开写作研讨会、交流会和论证会，围绕着社会主义价值和社会主义核心价值观的核心议题，不断思索其理论渊源、探究其发展脉络、梳理其相应关系、研判其历史地位；为了写好这部著作，我们在近 3 年多的时间里投入了大量的科研时间和研究精力，在日常教学科研中寻找灵感、在学术论坛交流中打磨观点、在调研访谈宣讲中验证理论、在写作讨论会议中修建框架、在夜半梦醒的激动中敲下随感；为了写好这部著作，我们认真听取专家建议、广泛吸收同行意见，对书稿纲目和内容仔细斟酌、反复推敲，几易其稿、多次修正，最终才得以成型。正是这种严谨端正的写作态度、持久旺盛的创作欲求、实事求是的科研品性和精益求精的治学精神，确保书稿写作始终保持站在时代前处、处于理论新处、立于学界高处，使得这本《社会主义价值论纲》在申请课题项目结项鉴定时，得到专家学者的一致好评，最终获得优秀等级。

现在这本《社会主义价值论纲》就要出版，还依稀记得我们刚刚获悉获得国家社科重点项目时的喜悦和激动，还清晰记得我们在喜悦激动之后的倍感压力和重担在肩，还依然记得每次因为社会主义价值研究的新思考、新体会和新发现而欢欣鼓舞。4 年的时光，如白驹过隙般飞逝，但我们在北京师范大学举行课题开题论证会时中山大学郑永廷教授、北京师大王炳林教授、北京大学孙熙国教授、南开大学武东生教授、北京师大吴向东教授提出的真知灼见还在耳边回响；在书稿写作过程中还得到刘建军教授、高国希教授、王宏波教授、周向军教授、佘双好教授等的帮助。在写作过程中人民大学刘建军教授、王易教授、邱吉教授，复旦大学高国希教授，华东师大余玉华教授等多次参与课题内容的讨论和提供建议，尤其是我的学兄和好友清华大学吴潜涛教授欣然为本书写了序言。我的学生朱大鹏、宫长瑞、张智、李东坡、张哲、魏泳安、郭绍均、黄金艳、杜敏、杨昌华、刘珂、孙茵、顾超、王瑞芳、李迎娣等在写作研讨会上据理力争的画面还在眼前浮现，尤其是魏永安、郭绍均和张哲为最后阶段的写作付出了辛勤的努力。在整个研究与写作过程中凝聚了大家的智慧并锻炼了研究团队的成长，也使我们对社会主义核心价值的理解有了深入，并且在不断推进课题研究过程中历经的研究的困惑、思索的迷茫、探索的艰辛和收获的欢乐等种种感受体会还在心头萦绕。这些研究过程中的点点滴滴，都逐渐内化为书稿的言说、凝结成观点的表达、升华为理论的探索。

本书得以付梓出版，人民出版社给予了大力支持，责任编辑陈佳冉主动同我联系并为出版付出了辛勤的劳动，兰州大学马克思主义学院对该书的出版也给予了积极支持，并列为兰州大学全国重点马克思主义学院出版资助项目，对他们的支持和帮助表示由衷的感谢和深深的敬意。在研究过程中得到了学界同仁的指导和帮助，并且在写作中参考了同行专家、学者的优秀科研成果，在此深表感谢。由于社会主义价值问题是一个系统、复杂的理论和实践问题，我们的研究水平有限，研究中还存在着一定的问题和疏漏，敬请同行专家和广大读者批评斧正，我们将诚恳地接受。

现在，多年的辛苦努力和艰苦探索终于画上了一个圆满的句号。但是社会主义价值和社会主义核心价值观研究前行的脚步并没有也不能画上句号。愿《社会主义价值论纲》开启的研究新模式和探索新视角，能够推动学界深化社会主义核心价值观研究的新征程，绽放更多鲜艳壮美的理论之花！我们愿为之奔走、为之欢呼！

王学俭

2016 年 12 月与兰州大学齐云楼

责任编辑：陈佳冉

封面设计：石笑梦

图书在版编目（CIP）数据

社会主义价值论纲／王学俭 著 . — 北京：人民出版社，2016.12

ISBN 978 - 7 - 01 - 017273 - 6

I.①社⋯　II.①王⋯　III.①社会主义建设－价值论－研究－中国

　IV.① D616

中国版本图书馆 CIP 数据核字（2017）第 012937 号

社会主义价值论纲

SHEHUIZHUYI JIAZHI LUNGANG

王学俭 著

人民出版社 出版发行

（100706　北京市东城区隆福寺街 99 号）

北京盛通印刷股份有限公司印刷　新华书店经销

2016 年 12 月第 1 版　2016 年 12 月北京第 1 次印刷

开本：710 毫米 ×1000 毫米 1/16　印张：25.75

字数：333 千字

ISBN 978 - 7 - 01 - 017273 - 6　定价：75.00 元

邮购地址 100706　北京市东城区隆福寺街 99 号

人民东方图书销售中心　电话：（010）65250042　65289539